"侦查学"国家一流专业建设成果
江苏省十四五"国家安全学"重点学科建设成果
江苏高校"青蓝工程"资助研究成果

犯罪学前沿译丛

刘蔚文 主编

国家级一流本科课程经济犯罪侦查总论建设成果
"经济犯罪侦查"江苏省一流本科专业建设成果

FINANCIAL CRIME IN THE 21ST CENTURY: LAW AND POLICY

21世纪金融犯罪：法律与政策

[英]尼古拉斯·赖德（Nicholas Ryder）◎著　　张 磊 刘雪晴◎译

知识产权出版社
全国百佳图书出版单位
—北京—

FINANCIAL CRIME IN THE 21ST CENTURY: LAW AND POLICY by NICHOLAS RYDER

Copyright© 2011 by NICHOLAS RYDER

This edition arranged with EDWARD ELGAR PUBLISHING LIMITED（EE）

through Big Apple Agency, Inc., Labuan, Malaysia.

Simplified Chinese edition copyright:

2022 Intellectual Property Publishing House Co., Ltd.

All rights reserved.

图书在版编目（CIP）数据

21世纪金融犯罪：法律与政策/（英）尼古拉斯·赖德（Nicholas Ryder）著；张磊，刘雪晴译. —北京：知识产权出版社，2022.12

（犯罪学前沿译丛/刘蔚文主编）

书名原文：Financial Crime in the 21st Century: Law and Policy

ISBN 978-7-5130-8339-3

Ⅰ.①2… Ⅱ.①尼… ②张… ③刘… Ⅲ.①金融犯罪—研究—美国、英国 Ⅳ.①D971.222.8②D956.122.8

中国版本图书馆 CIP 数据核字（2022）第180182号

责任编辑：韩婷婷　王海霞	责任校对：王　岩
封面设计：北京乾达文化艺术有限公司	责任印制：刘译文

犯罪学前沿译丛

21世纪金融犯罪：法律与政策

[英] 尼古拉斯·赖德（Nicholas Ryder）◎著

张　磊　刘雪晴◎译

出版发行：知识产权出版社有限责任公司	网　址：http://www.ipph.cn
社　　址：北京市海淀区气象路50号院	邮　编：100081
责编电话：010-82000860 转 8790	责编邮箱：93760636@qq.com
发行电话：010-82000860 转 8101/8102	发行传真：010-82000893/82005070/82000270
印　　刷：三河市国英印务有限公司	经　销：新华书店、各大网上书店及相关专业书店
开　　本：720mm×1000mm　1/16	印　张：24
版　　次：2022年12月第1版	印　次：2022年12月第1次印刷
字　　数：365千字	定　价：119.00元

ISBN 978-7-5130-8339-3

出版权专有　侵权必究

如有印装质量问题，本社负责调换。

共同编写者名单

安德鲁·H. 贝克（Andrew H. Baker），利物浦约翰摩尔斯大学

凯伦·哈里森（Karen Harrison），赫尔大学

缩略语清单

AML：反洗钱
ARA：资产追回局
CFI：初审法院
CTR：现金交易报告
ECJ：欧洲法院
EU：欧盟
FATF：金融行动特别工作组
FBI：美国联邦调查局
FinCEN：美国金融犯罪执法网络局
FIU：金融情报机构
FSA：英国金融服务管理局
IMF：国际货币基金组织
MLR：反洗钱条例
OFAC：海外资产管理办公室
SAR：可疑交易报告
SEC：美国证券交易委员会
SFO：英国严重欺诈办公室
SOCA：英国严重有组织犯罪监察局
UN：联合国

前　言

　　自 20 世纪 80 年代国际社会认识到洗钱问题以来，金融犯罪的负面影响越来越大。20 世纪 80 年代末美国首次推出了反洗钱措施，自此不同类型的金融犯罪得到了国际社会的普遍关注。2001 年 9 月 11 日的恐怖袭击之后，乔治·布什发动了"反恐金融战争"；巴林银行、安然和世通公司的倒闭以及金融危机期间抵押贷款欺诈给金融体系造成的威胁使欺诈犯罪成为许多国家金融犯罪政策关注的首要问题；内幕交易也已成为全球金融服务业的一个严重问题。本书研究的重点是国际社会采取的金融犯罪政策以及这些政策在英国和美国的实施情况；此外，本书还分析了没收和剥夺非法犯罪所得的适当性。本书侧重于讨论英国和美国两个司法管辖区的金融犯罪监管机构设置及其对金融犯罪适用刑罚的效力。本书的最终目标是在对上述政策和措施进行详细分析的基础上，构建一个"金融犯罪的政策模型"。

致　谢

在此我要感谢所有在本书写作过程中给予我帮助的人。首先，我要感谢早期审查各章节草案的同事和朋友，特别是克莱尔·钱伯斯（Clare Chambers）、凯伦·哈里森（Karen Harrison）、米里亚姆·戈尔比（Miriam Goldby）、萨宾·哈斯勒（Sabine Hassler）、拉赫米·辛格（Lachmi Singh）、罗伯特·斯托克斯（Robert Stokes）和乌穆特·特尔克森（Umut Turksen）。他们指出了书中的错误和遗漏。如果没有西英格兰大学法律系的帮助和支持，这本书将难以呈现。最后感谢我的妻子露丝（Ruth）和儿子伊桑（Ethan），如果没有他们的支持、爱和理解，完成这本书是不可能的，我把这本书献给他们。

目 录

第一章　导言 ·· 001
 第一节　金融犯罪概述 ·· 003
 第二节　金融犯罪的定义和影响 ·· 004
 第三节　英美金融犯罪打击战略 ·· 007
 第四节　金融犯罪研究内容 ·· 009

第二章　洗钱犯罪 ··· 011
 第一节　洗钱犯罪概述 ·· 013
 第二节　全球反洗钱战略的演进 ·· 016
  一、联合国 ·· 016
  二、金融行动特别工作组 ·· 018
  三、欧盟 ··· 020
 第三节　美国反洗钱战略 ·· 022
  一、洗钱的刑事定罪 ·· 025
  二、洗钱的金融情报 ·· 029
 第四节　英国反洗钱战略 ·· 034
  一、洗钱的刑事定罪 ·· 035
  二、洗钱的金融监管 ·· 040
  三、洗钱的金融情报 ·· 043
 第五节　结　论 ··· 047
  一、美国的反洗钱政策 ·· 047

二、英国的反洗钱政策 …… 049

第三章　恐怖主义融资 …… 051

第一节　引　言 …… 053
第二节　恐怖主义融资来源 …… 054
第三节　反恐怖主义融资国际立法 …… 058
　　一、联合国 …… 059
　　二、金融行动特别工作组 …… 061
　　三、欧盟 …… 063
　　四、小结 …… 064
第四节　美国反恐怖主义融资机制 …… 065
　　一、资助恐怖主义的刑事定罪 …… 068
　　二、恐怖主义资产的冻结 …… 070
　　三、可疑交易报告制度 …… 074
　　四、小结 …… 079
第五节　英国反恐怖主义融资机制 …… 079
　　一、资助恐怖主义的刑事定罪 …… 080
　　二、恐怖主义资产的冻结 …… 085
　　三、可疑交易报告制度 …… 089
　　四、小结 …… 091
第六节　结　论 …… 091
　　一、美国 …… 092
　　二、英国 …… 093

第四章　欺诈 …… 095

第一节　引　言 …… 097
第二节　反欺诈国际战略 …… 101
　　一、联合国反欺诈国际战略 …… 101
　　二、欧盟反欺诈国际战略 …… 102
第三节　美国反欺诈战略 …… 106

一、欺诈行为的刑事定罪 …………………………………… 106
　　　二、欺诈行为的监管机构 …………………………………… 115
　　　三、欺诈行为的报告义务 …………………………………… 122
　第四节　英国反欺诈战略 ……………………………………… 124
　　　一、欺诈行为的刑事定罪 …………………………………… 126
　　　二、欺诈行为的监管机构 …………………………………… 127
　　　三、欺诈行为的报告义务 …………………………………… 135
　第五节　结　论 ………………………………………………… 138
　　　一、美国 …………………………………………………… 138
　　　二、英国 …………………………………………………… 139

第五章　内幕交易 …………………………………………… 141

　第一节　引　言 ………………………………………………… 143
　第二节　国际社会内幕交易政策 ………………………………… 146
　　　一、联合国内幕交易政策 …………………………………… 146
　　　二、欧盟内幕交易政策 ……………………………………… 146
　第三节　美国内幕交易政策 ……………………………………… 149
　　　一、内幕交易的刑事定罪 …………………………………… 149
　　　二、内幕交易的报告义务 …………………………………… 156
　第四节　英国内幕交易政策 ……………………………………… 157
　　　一、内幕交易的刑事定罪 …………………………………… 157
　　　二、市场滥用监管制度 ……………………………………… 162
　　　三、市场滥用法律执行 ……………………………………… 172
　　　四、市场滥用可疑交易报告 ………………………………… 178
　第五节　结　论 ………………………………………………… 178
　　　一、美国对内幕交易行为的规制 …………………………… 179
　　　二、英国对内幕交易行为的规制 …………………………… 179

第六章　没收和剥夺非法犯罪所得 ………………………… 181

　第一节　引　言 ………………………………………………… 183

第二节　国际社会没收犯罪所得的政策 …………… 185
第三节　美国没收犯罪所得的政策 ………………… 187
　　一、没收犯罪所得的相关立法 …………………… 188
　　二、可以没收的资产范围 ………………………… 193
　　三、小结 …………………………………………… 196
第四节　英国没收犯罪所得的政策 ………………… 197
　　一、2002年《犯罪所得法》 ……………………… 199
　　二、可以没收的资产范围 ………………………… 200
　　三、没收制度的改革 ……………………………… 205
　　四、严重有组织犯罪监察局的职责 ……………… 210
　　五、小结 …………………………………………… 213
第五节　结　论 ……………………………………… 213
　　一、美国 …………………………………………… 214
　　二、英国 …………………………………………… 214

第七章　金融犯罪监管机构 ……………………………… 217

第一节　引　言 ……………………………………… 219
第二节　国际社会金融犯罪监管机构 ……………… 220
　　一、联合国金融犯罪监管机构 …………………… 220
　　二、金融行动特别工作组的金融犯罪监管机构 … 221
　　三、国际货币基金组织和世界银行的金融犯罪监管机构 … 223
　　四、欧盟金融犯罪监管机构 ……………………… 224
　　五、国际刑警组织 ………………………………… 225
　　六、埃格蒙特集团 ………………………………… 226
　　七、巴塞尔委员会 ………………………………… 227
　　八、沃尔夫斯堡集团 ……………………………… 227
第三节　美国一级金融犯罪监管机构 ……………… 228
　　一、美国财政部 …………………………………… 228
　　二、美国司法部 …………………………………… 230
　　三、美国国务院 …………………………………… 231

第四节　美国二级金融犯罪监管机构 …… 232
　　一、美国财政部二级金融犯罪监管机构 …… 232
　　二、美国司法部二级金融犯罪监管机构 …… 239
　　三、美国国务院二级金融犯罪监管机构 …… 241

第五节　美国三级金融犯罪监管机构 …… 242
　　一、美国联邦调查局 …… 242
　　二、美国缉毒局 …… 243
　　三、美国证券交易委员会 …… 244

第六节　英国金融犯罪监管机构 …… 245

第七节　英国一级金融犯罪监管机构 …… 246
　　一、英国财政部 …… 246
　　二、英国内政部 …… 247
　　三、英国外交和联邦事务部 …… 247

第八节　英国二级金融犯罪监管机构 …… 248
　　一、严重有组织犯罪监察局 …… 248
　　二、警察署和特别部门 …… 249
　　三、英国税务海关总署 …… 250
　　四、严重欺诈办公室 …… 250
　　五、皇家检察署 …… 251
　　六、国家反欺诈局 …… 252
　　七、国家反欺诈报告中心 …… 253
　　八、英国金融服务管理局 …… 253
　　九、公平交易办公室 …… 255

第九节　英国三级金融犯罪监管机构 …… 255
　　一、英国银行家协会和反洗钱联合指导小组 …… 255
　　二、反欺诈咨询小组 …… 256

第十节　结　论 …… 257
　　一、美国的金融犯罪监管 …… 257
　　二、英国的金融犯罪监管 …… 258

第八章　金融犯罪的刑罚 ································ 261

 第一节　引　言 ······································ 263
 第二节　金融罪犯 ···································· 263
 第三节　刑罚目标 ···································· 264
  一、刑罚的总体目标 ································ 264
  二、金融犯罪的刑罚目标 ···························· 267
 第四节　量刑政策 ···································· 268
  一、一般量刑政策 ·································· 268
  二、金融犯罪的量刑政策 ···························· 271
 第五节　金融犯罪的量刑选择 ·························· 277
 第六节　金融犯罪的刑罚实践 ·························· 279
  一、英格兰和威尔士的判例 ·························· 279
  二、美国的判例 ···································· 289
 第七节　结　论 ······································ 296

第九章　结论和建议 ···································· 299

 一、金融犯罪的刑事定罪 ······························ 302
 二、金融情报制度 ···································· 303
 三、没收和剥夺非法犯罪所得 ·························· 303
 四、金融犯罪监管机构 ································ 303
 五、金融犯罪执法 ···································· 304

参考文献 ·· 305

索　引 ·· 358

第一章

导言

第一节　金融犯罪概述

　　20 世纪 70 年代，当理查德·尼克松总统向非法贩毒集团的犯罪行径宣战时，没有人能够预见四十年后这场战争会演化为一场全球化的综合性战役。金融犯罪已经发展为一个全球化的多面产业，往往与非法贩毒、贩卖人口、有组织犯罪和恐怖主义犯罪交织在一起。金融犯罪的全球化已引起世界各界的广泛关注。20 世纪 80 年代，伴随着美国与毒品贸易的斗争，洗钱犯罪被推向了国际社会议程的首位，金融犯罪开始臭名昭著。为此，联合国出台了一系列针对洗钱犯罪的法律文书；此外，金融行动特别工作组（Financial Action Task Force，FAFT）也应运而生，致力于提出一系列针对打击洗钱犯罪的建议。2001 年 9 月 11 日的恐怖袭击事件改变了国际社会应对金融犯罪的方式，自时任美国总统乔治·布什发动反恐怖主义金融战后，国际社会的重点关注领域从洗钱犯罪转向了恐怖主义融资。恐怖袭击发生后，联合国安理会颁布了数项决议，各国通过了多项相关法案。继数起引发普遍关注的跨国公司参与的商业欺诈案发生后，金融诈骗逐渐从洗钱和恐怖主义融资的阴影中显现出来[1]。后来，这些丑闻的影响效应

---

[1] 如国际信贷商业银行、巴林银行、安然公司和世通公司。

被美国和英国受到的新的金融市场威胁——抵押贷款欺诈所掩盖❷。此外，20世纪70年代的伊万·博斯基事件是美国内幕交易的开始❸；英国虽然在20世纪五六十年代已经有关于内幕交易的记载❹，但直到20世纪80年代内幕交易才被确定为刑事犯罪❺。

第二节　金融犯罪的定义和影响

据国际货币基金组织（International Monetary Fund, IMF）称，"没有国际公认的金融犯罪的定义"，"可将金融犯罪广义地定义为一切可能导致经济损失的非暴力犯罪"❻。然而，人们普遍承认，"虽然就洗钱、腐败和逃税等概念达成了普遍共识，但是金融欺诈和金融犯罪的概念尚未得到准确定义"❼。有人指出就广义而言，金融犯罪"涉及任何导致经济损失的非法行为，包括所有针对人身或财产的诸如抢劫罪和故意破坏他人（或公共）财物罪等暴力犯罪"❽；就狭义而言，金融犯罪仅仅指"涉及金融机构的导致经济损失的非暴力犯罪"❾。金融犯罪也称"白领犯罪"，埃德温·萨瑟兰教授首先使用了这个术语，后来，"'白领犯罪'成为商业和政府人

---

❷ Ryder, Nicholas and Chambers, Clare (2010), 'The credit crunch and mortgage fraud – too little too late? A comparative analysis of the policies adopted in the United States of America and the United Kingdom' in S. Kis and I. Balogh (eds), *Housing, housing costs and mortgages: trends, impact and prediction*, Nova Science, New York, pp. 1 – 22.

❸ 更多讨论参见 Hatch, J. (1987), 'Logical inconsistencies in the SEC's enforcement of insider trading: guidelines for a definition', *Washington and Lee Law Review*, 44, 935 – 954.

❹ Financial Services Authority (2007d), 'Insider dealing in the city', Speech by Margaret Cole at the London School of Economics, 17 March 2007, available at http://www.fsa.gov.uk/pages/Library/Communication/Speeches/2007/0317_mc.shtml (accessed 10 June 2009).

❺ 《公司法》（1980年）第 69~73 节。

❻ International Monetary Fund, *Financial system abuse, financial crime and money laundering – background paper* (International Monetary Fund: Washington, DC, 2001) at p. 5.

❼ 同上，第 3 页。

❽ 参见脚注❻国际货币基金组织报告，第 20 页。

❾ 同上，第 20 页。

士的各种欺诈行为的代名词"[10]。近期,美国财政部和英国财政部将金融犯罪定义为"非法金融行为"[11]。英国于 2000 年颁布实施的《金融服务和市场法》(FSMA 2000)是规制金融犯罪的有效起点,它将金融犯罪定义为包括"任何涉及欺诈或不诚实的罪行;金融市场的不当行为或滥用信息;处置犯罪所得等行为"[12]。弗莱明指出,"FSMA 定义的金融犯罪涉及范围广,包含了潜在的尚未明确的犯罪"[13]。金融犯罪也曾被称为"无受害人犯罪",因为有时无法确定谁或什么方面遭受了经济损失[14]。如果这种说法是正确的,为什么许多国家的政府还是会投入资源和时间去打击金融犯罪呢?金融行动特别工作组援引"犯罪过程具有导致腐败并最终破坏地区或整个国家经济稳定的力量"的论述给出了这个问题的答案[15];此外,金融犯罪可归因于有组织犯罪分子追求利益最大化以享受"香槟式的生活方式"的犯罪目的[16],金融犯罪会破坏一个国家金融机构的完整性[17]。瓦提林加姆和奈尔指出,"金融相关犯罪给全球带来了严重的社会和经济影响,它削弱了作为全球金融交易主要参与者的金融体系"[18]。金融犯罪还会对国

---

[10] Federal Bureau of Investigation (n/d), 'White collar crime', available at http://www.fbi.gov/whitecollarcrime.htm (accessed 1 March 2009). For a more detailed discussion see Sutherland, Edwin (1949), *White Collar Crime*, The Dryden Press, New York, Hanning, P. (1993), 'Testing the limits of investigating and prosecuting white collar crime: how far will the courts allow prosecutors to go?', *University of Pittsburgh Law Review*, 54, 405 – 476 and Strader, J. (1999), 'The judicial politics of white collar crime', *Hastings Law Journal*, 50, 1199 – 1273.

[11] Department of Treasury (n/d), 'Fighting illicit finance', available at http://www.ustreas.gov/topics/law – enforcement/index.shtml (accessed 16 April 2010) and HM Treasury (n/d), 'Counter illicit finance', available at http://www.hmtreasury.gov.uk/fin_money_index.htm (accessed 16 April 2010).

[12] 2000 年《金融服务和市场法》第 6(3)节。

[13] Fleming, M. *FSA's Scale & Impact of Financial Crime Project (Phase One): Critical Analysis Occasional Paper Series 37* (Financial Services Authority: London, 2009) at p. 2.

[14] Hansen, L. (2009), 'Corporate financial crime: social diagnosis and treatment', *Journal of Financial Crime*, 16 (1), 28 – 40.

[15] 金融行动特别工作组. 2003—2004 年洗钱犯罪和恐怖主义融资犯罪类型的报告 [R]. 巴黎,2004.

[16] National Audit Office, *The Assets Recovery Agency – Report by the Comptroller and Auditor General* (National Audit Office: London, 2007) at p. 4.

[17] 参见脚注[6]国际货币基金组织报告第 8 页。

[18] Vaithilingam, S. and Nair, M. (2007), 'Factors affecting money laundering: lesson for developing countries', *Journal of Money Laundering Control*, 10 (3), 352 – 366, at 353.

家安全造成巨大的威胁,因为恐怖分子同样需要资金和资源来从事非法活动[19]。尽管恐怖主义活动的部分资金有合法来源,但绝大部分资金来自于非法活动,2001年恐怖袭击的资金来源于信用卡欺诈和身份窃取就是一个最好的例证[20]。

金融犯罪对经济的影响程度如何?我们必须看到,尽管联合国、金融行动特别工作组以及各国家和民族就此问题的研究做出了巨大的努力,但仍然无法准确预测金融犯罪对经济的影响程度,其中包含许多方法论上的难题。虽然如此,仍然可以参考官方预估不同类型的金融犯罪对经济影响的研究报告。例如,金融行动特别工作组援引国际货币基金组织(IMF)的文件称,全球国内生产总值(GDP)的2%~5%与洗钱有关,相当于5900亿美元和1.5万亿美元[21]。据美国财政部统计,美国每年洗钱的数额约为6000亿美元[22],而米切尔则称这一数额接近3000亿美元[23]。因此,据估计99.9%的犯罪所得被成功洗钱[24]。根据英国财政部的统计,"有组织犯罪每年在英国造成超过200亿英镑的社会经济损失"[25]。2004年,英国内政部表示,有组织犯罪"渗入每一个社区,破坏正常生活秩序,衍生其他犯

---

[19] Ryder, N. (2007a), 'A False Sense of Security? An Analysis of Legislative Approaches Towards the Prevention of Terrorist Finance in the United States and the United Kingdom', *Journal of Business Law*, 821–850.

[20] The 9/11 Commission, *The 9/11 Commission Report – Final Report of the* National Commission on Terrorist Attacks upon the United States (Norton & Company: London, 2004) at p. 170.

[21] Financial Action Task Force (n/d), 'Money laundering FAQ', available at http://www.fatf-gafi.org/document/29/0,3343,en_32250379_32235720_33659613_1_1_1_1,00.html (accessed 13 January 2010).

[22] Weller, P. and Roth von Szepesbela, K. (2004), 'Silence is golden – or is it? FINTRAC and the suspicious transaction reporting requirements for lawyers', *Asper Review of International Business and Trade Law*, 4, 85–130, at 86.

[23] Mitchell, D. (2003), 'US Government agencies confirm that low-tax jurisdictions are not money laundering havens', *Journal of Financial Crime*, 11 (2), 127–133, at 128.

[24] Baker, R. (1999), 'Money Laundering and Flight Capital: The Impact on Private Banking', testimony before the Permanent Subcommittee on Investigations, Committee on Governmental Affairs, US Senate, 10th November, 1999, available at http://www.brookings.edu/testimony/1999/1110finan-cialservices_baker.aspx (accessed 2 August 2010).

[25] HM Treasury, *The financial challenge to crime and terrorism* (HM Treasury: London, 2007) at p. 6.

罪并制造恐慌"[26]。根据金融行动特别工作组的报告，英国执法部门估算了严重有组织犯罪的经济和社会成本（包括打击犯罪成本），其数额每年高达 200 亿英镑。据估计，英国每年的有组织犯罪涉案金额总量约为 150 亿英镑，具体如下：毒品犯罪约占 50%；税务欺诈犯罪占 25%；诈骗罪占 12%；假冒伪劣商品犯罪占 7%；有组织移民犯罪占 6%[27]。

金融犯罪对各国经济均产生了不利影响。例如，斯坎兰指出了恐怖主义对经济的影响，并指出"仅 2005 年 7 月 7 日和 7 月 21 日的炸弹袭击导致伦敦交通系统中断，所造成的损失据估计就超过了 30 亿英镑"[28]。同样，1993 年在伦敦发生的炸弹袭击事件也造成了超过 10 亿英镑的财产损失[29]。

第三节　英美金融犯罪打击战略

本书的目的是对国际社会所适用的金融犯罪政策及其在英美两国的应用提供详尽的分析和评价。为什么本书聚焦于英美两国？美国是最早规制不同类型金融犯罪并将其定罪的国家之一，也是国际社会金融犯罪政策制定和实施过程中不可或缺的一员。本书阐释了美国在执行一系列旨在打击洗钱和恐怖主义融资的国际法律文书中所起的作用。此外，美国财政部在成立金融特别行动工作组方面起到了关键性的作用。选择美国进行金融犯罪研究的另一个原因是金融服务业和银行业在美国的重要地位及金融犯罪对其构成的巨大威胁。美国大约有 1800 家特许商业银行，拥有 6 万亿美元

---

[26] Home Office, *One Step Ahead – A 21st Century Strategy to Defeat Organised Crime* (Home Office: London, 2004b) at p. 1.

[27] Financial Action Task Force, *Summary of third mutual evaluation report: anti – money laundering and combating the financing of terrorism – United Kingdom of Great Britain and Northern Ireland* (Financial Action Task Force: Paris, 2007) at pp. 1 – 2.

[28] Scanlan, G. (2006), 'The enterprise of crime and terror – the implications for good business. Looking to the future – old and new threats', *Journal of Financial Crime*, 13 (2), 164 – 176, at 164.

[29] HM Treasury, *Combating the financing of terrorism* (HM Treasury: London, 2002) at p. 11.

资产；超过 900 家政府特许银行，拥有约 1.3 万亿美元资产；超过 5200 家商业和储蓄银行，拥有 2 万亿美元资产；此外，还有大量储蓄协会和 8500 多家信用合作社；美国证券业有 5.4 万亿美元的资产规模和 2560 亿美元的资本规模[30]。在前总统乔治·布什的八年任期内，他领导的政府打击了大量的公司欺诈和恐怖主义融资行为，出台了大量相关法律，成立了许多反欺诈特别工作组，并挑起了反恐怖主义金融战，我们很有必要将巴拉克·奥巴马政府对金融犯罪所采取的政策和乔治·布什政府的政策进行重点比较。

英国对金融犯罪采取了强硬的立场，在打击金融犯罪的全球行动中，英国与美国一样发挥着主导作用。英国已全面履行其在打击国际洗钱、恐怖主义融资、欺诈和内幕交易等方面的职责，并于 2007 年担任金融行动特别工作组主席。英国在打击洗钱、欺诈和恐怖主义融资政策制定方面也有重大进展，包括成立了"英国严重有组织犯罪监察局"（SOCA），英国最高法院在 A 诉英国财政部[31]案件中的决定就恐怖主义融资所制定的政策和前政府根据欺诈审查建议所执行的反欺诈政策做出决议产生的重大影响等。英国联合政府成立了一个"超级经济犯罪机构"，以便及时审视英国金融犯罪打击战略。选取英国进行研究最主要的考量还在于金融服务业和银行业对英国经济的重要性，金融服务业的职能主要表现为三方面：通过投资链将储户、借款人和投资连接起来；风险的分摊和管理；便捷支付[32]。从历史的角度看，伦敦作为全球金融服务中心的重要性可以追溯到 12 世纪[33]。布莱尔认为"20 世纪 80 年代中期英国的'大爆炸'事件推动了金

---

[30] Financial Action Task Force, *Third mutual evaluation report anti－money laundering and combating the financing of terrorism－United States of America*（Financial Action Task Force：Paris, 2006）at p. 10.

[31] UKSC 2。

[32] HM Treasury, *The UK financial services sector：rising to the challenges and opportunities of globalisation*（HM Treasury：London, 2005）at p. 5.

[33] 更多详情见 Davies, Glyn（2002）, *A history of money from ancient times to the present day*, University of Wales Press, Cardiff; Ferguson, Niall（2008）, *The ascent of money*, Allen Lane, London.

融服务的国际化进程,吸引了大量的外来投资"[34];此外,在伦敦证券交易所上市的公司比东京或纽约证券交易所多[35]。英国财政部报告称,"英国金融服务业也直接推动了英国的产出、就业、贸易和生产力"。英国金融服务业为英国提供了5%的增值税、超过100万个就业机会和占GDP总额1.6%的贸易顺差;同时,有证据表明,英国金融服务业生产率高于全行业平均生产率,而且行业生产率增长水平高于总体经济增速[36]。英国银行家协会报告称,"过去十年,英国金融业的增长速度超过了任何其他商业部门"[37]。协会首席执行官表示,"金融服务业是英国经济的支柱产业:通过税收为英国财政做出了巨大贡献,直接雇佣100多万人,是英国最后一个公认的世界领先产业之一"[38]。英国由来已久的金融丑闻给金融犯罪战略实施的有效性带来了巨大困扰,因此有必要对英国和美国的相关政策进行详细的比较研究。

第四节　金融犯罪研究内容

本书将主要论述以下四种金融犯罪:洗钱、恐怖主义融资、欺诈和内幕交易。第二章结合国际社会的反洗钱措施对美国和英国的反洗钱政策进行批判性的分析。作者认为,美国的反洗钱战略分为两个部分:洗钱的刑事定罪以及对确定和可疑洗钱交易的报告制度。英国的反洗钱战略分为三个部分:洗钱的刑事定罪、金融监管机构识别和防范洗钱犯罪的制度、对

---

[34] Blair, W. (1998), 'The reform of financial regulation in the UK', *Journal of International Banking Law*, 13 (2), 43–49, at 43.

[35] 参见脚注[32]英国财政部文件,第9页。

[36] 同上,第18页。

[37] British Bankers Association (2008), 'Financial services sector tops UK growth tables', Press Release 18 January 2008, available at http://www.bba.org.uk/bba/jsp/polopoly.jsp?d=1569&a=12022 (accessed 9 June 2009).

[38] 同上。

确定和可疑洗钱交易的报告制度。第三章论述恐怖主义融资。作者认为，美国和英国的反恐怖主义融资政策可分为三个部分：恐怖主义融资的刑事定罪、冻结已知或可疑恐怖分子资产的制度以及可疑交易报告制度。恐怖主义融资和欺诈之间有一定的关联性。有些评论认为恐怖分子常利用欺诈行为为恐怖活动融资㊴；此外，欺诈是有组织犯罪惯用的手法㊵，这点必须引起重视。因此，第四章探讨英美反欺诈政策。与洗钱和恐怖主义融资不同，联合国或欧盟都没有针对欺诈的国际法律，因此很难制定全球性的反欺诈制度。英美两国就欺诈行为对本国金融的影响都做了大量的研究，国际组织对美国的反欺诈政策几乎没有影响，对英国的影响也微乎其微。第四章将美国和英国的反欺诈政策分为三个部分：欺诈活动的刑事定罪、监管机构职责和反欺诈报告制度。

　　本书第五章的内容是内幕交易和市场滥用。该部分着重探讨了滥用内幕信息的各个环节，特别是讨论了旨在确保证券市场完整性的条款以及旨在解决金融服务行业内幕交易和市场操纵问题的立法。尽管这是一款在美国已长期实施的法律，但对英国而言却是相对较新的领域。第五章还考察了由FAMA 2000和英国金融服务管理局（FSA）制定的市场滥用管理制度以及欧盟关于市场滥用管理制度的影响。全球金融犯罪战略的一个重要组成部分就是执法机构剥夺有组织犯罪分子、贩毒集团和恐怖分子获取非法收入的能力，这是第六章讨论的重点内容。国际上允许没收非法获利的措施是广泛的而且已经在英美实施，犯罪所得没收制度已经成为英美金融犯罪政策中的重要组成部分。第七章着重讨论为应对本书所述不同类型的金融犯罪而设立的监管和执法机构。本章确定了全球、地区和国家层面的机构，并将美国和英国的机构分为三个等级。第八章的内容为美国和英国对犯下前几章所述金融犯罪类型的人所采取的刑事政策。该章特别讨论了金融犯罪的定罪量刑标准和法院的裁量权。

㊴ 参见脚注⓲瑞德文章，第825页。
㊵ Wright, R. (2007), 'Developing effective tools to manage the risk of damage caused by economically motivated crime fraud', *Journal of Financial Crime*, 14 (1), 17–27, at 18.

第二章

洗钱犯罪

全球化扩大了洗钱的范围和程度。资金可以以闪电般的速度从也门汇到佛罗里达的恐怖分子手中，用于摧毁纽约和华盛顿的建筑。商业腐败、毒品交易、武器走私和恐怖主义犯罪得以实施都是由非法资金在未被发现的情况下利用金融系统的漏洞进行流动所造成的❶。

第一节 洗钱犯罪概述

大量犯罪行为的目的是为个人或团体带来非法收益，洗钱犯罪使犯罪分子在不暴露其犯罪源头的情况下获取非法收益，在一定程度上掩盖了有组织犯罪分子和贩毒分子的犯罪行径，对犯罪分子来说尤为关键。洗钱犯罪通过隐匿资产来掩盖非法活动。洗钱犯罪的发展在很大程度上与"黑手党"频繁实施犯罪行为有关❷。早期洗钱犯罪分子利用资金密集型行业如赌博业进行洗钱❸，到了20世纪50年代已经建成了灵活、系统的财务管理系统❹。关于"洗钱"的首次法律报告是美国的一起4255625.39美元案

---

❶ Lacey, K. and George, N. (2003), 'Crackdown on money laundering: a comparative analysis of the feasibility and effectiveness of domestic and multilateral policy reforms', *Northwestern Journal of International Law and Business*, Winter, 23, 263 – 351, at 350 – 351.

❷ Robinson, Jeffrey (1995), *The Laundrymen*, Pocket Books, London, at p. 4.

❸ Gallant, Michelle (2005), *Money Laundering and the Proceeds of Crime*, Edward Elgar, Cheltenham, at p. 11.

❹ Gill, M. and Taylor, G. (2004), 'Preventing money laundering or obstructing business? Financial companies' perspectives on "know your customer" procedures', *British Journal of Criminology*, 44 (4), 582 – 594, at 582.

值的案例❺。自 1986 年《反洗钱法》（MLCA）❻ 和《毒品交易法》（DTOA）颁布实施后，美国和英国纷纷将洗钱犯罪定为刑事犯罪❼。美国领导的禁毒战争和金融行动特别工作组的成立使洗钱活动受到了全球的监管和关注❽。洗钱犯罪被称为一种"群集现象"❾ 和"世界第三大产业"❿。联合国估计全球每年的洗钱金额为 5000 亿美元⓫，根据国际货币基金组织（IMF）的统计数据，这一数字占全球国内生产总值的 2%～5%。⓬ 莫莱斯认为，"由于洗钱犯罪具有隐蔽性，很难确定每年全球洗钱犯罪的确切数额"⓭。鉴于洗钱犯罪数据统计受限，洗钱犯罪又被称为"影子经济"，或一国未被记录的金融活动⓮。有人认为，"任何有关洗钱的经济分析都困难重重，……因此在缺乏确凿统计数据的情况下，迄今为止的研究不得不采用

---

❺ （1982）551 F Supp. 314。有关本案的更多详细描述见 Buchanan, B.（2004），'Money laundering – a global obstacle'，*Research in International Business and Finance*，18，120 – 122。

❻ 1986 年的《反洗钱法》是对美国诉澳新一案的直接回应，参见《联邦地区法院判例汇编》第二辑第 766 卷第 676 页（1985 年第 1 巡回法庭）。有关本案的更详细评论见 Schwartz, J.（1987），'Liability for structured transactions under the Currency and Foreign Transactions Reporting Act：a prelude to the Money Laundering Control Act of 1986'，*Annual Review of Banking Law*，6，315 – 340。

❼ 1986 年的《毒品交易法》是美国上议院在 1981 年 R 诉卡斯伯特 AC 470 案后出台的，该法将毒品洗钱定为刑事犯罪，1993 年的《刑事司法法》涵盖了"所有"洗钱行为。

❽ 参见脚注❹吉尔和泰勒的文章，第 583 页。有关洗钱与毒品之间联系的更详细讨论参见 Levi, M.（2002a），'Money launder – ing and its regulation'，*The Annals of the American Academy of Political and Social Science*，582（1），181 – 194，at 182。

❾ Unger, Brigitte（2007），*The scale and impacts of money laundering*，Edward Elgar, Cheltenham，at p. 21。

❿ 参见脚注❷罗宾逊著作，第 2 页。

⓫ Solomon, P.（1994），'Are money launderers all washed up in the western hemisphere? The OAS model regulations'，*Hastings International and Comparative Law Review*，Winter，17，433 – 455，at 434。

⓬ International Monetary Fund（1998），'Michael Camdessus, Address to the FATF at the Plenary Meeting of the Financial Action Task Force on Money Laundering, 10 February 1998'，available at www. imf. org/external/np/ speeches/1998/021098. htm（accessed 6 September 2009）。

⓭ Morais, H.（2005），'Fighting international crime and its financing：the importance of following a coherent global strategy based on the rule of law'，*Villanova Law Review*，50，583 – 644，at 591. For similar comments see Alexander, K.（2001），'The international anti – money laundering regime：the role of the Financial Action Task Force'，*Journal of Money Laundering Control*，4（3），231 – 248，at 232。

⓮ Collins, R.（2005），'The unknown unknowns – risks to the banking sector from the dark side of the shadow economy'，*The Company Lawyer*，26（3），84 – 87，at 84。

间接的估计方法"[15]。据美国财政部估计,美国每年洗钱的数额约为6000亿美元[16],而米切尔则称这一数额接近3 000亿美元[17]。相比较而言,英国每年洗钱的数额较低,估计从190亿英镑到480亿英镑不等[18]。

尽管具有一定的神秘性,但洗钱犯罪通常经历以下三个阶段:引入、分层和整合[19]。在第一阶段,洗钱者将犯罪非法收益引入金融系统[20],通常是将大额资金账户拆分为多家银行的小额资金账户从而轻松规避洗钱报告的要求[21];在第二阶段,洗钱者进行多次交易,以使非法资金远离其原始交易;第三阶段被称为整合阶段,正是在洗钱周期的这个阶段,资金会重新流入金融体系。洗钱已成为一种跨国活动,有严格的组织规程和充足的资金资助的有组织犯罪分子能够巧妙规避反洗钱规则,转移和掩盖其犯罪所得[22]。英国财政部认为,洗钱"经常涉及多国交易以掩盖资金的非法来源"[23],洗钱者甚至借助高精技术利用空壳公司进行大量的金融交易使其犯罪所得合法化[24]。因此,可以假定存在无数的路径供有组织犯罪分子进行

---

[15] 传统上有两种统计洗钱数据的方法。第一种主要是基于宏观经济数据的假设,第二种主要是基于反洗钱机构提供的财务信息。参见 Harvey, J. (2004), 'Compliance and reporting issues arising for financial institutions from money laundering regulations: a preliminary cost benefit study', *Journal of Money Laundering Control*, 7 (4), 333–346, at 333.

[16] Weller, P. and Roth von Szepesbela, K. (2004), 'Silence is golden – or is it? FINTRAC and the suspicious transaction reporting requirements for lawyers', *Asper Review of International Business and Trade Law*, 4, 85–130, at 86.

[17] Mitchell, D. (2003), 'US Government agencies confirm that low-tax jurisdictions are not money laundering havens', *Journal of Financial Crime*, 11 (2), 127–133 at 128.

[18] Harvey, J. (2005), 'An evaluation of money laundering policies', *Journal of Money Laundering Control*, 8 (4), 339–345, at 340.

[19] 参见脚注[2]罗宾逊文章,将洗钱阶段分为浸泡、分层和甩干,第12页。

[20] 有关有组织犯罪分子如何在分层过程的引入阶段隐匿其犯罪所得的出色评论参见 Simser, J. (2008), 'Money laundering and asset cloaking techniques', *Journal of Money Laundering Control*, 11 (1), 15–24.

[21] 这一过程被称为"拆分洗钱",罪犯将资金存在金融机构,金额低于金融机构必须报告可疑活动的水平。关于拆分洗钱的详细讨论参见 Welling, S. (1989), 'Smurfs, money laundering, and the federal criminal law: the crime of structuring transactions', *Florida Law Review*, 41, 287–339.

[22] 参见脚注[13]亚历山大文章,第231页。

[23] HM Treasury, 0 (HM Treasury: London, 2004) at p. 12.

[24] Financial Services Authority, *Consultation Paper 46 Money Laundering – The FSA's new role* (Financial Services Authority: London, 2000) at para. 3.2.

洗钱[25]，这也意味着几乎所有金融交易都可能涉及洗钱[26]。

第二节　全球反洗钱战略的演进

国际货币基金组织和世界银行表示，"一些国际组织和特别工作组参与了打击洗钱犯罪的工作"[27]。辛格认为，全球反洗钱制度正从预防和执行两个维度在国家、区域和国际三个层面上发展[28]。洗钱是一种国际化犯罪，需要国际社会做出有效回应[29]。因此，有必要对联合国、金融行动特别工作组和欧盟所采取的反洗钱措施进行梳理和调查，以明确国际社会的反洗钱政策。

一、联合国

国际社会反洗钱措施的诞生源于联合国对麻醉药品的政策[30]。联合国打击洗钱犯罪的工作由联合国毒品犯罪问题工作组通过其全球性的反洗钱

---

[25] Alldridge, Peter (2003), *Money Laundering Law*, Hart, Oxford, at p. 3.
[26] 同上，第2－3页。
[27] International Monetary Fund and World Bank, *Enhancing contributions to combating money laundering: policy paper* (International Monetary Fund and World Bank: Washington, DC, 2001) at p. 10. 关于国际货币基金组织在洗钱方面作用的详细评论参见 Holder, W. (2003), 'The International Monetary Fund's involvement in combating money laundering and the financing of terrorism', *Journal of Money Laundering Control*, 6 (4), 383－387.
[28] Tsingou, E. (2005), *Global governance and transnational financial crime opportunities and tensions in the global anti-money laundering regime* (CSGR Working Paper No. 161/05) at p. 4.
[29] Stessens, Guy (2000), *Money laundering - a new international law enforcement model*, Cambridge University Press, at p. 18.
[30] 例如，1912年的《国际鸦片公约》和1931年的《限制麻醉品制造及管制麻醉品运销公约》。有关这些国际措施的详细评论参见 Thomas, C. (2003), 'Disciplining globalization: international law, illegal trade, and the case of narcotics', *Michigan Journal of International Law*, 24, 549－574.

方案来推行的事实就说明了这一点❸。特别重要的是 1939 年《禁止非法贩运危险药品公约》❷，该公约规定了没收与毒品有关的销售收益的首要义务；最重要的国际反洗钱文件是《联合国禁止非法贩运麻醉药品和精神药物公约》（简称《维也纳公约》）❸。由于《麻醉品单一公约》（1961 年）和《精神药物公约》（1971 年）的不足，《维也纳公约》才能得以实施❹。《维也纳公约》规定，缔约国必须将清洗毒品收益行为定为犯罪❺，采取措施确立对洗钱行为的管辖权❻，允许没收销售非法药物和/或用于制造非法药物和/或材料的收入❼，并提供促进引渡的机制❽和着手采取措施改善司法协助工作❾。在《维也纳公约》中，与本章内容最为相关的是将洗钱规定为犯罪的第 3 条。该条款禁止以下行为：

① 明知财产源自根据本条 a 项所规定的任何犯罪行为或参与该犯罪行为所得，为隐瞒或掩饰财产的非法来源或协助犯罪参与人逃避其行为的法律后果而将财产转换或转移。

② 明知财产来源于依照本条 a 项所规定的一项或多项犯罪行为或参与

---

❸ 参见脚注❸莫莱斯文章，第 593 页。

❷ 1936 年《禁止非法贩运危险药品公约》第 10 条。

❸ 1988 年《联合国禁止非法贩运麻醉药品和精神药物公约》。博斯沃思 - 戴维斯认为，"这份文件已经作为《维也纳公约》载入反洗钱政策的史册"。Bosworth – Davies, R. (2006), 'Money laundering: towards an alternative interpretation – chapter two', *Journal of Money Laundering Control*, 9 (4), 346 – 364, at 356.

❹ Alford, D. (1994), 'Anti – money laundering regulations: a burden on financial institutions', *The North Carolina Journal of International Law and Commercial Regulation*, 19, 437 – 468, at 441 – 442. 有关国际社会为打击非法毒品交易所做出的努力的评论参见 Bassiouni, M. (1989), 'Critical reflections on international and national control of drugs', *Denver Journal of International Law and Policy*, 18 (3), 311 – 337.

❺ 参见脚注❸《维也纳公约》第 3 条。

❻ 参见脚注❸《维也纳公约》第 4 条。

❼ 参见脚注❸《维也纳公约》第 5 条。

❽ 参见脚注❸《维也纳公约》第 6 条。

❾ 参见脚注❸《维也纳公约》第 7 条。更多详细内容参见 Zagaris, B. (1989), 'Developments in international judicial assistance and related matters', *Denver Journal of International Law and Policy*, 18 (3), 339 – 386, Defeo, M. (1989), 'Depriving international narcotics traffickers and other organised criminals of illegal proceeds and combating money laundering', *Denver Journal of International Law and Policy*, 18 (3), 405 – 415 and Stewart, D. (1989), 'Internationalizing the war on drugs: the UN Convention Against Illicit Traffic in Narcotic Drugs and Psychotropic Substances', *Denver Journal of International Law and Policy*, 18 (3), 387 – 404.

某项犯罪行为所得而隐瞒财产的真实性质、来源、地点、处置、转移相关财产或与财产所有权相关的权利。

方指出,"新规定通过呼吁各国起诉清洗毒品收益的人,为打击洗钱犯罪的初期工作增添了新的动力"❹。同样,博斯沃思－戴维斯指出,《维也纳公约》"至少在理论上比以前或以后任何其他措施为打击全球毒品交易的洗钱犯罪提供了更加坚实的基础"❹。但是,《维也纳公约》的适用范围仅限于清洗从毒品的制造和销售中获得收益的犯罪❹。《巴勒莫公约》扩大了《维也纳公约》的范围,其中涉及洗钱的"所有严重罪行",而不仅仅是与出售或制造毒品有关的罪行❸。该公约要求缔约国将参与有组织犯罪、洗钱、腐败和妨碍司法定为犯罪❹。因此,国际社会反洗钱政策的一个重要方面就是将洗钱定为犯罪❺。联合国为打击洗钱犯罪而采取的重要措施还包括"打击洗钱犯罪收益和恐怖主义融资的全球性计划"和"打击洗钱的政治宣言和行动计划"。

二、金融行动特别工作组

制定全球反洗钱政策的第二步是成立金融行动特别工作组。该组织是在"联合国大会于1988年通过了一项禁止洗钱的普遍承诺"后于1989年

---

❹ Png, Cheong – Ann (2008a), 'International legal sources I – the United Nations Conventions', in W. Blair and R. Brent (eds), Banks and financial crime – the international law of tainted money, Oxford University Press, Oxford, 41 – 59, at 41.

❹ 参见脚注❸博斯沃思－戴维斯文章,第356页。《维也纳公约》于1990年经由《刑事司法(国际合作)法》在英国实施。

❹ 参见脚注❾昂格尔等人文章,第16页。关于《维也纳公约》洗钱条款的更多评论参见 Gilmore, William (2004), Dirty money – the evaluation of international measures to counter money laundering and the financing of terrorism, Council of Europe, Brussels, 53 – 61.

❸ 2000年《联合国打击跨国有组织犯罪公约》。

❹ 同上,第6条。

❺ 关于这一建议的早期评论参见 Zagaris, B. and Castilla, S. (1993), 'Constructing an international financial enforcement sub regime: the implementation of anti – money laundering policy', Brooklyn Journal of International Law, 18, 871 – 965, at 908 – 909.

成立的㊻。金融行动特别工作组是一个政府间机构，其职能是制定和促进反洗钱政策的实施，它由34个国家、2个国际组织和几个区域性组织共同组成㊼。据约翰逊称，金融行动特别工作组在1990年发布了40条系列建议㊽，"提供了一套包括相关法律及其执行、金融体系的活动和监管以及与国际合作有关事项的完整的反洗钱程序"㊾。这些建议分为四个部分：洗钱的刑事定罪和资产没收㊿、金融机构为防止洗钱和恐怖主义融资而采取的措施○51、参与打击洗钱犯罪的其他机构和其他措施○52，以及反恐怖主义融资和国际合作○53。联合国安理会第1617号决议强调了这些建议的重要性，并强烈敦促"所有会员国执行金融行动特别工作组关于洗钱问题的40条建议所载的全面国际标准"○54。金融行动特别工作组成员国明确承诺实施这些建议，并同意接受多边监督、同行审查和公布非合作国家和地区名单。所有成员国都通过年度自我评估和相互评估的双管齐下的方法来监测40条建议的执行情况。金融行动特别工作组还对为执行具体建议而采取的措施进行跨国审查。为了敦促各国严格遵守，金融行动特别工作组最初采用了强

㊻ Johnson, J. (2008), 'Is the global financial system AML/CTF prepared?', *Journal of Financial Crime*, 15 (1), 7–21, at 8.

㊼ 同上，第9–10页。这些标准已得到180个国家、国际货币基金组织和世界银行的认可。参见《金融行动特别工作组2007—2008年度报告》，金融行动特别工作组：巴黎，2008年，第2页。

㊽ 值得注意的是，这40条建议已于1996年和2003年进行了修订，并于2001年9月美国遭受恐怖袭击后增加了9条关于恐怖主义融资的特别建议。

㊾ 参见脚注㊻约翰逊文章，第11页。另见 Hulsse, R. and Kerwer, D. (2007), 'Global standards in action: insights from anti-money laundering regulation', *Organization*, 14 (5), 625–642, at 628.

㊿ 前4条建议界定了洗钱犯罪和没收犯罪所得的范畴。

○51 第二组建议包括第5~25条，涉及客户尽职调查、记录保存、可疑交易报告和监管。

○52 第三组建议包括第26~34条，着眼于规定主管部门和法人机构的公开运行。

○53 最后一组建议主要包括相关法律援助和引渡条例。

○54 2005年7月29日联合国安全理事会第5244次会议通过的联合国安全理事会第1617 (2005) 号决议。另见2006年9月20日联合国大会通过的第60/288号决议，其中规定"鼓励各国执行《关于洗钱问题的40条建议》（以下简称《40条建议》）和《关于金融活动资助恐怖主义融资的9条特别建议》（以下简称《9条特别建议》）中所载的全面国际标准"。需要特别指出的是，这是美国发起的一项决议。更详细的讨论参见US Government Accountability Office, *International Financial Crime – Treasury's roles and responsibilities relating to selected provisions of the USA Patriot Act 2001* (US Government Accountability Office: Washington, DC, 2006).

制性的制度[55]，2000 年公布的"不合作国家和地区名单"就说明了这一点。道尔称，这份名单"令人不安，它暗示了一种域外歧视的政策"[56]。国际货币基金组织和世界银行对名单的公布存有争议并对金融行动特别工作组进行了谴责，因此，金融行动特别工作组将强制执行转为劝导遵守[57]。有观点认为，金融行动特别工作组之所以放弃公布这份名单，主要是因为担心丧失其作为全球反洗钱机构的权威[58]。

金融行动特别工作组的建议给英国和美国的反洗钱政策带来了显著的影响。例如，第 1 条建议要求各国"根据 1988 年的《联合国禁止非法贩运麻醉药品和精神药物公约》和 2000 年《联合国打击跨国有组织犯罪公约》将洗钱活动定为刑事犯罪"；第 4～12 条建议规定了金融机构和其他专业机构在防止洗钱犯罪中的作用[59]；第 13～16 条建议要求金融机构及时报告可疑交易。

三、欧盟

1977—1980 年，欧洲理事会的欧洲犯罪问题委员会设立了一个特别委员会，负责调查成员国之间非法转移犯罪所得的问题。特别委员会提出了一项正式建议，着重明确了防止洗钱犯罪的重要性和中央银行所发挥的作用[60]；

---

[55] Hulsse, R. (2007), 'Creating demand for global governance: the making of a global money-laundering problem', *Global Society*, 21 (2), 155–178, at 167.

[56] Doyle, T. (2002), 'Cleaning up anti-money laundering strategies: current FATF tactics needlessly violate international law', *Houston Journal of International Law*, 24, 279–313, at 282.

[57] 参见脚注[55]赫尔斯特文章，第 167 页。

[58] Alldridge, P. (2008), 'Money laundering and globalisation', *Journal of Law and Society*, 35 (4), 437–463, at 444. 更详细的讨论参见 Hulsse, R. (2008). 'Even clubs can't do without legitimacy: Why the anti-money laundering blacklist was suspended', *Regulation & Governance*, 2 (4), 459–479.

[59] 根据这些建议，金融机构应当对客户进行尽职调查并做好记录，包括核实客户身份和确定业务关系的性质。

[60] 这项建议包含一系列旨在创建一种影响深远的反洗钱制度的举措。欧洲理事会部长委员会于 1980 年 6 月 27 日通过了《关于禁止转移和隐匿犯罪来源资金的措施》R (80) 10 号决议。

此外，它还规定银行应确保在开户或存款时对所有客户进行身份验证[61]。但是，这项建议并没有得到执行。迄今为止，欧盟已经实施了三项反洗钱指令。1991年出台的第一项反洗钱指令[62]于1993年在英国实施[63]，该项指令的主要内容包括确认客户的身份信息、可疑交易的检查和报告、对可疑交易的诚信保证、在客户关系结束后保存五年的身份认证记录、与当局合作，以及科学的内部管理和培训方案[64]。然而，截至20世纪90年代末，评论员和立法者都认为这项指令并没有发挥实际作用[65]。第二项反洗钱指令包含两大重要主题：首先，它扩大了可疑交易报告所涉及的上游犯罪的范围，从单纯的毒品交易犯罪扩展到所有的严重刑事犯罪；其次，它还将适用范围扩大到一些专业化的和非金融性的活动[66]。英国于2003年通过《反洗钱条例》执行了第二项指令[67]。其后，欧盟委员会决定融合现有指令并公布第三项指令的建议[68]。2005年6月，欧盟委员会达成了要求成员国在2007年12月15日前全面执行第三项指令的协议。新指令旨在扩大洗钱犯罪上游犯罪的范围，并为准确进行客户身份识别提供有效的指引。该指令要求成员国"将反洗钱机制的覆盖范畴扩大到一切严重刑事犯罪的收益"[69]。英国通过2007年的《反洗钱条例》执行了第三项反洗钱指令[70]。

---

[61] Alexander, K. (2000), 'Multi-national efforts to combat financial crime and the financial action task force', *Journal of International Financial Markets*, 2 (5), 178-192, at 182.

[62] European Council, *Directive on the Prevention of the Use of the Financial System to Launder Money* 91/308, 1993 O. J. (L 166).

[63] 该指令经由1993年《反洗钱条例》（1993/1933）施行。

[64] 这些被称为"基于金融行动特别工作组40条建议的反洗钱措施"。参见 Mitsilegas, V. and Gimlore, B. (2007), 'The EU legislative framework against money laundering and terrorist finance: a critical analysis in light of evolving global standards', *International and Comparative Law Quarterly*, 56 (1), 119-140, at 120.

[65] 同上，第122页。

[66] 包括律师、公证人、会计师、房地产经纪人、艺术品交易商、珠宝商、拍卖商和赌场等。

[67] 2003年《反洗钱条例》第3075条。

[68] 2005年《反洗钱指令》第60条。

[69] Fisher, J. (2002), 'Recent international developments in the fight against money laundering', *Journal of International Banking Law*, 17 (3), 67-72, at 67.

[70] 2007年《反洗钱条例》第2157条。

第三节 美国反洗钱战略

美国反洗钱政策可以追溯到20世纪60年代"越来越多的人开始关注那些从事非法活动的美国人使用秘密的'海外'银行账户"[71]。这项政策最初还与20世纪80年代的非法毒品交易和禁毒战争有关。伯内特曾经指出,"与日俱增的非法毒品交易伴随着大量的洗钱犯罪"[72]。然而,普罗沃斯特则认为,如今的反洗钱政策比20世纪80年代的适用范围更广:"虽然反洗钱最初是为了阻止非法毒品交易,但一切有利可图的犯罪活动包括非法出售武器、贩运人口、诈骗、政治腐败和恐怖主义融资活动等都已成为反洗钱政策打击的目标"[73]。美国政府问责局表示,联邦执法官员估计美国每年洗钱的金额为1000亿~3000亿美元"[74]。

据估计,全球一半以上的洗钱资金是通过美国银行业转移的,在美国实施有效的反洗钱政策至关重要[75],因此,美国于1970年颁布实施的《银行保密法》中的反洗钱政策早于上述国际性政策[76]。尽管出台了该法,但直到20世纪80年代,洗钱才成为政治争辩和推测的主题。如下文所述,由《银行保密法》固有的缺陷引发的财务丑闻才导致《反洗钱法》将洗钱定为刑事犯罪。尽管20世纪90年代多次修订了《反洗钱法》,但直到

---

[71] 参见脚注[56]道尔文章,第287页。

[72] Burnett, A. (1986), 'Money laundering – recent judicial decisions and legislative developments', *Federal Bar News Journal*, 33, 372.

[73] Provost, M. (2009), 'Money laundering', *American Criminal Law Review*, 46, 837–861, at 838.

[74] General Accounting Office, *Money laundering – needed improvements for reporting suspicious transactions are planned* (General Accounting Office: Washington, DC, 1995) at p. 2.

[75] Takats, E. *A theory of 'crying wolf': the economics of money laundering enforcement – IMF Working Paper* (International Monetary Fund: Washington, DC, 2007) at p. 7.

[76] Levi, M. and Reuter, P. (2006), 'Money laundering', *Crime & Justice*, 34, 289–368, at 296. The Bank Secrecy Act 1970 was formerly referred to as the Financial Reporting and Currency and Foreign Transaction Reporting Act (1970) 31 U.S.C. §5311.

1998年《打击洗钱和相关金融犯罪战略法》（简称《战略法》）的实施，美国才有了法典化的反洗钱政策。《战略法》要求每年发布一次全国性的反洗钱战略，其目的是"更好地协调执法机构和金融监管机构在打击洗钱方面的职责"[77]。《战略法》规定，美国的洗钱战略有如下五个目标：缩减洗钱的规模；制定协调一致的反洗钱反应机制[78]；实施改进发现和起诉洗钱犯罪的制度；加强金融机构与执法机构之间的联系；强化联邦和州当局的联系[79]。根据莱西和乔治的说法，该法案的出台有三个原因[80]：首先，美国国会需要明确洗钱犯罪与包括毒品和贿赂在内的其他犯罪的关系；其次，打击洗钱犯罪及与其相关联的贿赂犯罪十分重要；最后，通过立法来保证美国金融服务行业的廉洁性十分必要。根据法案的要求，美国财政部和司法部需要提供五份报告集结形成国家反洗钱战略[81]。第一份战略报告于1999年发布，旨在强化国内执法机制以打击非法资金的流动；加强监管和公私合作以防止洗钱；加强合作关系以打击洗钱；加强国际合作[82]。第二份战略报告指出，执法机构应集中起诉主要的洗钱组织；应尽力衡量"反洗钱"工作的有效性；应通过公私联合的措施来防止洗钱；州政府和地方政府应共同努力打击洗钱犯罪，并采取措施加强打击洗钱犯罪的国际合作[83]。第三份反洗钱战略报告代表了美国洗钱政策的根本变化，因为它将恐怖主义融资犯罪列入洗钱犯罪的范畴[84]，该报告指出，执法和监管的关键是除上述第二份战略文件重申的目标外，识别、破坏和摧毁恐怖主义

---

[77] General Accounting Office, *Combating money laundering – opportunities exist to improve the national strategy* (General Accounting Office: Washington, DC, 2003) at p. 1.

[78] 必须指出的是，尽管有了这一特定目标，联邦执法机构还是遇到了协调问题，详见 General Accounting Office, *Investigating money laundering and terrorist financing – federal law enforcement agencies face continuing challenges* (General Accounting Office: Washington, DC, 2004).

[79] 参见脚注[54]美国政府问责局文件，第77页。

[80] 参见脚注[1]莱西和乔治文章，第298页。

[81] 《美国法典》第31编第5341（a）（1）、（2）节。

[82] 《美国财政部1999年国家反洗钱战略》，美国财政部：华盛顿特区，1999年。

[83] 《美国财政部2000年国家反洗钱战略》，美国财政部：华盛顿特区，2000年。

[84] 《美国财政部2002年国家反洗钱战略》，美国财政部：华盛顿特区，2002年。关于反洗钱和反恐怖主义融资战略合并的更多讨论参见 Zagaris, B. (2004), 'International money laundering: from Latin America to Asia, who pays? The merging of anti–money laundering and counter–terrorism financial regimes after September 11, 2001', *Berkeley Journal of International Law*, 2, 123–157.

融资网络。最近的反洗钱战略报告发布于 2007 年[85]，它是 2005 年《美国反洗钱威胁评估报告》的直接产物，该报告的公布转而专门针对洗钱活动[86]。

美国的反洗钱政策由多家联邦机构共同执行，但主要还是由财政部各机构负责实施。这些机构包括恐怖主义和金融情报办公室（对海外资产管理办公室、资产没收执行办公室和金融犯罪执行网络局负责）、恐怖主义融资和金融犯罪办公室以及情报分析办公室。此外，美国司法部负责监督对洗钱行为的调查和起诉。美国司法部资产没收和反洗钱刑事司、反恐刑事司、国家毒品情报中心和国际事务刑事司都在打击洗钱犯罪方面发挥着重要作用；在国务院内部，经济商务事务局、国际麻醉品和执法事务局以及反恐协调事务局为反洗钱工作提供了支持。除了这些政府部门外，许多执法机构包括联邦调查局、缉毒局、国土安全局、移民和海关执法局、海关和边境保护局、国税局刑事调查局和邮政稽查局等也在美国的反洗钱政策中扮演着重要的角色。此外，美联储理事会和证券交易委员会等大量的监管机构也加入了反洗钱的队伍[87]。有人可能会认为，在美国有太多的机构参与到反洗钱工作中，这看似与金融行动特别工作组没有多大关系，而金融行动特别工作组的结论是，"美国已指定相关执法机构负责确保洗钱行为得到适当调查。这些机构拥有足够的权力，正在产生良好的结果，而且工作效率看起来很高"[88]。美国对洗钱犯罪的控制可以概括为"联邦反洗钱工作包括执行各种法规，收集和分析货币交易数据，金融行业监管和金融犯罪刑事执法。"[89] 金融行动特别工作组认为，美国反洗钱战略的重点在于实现三个目标：首先是更有效地切断通过洗钱和恐怖主义融资进入国际

---

[85] 《美国财政部 2000 年国家反洗钱战略》，美国财政部：华盛顿特区，2007 年。

[86] 《美国反洗钱威胁评估报告》，美国财政部：华盛顿特区，2005 年。

[87] Financial Action Task Force *Third mutual evaluation report on anti – money laundering and combating the financing of terrorism – United States of America*（Financial Action Task Force：Paris，2006）at 15 – 24.

[88] 同上。

[89] General Accounting Office *Money laundering – the US government is responding to the problem*（General Accounting Office：Washington，DC，1991）at p. 2.

金融系统的渠道；其次是加强联邦政府打击主要恐怖主义融资和洗钱犯罪组织和系统的能力；第三是加强和完善金融服务商的"反洗钱/打击恐怖主义融资"机制，以提高执法工作的规范性和有效性，防止权力滥用[90]。就本节而言，美国的反洗钱政策可大致分为两个领域：洗钱的刑事定罪和洗钱的金融情报。

一、洗钱的刑事定罪

洗钱之所以被定为刑事犯罪，是因为其不遵守《银行保密法》（BSA）、使用结构性支付来规避财务报告门槛、加速毒品交易及与之相关的大量资金流动[91]。《反洗钱法》（MLCA）将洗钱定为犯罪，如果罪名成立，最高可判处20年监禁和巨额罚款[92]。《反洗钱法》将洗钱活动分为四个部分：交易洗钱、运输洗钱、欺诈操作和洗钱财产支出[93]。1986年的《反洗钱法》除了将洗钱[94]和货币交易犯罪[95]定为刑事犯罪，还将试图逃避《银行保密法》报告要求的结构性或预备性金融交易定为刑事犯罪[96]。1986年的《反洗钱法》关于洗钱的首要规定分为三个部分，分别涉及国内洗

---

[90] 参见脚注[87]金融行动特别工作组报告，第14页。

[91] Sultzer, S. (1995), 'Money laundering: the scope of the problem and attempts to combat it', *Tennessee Law Review*, 63, 143–237, at 158.

[92] 参见《美国法典》第18编第1956节和1957节，1986年《反洗钱法》，Pub. L. 99–570。该法案还对违反《银行保密法》的行为规定了民事和刑事责任，并指示银行按照1970年《银行保密法》的规定从事金融活动。李维和罗伊特称，这项法案"是联邦反毒品战争的重要组成部分，在一定程度上受到了在南佛罗里达州毒品交易中心进行的卧底调查的结果的影响"。"绿钞行动"发现有许多案例表明，毒贩为了规避《银行保密法》，将大量数额略低于1万美元的现金分若干次转入银行。参见脚注[76]李维和罗伊特文章，第296页。

[93] Amann, D. (2000), 'Spotting money launderers: a better way to fight organised crime?', *Syracuse Journal of International Law and Commerce*, 27, 199–231, at 210.

[94] 参见《美国法典》第18编第1956节。

[95] 参见《美国法典》第18编第1957节。

[96] 奥尔福德认为，结构性支付系统"严重阻碍了美国国会政策的实施，从而无法发现可疑的洗钱交易"。参见脚注[34]奥尔福德文章，第458页。

钱[97]、国际洗钱[98]和联邦机构采取秘密行动揭露非法活动[99]。控方必须证明非法资金来源于特定的非法活动且被告参与了该项活动以确定被告有罪[100]。被告知道其收益来自非法活动是判定洗钱犯罪成立的必要条件[101]。普罗沃斯特认为，该法案"为那些明知资金来源于非法活动而进行货币交易的个人规定了责任"[102]。韦弗认为《反洗钱法》是打击洗钱犯罪的更直接的尝试，它将洗钱行为本身以及任何金融机构协助洗钱的行为定为刑事犯罪[103]。1986年的法案成为联邦检察官办理案件的重要依据。苏尔泽称，1987年只有一项判例，但到了1993年，有857名被告被定罪[104]。金融行动特别工作组报告称，2005年在联邦层级共有1075人依据1986年《反洗钱法》被定罪[105]。

除了将洗钱定为刑事犯罪外，1992年《反洗钱法》的出台也是国际信贷和商业银行倒闭的直接结果[106]。该法案加重了对违反《银行保密法》行为的处罚，引入了对可疑交易报告的要求，将"反洗钱"的范围扩大至电汇业务并成立了《银行保密法》咨询小组[107]；更为重要的是，《反洗钱法》规定，如果美国任何一家银行犯有洗钱罪，联邦当局都有权吊销其相关执照。奥尔

---

[97] 参见2006年《美国法典》第18编第1956（a）（1）节。
[98] 参见2006年《美国法典》第18编第1956（a）（2）节。
[99] 参见2006年《美国法典》第18编第1956（a）（3）节。
[100] 参见2006年《美国法典》第18编第1956（a）（1）（A）（I）节，查看指定案例见1994年《美国法典》1956（c）（7）节。
[101] 参见2006年《美国法典》第18编第1956（a）（3）节。
[102] 参见脚注[73]普罗沃斯特文章，第838页。
[103] Weaver, S. (2005),'Modern day money laundering: does the solution exist in an expansive system of monitoring and record keeping regulations?', *Annual Review of Banking and Financial Law*, 24, 443 – 465, at 446.
[104] 参见脚注[91]苏尔泽文章，第177页。
[105] 参见脚注[87]金融行动特别工作组报告，第37页。
[106] 这一法案后来被称为《安农齐—怀利反洗钱法》，并作为1992年《住房和社区发展法》的一部分被提出。参见Morgan, M. (1997), 'Money laundering: the American law and its global influence', *NAFTA: Law & Business Review of the Americas*, 3, 24 – 52, at 40 – 47. 更多细节参见Arora, A. (2006), 'The statutory system of the bank supervision and the failure of BCCI', *Journal of Business Law*, August, 487 – 510.
[107] 美国财政部引入了《联邦法规汇编》第31编第103节第18条和美国货币监理署执行的《联邦法规汇编》第12编第21节第11条。

福德说，如果一家美国银行被判犯有洗钱罪，美国国内相应的银行监管机构必须举行听证会来决定这家银行是否应该失去金融业特许经营或存款保险资格。因此，这些"死刑条款"——失去银行执照或存款保险资格，在一定程度上阻止了银行无意中卷入洗钱活动[108]。苏尔泽认为，如果可以行使上述权力，银行被判洗钱罪将导致其经营金融业务和保险业务的执照被吊销[109]。这些权力加上对违反《银行保密法》所规定的报告义务的处罚，对原本漠视打击洗钱犯罪的银行和其他金融机构形成了严正的威慑。除了将洗钱定为犯罪之外，上述法案还产生了强化遵守法律义务的预期效果。

正如本书第四章所述，在2001年9月11日（"9·11"）的恐怖袭击发生之前，美国试图立法打击的金融犯罪重点是洗钱犯罪和欺诈犯罪[110]。在"反洗钱"的过程中，恐怖袭击改变了美国的反洗钱政策，恐怖主义融资的洗钱活动发生在违法行为发生之前而不是违法行为的产物。许多评论人士断言，"基地组织"通过洗钱资助了多起恐怖主义活动，包括2001年的那次恐怖袭击[111]。卡塞拉强调，反洗钱所面临的新威胁值得所有人关注[112]。因此，美国前总统布什签署了2001年《通过提供拦截和阻止恐怖主义活动所需的适当手段统一和强化美国法案》（2001年《美国爱国者法案》）[113]。与美国反洗钱政策相关的是2001年《国际反洗钱和反恐怖主义融资法》[114]，其目的是"预防、侦查和起诉国际洗钱和恐怖主义融资"[115]。除了将恐怖主义融资定为刑事犯罪外，2001年《美国爱国者法案》还引入了

---

[108] 参见脚注❸④奥尔福德文章，第460页；1994年《美国法典》第12编第93（d）（1）节。
[109] 参见脚注❾①苏尔泽文章，第214页；1994年《美国法典》第12编第1818节和第3105节。
[110] 有关美国反欺诈政策的详细论述参见第四章。
[111] Cassella, S. (2003), 'Reverse money laundering', *Journal of Money Laundering Control*, 7 (1), 92–94, at 92.
[112] 同上，第94页。
[113] 《美国公法》第107编第56节，第302（a）（1）条；2001年《美国联邦法规》第115编第272节。需要指出的是，在2001年的恐怖袭击发生之前，美国财政部曾试图引入《反洗钱威慑和反腐败法》《反洗钱控制法》和《国际反洗钱法》三项尚未实施的反洗钱法律。莱西和乔治认为，由于来自美国银行业的压力，这些法规最终没有得到实施。参见脚注❶莱西和乔治文章，第290–291页。
[114] 《美国公法》第107编第56节，《美国联邦法律大全》第115编第272节，第三部分。
[115] KPMG *Global Anti-Money Laundering Survey 2007 – How banks arefacing up to the challenge* (KPMG, 2008) at p. 57.

新的措施以改进客户识别技术[116]，禁止金融机构与海外空壳银行开展业务[117]，敦促金融机构采取尽职调查程序[118]，加强金融机构与政府之间的信息交流[119]，提高对所有金融机构的反洗钱要求[120]，加大对洗钱犯罪的处罚力度[121]，赋予财政部对被列为主要洗钱问题的国家、交易和机构实施"特别措施"的权力[122]。根据该项法案，毕马威会计师事务所（KPMG）指出，美国银行必须制定一项包括"建立内部控制流程、指定监察负责人、员工持续培训和独立有效审计"共四部分的反洗钱执行规划[123]。这些措施在很大程度上依赖于金融服务部门的支持，这意味着金融服务部门在美国反洗钱政策中扮演着核心角色[124]。该法案引入了一系列措施，允许美国当局对不配合其"反洗钱"政策的外国司法管辖区实施制裁[125]。该法案还扩大了洗钱的范畴，将互联网金融包括在内，允许扣押非美国银行的资产并扩大了对金融机构的解释[126]。博斯沃思—戴维斯指出，2001年的《美国爱国者法案》"改变了全球反洗钱的形势，其条款包括一些有史以来甚至在战时最严厉的惩罚措施"[127]。上述执法权力的运用显然是对付洗钱活动的一种有

---

[116] 《美国公法》第107编第56节第326条。
[117] 《美国公法》第107编第56节第313条。
[118] 《美国公法》第107编第56节第312条。
[119] 《美国公法》第107编第56节第314条。
[120] 《美国公法》第107编第56节第321条。
[121] 《美国公法》第107编第56节第329条。
[122] 《美国公法》第107编第56节第311条。此外，基于2001年《美国爱国者法案》，《银行保密法》将"在美利坚合众国"的范围扩展到包括"波多黎各自治邦、美属维尔京群岛、关岛、北马里亚纳群岛、太平洋岛屿托管地、美国领土或属地，或军事和外交机构"的区域。参见 United States v Wray, No. CR. 2002 – 53, 2002 WL 31628435 (D. V. I., 2002) as cited in Shetterly, D. (2006), 'Starving the terrorists of funding: how the United States Treasury is fighting the war on terror', *Regent University Law Review*, 18, 327 – 348, at 334.
[123] 参见脚注[115]毕马威会计师事务所报告。
[124] 参见脚注[3]加伦特文章，第81页。
[125] 参见2001年《美国爱国者法案》第311节。哈特曼等人指出，美国财政部金融犯罪执法网络局在一些案件中使用了第311节作为更独立的域外执法工具，建议将叙利亚商业银行、白俄罗斯信息银行和由土耳其控制的塞浦路斯第一商业银行列为有洗钱问题的主要金融机构。参见 Hutman, A., Herrington, M. and Krauland, E. (2005), 'Money laundering enforcement and policy', *The International Lawyer*, 39 (2), 649 – 661, at 655.
[126] 参见脚注[103]韦弗文章，第447 – 448页。
[127] Bosworth – Davies, R. (2007a), 'Money laundering – chapter four', *Journal of Money Laundering Control*, 10 (1), 66 – 90, at 68.

强力效果的方法。1992 年《反洗钱法》引入"死刑"起到了很大的威慑作用，并在一定程度上确保了金融服务机构严格履行其反洗钱义务。金融服务机构在美国的洗钱政策中扮演着至关重要的角色，这一点在其政策的第二部分——洗钱的金融情报中得到了进一步的证明。

二、洗钱的金融情报

美国反洗钱政策的实施最终依赖于货币交易报告和可疑交易报告提供的信息。用于打击洗钱活动的第一项法案是 1970 年出台的《银行保密法》[128]，该法案要求美国财政部和银行采取联合行动，银行成为"打击洗钱犯罪的伙伴"[129]。该法案的最初目的是防止海外金融机构为逃避美国税收而洗钱[130]。梅尔泽却认为，《银行保密法》的引入是为了"防止针对毒品销售利润的洗钱活动"[131]。其实，该法案并不是专门针对"反洗钱"的法律："该法案关注的是金融机构，而非通过金融机构开展业务的个人，它甚至要求报告合法获得的现金"。然而，它可以通过追踪洗钱者的书面交易记录来帮助监管洗钱活动[132]。美国银行家协会认为，"1970 年通过的《银行保密法》要求银行提供货币交易报告，并保存其他与资产负债表相关的记录，目的是在不给金融机构带来不必要负担的前提下，使执法部门更容易获取相关财务信息"[133]。尽管《银行保密法》的最初目的存在不确定性，但它已成为美国反洗钱政策的核心内容。该法案的第二章授权美国财政部出

---

[128] 《美国公法》第 91 编第 508 节，《美国联邦法律大全》第 84 编第 1114 节。

[129] Lyons, G. (1990), 'Taking money launderers to the cleaners: a problem solving analysis of current legislation', Annual Review of Banking Law, 9, 635–675, at 639.

[130] Villa, J. (1988), 'A Critical View of Bank Secrecy Act Enforcement and the Money Laundering Statutes', Catholic University Law Review, 37, Winter, 489–509, at 491.

[131] Meltzer, P. (1991), 'Keeping drug money from reaching the wash cycle: a guide to the Bank Secrecy Act', The Banking Law Journal, 108 (3), 230–255, at 230.

[132] 参见脚注[93]阿曼文章, 第 208–209 页。

[133] American Bankers Association A new framework for partnership – Recommendations for Bank Secrecy Act/Anti – money laundering reform (American Bankers Association: Washington, DC, 2007) at p. 1.

具可用于刑事审判的财务数据报告[134]。除了规定财政部的具体义务外[135]，该法案还对超过 1 万美元的交易（包括汇兑和存取款）提出了报告要求[136]。具体来说，银行有出具货币交易报告的义务。然而，1958 年的《对敌贸易法》才首次在少数刑事案件审理中提出了对货币交易报告的要求[137]。其他报告还包括赌场货币交易报告、货币或其他金融工具的国际转移报告以及外国银行金融账户报告等[138]。除了上述报告义务外，美国财政部还规定所有将资金汇往海外的企业必须在政府进行登记，提供所有涉及电汇的各方的姓名，报告所有可疑交易，并将所有超过 750 美元的电汇业务编制成交易报告[139]。总之，《银行保密法》试图通过创建"书面记录"来发现洗钱活动。

《银行保密法》规定的报告义务的有效性遭到了质疑。苏尔泽认为，"在 20 世纪 70 年代和 80 年代，《银行保密法》对洗钱活动的影响微乎其微"[140]。他还指出，那一时期的银行很少遵守货币交易报告的要求，银行监管机构也常常没有发现报告中的违规行为。因此，资金进入金融系统的最有效的方法仍然是现金存储[141]。由于可以拆分洗钱，10000 美元的资金门槛并无实际意义。美国国会认识到这个问题后，将拆分洗钱也确定为刑事犯罪。本宁也对货币交易报告制度的有效性提出了质疑，他认为虽然货币交易报告制度"产生了大量的报告，但其中有用的信息却很少"[142]。美国政府问责局也认为，"由于没有对报告进行全面控制或协调，因此无法确保报

---

[134] Rusch, J. (1988), 'Hue and cry in the counting-house: some observations on the Bank Secrecy Act', *Catholic University Law Review*, 37, 465–488, at 467. 根据《银行保密法》第二章，美国财政部的权力已授予金融犯罪执法网络局主任。

[135] 《美国法典》第 31 编第 5313 节。

[136] 参见脚注[131]梅尔泽文章，第 230 页。

[137] 1958 年《美国法典》第 50 编第 5（b）节。

[138] 参见脚注[134]鲁西文章，第 467–468 页。

[139] 2008 年《美国联邦法规汇编》第 31 编第 103 节。

[140] 参见脚注[91]苏尔泽文章，第 177 页。

[141] 参见脚注[91]苏尔泽文章，第 177 页。

[142] Benning, J. (2002), 'Following dirty money: does bank reporting of suspicious activity pose a threat to drug dealers?', *Criminal Justice Policy Review*, 13 (4), 337–355, at 337–338.

告的充分利用"[143]。报告制度既定的目标因其有效性而受到了质疑。有人认为，报告义务的局限性对于提供有关可能犯罪活动的情报信息来说并无多大用处[144]。此外，美国政府问责局还认为，"联邦和州两级执法机构对信息的使用是有限的和不一致的"[145]。1992 年的《反洗钱法》对《银行保密法》进行了一项非常重要的修订，引入了可疑交易报告制度，还规定了金融机构必须实施内部洗钱控制[146]。限制这些报告效力的一个主要因素是关于术语"可疑"的定义。根据美国联邦法规，如果金融机构"知道、怀疑或有理由怀疑"交易涉及或企图掩饰非法活动所得收益；旨在逃避《银行保密法》的要求；或业务没有明显的合法目的，则应报告该交易[147]。美国政府问责局认为，"确定交易是否可疑始终没有一个明确的标准"[148]。也有人认为，"人们不能使用单一的标准来明确表明金融交易和非法活动之间的联系"[149]。需要注意的是，关于术语解释的问题并非美国所独有。

《银行保密法》规定的报告要求的另一个缺陷是合规成本不断上升。莱西和乔治认为，"自从《银行保密法》实施以来，金融机构强烈反对，因为遵守《银行保密法》的报告要求带来了巨大的成本和繁重的行政负担"[150]。据拜尔引用的美国银行家协会在 1990 年进行的一项调查显示，"小型银行估计其遵守《银行保密法》的成本是 1.2 亿美元"[151]。同样，辛格援

---

[143] 参见脚注[77]美国政府问责局报告，第 2 页。值得注意的是，在英国，毕马威会计师事务所的"洗钱：报告审查制度"（2003 年）和严重有组织犯罪监察局的"审查可疑活动报告制度"（2006 年）也提出了类似的关注。

[144] 同上，第 4 页。

[145] 参见脚注[77]美国政府问责局报告，第 26 页。

[146] Annunzio – Wylie Anti – Money Laundering Act § 1517. 关于美国引入可疑交易报告制度的原因的有趣评论参见 Hall, M. (1995 – 96), 'An emerging duty to report criminal conduct: banks, money laundering, and the suspicious activity report', *Kentucky Law Journal*, 84, 643 – 683.

[147] 1995 年《联邦法规汇编》第 31 编第 103 节第 21 (a) (2) 条。

[148] 参见脚注[77]美国政府问责局报告，第 12 页。

[149] 参见脚注[34]鲁西文章，第 467 – 468 页。关于"可疑报告"的司法解释参见 *United States v Tobon – Builes*, 706 F. 2d 1092, 1094 – 1095 (11th Cir. 1983).

[150] 参见脚注[1]莱西和乔治文章，第 304 页。

[151] Byrne, J., Densmore, D. and Sharp, J. (1995), 'Examining the increase in federal regulatory requirements and penalties: is banking facing another troubled decade?', *Capital University Law Review*, 24, 1 – 66, at 52.

引美国银行家协会的观点称,《银行保密法》和《反洗钱法》对银行规定的报告义务是"银行面临的最高的合规成本"[152]。最近,毕马威会计师事务所的报告显示,"在过去三年的调查中,北美银行的支出增幅是所有地区中最高的,达71%"[153]。2007年美国银行家协会报告称,"反洗钱"合规成本在2001—2004年增加了66%[154]。同样,奥尔福德也认为,美国出台的法律"给银行发现和防止洗钱带来了更加沉重的监管负担。问题是新法规所导致的成本以及银行系统的运行变化是否会对洗钱和毒品犯罪的预防起到一定的作用的答案并不明确。而这些新的法规要求银行承担了它们没有能力承担的调查责任"[155]。事实上,成本收益率高的"反洗钱"方案非常少[156]。

《银行保密法》的条款做了几次重要修订[157]。最重要的一次修订是美国财政部于1990年建立了金融犯罪执法网络局[158]。其职能是"通过提高美国和国际金融体系的透明度,加强美国国家安全,遏制和发现犯罪活动,保护金融体系免受滥用"[159]。因此,金融犯罪执法网络局在金融情报的收集方面发挥着主导作用,这需要通过以下四个机制来实现:执行《银行保密

---

[152] 参见脚注[28] 辛格文章,第14页。

[153] 参见脚注[115]毕马威会计师事务所报告,第56页。

[154] 参见脚注[133]美国银行家协会报告,第1页。

[155] 参见脚注[34]奥尔福德文章,第466页。

[156] Rhan R. (2003),'Follow the money: confusion at Treasury', 5 February 2003, The Cato Institute, available at http://www.cato.org/pub_display.php?pub_id=2980 (accessed 11 November 2001).

[157] 例如,1988年的《反毒品滥用法》将货币交易报告要求的范围扩大到汽车经销商和房地产企业辞退的员工,此外,该法案还要求确认购买货币工具超过3000美元的客户的身份。关于这些问题和1988年《反毒品滥用法》的更详细讨论参见Hernandez, B. (1993),'RIP to IRP – money laundering and the drug trafficking controls score a knockout victory over bank secrecy', North Carolina Journal of International Law and Commercial Regulation, 18, Winter, 235–304. 2004年《情报改革和反恐法》(《美国公法》第108编第458节,第1011条,2004年《美国爱国者法案》第118编第3638节)修改了《银行保密法》并敦促美国财政部出台规定要求金融机构对跨境电子交易中可能存在洗钱和恐怖主义融资的情况履行报告义务。更多详细信息参见Bay, N. (2005),'Executive power and the war on terror', Denver University Law Review, 83, 335–386.

[158] "组织、职能和授权",美联储第55届常任理事会第18次会议第430号决议,1990年。

[159] "金融犯罪执法网络局的职责",参见http://www.fincen.gov/about-fincen/wwd/Mission.html(2009年11月12日访问)。

法》，通过分析金融情报支持执法机构工作，寻求与其他金融情报部门的全球合作，以及建立金融情报网络[160]。金融犯罪执法网络局负责收集和分析各类金融信息并将其传递给美国和海外执法机构[161]。2001年《美国爱国者法案》修订后，金融犯罪执法网络局的职能已扩大到《银行保密法》之外的范围，并于2004年成为美国财政部恐怖主义金融情报办公室的组成部分。金融犯罪执法网络局在美国反洗钱政策中扮演着非常重要的角色，其原因有二：首先，它利用反洗钱立法迫使机构广泛采用货币交易报告制度并保存记录，同时也报告任何可疑交易，以便执法机构获取书面证据；其次，它根据第26条建议的要求，设法向执法机构提供情报分析支持[162]。尽管如此，金融行动特别工作组还是指出了"为提高金融犯罪执法网络局的效率和加强其在反洗钱/反恐怖主义融资链中的作用应当解决的几个问题"[163]。金融行动特别工作组特别提到，金融犯罪执法网络局每年会收到大约1400万份报告，因此，它"无法对每份可疑交易报告进行全面分析，而是根据相关参数将其分析资源用于那些被认为对执法最有价值的可疑交易报告"[164]。这种做法的根本缺陷在2000年得到了充分的显现，当时参与"9·11事件"的一名"基地组织"恐怖分子是可疑交易报告的目标对象，但却没有对其采取进一步的行动。

---

[160] 有关金融犯罪执法网络局如何实现这些目标的详细讨论，参见《2008—2012年金融犯罪执法网络局战略计划》，金融犯罪执法网络局：华盛顿特区，2007年。

[161] "组织、职能和授权"，美联储第55届常任理事会第18次会议第433条决议，1990年。关于金融犯罪执法网络局的创建和美国对隐私权的最初关注参见 Kleiman, M. (1992), 'The right to financial privacy versus computerised law enforcement: a new fight in an old battle', *Northwestern University Law Review*, 86, 1169–1228.

[162] 第26条建议规定，各国应设立一个金融情报机构，作为接收（并在允许的情况下请求）、分析和传播可疑交易报告以及有关潜在洗钱或恐怖主义融资的其他信息的国家情报中心。金融情报机构应该可以直接或间接地及时获取其履行职责（包括分析可疑交易报告）所需的财务、行政和执法信息。

[163] Financial Action Task Force *Summary of third mutual evaluation report on anti-money laundering and combating the financing of terrorism* (Financial Action Task Force: Paris, 2006) at p. 3.

[164] 同上。

第四节 英国反洗钱战略

英国的反洗钱政策一直由英国财政部主导，2004年，英国财政部颁布了《反洗钱战略》[165]。其他政府机构包括金融服务管理局、反洗钱联合指导小组（JMLSG）和严重有组织犯罪监察局也在反洗钱政策中扮演着重要的角色。英国财政部的反洗钱战略以有效性、相称性和参与度为目标[166]。就有效性而言，英国财政部确保英国将继续实行有效的反洗钱条例以履行其国际义务[167]，英国的反洗钱条例包括2002年的《犯罪所得法》、2007年的《反洗钱监管法》、反洗钱联合指导小组发布的专业指导以及金融服务管理局发布的具体"反洗钱"规则等反洗钱措施。这些措施力求符合金融行动特别工作组40条建议所规定的国际标准、第三项反洗钱指令对英国规定的义务以及《维也纳公约》和《巴勒莫公约》所载的义务。就相称性而言，意味着英国政府将采取基于风险考量的反洗钱战略，以便相关机构能够在符合成本收益率的前提下灵活履行"反洗钱"义务[168]。就参与度而言，政府应当保持与相关机构的合作，以确保在充分调查的基础上及时向监管部门反馈相关报告[169]。同时，英国财政部概述了如何实现这些目标："现有的制度包括根据刑法的规定（作者的重点）惩治洗钱者并剥夺他们的收益，金融服务业（作者的重点）和其他相关机构与部门有义务识别各自的客

---

[165] 参见脚注[23]英国财政部报告。
[166] 同上，第12页。
[167] 同上，第7页。
[168] 必须指出的是，欧盟其他国家对洗钱管制采取了基于风险的做法。参见 Geiger, H. and Wuensch, O. (2007), 'The fight against money laundering: an economic analysis of a cost – benefit paradoxon', *Journal of Money Laundering Control*, 10 (1), 91–105.
[169] 参见脚注[23]英国财政部报告，第7页。

户，并在必要时报告可疑交易（作者的重点）"[170]。因此，就本节而言，英国的反洗钱政策可分为三部分：洗钱的刑事定罪、金融监管洗钱识别系统和制度，以及向有关当局报告可识别的或可疑的洗钱交易制度。下面将对上述英国反洗钱政策的适当性进行批判性的分析和评价。

一、洗钱的刑事定罪

英国关于反洗钱的主要立法是 2002 年《犯罪所得法》的第 7 部分[171]。2002 年《犯罪所得法》于 2002 年 7 月 24 日由英国皇家检察署批准生效，并适用于"2003 年 2 月 23 日或之后发生的洗钱活动"[172]。根据 2002 年《犯罪所得法》的规定，有以下三类洗钱犯罪行为：隐瞒、掩饰、转换或转移刑事财产或将其从司法管辖区移走的行为[173]；本人或以他人名义在明知或怀疑的情况下取得、保留、使用或控制刑事财产的行为[174]；取得、使用或隐匿刑事财产的行为[175]。上述犯罪主体包括在金融监管相关行业工作或者从事相关业务的任何人[176]。2002 年《犯罪所得法》包括的其他罪行有：监管部门违背信息披露义务[177]、监管部门责任人违背信息披露义务[178]、其他责

---

[170] 参见脚注❷英国财政部报告，第 11 页。类似的观点参见 Leong, A. (2007a), 'Chasing dirty money: domestic and international measures against money laundering', *Journal of Money Laundering Control*, 10 (2), 140–156, at 141–142.

[171] 必须指出的是，毒品洗钱最初由 1986 年《毒品贩运犯罪法》定为刑事犯罪，而洗钱则是被 1993 年《英国刑事司法法》定为刑事犯罪。

[172] Forston, Rudi (2008), 'Money laundering offences under POCA 2002', in W. Blair and R. Brent (eds), *Banks and Financial Crime – The International Law of Tainted Money*, Oxford University Press, Oxford, 155–202, at 157.

[173] 2002 年《犯罪所得法》第 327 节。

[174] 2002 年《犯罪所得法》第 328 节。

[175] 2002 年《犯罪所得法》第 329 节。

[176] 关于这些术语的定义，参见脚注❷弗斯顿文章，第 160–161 页。

[177] 2002 年《犯罪所得法》第 330 节。

[178] 2002 年《犯罪所得法》第 331 条。

任人违背信息披露义务[179]以及泄露信息[180]和妨碍调查[181]。任何人如在英格兰及威尔士、苏格兰或北爱尔兰隐匿、掩饰、转化或转移刑事财产，将根据第 327 节的规定定罪[182]。与下列犯罪相关的资产均属于刑事财产："①该资产构成某人从犯罪行为中获得的收益，或代表全部或部分、直接或间接获得的犯罪收益；②涉嫌犯罪者明知或怀疑构成犯罪所得的资产"[183]。这项罪行的范围很广，任何人都有可能获得"收益"，而不只是直接实施犯罪的人。这里有三点需要注意：首先，该法案声明，"谁实施了该行为"或"谁从中受益"或"该行为是否发生在本法案通过之前或之后"并不重要[184]；其次，虽然收益必须"来自犯罪活动"，但并不一定意味着是经济收益，还包括从犯罪活动中获得的生活水平的提高或犯罪活动产生的其他收益[185]；最后，犯罪行为代表了某种犯罪收益[186]。如果一个人明知或怀疑其行为构成或带来了这样的利益，他就违反了第 327 节的规定[187]。2002 年《犯罪所得法》第 340（3）节对刑事财产做出了定义，使检方得以根据第 327 节的规定对犯罪行为定罪。刑事财产的定义是："①它构成了一个人从犯罪行为中获得的利益，或它带来了这种利益（全部或部分，直接或间接）；②涉嫌犯罪的人知道或怀疑其行为构成或带来了这种利益"[188]。通过可疑交易报告进行授权披露可以构成免责抗辩[189]，行为人做出有效的授权披露即

---

[179] 2002 年《犯罪所得法》第 332 节。
[180] 2002 年《犯罪所得法》第 333 节。
[181] 2002 年《犯罪所得法》第 342 节。
[182] 2002 年《犯罪所得法》，第 327（1）节。对犯罪所得的解释很宽泛，因为它包括世界任何地方的财产，2002 年《犯罪所得法》，第 340（9）节。
[183] 2002 年《犯罪所得法》，第 340（1）节。关于这个术语的批判性讨论参见 Bentley, D. and Fisher, R. (2009),'Criminal property under POCA 2002 – time to clean up the law?', *Archbold News*, 2, 7 – 9.
[184] 2002 年《犯罪所得法》第 3403（a）节。
[185] Hudson, Alistair (2009), *The Law of Finance*, Sweet and Maxwell, London, at p. 345.
[186] 同上，第 344 页。
[187] 2002 年《犯罪所得法》第 340（3）（b）节。
[188] 2002 年《犯罪所得法》第 340（3）（a）节。
[189] 2002 年《犯罪所得法》第 338 节。

不构成犯罪[190]。如果行为人在有合理理由不披露信息[191]的情况下做了授权披露，且其行为有效履行了 2002 年《犯罪所得法》的相关条款[192]，则不构成犯罪。

2002 年《犯罪所得法》规定的第二类犯罪行为是指个人加入或者参与他明知或怀疑由其本人或代表他人取得、保留、使用或控制刑事财产的行为[193]。检方必须证明行为人参与了一项他明知或怀疑会使他人更容易获得、保留、使用或控制刑事财产的安排，并且行为人明知或怀疑该财产构成或代表从犯罪行为中所获得的收益[194]。犯罪财产的定义对依据本节规定定罪具有核心作用。关于第 328 节规定中的"参与""安排"和"便利"等术语的解释在专业人士中产生了分歧。第 328 节中的第一个判例是臭名昭著的巴特勒—斯洛斯夫人案[195]。英国高等法院认为，如果律师怀疑其当事人可能涉案，必须在经国家刑事情报局（NCIS）同意进行授权披露后，才能继续案件相关工作。法律专业人士担心保密义务和可疑交易披露义务之间可能存在冲突。英国高等法院决定，以下情况可披露可疑交易：刑事财产的数额和价值本身并非关键，而且是必须披露的交易。[196] 基于上述决定，离婚诉讼案中的代理律师必须对双方的财务活动进行详细调查，任何违规行为都将面临在要求律师向国家刑事情报局披露信息和等待指导意见期间停止诉讼的惩罚。在鲍曼诉费尔斯案中[197]，上诉法院推翻了高等法院的裁决并明示第 328 节并非旨在涵盖或影响普通诉讼行为，法院通过解释"参与"一词做出了新的裁决。布鲁克认为，第 328 节中对"参与"的解释太过狭隘，并进一步阐释不论议会持何种观点，关于第 328 节中"加入、参

---

[190] 2002 年《犯罪所得法》第 338（1）(a) 节。
[191] 2002 年《犯罪所得法》第 338（1）(b) 节。
[192] 2002 年《犯罪所得法》第 327（2）节。
[193] 2002 年《犯罪所得法》第 328（1）节。
[194] 本部分对 1994 年《毒品贩运犯罪法》第 50 节、1988 年《刑事司法法》第 93A 节、1995 年《刑法（合并）（苏格兰）》第 38 节和 1996 年《犯罪所得（北爱尔兰）令》第 46 节进行了修订和增补。
[195] 2004 年判例 1。
[196] 同上，第 56 段。
[197] 2005 年英格兰和威尔士的上诉法院第 226 号案例。

与以为……提供便利"的解释不太可能是基于法律程序的考量[198]。根据第327节的规定，可以对授权披露进行同样的辩护[199]。最后一项罪行规定，行为人如果获取、使用或保留刑事财产即构成犯罪[200]。如果行为人进行了授权披露[201]，或者计划进行授权披露但却有合理的理由不披露[202]，基于充分考虑而获取、使用或保留相关资产[203]，或就执行2002年《犯罪所得法》相关条款[204]或其他由储蓄机构制定的相关法案[205]可以确定发生在海外且在该特定司法管辖区是合法[206]的情况下，即不构成犯罪。判定行为人有罪的前提是必须证明其所处置的财产是"犯罪财产"并且可以从中获益。此外，还必须证明被告明知或怀疑该财产是从犯罪行为中获得的。

需要指出的是，2002年《犯罪所得法》中并未涉及恐怖主义资产，但在2000年《反恐怖主义法》中做了相关规定[207]。关于恐怖主义资产洗钱的规定参见2000年《反恐怖主义法》第三部分[208]。恐怖主义资产可以定义为"可能用于恐怖主义活动的金钱或其他财产"[209]"实施恐怖主义行为所得"[210]以及"为恐怖主义目的而实施行为所得"[211]。《反恐怖主义法》第15节规定了三类犯罪：以恐怖分子名义索取金钱或其他资产[212]、以恐怖分子名义

---

[198] 2005年英格兰和威尔士的上诉法院第226号案例，第64段。
[199] 2002年《犯罪所得法》第327（2）节。
[200] 2002年《犯罪所得法》第329（1）节。
[201] 2002年《犯罪所得法》第329（1）（a）节。
[202] 2002年《犯罪所得法》第329（1）（b）节。
[203] 2002年《犯罪所得法》第329（1）（c）节。
[204] 2002年《犯罪所得法》第329（1）（d）节。
[205] 2002年《犯罪所得法》第329（2A）（2B）节。
[206] 2002年《犯罪所得法》第329（2C）节。
[207] 关于洗钱和恐怖主义融资两种犯罪合并的有意义的讨论参见Alexander, R.（2009b），'Money laundering and terrorist financing: time for a combined offence', *Company Lawyer*, 30（7），200–204。
[208] 2000年《反恐怖主义法》的基础是"英国内政部关于反恐怖主义立法的咨文"，英国内政部：伦敦，1998年。
[209] 2000年《反恐怖主义法》第14（1）（a）节。
[210] 2000年《反恐怖主义法》第14（1）（b）节。
[211] 2000年《反恐怖主义法》第14（1）（c）节。
[212] 2000年《反恐怖主义法》第15（1）节。

收受金钱或其他资产[213]，以及在明知或有合理理由怀疑资金可能用于恐怖活动时提供金钱或财产[214]。亚历山大指出，"前两种罪行是指组织恐怖主义活动（或参与大规模恐怖主义活动），第三种罪行是指为恐怖主义活动提供便利"[215]。第16节将出于恐怖主义目的而使用或持有金钱的行为确定为犯罪[216]。关于"知情的有关人士"构成犯罪的情况，即当行为人直接参与或帮助别人参与获得金钱或恐怖主义资产的行为，而该行为人是明知或有理由怀疑该行为可能被用于恐怖主义活动时，构成犯罪[217]。根据第18节的规定，如果行为人通过隐瞒[218]、从司法管辖区移出[219]、转移给指定人[220]，或以任何其他方式[221]加入或参与了"有助于他人或代表他人保留或控制恐怖主义资产"的活动时，构成犯罪。被告可以以"证明他不知道和没有合理理由怀疑该项活动与恐怖主义资产有关"为由提出抗辩[222]。第19节规定，如果授权披露可以被采信或者只是怀疑行为违反第15～18节的规定，则不能定罪。2000年法案还规定，监管部门相关人员如果隐瞒他们怀疑或知道有人从事洗钱活动的事实，则构成刑事犯罪[223]。该法案对向严重有组织犯罪监察局披露任何涉及恐怖主义资产的可疑活动的信息提供了与2002年《犯罪所得法》相同的抗辩理由[224]。

---

[213] 2000年《反恐怖主义法》第15（2）节。
[214] 2000年《反恐怖主义法》第15（3）节。
[215] Alexander, Richard (2007), *Insider dealing and money laundering in the EU: Law and Regulation*, Ashgate, Aldershot, at p. 175.
[216] 2000年《反恐怖主义法》第16（1）节。
[217] 2000年《反恐怖主义法》第17节。
[218] 2000年《反恐怖主义法》第18（1）（a）节。
[219] 2000年《反恐怖主义法》第18（1）（b）节。
[220] 2000年《反恐怖主义法》第18（1）（c）节。
[221] 2000年《反恐怖主义法》第18（1）（d）节。
[222] 2000年《反恐怖主义法》第18（2）节。
[223] 2000年《反恐怖主义法》第21A节。
[224] 2000年《反恐怖主义法》第20节。

二、洗钱的金融监管

英国反洗钱政策的第二部分依赖于英国金融服务管理局（FSA）实施的法规，金融服务管理局负有减少金融犯罪的法定义务。金融犯罪包括欺诈或不诚实行为[225]、不当使用或滥用金融市场信息行为[226]、处理犯罪所得的行为[227]。金融服务管理局和其他机构一样，对洗钱采取了基于风险的管理方法，这意味着公司能够按照成本效益法和比例法分配其资源以便关注洗钱的相关风险。金融服务管理局采取了两阶段政策：首先，它设计了一份金融服务产品清单，以便对风险状况进行分类；其次，它创建了一套识别客户身份的程序[228]。金融服务管理局基于风险的监管方法对高风险企业和低风险企业的作用不同。高风险企业可从"持续关系"中获益，而低风险企业与金融服务管理局之间则建立起了"远程关系"[229]。金融服务管理局拥有广泛的规则制定权，可以对被监管主体实施监管[230]。2006 年以前，金融服务管理局的职责载于《反洗钱手册》[231]。金融服务管理局的每个部门都要求配备一名反洗钱专员[232]，依照程序准确识别客户[233]、提供反洗钱内部报告[234]、利用英国和国际上关于"反洗钱"制度重大缺陷的调查结果[235]以及

---

[225] 2000 年《金融服务和市场法》，第 6（3）（a）节。
[226] 2000 年《金融服务和市场法》，第 6（3）（b）节。
[227] 2000 年《金融服务和市场法》，第 6（3）（c）节。
[228] Gill, M. and Taylor, G. (2003), 'The risk-based approach to tackling money laundering: matching risk to products', *Company Lawyer*, 24 (7), 210–213, at 212.
[229] Sergeant, C. (2002), 'Risk-based regulation in the Financial Services Authority', *Journal of Financial Regulation and Compliance*, 10 (4), 329–335, at 333.
[230] 2000 年《金融服务和市场法》，第 146 节。
[231] 金融服务管理局：《金融服务管理局反洗钱手册》，伦敦，2006 年。金融服务管理局经由 2000 年《金融服务和市场法》（与洗钱有关的部分）（2001 年版）采纳了 1993 年《反洗钱法》。2001 年《反洗钱条例》第 1819 节。
[232] 同上，第 2 节。
[233] 同上，第 3 节。
[234] 同上，第 4 节。
[235] 同上，第 5 节。

确保工作人员接受反洗钱培训[236]。此外，还有一系列针对个人贸易商和专业公司的特别规定[237]。2006年1月，金融服务管理局宣布精简《反洗钱手册》，2006年8月《反洗钱手册》中关于高级管理人员的安排、管理系统和管理控制的部分被一些基于的原则性方法所替代[238]。新手册的第3部分规定，公司必须建立适合其开展业务的系统和控制措施[239]，特别是要求公司"建立和维护有效的管理机制和管理措施以符合监管要求与标准，并防范公司可能被卷入金融犯罪的风险"[240]。因此，公司应定期评估其现有的反洗钱系统的充分性，以防范其被利用进行金融犯罪的风险[241]，应指派一名董事或高级经理全面负责建立和维护反洗钱系统，并任命一名反洗钱报告专员[242]。金融服务管理局拥有广泛的调查和执法权力，例如，它有权要求公司提供信息[243]、任命调查人员[244]、获得海外金融监管机构的支持[245]，并为其任命的调查人员提供额外的权力[246]；此外，它还担任某些洗钱活动的起诉机关[247]；它也有权对被授权人违反其规则的行为处以罚金[248]。金融服务管理局甚至对那些在没有被找到洗钱证据的情况下违反《反洗钱手册》的公司实施了一系列处罚[249]。近期，它还对一家公司的反洗钱报告专员处以了

---

[236] 《反洗钱手册》，第6节。
[237] 同上，第8节。
[238] 同上。
[239] 金融服务管理局：《金融服务管理局手册》，伦敦，2006年，参见《反洗钱手册》第3部分"系统与控制"第3.1.1节。
[240] 同上，参见《反洗钱手册》第3部分"系统与控制"第3.2.6R节。
[241] 同上，参见《反洗钱手册》第3部分"系统与控制"第3.2.6C节。
[242] 同上，参见《反洗钱手册》第3部分"系统与控制"第3.2.6H节和I节。
[243] 2000年《金融服务和市场法》，第165~166节。
[244] 2000年《金融服务和市场法》，第167~168节。
[245] 2000年《金融服务和市场法》，第169节。
[246] 2000年《金融服务和市场法》，第172节。
[247] 2000年《金融服务和市场法》第402（1）（a）节。英国金融服务管理局的检察权范围由上诉法院在R诉罗林斯案〔2009〕（英格兰和威尔士上诉法院）中批准，并由最高法院在R诉罗林斯案〔2010〕（英国最高法院第39号判例）中确认。
[248] 《金融服务和市场法》，第206（1）节。
[249] 金融服务管理局已对苏格兰皇家银行、北方银行和阿比国民银行分别处以75万英镑、125万英镑和220万英镑的罚款，原因是它们违反了《金融服务管理局手册》。参见 Ryder, N. (2008b), 'The Financial Services Authority and money laundering: a game of cat and mouse', *Cambridge Law Journal*, 67 (3), 635–653.

罚金[250]。

金融服务管理局还实施了 2007 年《反洗钱条例》，其目的是防止总部设在英国的企业被犯罪分子和恐怖分子利用进行洗钱。哈德森的观点进一步说明了这一点。哈德森指出，2007 年《反洗钱条例》"主要是为了树立市场信心和强化公众意识以及保护消费者利益和减少金融犯罪"[251]。这些目标也是 2000 年《金融服务和市场法》下金融服务管理局的目标。相关法案最早于 1993 年出台，2001 年《反洗钱条例》对其进行了修订，2003 年《反洗钱条例》撤销了相关规定并将法案适用对象扩大到包括公证人、房地产代理、审计师、资金中介、高额交易商和赌场经营者在内的更广泛的范围。最新的法案于 2007 年 12 月 15 日开始生效[252]，并根据《欧盟反洗钱第三号指令》予以执行[253]。2007 年法案适用于信贷机构[254]、金融机构[255]、审计师[256]、破产管理人[257]、会计顾问[258]和税务顾问[259]、法律专业人士[260]、信托或

---

[250] Financial Services Authority (2008c), 'FSA fines firm and MLRO for money laundering controls failings', 29 October 2008, available at http://www.fsa.gov.uk/pages/Library/Communication/PR/2008/125.shtml (accessed 29 October 2008) and Financial Services Authority (2010a), 'FSA fines Alpari and its former money laundering reporting officer, Sudipto Chattopadhyay for anti–money laundering failings,' 5 May 2010, available at http://www.fsa.gov.uk/pages/Library/Communication/PR/2010/077.shtml.

[251] 参见脚注[186]哈德森文章，第 360 页。

[252] 2007 年《反洗钱条例》。

[253] 2005 年 10 月 26 日欧盟理事会第 60 条指令，〔2005〕OJ L309/15。

[254] 如 2000 年 3 月 20 日欧洲议会和欧洲理事会 2000/12/EC 号《银行业合并指令》第 4（1）(a) 节所述，该指令涉及信贷机构业务的开展和追踪。

[255] 当其开展《银行业合并指令》附录 1 第 2～12 点和第 14 点所列的一项或多项活动时，即被定义为货币服务业务。

[256] 审计师是指根据 2006 年《公司法》的规定具有法定审计职能的公司或个人。

[257] 任何根据 1986 年《破产法》第 388 节（经由 2000 年《破产法》第 3 部分修订）的规定从事破产相关业务的人员。

[258] 根据 2007 年《反洗钱条例》第 3 条第 7 款的规定为他人提供会计服务的从业人员。

[259] 根据 2007 年《反洗钱条例》第 3 条第 8 款的规定为他人提供税收优惠或其他建议的从业人员。

[260] 法律专业人士是指根据 2007 年《反洗钱条例》第 3 条第 9 款的规定提供与不动产买卖和客户资金及其他相关活动专业法律建议的从业人员。

企业服务提供商[261]、房地产中介[262]、高额交易商[263]和赌场经营者[264]。2007 年的法案对金融服务部门和其他个人规定了更详细的义务，以防止洗钱和恐怖主义融资。例如，根据第 7 条的规定，如果一家公司怀疑交易涉及洗钱或恐怖主义融资，或者对客户的身份信息存疑，那么它就必须按照第 5 条的规定进行尽职调查。这意味着公司需要验证客户的身份并监管他们的业务关系[265]；根据第 10 条的规定，赌场有义务确定顾客的身份。2007 年《反洗钱条例》还规定了保存记录[266]、制定章程和程序[267]以及人员培训的义务[268]；同时规定了有关监管和登记的义务[269]、监督人的执行权力[270]、追缴罚款和指控的规定[271]，并规定一些公共事务机构有义务举报洗钱或资助恐怖主义的可疑活动[272]。

三、洗钱的金融情报

英国反洗钱政策的第三部分是利用可疑交易报告收集金融情报，最初是由 1986 年的《毒品交易法》（DTOA）提出的，后来由 2002 年《犯罪所得法》（PCA）和 2007 年《反洗钱条例》共同规定[273]。2002 年的《犯罪所

---

[261] 信托或企业服务提供商是指根据 2007 年《反洗钱条例》第 3 条第 10 款的规定提供与法人实体成立有关的业务服务或作为另一方的代理人在公司内担任董事或其他相关职位的相关服务的从业人员。

[262] 根据 1979 年《房地产代理法》第 1 节的规定。

[263] 高额交易商是指根据 2007 年《反洗钱条例》的规定从事总额至少为 15000 欧元的货物交易的企业或贸易商。

[264] 根据 2005 年《赌博法》第 65（2）节的规定，赌场应当持有营业执照。

[265] 2007 年《反洗钱条例》第 8 条。

[266] 2007 年《反洗钱条例》第 19 条。

[267] 2007 年《反洗钱条例》第 20 条。

[268] 2007 年《反洗钱条例》第 21 条。

[269] 2007 年《反洗钱条例》第 23～36 条。

[270] 2007 年《反洗钱条例》第 37～47 条。

[271] 2007 年《反洗钱条例》第 48 条。

[272] 2007 年《反洗钱条例》第 49 条。

[273] 必须指出的是，英国上诉法院在 UMBS 在线公司上诉案件中严厉批评了 2002 年《犯罪所得法》规定的报告义务（2007 年英格兰和威尔士上诉法院第 406 号案例）。

得法》规定，如"怀疑"[274]或有"合理理由怀疑"[275]已犯罪行，应提交"可疑交易报告。布朗和埃文斯认为，应该注意的是"怀疑"只是一种主观判断，而"合理理由怀疑"则是有客观依据的，是基于客观依据而产生的客观结果。因此，如果被告因"过失"未能适当履行《犯罪所得法》中的义务，则可能导致刑事定罪[276]。如果公司对某次交易有"合理的怀疑"[277]或存在任何非"臆想"的被用于洗钱的可能性，那么它必须通知其洗钱报告专员，由其完成可疑交易报告，并将报告发送给英国的金融情报机构或严重有组织犯罪监察局，以决定是否采取进一步行动[278]。韦德斯里认为，"不只是有明确洗钱线索的案件，而且在仅仅是怀疑的情况下"，都应当进行信息披露[279]。英格兰和威尔士的上诉法院曾多次试图对"怀疑"一词进行解释，许多评论员认为这限制了对洗钱报告要求的有效性[280]。朗默尔·卢杰在 R 诉达席尔瓦案中认为，"怀疑"一词及其相关词汇的基本含义是被告必须认为存在有关事实的可能性，而这种可能性远非想象，隐约的不安不能等同于"怀疑"[281]。上诉法院补充说明：在这方面，"怀疑"一词及其相关词汇的基本含义是被告必须认为存在着有关事实的可能性，这种可能性比想象的可能性更大，模糊的不安不等同于怀疑。但法律并不要求"怀疑"必须是"明确的""依据具体事实且有针对性的"或是基于"合理的理由的"[282]。

---

[274] 2002 年《犯罪所得法》第 328 (1) 节、第 330 (2) (a) 节和第 332 (2) (a) 节。

[275] 2002 年《犯罪所得法》第 330 (2) (b) 节和第 331 (2) (b) 节。

[276] Brown, G. and Evans, T. (2008), 'The impact: the breadth and depth of the anti – money laundering provisions requiring reporting of suspicious activities', Journal of International Banking Law and Regulation, 23 (5), 274–277, at 276.

[277] 值得注意的是，英格兰和威尔士上诉法院在 2006 年 R 诉达席尔瓦案中驳回了达席尔瓦的上诉，即法院"不能在相关的法律条款中暗示'合理'等词"。出处同上，第 275 页。

[278] K Ltd v National Westminster Bankplc [2007] 1 WLR 311.

[279] Wadsley, J. (2008), 'Painful perceptions and fundamental rights – anti – money laundering regulation and lawyers', Company Lawyer, 29 (3), 65–75, at 67.

[280] 关于"怀疑"的更多解释参见 Joint Money Laundering Steering Group Prevention of money laundering/combating terrorist financing guidance for the UK financial sector Part 1 (Joint Money Laundering Steering Group: London, 2007b) Guidance 6.9.

[281] 英格兰和威尔士上诉法院 2006 年第 1654 号案例，本案涉及 1988 年《刑事司法法》对这一词的解释。

[282] 同上。

在 k 诉英国国民威斯敏斯特银行案中，上诉法院以及英国税务海关总署（HMRC）和严重有组织犯罪监察局认为[283]，对"怀疑"一词的解释在民法和刑法中是一样的[284]。布朗和埃文斯认为，在大多数情况下，除非法院要求提交可疑交易报告的人为其"怀疑"提供证据，否则制作可疑交易报告的人表示怀疑就足够了；而事实上，对那些质疑可疑交易报告的人来说，要证明不应存在任何"怀疑"[285]。这可以参照沙阿诉汇丰（HSBC）私人银行（英国）有限公司案中上诉法院的判决[286]。朗默尔·卢杰认为，"我不明白为什么沙阿不能要求汇丰银行证明其有相关怀疑的案例，从而有权对此案进行重新审判，以便该行能够在这方面证明自己的论点，而不是简单地驳回上诉"[287]。基于上诉法院的裁定，斯坦顿认为，"专业人士简单地断言怀疑客户洗钱是不够的，还需要拿出证据来证明'疑点'的存在"[288]。

最近的几项研究对可疑交易报告制度的整体有效性提出了质疑。例如，毕马威会计师事务所就发现了可疑交易报告制度的诸多缺陷[289]，包括可疑交易报告数据库和执行结果监测系统效率低下、相关培训不足以及政府对该计划缺乏支持。为此，毕马威会计师事务所提出了一系列建议，旨在改进对执行结果的监测效率并提供与可疑交易报告有关的培训[290]。2005年还有一份重要的研究报告指出了执法机构对可疑交易报告的利用不足[291]；这份报告同时指出了执法机构在利用可疑交易报告方面仍然缺乏对信息的

---

[283] 2006 年英格兰和威尔士上诉法院第 1039 号案例。

[284] 参见脚注[172]弗斯顿文章，第 163 页。

[285] 参见脚注[270]布朗和埃文斯文章，第 275 页。相关详细讨论参见 2006 年 K 有限公司诉英国国家威斯敏斯特银行案（2006 年英格兰和威尔士上诉法院第 1039 号案例）。

[286] 2010 年英格兰和威尔士上诉法院第 31 号案例 "劳埃德代表案"（Rep F.C. 276（CA（Civ Div）））。关于本案影响的分析，参见 Marshall, P. (2010), 'Does Shah v HSBC Private Bank Ltd make the anti – money laundering consent regime unworkable?', *Butterworths Journal of International Banking & Financial Law*, 25 (5), 287 – 290.

[287] 同上，第 22 页。

[288] Stanton, K. (2010), 'Money laundering: a limited remedy for clients', *Professional Negligence*, 26 (1), 56 – 59, at 58.

[289] KPMG *Money Laundering: Review of the Reporting System* (KPMG: London, 2003), at p. 14.

[290] 同上，第 13 – 20 页。

[291] Fleming, M., *UK Law Enforcement Agency Use and Management of Suspicious Activity Reports: Towards Determining the Value of the Regime* (University Colledge London: London, 2005) at p. 48.

管理[292]。斯蒂芬·兰德审查了可疑交易报告制度并指出该制度存在缺乏全面管理和责任、受监管部门报告不一致以及培训不当等缺陷[293]。英国社会普遍质疑该报告要求产生了一种"恐惧因素",导致提交的可疑交易报告数量显著增加[294]。毕马威会计师事务所指出,1995—2002 年提交的可疑交易报告数目从 5000 例增加到 60000 例[295]。严重有组织犯罪监察局于 2009 年披露,在 2008 年 10 月至 2009 年 9 月期间共收到 228834 例可疑交易报告[296]。

这意味着在 13 年间增加了大约 200000 份可疑交易报告。这一增长与英国金融服务管理局的制裁威胁有关,并导致受监管部门采取了一种提交被称为"防御性"或"预防性"报告的策略[297]。银行业已对"可疑交易报告"制度表示关注[298],并建议取消有关规定,把资源用到其他需要的地方。英国银行家协会声称,其成员每年需花费 2.5 亿英镑来遵守这些规定[299];而毕马威会计师事务所则估计每年的成本只有接近 9000 万英镑[300]。研究表明,英国的反洗钱成本高于包括德国、法国和意大利在内的其他国家[301]。

---

[292] Fleming, M., *UK Law Enforcement Agency Use and Management of Suspicious Activity Reports: Towards Determining the Value of the Regime* (University Colledge London: London, 2005) at p. 48.

[293] Serious Organized Crime Agency *Review of the Suspicious Activity Reports Regime* (Serious Organized Crime Agency: London, 2006) at pp. 16 – 17.

[294] Sarker, R. (2006), 'Anti – money laundering requirements: too much pain for too little gain', *Company Lawyer*, 27 (8), 250 – 251, at 251.

[295] 参见脚注[289]毕马威会计师事务所报告,第 14 页。

[296] Serious Organized Crime Agency *The Suspicious Activity Reports Regime Annual Report 2008* (Serious Organized Crime Agency: London, 2009) at p. 14.

[297] 参见脚注[170]梁文章,第 142 页。

[298] Home Office *Report on the Operation in 2004 of the Terrorism Act 2000* (Home Office: London, 2004c) at pp. 19 – 20.

[299] 同上。亚历山大声称英国银行的年度反洗钱成本为 6.5 亿英镑。参见脚注[245]亚历山大文章,第 119 页。

[300] 参见脚注[289]毕马威会计师事务所报告,第 46 – 47 页。关于计算可疑交易报告制度成本的困难参见 Sproat, P. (2007), 'The new policing of assets and the new assets of policing: a tentative financial cost – benefit analysis of the UK's anti – money laundering and asset recovery regime', *Journal of Money Laundering Control*, 10 (3), 277 – 299, at 278 – 288.

[301] Yeandle, M., Mainelli, M., Berendt, A. and Healy, B. *Anti – money laundering requirements: costs, benefits andperceptions* (Corporation of London: London, 2005) at p. 24.

第五节 结 论

自《维也纳公约》实施和金融行动特别工作组成立以来，美国和英国都出台了专门的反洗钱政策将洗钱定为刑事犯罪，广泛利用了金融机构向金融情报部门提供的金融情报。在本章所涉及的两个国家中，首先就美国的相关政策做一个全面的总结。

一、美国的反洗钱政策

美国作为联合国和金融行动特别工作组的成员，在制定和实施全球反洗钱政策方面发挥了主导作用。其反洗钱政策的出台早于任何一个国际组织。美国的反洗钱政策主要由多个政府机构、执法机构和大量其他组织来管理与执行。20世纪80年代，洗钱活动因《反洗钱条例》而成为一种犯罪行为，并且1970年《银行保密法》提出的可疑交易报告制度得到了其后历届政府的重新审视。然而，直到前总统比尔·克林顿于1998年签署《反洗钱战略法案》，美国才有了成文的法律意义上的反洗钱政策。这项法案的特别之处是要求财政部和司法部共同制定并实施反洗钱战略。如上所述，"9·11事件"使美国的反洗钱政策发生了根本性的变化，由于前总统乔治·布什的推动和2001年《美国爱国者法案》的出台在很大程度上将反洗钱与反恐怖主义融资相结合。将洗钱确定为刑事犯罪的1986年《洗钱控制法》已经成为联邦检察官定罪时的一项利器。尽管如此，金融行动特别工作组得出的结论是，"虽然在洗钱的刑事定罪方面尚存在一些不足，特别是在涉及外国上游犯罪方面，但这项报告表明该制度总体上是有效的"[302]。美国采用的反洗钱政策总体上是稳健的，但就对越来越多的金融机构规定了过多的义务来说是值得商榷的。当有组织犯罪分子和恐怖分子利用新的、更为复杂的方法，甚至在不进入美国银行系统的情况下为犯罪收益洗钱或为恐怖主义行为提供资金时，这项政策的外延就存在根本性的缺陷。一位评论员提出这样的观点："监管机构和执法机关今后的挑战是打击那些传统上不受监管的实体的洗钱活动，并调整适用于商业银行的反洗钱条例，以确保增加的监管负担和相关成本可以有效减少洗钱和毒品交易活动，而不是降低银行的盈利能力"[303]。博斯沃思－戴维斯在2007年撰文支持了这一观点，并表示洗钱者会"到别处寻找阻力最小的商业服务"[304]。自1970年《银行保密法》出台以来，银行业一直抱怨这些措施具有侵入性，破坏了银行与其客户之间的独特关系，而且成本高、负担重、难以遵守。但是，这些抱怨在很大程度上被忽视了，历届政府给金融服务业带来的负担越来越重。金融行动特别工作组在其最近一份关于美国打击洗钱和恐怖主义融资政策的相关评估报告中指出，自上次评估以来，美国"显著加强了其总体反洗钱／反恐怖主义融资措施，制定了大量的法定修正案，并推行了一系列的结构性改革措施"[305]。该报告指出：美国当局致力于查明、瓦解和摧毁洗钱和恐怖主义融资网络，并寻求联合多方力量打击洗钱和恐怖主义融资，包括积极开展金融调查。美国当局的上述努力在起诉、定罪、扣押、冻结资产、没收和管制执法行动方面取得了令人瞩目的成就。总的来说，美国已经建立了一个有效的反洗钱／反恐怖主义融资体系，但在涉及开展客户尽职调查的具体要求、公司所有权信息的获取方式以及对某些指定非金融机构的要求等方面还存在一些不足[306]。

---

[302] 参见脚注[165]金融特别行动工作组报告，第2页。
[303] 参见脚注[34]阿尔法特文章，第468页。
[304] Bosworth–Davies, R. (2007b), 'Money laundering – chapter five: the implications of global money laundering laws', *Journal of Money Laundering Control*, 10 (2), 189–208, at 190.
[305] 参见脚注[165]金融行动特别工作组报告，第2页。
[306] 同上。

二、英国的反洗钱政策

英国充分履行了其根据《维也纳公约》和《巴勒莫公约》承担的国际义务，并遵循了相关反洗钱指令的要求。事实上，英国所采取的反洗钱措施已经超出了它的国际义务。1986年洗钱活动被确定为刑事犯罪，2002年的《犯罪所得法》更新和修订了相关立法框架。金融服务管理局的介入是减少洗钱影响的创新尝试，也是英国金融监管机构首次被赋予如此特殊的角色，这与美国的情况形成了对比。金融服务管理局制定了一套成本高昂、复杂且不必要的制度，但它至少试图通过运营反洗钱系统来减轻金融机构"反洗钱"的义务，但这项制度基本上无法阻止有组织的犯罪分子在英国洗钱。可疑交易报告制度给金融机构带来了沉重的行政负担，对交易记录保存、交易报告归档和内部监管都提出了更高的要求。考虑到政府对洗钱活动的强硬立场，实施更强制性的报告要求是不可避免的。然而，鉴于反洗钱犯罪的检控工作十分困难，可疑交易报告是否会为检控工作提供帮助尚值得商榷；每年要提交大量的可疑交易报告是否可能造成"大海捞针"的问题，这也是需要讨论的。在2004年的政策文件中，英国财政部提到了2003年国际货币基金组织对英国"反洗钱"立法框架和政策的审查结论是"英国对'反洗钱'有全面的法律、制度和监督机制"[307]。哈维教授也指出，"英国在反洗钱系统和程序的应用上尤为勤勉，并被认为是欧盟反洗钱政策的最忠实拥护者"[308]。然而，英国的反洗钱政策也因其适用范围和给遵守报告制度的机构带来的额外负担而饱受诟病[309]。哈维对实施更多反洗钱条例的效果提出质疑，他认为，"几乎没有证据表明，对社会尤其是金融机构施加更大监管负担的政策可能会产生减少洗钱活动的预期

---

[307] 参见脚注[223]英国财政部报告，第7页。
[308] 参见脚注[18]哈维文章，第341页。
[309] Rhodes, R. and Palastrand, S. (2004), 'A guide to money laundering legislation', *Journal of Money Laundering Control*, 8 (1), 9–18, at 17.

效果"[11]。梅林指出,尽管英国反洗钱的力度很大,但打击洗钱的行动"只有本着合作和法律兼容的精神,在全球范围内开展反洗钱工作,才能取得成效"[11]。哈维最终的结论是,尽管英国当局在反洗钱方面尽了最大努力,但"它仍在确定的洗钱国家名单上"[12]。

---

[10] 参见脚注[18]哈维文章,第308页。

[11] Maylam, S. (2002), 'Prosecution for money laundering in the UK', *Journal of Financial Crime*, 10 (2), 157 – 158, at 157 – 158.

[12] 参见脚注[18]哈维文章,第339页。

第三章

恐怖主义融资

长期以来,"战争迷雾"一直困扰着军事和政治领导人。在当今反恐战争的所有战线中,很少有哪条战线像打击恐怖主义融资那样"迷雾重重"。对那些正在进行总统竞选的人来说,这项战争的不确定性往往会影响最终的结局❶。

第一节 引 言

在 2001 年 9 月发生恐怖袭击("9·11 事件")之前,恐怖主义融资可以说是国际社会金融犯罪政策中"沉睡的巨人"。联合国、金融行动特别工作组和欧盟对此次恐怖袭击的回应是实施旨在打击恐怖主义融资的法规和建议❷。2001 年 9 月 24 日,时任美国总统乔治·布什宣布,"我们将切断恐怖分子的资金来源",从而吹响了"反恐金融战争"的号角。时任美国财政部部长表示,"我们将成功地切断恐怖分子的资金来源,关闭支持或协助恐怖主义的机构"❸。然而,"反恐金融战争"最初是由美国前总统比尔·克林顿在 1998 年发起的,在发现"基地组织"应该对美国驻肯尼

---

❶ Greenberg, M., Wechsler, W. and Wolosky, L. (2002) *Terrorist financing*, Council on Foreign Relations, New York, at p. v. Hereafter Greenberg et al.
❷ The White House Fact *sheet on terrorist financing executive order* (White House: Washington, DC, 2001b) at 1.
❸ The White House (2001c), 'President freezes terrorists' assets', Remarks by the President, Secretary of the Treasury O'Neill and Secretary of State Powell on Executive Order, Office of the Press Secretary, 24 September 2001, available at http://www.fas.org/terrorism/at/docs/2001/Bush - 9 - 24 - 01.htm (accessed 11 October 2009).

亚和坦桑尼亚大使馆爆炸案负责后,克林顿宣称如果要惩罚"基地组织",就必须攻击他们的金融资产❹。本章旨在阐释并评论国际组织以及美国和英国的反恐怖主义融资法规。本章首先强调了恐怖主义融资的金融机制,并讨论"廉价反恐怖主义融资";然后分析"9·11"恐怖袭击事件的影响和国际社会的立法反应,包括促使美国和英国采取三管齐下的反恐怖主义融资政策:①将恐怖主义融资定为刑事犯罪;②冻结恐怖分子资产;③对金融机构和储蓄机构实施报告制度。

第二节 恐怖主义融资来源

在传统意义上,恐怖分子的资金来源于两个方面:国家资助和私人赞助❺。国家资助是政府向恐怖组织提供后勤和资金支持❻。20世纪70年代和80年代,相当一部分恐怖分子得到了同情他们的政府的支持。在此期间,美国发布了支持恐怖主义活动的政府清单❼。根据1961年《对外援助法》和1979年《出口管理法》,美国国务卿有权宣布一个国家为资助恐怖

---

❹ 美国对这些袭击的反应是颁布了第13129号总统令,切断塔利班获取资金的渠道,并宣布与塔利班的交易为非法,参见第13224号总统令,2001年《美国联邦法规汇编》第3编第786节;修订参见2001年《美国法典》第50编第1701节。

❺ Bantekas, I. (2003), 'The international law of terrorist financing', *American Journal of International Law*, 97, 315-333, at 316.

❻ Chase, A. (2004), 'Legal mechanisms of the international community and the United States concerning the state sponsorship of terrorism', *Virginia Journal of International Law*, 45, 41-137, at 49.

❼ Richard, A. (2005) *Fighting terroristfinancing: transatlantic cooperation and international institutions*, Center for Transatlantic Relations, Washington, DC, at p. 6.

主义的国家。当时，苏丹❽、叙利亚❾、伊朗❿和古巴⓫四个国家被美国认定为资助恐怖主义的国家。自"冷战"结束以来，国家资助恐怖主义的行为有所减少，恐怖分子从私人机构获得了更多的赞助资金。国家资助的减少有两个方面的原因⓬：首先，参与支持恐怖主义的国家减少了⓭；其次，恐怖分子也不再依赖国家资助⓮。国家资助的减少迫使恐怖分子在"自力更生"的基础上，开始多渠道地筹集资金⓯。尽管缺少了国家的资助，恐怖分子仍然可以通过操纵多种货币工具来获取资金支持⓰，以确保其从事恐怖活动的资金来源⓱。例如，有人认为"基地组织"的全球筹资网络就是建立在"慈善机构"、非政府组织、网站、中介机构、调解人、银行和其他金融机构等提供支持的基础上的⓲。美国财政部表示，恐怖分子的资金可以通过电汇在许多国家的实体企业和金融机构之间实现瞬间转移，给

---

❽ 苏丹于 1993 年 8 月 12 日被美国列入"支持恐怖主义国家"名单（译者注：2020 年从该名单中移除）。

❾ 叙利亚于 1979 年 12 月 29 日被美国列入"支持恐怖主义国家"名单。

❿ 伊朗于 1984 年 1 月 19 日被美国列入"支持恐怖主义国家"名单。2010 年《伊朗全面制裁、问责与撤资法》（H. R. 2194）中巴拉克·奥巴马总统提出的针对资助恐怖主义活动的措施之一就是对伊朗实施全面制裁。蒂姆·盖特纳指出，这部法案授予美国财政部新的强大的权力。美国财政部对有意提供与伊朗此类行为有关的金融服务的外国银行或伊朗革命卫队及其附属机构实施强制性制裁。这些权力彰显了美国财政部保护国际金融体系免受滥用的持续努力。美国财政部盖特纳部长于 2010 年 7 月 1 日发表《盖特纳部长关于签署伊朗制裁法案的声明》，声明全文见 http://www.treas.gov/press/releases/tg767.htm （2010 年 7 月 10 日查阅）。

⓫ 古巴于 1982 年 3 月 1 日被美国列入"支持恐怖主义国家"名单。关于"支持恐怖主义国家"的详细信息参见《2008 年恐怖主义国家报告》，美国国务院：华盛顿特区，2009 年，第 181－186 页。

⓬ 参见脚注❼理查德文章，第 5 页。

⓭ 同上。

⓮ 同上，第 6 页。

⓯ 关于 2005 年 7 月 7 日伦敦恐怖袭击事件的官方报告也承认了恐怖组织"自给自足"的能力。参见《2005 年 7 月 7 日伦敦爆炸事件官方报告》，英国下议院：伦敦，2005 年，第 23 页。

⓰ Lowe, P. (2006), 'Counterfeiting: links to organised crime and terrorist funding', (2006) Journal of Financial Crime, 13 (2), 255－257.

⓱ Alexander, K. (2001), 'The international anti－money laundering regime: the role of the Financial Action Task Force', Journal of Money Laundering Control, 4 (3), 231－248, at 231. 支持此观点的文章参见 Rider, B. (2003), 'Thinking outside the Box', Journal of Financial Crime, 10 (2), 198.

⓲ 参见脚注❶格林伯格文章，第 1 页。

发现和解决问题带来了很大的困难[19]。恐怖分子还滥用"慈善捐款"和"慈善融资",包括会员费、巡回演讲、文化和社会活动,呼吁社区富有成员捐款[20];此外,恐怖分子还通过欺诈、销售假冒商品和贩毒等犯罪活动获得资金[21]。

"9·11"事件后,国际社会关注的重点转向了替代性的或非汇款银行系统。"地下钱庄"就是游离于金融监管之外的非正规银行系统[22]。其中一个系统就是"哈瓦拉系统"[23]。"哈瓦拉系统"的内部运作建立在充分信任的基础上,导致资金转移很难被发现,这一系统已被指控用于非法目的[24]。事实上,在"9·11"事件后,将"哈瓦拉系统"界定为"恐怖主义融资工具"会产生一定的误导[25],因为在许多司法管辖区,它被认定为合法的金融系统;但也有人认为"基地组织"利用"哈瓦拉系统"支持恐怖主义活动,这一观点得到了《华盛顿邮报》的支持,《华盛顿邮报》的报道称,"基地组织"滥用这一系统为非洲大使馆爆炸案提供了资金资持[26],然而并没有确凿的证据表明"基地组织"利用这一系统资助了 2001 年的"9·11"

---

[19] "美国财政部对反恐金融战争的贡献",美国财政部:华盛顿特区,2002 年。恐怖分子还利用新的信息技术在互联网上转移资金,以掩盖资金的真实来源。参见 Ping, H. (2004), 'New trends in money laundering – from the real world to cyberspace', *Journal of Money Laundering Control*, 8 (1), 48 – 55 and Baldwin, F. (2004), 'The financing of terror in the age of the internet: wilful blindness, greed or a political statement?', *Journal of Money Laundering Control*, 8 (2), 127 – 158.

[20] General Accounting Office *Terrorist Financing – US Agencies should systematically assess terrorists' use of alternative financing mechanisms* (General Accounting Office: Washington, DC, 2003b).

[21] Linn, C. (2005), 'How terrorists exploit gaps in US anti – money laundering laws to secrete plunder', *Journal of Money Laundering Control*, 8 (3), 200 – 214, at 200.

[22] 有关地下银行系统运作的更深入讨论,参见 Trehan, J. (2002), 'Underground and parallel banking systems', *Journal of Financial Crime*, 10 (1), 76 – 84.

[23] Pathak, R. (2004), 'The obstacles to regulating the hawala: a cultural norm or a terrorist hotbed?', *Fordham International Law Journal*, 27, 2007 – 2061, at 2008.

[24] Waszak, D. (2004), 'The obstacles to suppressing radical Islamic terrorist financing', *Case Western Reserve Journal of International Law*, 35, 673 – 710.

[25] Jamwal, N. (2000), 'Hawala – the invisible financing system of terrorism', *Strategic Analysis*, 26 (2), 181 – 198. 帕萨斯认为,"主要问题是,美国执法部门在"9·11"事件之前并没有对这类交易、网络和群体给以足够的重视"。See Passas, N. (2004), 'Law enforcement challenges in hawala – related investigations', *Journal of Financial Crime*, 12 (2), 112 – 119, at 112.

[26] Farah, D. (2002), 'Al – Qaeda's road paved with gold', Washington Post, 17 February 2002, available at http://www.washingtonpost.com/ac2/wp – dyn/A22303 – 2002Feb16? language = printer (accessed 7 July 2009).

恐怖袭击事件[27]。而事实上,"9·11"事件调查委员会的报告指出,这次恐怖袭击所用资金是通过美国银行系统而不是"哈瓦拉系统"转入恐怖分子银行账户的[28];此外,恐怖分子还通过一系列电汇业务从阿拉伯联合酋长国接受资金,他们还携带了向海关官员申报的大约40000美元的现金[29]。"哈瓦拉系统"很难监管,以前的一些尝试都被证明是无效的[30]。莱德认为,造成这种情况的主要原因之一是"通过传统银行系统监管洗钱的法律法规对于非银行系统的地下钱庄而言几乎没有实际的作用[31]"。许多国家试图监管或禁止使用这种地下钱庄系统。

反恐怖主义融资问题有时会因为涉及资金过少而变得愈加棘手,也就是所谓的"廉价恐怖主义"使防止恐怖主义融资变得几乎不可能。据英联邦秘书处称,伦敦主教府爆炸案估计只花费了3000英镑[32];1993年世贸中心爆炸案的大致成本也只有3500美元[33],却造成当地6人死亡,企业损失

---

[27] 但迈博和帕萨斯认为,"所有证据都表明'基地组织'利用了银行系统、电汇服务、信用卡账户和其他受监管的金融业务的汇款人"。参见 Maimbo, S. and Passas, N. (2004), 'The regulation and supervision of informal remittance systems', *Small Enterprise Development*, 15 (1), 53–61, at 59.

[28] 9/11 Commission *The 9/11 Commission Report – Final Report of the National Commission on Terrorist Attacks upon the United States* (Norton & Company: London, 2004) at 170–171.

[29] McHugh, G. (2007), 'Terrorist Finance Tracking Program: illegality by the President or the Press?' *Quinnipiac Law Review*, 26, 213–256, at 213. 也有人表示,资金被从德国转移到了位于佛罗里达州的 SunTrust 银行. 参见 Santolli, J. (2008), 'The terrorist finance tracking program: illuminating the shortcomings of the European Union's antiquated data privacy directive', *George Washington International Law Review*, 40, 553–582, at 556.

[30] Navias, M. (2002), 'Financial warfare as a response to international terrorism', *The Political Quarterly*, 73 (1), 57–79, at 61.

[31] Rider, R. (2002), 'The weapons of war: the use of anti–money laundering laws against terrorist and criminal enterprises: pt. I', *Journal of International Banking Regulation*, 4 (1), 13–31, at 25.

[32] Commonwealth Secretariat *Combating money laundering and terrorist financing – a model of best practice for the financial sector, the professions and other designated businesses* (Commonwealth Secretariat: London, 2006) at p. 13.

[33] Bowman, S. (1994) *When the Eagle Screams: America's Vulnerability to Terrorism*, Carol Publishing Corporation, Secaucus, NJ, at pp. 66–67, as cited in Crona, S. and Richardson, N. (1996), 'Justice for war criminals of invisible armies: a new legal and military approach to terrorism', *Oklahoma City University Law Review*, 21, 349–407.

达 3.3 亿～6.92 亿美元❸❹。英联邦秘书处得出了"发现这些相对较少的资金在金融系统中的转移是一项挑战"的结论❸❺。"廉价恐怖主义"的另一个例子是 2005 年 7 月在伦敦发生的恐怖袭击只花费了 8000 英镑❸❻。英国财政部认为,恐怖行动所需的资金各不相同:纽约和华盛顿的恐怖袭击案花费约 50 万美元;伦敦"七七爆炸案"和马德里火车爆炸案的花费分别只有 8000 英镑和 10000 美元;而在伊拉克制作一个简易爆炸装置大约只需要 100 美元❸❼。理查德警告说,"发现或追踪恐怖主义融资越来越困难。由于规模较小、分散的恐怖组织只需要较少的资金和资产,调查人员更难发现这些资金和资产"❸❽。因此,国际社会采取了一系列旨在从破坏金融基础设施、限制资金来源着手打击恐怖主义融资的措施,下一节将探讨这些举措。

第三节 反恐怖主义融资国际立法

在国际社会还没有做好应对恐怖主义融资的准备之时❸❾,"9·11"恐

---

❸❹ Bublick, E. (2008), 'Upside down? Terrorists, proprietors, and civil responsibility for crime prevention in the post – 9/11 tort reform world', *Loyola of Los Angeles Law Review*, 31, 1483 – 1543, at 1492 – 1493.

❸❺ 参见脚注❸❷英联邦秘书处报告,第 13 页。这一观点在以下著作中得到了支持:Donohue, L. (2008), *The cost of counterterrorism – power, politics and liberty*, Cambridge University Press, Cambridge, at p. 154.

❸❻ 参见脚注❶❺英联邦秘书处报告,第 23 页。

❸❼ HM Treasury *Public cousultaiton: draft terrorist asset – freezing bill* (HM Treasury. London, 2010) at p. 5.

❸❽ 参见脚注❺理查德著作,第 7 页。同样,英国财政部指出,"虽然个人攻击可以以较低的财务成本产生巨大的破坏,但它需要一个重要的金融基础设施来维持国际恐怖主义网络并促进其目标的实现",HM Treasury *The Financial Challenge to Crime and Terrorism* (HM Treasury: London, 2007) at p. 11. 关于恐怖主义融资的有趣讨论参见 Tupman, W. (2009), 'Ten myths about terrorist financing', *Journal of Money Laundering Control*, 12 (2), 189 – 205.

❸❾ Binning, P. (2002), 'In safe hands? Striking the balance between privacy and security – anti – terrorist finance measures', *European Human Rights Law Review*, 6, 737 – 749, at 737.

怖袭击事件的突发迫使国际社会不得不启动针对恐怖主义融资的创造性立法，并取得了显著的效果。

一、联合国

国际社会对恐怖主义融资的反应虽然受到美国的影响，但是国际反恐联盟的最佳领导者仍然是联合国[40]。"恐怖主义融资"一词最初是由联合国在其《消除国际恐怖主义宣言》（1994年）中采用的[41]。该宣言声明"各成员国应重申涉及恐怖主义的行为、方法和实践违反了联合国的宗旨和原则；在知情的情况下资助、策划和煽动恐怖行为也违反了联合国的宗旨和原则"[42]。1999年，联合国促成制定了《制止向恐怖主义提供资助的国际公约》[43]（以下简称《公约》）。《公约》规定会员国必须将资助恐怖主义行为定为犯罪，并采取必要的步骤查明、发现和冻结用于支持恐怖主义的任何资金[44]。《公约》促成了"一个国际社会可以更有效地合作的全球网络"[45]。在"9·11"事件之前，《公约》还没有获得成为条约所需的最低会员国赞成票数，但在"9·11"事件发生后，167个联合国会员国都对《公约》表示赞成。美国在2001年通过《制止资助恐怖主义公约实施法案》实施《公约》，英国也在2002年通过《基地组织和塔利班（联合国措施）（海外领土）（修正案）令》实施《公约》[46]。

---

[40] Hardister, A. (2003), 'Can we buy peace on earth?: The price of freezing terrorist assets in a post-September 11 world', *North Carolina Journal of International Law and Commercial Regulation*, 28, 606–661, at 624.

[41] 联合国 A/RES/49/60 第84次全体会议："消除国际恐怖主义的措施"，1994年12月9日。

[42] 同上。

[43] 联合国大会1999年12月9日第54/109号决议通过。

[44] 参见《制止向恐怖主义提供资助的国际公约》第8条。它还要求会员国指导金融机构和其他相关专业人员引入并实施"了解客户"义务，包括确定客户身份和使用可疑交易报告的措施。同上，第18条。

[45] Gilmore, William (2004) *Dirty money – the evolution of international measures to counter money laundering and the financing of terrorism*, Council of Europe, Strasbourg, at pp. 73–74.

[46] 2002年《基地组织和塔利班（联合国措施）（海外领土）（修正案）令》，第266节。

联合国执行安理会第 1267 号决议[47]要求成员国对"基地组织"、乌萨马·本·拉登、"塔利班"和其他已知或可疑的同伙实施制裁[48]。这项决议宣布成立联合国安理会制裁委员会，其目标是冻结由"塔利班"拥有或用于"塔利班"活动的资金。该委员会可以应成员国的要求将个人或公司列入制裁名单，被列入制裁名单的个人或公司唯一的追索权就是申请除名。这项决议开创了一个先河并呼吁各成员国采取一系列措施，加强打击恐怖主义的国际合作[49]。联合国执行安理会的第 1373 号决议更为重要，它是国际社会打击恐怖主义融资政策的基石[50]。这项决议要求联合国会员国承担四项义务[51]：第一，要求各国打击和控制恐怖主义融资活动[52]；第二，将在本国领土上筹集恐怖主义资金定为犯罪[53]；第三，冻结从事或试图从事恐怖主义行为的人的资金、金融资产和其他经济资源[54]；第四，禁止任何国民在其领土内向企图实施恐怖主义行为的人提供资金、金融资产和其他经济资源[55]。会员国冻结资产的义务是适用于全体会员国的绝对义务[56]。美国财政部认为，联合国安理会第 1373 号决议"在为我们的行动赢得支持方面起到了关键作用，并且是建立国际反恐怖主义融资联盟的必要工具"[57]。

[47] 联合国安理会第 4051 次会议第 1267 号决议。
[48] 同上，第 4（b）条。
[49] Flynn, E. (2007),'The Security Council's Counter – terrorism Committee and human rights', *Human Rights Law Review*, 7, 371 – 384, at 373.
[50] 参见脚注[39]宾宁文章，第 737 页。有关这些措施的详细评论参见 Gurule, J. (2009), 'The demise ofthe UN economic sanctions regime to deprive terrorists of funding', *Case Western Reserve Journal of International Law*, 41, 19 – 63.
[51] 参见"英国内阁办公室关于英国打击国际恐怖主义活动的进展报告"，英国内阁办公室：伦敦，2002 年，第 24 页。
[52] 参见联合国安理会第 56 届议会第 4385 次会议第 1373 号决议第 1（a）条。
[53] 参见联合国安理会第 56 届议会第 4385 次会议第 1373 号决议第 1（b）条。
[54] 参见联合国安理会第 56 届议会第 4385 次会议第 1373 号决议第 1（c）条。
[55] 参见联合国安理会第 56 届议会第 4385 次会议第 1373 号决议第 1（d）条。
[56] Kruse, A. (2005),'Financial and economic sanctions – from a perspective of international law and human rights', *Journal of Financial Crime*, 12 (3), 217 – 220, at 218.
[57] 参见脚注[19]美国财政部报告，第 5 页。

然而，对"恐怖分子"等关键术语的解释仍然存在问题[58]。2003 年 9 月，美国政府报告称，所有 191 个联合国成员国都向安全理事会反恐怖主义委员会提交了报告，说明它们为制止国际恐怖主义而采取的行动，包括按照第 1373 号决议的要求阻止恐怖主义融资[59]。尽管联合国在反恐怖主义融资方面的立场得到了普遍支持，但其第 1373 号决议的执行并不普遍[60]。第 1373 号决议的执行只有国内、双边和区域性的力量在推动，它们充其量是并行的，而不是互补的，甚至还存在相互交叉和冲突的情况[61]。

二、金融行动特别工作组

在 2001 年的"9·11"事件发生之前，金融行动特别工作组尚未对恐怖主义融资活动引起高度重视[62]。"9·11"事件发生后，金融行动特别工作组将恐怖主义融资活动扩大至其监管职责范围[63]。2001 年 10 月，金融行

---

[58] 更详细的评论参见 Acharya, U. (2009), 'The war on terror and its implications for international law and policy – war on terror or terror wars: the problem in defining terrorism', *Denver Journal of International Law and Policy*, 37, 653–679.

[59] The White House *Progress Report on the Global War on Terrorism* (The White House: Washington, DC, 2003) at p. 6.

[60] 沙特阿拉伯的初步反应参见 Roth, J., Greenburg, D. and Wille, S. (2004) *Monograph on terrorist financing: staff report to the Commission*, National Commission on Terrorist Attacks against the United States of America, Washington, DC, at p. 6. 以下简称罗斯等人。"9·11"委员会的结论是，没有直接证据表明沙特阿拉伯参与了为恐怖袭击提供资金的行动。参见脚注[28]的"9·11"委员会报告和沙特阿拉伯国会研究局："沙特阿拉伯：恐怖主义融资问题"，华盛顿特区，2005 年，第 5 页。这些指控已被沙特阿拉伯驳回，参见：沙特阿拉伯王国皇家大使馆新闻稿，"对反恐怖主义融资工作报告的回应"，2002 年 10 月 17 日；沙特阿拉伯王国皇家大使馆新闻稿："沙特阿拉伯爆炸专案组反恐怖主义融资工作报告"，2004 年 6 月 15 日。欲了解更多信息，参见脚注[1]格林伯格等人文章，第 1 页。

[61] Levitt, M. (2003), 'Stemming the flow of terrorist financing: practical and conceptual challenges', *The Fletcher Forum of World Affairs*, 27 (1), 59–70, at 62.

[62] 参见脚注[45]吉尔摩文章。

[63] 这项决定是在 2001 年 10 月关于资助恐怖主义问题的特别全体会议上做出的。参见 Financial Action Task Force (2001), 'FATF cracks down on terrorist financing', Press Release, 31 October 2001, available at http://www.fatf-gafi.org/dataoecd/45/48/34269864.pdf (accessed 3 January 2009).

动特别工作组提出了一套被称为"特别建议"的国际原则[64]。这套原则包含了9条特别建议：第1条特别建议是，各成员国应正式批准并执行联合国决议[65]；第2条特别建议是，各国应将资助恐怖活动、恐怖主义行为和设立恐怖组织定为犯罪[66]；第3条特别建议要求允许各国采取措施扣押与恐怖主义有关的资金或资产[67]；第4条特别建议要求报告与恐怖主义有关的可疑交易；第5条特别建议鼓励各国向正在进行恐怖主义融资调查的其他国家提供尽可能广泛的援助；第6条特别建议要求对替代性汇款系统实施反洗钱要求[68]；第7条特别建议要求控制洗钱者和恐怖分子滥用电汇系统在全球转移资金[69]；第8条特别建议要求确保慈善机构等非营利实体不被恐怖组织滥用[70]；第9条特别建议要求各国制定措施以检测货币和无记名流通票据的实际跨境运输。吉尔摩称，如果这些特别建议能与40条建议结合起来，将为预防、发现和制止恐怖主义融资和恐怖主义行为提供一个适当的框架[71]。

---

[64] Financial Action Task Force (n/d), '9 Special Recommendations (SR) on Terrorist Financing (TF)', available at http://www.fatf-gafi.org/document/9/0,334 3,en_32250379_32236920_34032073_1_1_1_1,00.html.

[65] 这项特别建议包含在《制止向恐怖主义提供资助的国际公约》和联合国第1373号决议中。

[66] 各国将把资助恐怖主义、恐怖主义行为和设立恐怖组织定为犯罪，并确保将这种刑事犯罪定为洗钱犯罪的上游犯罪。根据相关司法解释，这项特别建议有两个目标：第一，确保各国有能力对向恐怖分子提供资金支持的人提起刑事诉讼并实施刑事处罚；第二，强调各国必须建立将恐怖主义融资犯罪作为与上游洗钱犯罪的联系。参见《金融行动特别工作组特别建议二：将资助恐怖主义和相关洗钱定为犯罪的解释说明》，金融行动特别工作组：巴黎，2001年，第1页。

[67] 同上。

[68] 这一特别建议的主要目标是通过保证各国对替代性汇款系统实施和执行经常性的反洗钱和反恐怖主义融资措施，提高金融交易的透明度水平。金融行动特别工作组的这一建议包含三个核心要素：首先，各国应寻求替代性汇款系统的提供者，以获得进行金融交易的许可证或在适当的金融监管机构登记；其次，各司法管辖区应要求替代性汇款系统遵守40项建议及其特别建议；最后，如果其他汇款系统在没有适当许可或登记的情况下运作，应对其实施制裁。

[69] 本建议旨在确保与可疑交易报告相关的任何相关执法机构、金融情报机构和经授权的金融机构能够立即获得有关电汇发起者的重要信息。

[70] 关于英国"慈善机构"与恐怖主义融资之间联系的简要讨论，参见 Ryder, N. (2007b), 'Danger money', New Law Journal, 157 (7300), (Charities Appeals Supplement) 6, 8, and Ryder, N. (2008a), 'Hidden money', New Law Journal, 158 (7348), (Charities Appeal Supplement), 36-37.

[71] 参见脚注[45]吉尔摩文章，第128页。

三、欧盟

2001年"9·11"事件发生后,欧盟针对恐怖主义融资行为制定了相应的政策。2002年6月,欧洲理事会批准了一项关于打击恐怖主义的框架决定[72]。布伦特指出,这一框架决定结合欧洲理事会立场[73]和2001年欧洲理事会条例[74]共同构成了欧盟对"9·11"恐怖袭击事件的主要立法回应……而且它也部分履行了联合国安理会第1373号决议赋予欧盟的义务[75]。欧盟对恐怖主义融资行为所采取的措施中最具争议的一个方面是其恐怖主义制裁制度。欧洲理事会2001年第2580号条例"要求冻结个人、团体或实体拥有或持有的资金、其他金融资产和经济资源"[76]。这意味着该条例禁止金融机构向这些被列入黑名单的个人和团体提供金融服务[77]。此外,欧洲理事会2002年第881号条例与2001年第2580号条例非常相似,欧洲理事会与联合国制裁委员会使用的黑名单相同,但欧盟没有审查该名单的权力[78],导致上述措施的合法性受到了质疑[79]。在艾哈迈德·阿里·优素福和巴拉卡特国际基金会诉欧洲理事会案[80]以及亚辛·阿布杜拉·卡迪诉欧洲理事会案[81]中,申请人主张废除欧洲理事会2002年第881号条例。这项主张因以下几个理由而不成立:首先,初审法院(CFI)裁定欧洲理

---

[72] 2002年欧洲理事会官方公报,第164号第3条。
[73] 2001年欧洲理事会官方公报,第344号第93条。
[74] 2001年欧洲理事会条例,第2580条。
[75] Brent, Richard (2008), 'International legal sources IV – the European Union and the Council of Europe', in W. Blair and R. Brent (eds), *Banks and financial crime – the international law of tainted money*, Oxford University Press, Oxford, 101–150, at 123.
[76] 同上。
[77] 2007年欧洲理事会条例,第2卷第2580条。
[78] 参见脚注[75]布伦特文章。
[79] 参见2007年7月11日案例"T–47/03 西松诉欧盟理事会未报告的判决"和2006年12月12日"T–228/02 伊朗人民组织诉欧盟理事会案的判决"。
[80] 案例T–306/01。
[81] 案例T–315/01。

事会有权冻结与打击恐怖主义有关的个人资金；第二，欧盟和其成员国都必须遵守《联合国宪章》规定的义务；第三，冻结申请人的资金并没有侵犯申请人的基本权利，申请人的财产权也没有被任意剥夺。

2009年，欧洲法院（ECJ）以两个理由推翻了这些判决[82]：首先，欧洲法院认为欧盟有能力将安理会决议作为一项规则加以执行[83]；其次，欧洲法院"驳回了初审法院的分析，并强调欧盟对执行该决议的监管将依据欧盟法律的基本权利标准接受审查"[84]。然而，约翰斯顿认为，欧洲法院对欧洲委员会是否有能力执行决议并接受监管的分析还有待进一步完善。目前，仍在等待安理会对该判决的最终裁决，这将对欧洲理事会、国际组织和国家冻结恐怖分子资产法律制度的未来走向产生重大影响[85]。齐格勒认为，对于申请人来说，从一审法院对卡迪、优素福和巴拉卡特的上诉判决来看，这是一场代价高昂的胜利[86]。卡德威尔等人指出，"欧洲法院的最终判决以三个关键为前提，即欧盟法律体系的自主性、欧盟法律体系的合宪性以及基本权利在该法律体系运行中的中心地位"[87]。

四、小结

"9·11"事件发生前，国际社会在应对恐怖主义融资问题上完全没有准备，只能幻想以"瓦解恐怖主义网络和控制恐怖袭击零发生的机制成功

---

[82] 卡迪诉欧盟理事会案（C-402/05 P），2008年欧洲法院第6351号案例。

[83] Johnston, A. (2009), 'Frozen in time? The ECJ finally rules on the Kadi appeal', Cambridge Law Journal, 68 (1) 1-4, at 1.

[84] 同上。

[85] 参见脚注[83]约翰斯顿文章，第4页。

[86] Ziegler, K. (2009), 'Strengthening the rule of law, but fragmenting international law: the Kadi decision of the ECJ from the perspective of human rights', Human Rights Law Review, 9 (2), 288-305, at 288.

[87] Cardwell, P., French, D. and White, N. (2009), 'Kadi v Council of the European Union (C-402/05 P) (Case Comment)', International Comparative Legal Quarterly, 58 (1), 229-240, at 233.

打击恐怖主义融资"[88]。这种有争议性的机制影响了美国和英国采取的政策。然而,"与英国有所不同,"9·11"事件加速了恐怖主义融资趋势在美国的突然转变"[89]。事实上,有人认为美国打击恐怖主义融资的机制并不完善,几乎没有跨机构的战略规划或协调;最为根本的原因是,美国国内打击恐怖主义融资的战略部署从未真正有过紧迫感[90]。如果美国当前采取措施的目的是破坏恐怖分子的金融基础设施,那么其有效性值得质疑;而如果其目的是为国家打击恐怖主义融资的行为提供一个普遍遵循的机制,则会成为打击恐怖主义融资成功的关键。上述关于反恐怖主义融资的文书中包含了一些共同的要素,例如,将资助恐怖主义定为犯罪、冻结资产和利用金融情报等。下一节将讨论美国和英国是如何实施这些国际措施的。

第四节 美国反恐怖主义融资机制

美国政府机构之间相互合作以应对恐怖主义融资带来的跨国挑战,包括恐怖分子的认定,恐怖活动的情报收集,执法规范、相关国际标准的制定,执法培训和技术援助等[91]。

美国反恐怖主义融资政策起源于1917年的《对敌贸易法》、1977年的《国际紧急经济权力法》[92]和1996年的《反恐怖主义与有效死刑法》[93]。另外,还有两大机构规制恐怖主义融资行为:美国金融犯罪执法网络局(FinCEN)对可疑交易报告制度进行管理,海外资产控制办公室(OFAC)

---

[88] 参见理脚注[7]理查德著作,第57页。
[89] 参见脚注[35]多诺霍文章,第147页。
[90] 参见脚注[59]罗斯文章,第4页。
[91] Government Accountability Office *Better Strategic Planning Needed to Coordinate U. S. Efforts to Deliver Counter – Terrorism Financing Training and Technical Assistance Abroad* (Government Accountability Office; Washington, DC, 2005) at p. 7.
[92] 《美国公法》第95编第223节,《美国联邦法律大全》第91编第1626节。
[93] 《美国公法》第104编第132节,《美国联邦法律大全》第110编第1214节。参见脚注[35]多诺霍文章,第147–148页。

对指定国家和集团的经济制裁进行管理[94]。《对敌贸易法》是为了限制对美国不友好或具有侵略性的国家之间的贸易,根据该法案,在战争期间,总统有权监督和管理美国与对手之间的所有贸易[95]。《国际紧急经济权力法》很重要,因为"一旦总统就特定威胁宣布国家进入紧急状态,一系列广泛的权力就会生效"[96]。根据该法案,美国总统拥有调查,在调查悬而未决期间规范、直接强制、取消、作废、阻止或禁止任何收购、持有、扣缴、使用、转让、提取、运输、进口或出口、经营涉及任何外国国家、外国公民在美国司法管辖下的任何财产或财产交易的特权[97]。一旦根据该法案下达命令,总统将命令下达给海外资产控制办公室,海外资产控制办公室将命令下达给金融机构;如果不遵守命令,可能导致高达 25 万美元的民事处罚或最高 100 万美元的刑事处罚或最高长达 20 年的监禁[98]。1995 年,时任总结克林顿颁布了第 12947 号总统令[99],将 12 个"威胁破坏中东和平进程的恐怖组织"列入黑名单[100]。这份名单被称为"特别指定恐怖分子名单[101]"。克林顿在发布第 13099 号总统令时也使用了这些权力[102],该总统令将本·拉登列入"特别指定恐怖分子名单"[103]。《反恐怖主义与有效死刑法》试图

---

[94] Eckert, S. (2008), 'The US regulatory approach to terrorist financing', in T. Biersteker and S. Eckert (eds), *Countering the financing of terrorism*, Routledge, London, 209–233, at 209.

[95] 《美国法典》第 12 编第 95 (a) 节。

[96] 参见脚注[35]多诺霍文章,第 148 页。

[97] 《国际紧急经济权力法》第 1702 (a) (1) (b) 节。

[98] 《国际紧急经济权力法》第 1705 (b) 和 (c) 节。

[99] Prohibiting Transactions With Terrorists Who Threaten to Disrupt the Middle East Peace Process, Exec. Order No. 12 947, 60 Fed. Reg. 5079 (23 January 1995).

[100] 该名单包括 Abu Nidal Organization, Democratic Front for the Liberation of Palestine, Hizballah, Islamic Gama'at, Islamic Resistance Movement, Jihad, Kach, Kahane Chai, Palestinian Islamic Jihad–Shiqaqi faction, Palestine Liberation Front–Abu Abbas faction, Popular Front for the Liberation of Palestine and the Popular Front for the Liberation of Palestine–General Command.

[101] Ruff, K. (2006), 'Scared to donate: an examination of the effects of designating Muslim charities as terrorist organisations on the first amendment rights of Muslim donors', *New York University Journal of Legislation and Public Policy*, 9, 447–502, at 455.

[102] Prohibiting Transactions With Terrorists Who Threaten To Disrupt the Middle East Peace Process, Exec. Order No. 13099, 63 Fed. Reg. 45167 (20 August 1998).

[103] 参见脚注[35]多诺霍文章,第 148 页。

防止美国境内或境外的人"向从事恐怖活动的外国组织提供物质支持或资源"[104]，该法案"将向外国恐怖组织提供物质支持或资源定为犯罪"[105]；此外，如果一个人"知道或有合理理由知道一个国家根据《出口管理法》被指定为支持国际恐怖主义的国家，并与该国政府进行金融交易"，则这个人的行为将被视为刑事犯罪[106]。

直到1998年"基地组织"在非洲制造的爆炸案发生后，由理查德·克拉克领导的国家安全委员会才开始与美国国务院、联邦调查局和中央情报局一起调查本·拉登的金融资产[107]；然而，直到"9·11"事件发生之后，"美国政府管理机构才突然开始强烈关注这次事件"[108]。桑托利指出，在"9·11"事件发生之前，"美国并未积极关注恐怖主义融资"[109]。前总统布什签署了第13224号总统令和2001年《美国爱国者法案》[110]，才将政府的政策重心从洗钱转向恐怖主义融资[111]，这也导致恐怖主义融资被推上了政府金融犯罪议程的首位。美国对恐怖主义融资的反应迅速，至少有20个联邦机构试图提出自己预防和打击恐怖主义融资的政策。例如，美国司法部的政策分为四个部分[112]，而美国财政部的政策分为六个部分[113]；外交关系

---

[104] Murphy, S.（2000），'US designation of foreign terrorist organisation', *American Journal of International Law*, 9, 365–366, at 365.

[105] 参见脚注[35]多诺霍文章，第149页。

[106] 1996年《反恐怖主义和有效死刑法案》第312节。

[107] 参见脚注[35]多诺霍文章，第147页。

[108] 同上。

[109] 参见脚注[29]桑托利文章，第555–556页。

[110] 参见脚注[35]多诺霍文章。

[111] 相反，理查德指出，美国的反洗钱战略与其国家洗钱战略中概述的反洗钱战略有相似之处。参见脚注[7]理查德著作，第19页。

[112] 第一，它旨在将资助恐怖主义行为定为犯罪；第二，对已知恐怖组织及其追随者犯下的恐怖罪行行使执法权；第三，通过资金分析确认恐怖分子和恐怖主义支持者的身份信息；第四，冻结和没收恐怖分子及其支持者的资产。参见《美国司法部州检察官公报：资助恐怖主义问题》，美国司法部：华盛顿特区，2003年，第8页。

[113] 第一，第13224号总统令；第二，联合国安理会决议的制定和国际执行；第三，2001年《美国爱国者法案》的颁布；第四，与金融特别行动工作组等国际组织的沟通合作；第五，建立绿色追击行动；第六，联邦监管机构之间的信息共享。

委员会则认为，美国的政策可分为三个部分，即情报收集[14]、国际合作[15]和1977年《国际紧急经济权力法》下的政府指定执法[16]。综合上述政府机构的政策，一些评论员认为，美国的政策实际包含了两个目标——冻结恐怖分子资产和破坏其金融基础设施[17]。总体上看，美国的政策缺乏机构之间的协调性[18]。尽管如此，作者认为美国的政策有三个核心方面，即对资助恐怖主义的刑事定罪、冻结恐怖分子的资产和实行可疑交易报告制度（SAR）。

一、资助恐怖主义的刑事定罪

美国第一部将资助恐怖主义定为刑事犯罪的法律是2002年《制止资助恐怖主义公约实施法案》，该法案履行了《制止向恐怖主义提供资助的国际公约》。依据该法案，"收集或提供资金以支持恐怖活动（或隐瞒这种筹资活动）"的行为，无论其是否发生在美国，或者被告是否是美国公民，都将被认定为犯罪[19]。根据美国联邦法律，以下四类行为被定为恐怖主义融资犯罪：第一类犯罪是为恐怖罪行提供资金支持[20]，凡是"提供物质支持或资源，并试图利用这种支持来实施所列犯罪条款的行为"都将被认定为犯罪[21]，为了确保定罪，检察官必须证明被告提供或隐藏或变相提供物

---

[14] 参见脚注❶格林伯格等人的文章，第12页。

[15] 同上。

[16] 参见脚注❶格林伯格等人的文章，第12页。

[17] Raphaeli, N. (2003), 'Financing of terrorism: sources, methods, and channels', *Terrorism and Political Violence*, 15 (4), 59–82, at 59.

[18] 必须指出的是，除了以下概述的刑事处罚外，1970年颁布的《反诈骗腐败组织集团犯罪法案》还允许对资助国际恐怖主义集团的犯罪分子提起民事诉讼。更多详细的解释参见 Weiss, A. (2010), 'From the Bonannos to the Bin Ladens: the Reves operation or management test and the viability of civil RICO suits against financial supporters of terrorism', *Columbia Law Review*, May, 1123–1117 and Smith, J. and Cooper, G. (2009), 'Disrupting terrorist financing with civil litigation', *Western Reserve Journal of International Law*, 41, 65–84.

[19] 《美国公法》第2卷第107编第197节，《美国法典》第18编第2339C节。

[20] 《美国法典》第18编第2339A节。

[21] Financial Action Task Force *Third mutual evaluation report on anti-money laundering and combating the financing of terrorism – United States of America* (Financial Action Task Force: Paris, 2006) at p. 39.

质支持或资源,并且被告知道或打算将这些物质支持或资源用于犯罪行为[122];第二类犯罪是"向外国恐怖组织提供物质支持或资源[123]",检察官必须证明被告向外国恐怖组织提供了物质支持或资源以提起诉讼[124],此外,还要证明被告的行为是明知该组织是指定的恐怖组织并从事恐怖主义活动或组织从事恐怖主义活动而向其提供物质支持或资源[125];第三类犯罪是提供或收集用于恐怖活动的资金[126],如果一个人在知情的情况下故意将资金全部或部分用于执行特定的恐怖活动就构成犯罪,只要被告以任何方式为恐怖活动直接或间接提供或募集资金即可证明犯罪事实成立[127];第四类犯罪是指隐瞒或掩饰对恐怖主义组织的物质支持或用于或即将用于恐怖主义活动的资金[128]。金融行动特别工作组在2007年报告称,"126人被指控犯有特定恐怖主义融资犯罪行为……到目前为止,仅有54人认罪或被定罪"[129],因为被告必须是在知情的情况下隐瞒或掩饰恐怖分子的资产才会被定罪。与恐怖主义融资有关的其他刑事犯罪包括违反第13224号总统令的行为和资助特别指定的全球恐怖分子的行为[130]。

　　金融行动特别工作组将上述规定描述为"非常难以遵循的法律,在某些方面显得没有必要得复杂"[131]。金融行动特别工作组尤其对"资助恐怖主义行为"相关条款的独立性提出质疑,因为许多关键术语如"恐怖主义行为""恐怖主义活动"和"外国恐怖主义组织"都是参照其他立法加以界定的。由于需要交叉引用其他法律,因此很难理解犯罪行为的构成要件[132]。

---

　　[122] 金融行动特别工作组指出,根据本节定罪需要提供"物质支持或资源",而不只是提供资金。"物质支持或资源"包括几乎所有有形和无形财产(包括货币、货币工具或金融证券)以及服务(包括金融服务),但药品或宗教物品除外。同上。
　　[123] 《美国法典》第18编第2339B节。
　　[124] "恐怖组织"是指根据1952年《移民和国籍法》第219节和1996年《反恐怖主义和有效死刑法案》第302节由国务卿认定的组织。
　　[125] "从事恐怖活动"是指根据1952年《移民和国籍法》第212(a)(3)(B)节规定的行为。
　　[126] 《美国法典》第18编第2339C(a)节。
　　[127] 该项罪名成立没有要求检方证明资金实际上被用于实施恐怖主义行为。
　　[128] 《美国法典》第18编第2339C(c)节。
　　[129] 参见脚注[122]金融行动特别工作组报告,第43页。
　　[130] 同上,第42页。
　　[131] 参见脚注[122]金融行动特别工作组报告,第43页。
　　[132] 同上,第42页。

二、恐怖主义资产的冻结

美国政策的第二部分是冻结恐怖分子资产,这是美国应对措施的重要组成部分。第 13224 号总统令[133]试图"封锁(和冻结)某些恐怖分子以及实质性支持恐怖主义的个人和实体的所有资产和财产权益"[134]。该总统令所指的 27 个个人和实体被列为"特别指定的全球恐怖分子"。截至 2001 年年底,已有 158 个个人和组织被列入该名单[135]。埃克特指出,大多数与冻结资产有关的战略被称为"玫瑰花园战略"[136]。该项战略包含三个重要方面[137]:第一,它涉及全球恐怖主义;第二,它扩大了目标群体的范围,包括那些与指定的恐怖集团有联系的人[138];第三,它阐明了美国冻结和封锁境外恐怖分子资产的能力。冻结恐怖分子资产通常被认为是"打击恐怖主义最有效的方式之一"[139]。美国政府开始在全球范围内冻结其认为是资助恐怖分子及其用于恐怖活动的资产和银行账户。

---

[133] 该行政命令是根据 1977 年《国际紧急经济权力法》、1945 年《联合国事务国家参与法案》第 5 节和联合国国家安全理事会第 1214 号、第 1267 号、第 1333 号和第 1363 号决议发布的。关于 1977 年《国际紧急经济权力法》的详细评论参见 Nice – Petersen, N. (2005), 'Justice for the designated: the process that is due to alleged US financiers of terrorism', *Georgetown Law Journal*, 93, 1389 – 1392.

[134] 这些权力在之前的美国立法中已经存在,"然而新的制裁也在原有基础上显著扩大了"。参见 Zagaris, B. (2004), 'The merging of the anti – money laundering and counter – terrorism financial enforcement regimes after September 11, 2001', *Berkeley Journal of International Law*, 22, 123 – 157.

[135] 参见脚注[94]埃克特文章,第 214 页。

[136] 同上,第 215 页。

[137] Myers, J. (2003), 'Disrupting terrorist networks: the new US and international regime for halting terrorist finance', *Law and Policy in International Business*, 34, 17 – 23, at 17.

[138] 麦卡洛克和皮克林严正批评了国家支持恐怖组织的行动,因为这"极大地扩大了行政权力,破坏了正当程序的保护,并为国家提供了对付政治反对派的强大武器"。参见 McCulloch, J. and Pickering, S. (2005), 'Suppressing the financing of terrorism – proliferating state crime, eroding censure and extending neo – colonialism', *British Journal of Criminology*, 45 (4), 470 – 486, at 470.

[139] 参见脚注[40]哈迪斯特文章,第 606 页。

海外资产控制办公室负责冻结可疑或已知恐怖分子的资产[140]，并保留一份"特别指定国民名单"[141]。海外资产控制办公室制定了一系列法规，要求银行"封锁特定国家、实体和个人的账户及其他资产；禁止与特定国家、实体和个人进行未经许可的贸易及金融交易"[142]。总统令将27个团体和个人指定为特别指定的恐怖团体或外国恐怖组织以冻结其资产[143]。美国财政部报告称，150多个与恐怖主义有关的账户被冻结，400多个个人和实体被指定为恐怖分子或恐怖分子支持者，大约40家向"基地组织""哈马斯"和其他恐怖组织转移资金的"慈善机构"被确认为支持恐怖主义并被禁止进入美国的金融体系[144]；此外，还发现并冻结了1439个可疑恐怖分子的账户，包括1.35亿美元的资产[145]。但是莱维特警告说："在打击恐怖主义融资方面，我们几乎只触及了表面"[146]。金融行动特别工作组报告称，截至2006年，美国已根据第13224号总统令确认438个个人和团体为从事恐怖活动和恐怖主义融资相关的个人和团体[147]。根据联合国安理会的决议，

---

[140] 有关海外资产控制办公室和指定程序的更详细说明，参见脚注[133]尼斯·彼得森文章，第1394页。

[141] 这份名单"汇集了所有的恐怖分子和恐怖组织以及毒品走私者和其他受到经济制裁并被冻结资产的人"，参见脚注[7]理查德文章，第34页。

[142] Klein, Laura (2008), *Bank Secrecy Act/Anti - Money Laundering*, Nova Science, New York, at p. 53. For an excellent commentary and review on the effectiveness of OFAC see O'Leary, R. (2010), 'Improving the terrorist finance sanctions process', *New York University Journal of International Law and Politics*, Winter, 549 - 590.

[143] 关于美国政府将团体归类为特定恐怖组织或海外恐怖组织的能力的更详细讨论，参见Crimm, N. (2004), 'High alert: the Government's war on the financing of terrorism and its implications for donors, domestic charitable organisations and global philanthropy', *William & Mary Law Review*, 45, 1369 - 1451.

[144] 美国财政部恐怖主义金融情报办公室："美国财政部打击资助恐怖主义说明"，美国财政部：华盛顿特区，2006年，第5页。然而，必须指出的是，这一数字不包括萨达姆·侯赛因倒台以来收回的33亿美元伊拉克资产。参见 Shetterly, D. (2006), 'Starving the terrorists of funding: how the United States Treasury is fighting the war on terror', *Regent University Law Review*, 18, 327 - 348, at 336.

[145] 参见脚注[24]瓦扎克文章，第673页。理查德指出，政府已经确认了383个个人和团体为直接资助或以其他方式支持恐怖活动的个人和团体，与"基地组织"和其他恐怖分子有关的1.4亿多美元已被冻结，其中，超过3700万英镑在美国被冻结。参见脚注[7]理查德文章，第9页。

[146] Levitt, M. (2003), 'Stemming the flow of terrorist financing: practical and conceptual challenges', *The Fletcher Forum of World Affairs*, 27 (1), 59 - 70, at 61.

[147] 参见脚注[121]金融行动特别工作组报告，第58页。

美国已经冻结了价值 281372910 美元的资产，包括 24 个与"塔利班"有关的个人/实体，共计 264935075 美元；258 个与"基地组织"有关的个人/实体，共计 9322159 美元；21 个其他恐怖分子个人/实体，共计 7115676 美元[148]。

　　冻结资产的结果喜忧参半[149]，而且被冻结的可疑账户和资产数量只占恐怖分子可用资金的一小部分[150]。塞尔登警告说，"尽管反对恐怖主义的目标值得称赞，但资产的大量冻结损害了外国投资者对美国的信心"[151]，他还列举了几起在"9·11"事件发生后资产被冻结的个人和实体的失败起诉[152]。美国财政部为自己的政策进行了辩护，称恐怖分子正是"因我们的行动而遭受了财务上的困境"[153]。然而，有人认为这种冻结资产的政策具有片面性，并不能依据政策客观评判反恐怖主义融资是否有效[154]。财政部政策中最具争议的一个方面是它对伊斯兰"慈善机构"的立场[155]，美国政府声称有证据表明恐怖分子的资金来源于人们向伊斯兰"慈善机构"提供的捐款[156]。据估计，"基地组织"通过"慈善捐款"为其大部分行动提供资金[157]，因此"慈善机构"可能是"基地组织"的第二大资金来源[158]，这导致政府"分配大量资源和力量阻止国内向伊斯兰'慈善机构'提供捐款"[159]。"圣地基金会"是首批被列为资助恐怖组织的伊斯兰"慈善机构"

---

[148] 参见脚注[121]金融行动特别工作组报告，第 58 页。

[149] Weiss, M. (2004) *Terrorist Financing: Current efforts and policy issues for Congress: Report for Congress*, Washington, DC, Congressional Research Service, at p. 1.

[150] 参见脚注[30]内维亚斯文章，第 59 页。

[151] Seldon, R. (2003), 'The executive protection: freezing the financial assets of alleged terrorists, the constitution, and foreign participation in US financial markets', *Fordham Journal of Corporate & Financial Law*, 3, 491–556, at 502.

[152] 同上，第 503 页。

[153] 参见脚注[19]财政部报告，第 5 页。

[154] 参见脚注[24]埃克特文章，第 215–216 页。

[155] 参见脚注[101]拉夫文章，第 448 页。

[156] 参见脚注[40]哈迪斯特文章，第 605 页。

[157] 参见脚注[21]林恩文章，第 200 页。

[158] Baron, B. (2005), 'The Treasury guidelines have had little impact overall on US international philanthropy, but they have had a chilling impact on US based Muslim charities', *Pace Law Review*, 25, 307–320, at 315.

[159] 参见脚注[43]克里姆文章，第 1373 页。

之一[160]。自 2001 年 12 月美国宣布这一决议以来，其他 26 家位于美国的伊斯兰"慈善机构"也被列入资助恐怖主义的"慈善机构"名单[161]。美国当局声称，所有这些组织都有支持恐怖分子的行为[162]。

美国政府被指责过度关注伊斯兰"慈善机构"并夸大事实吸引媒体关注[163]。在大多数此类案件中，支持恐怖主义的指控要么被撤销，要么最终也无法定罪[164]。然而必须指出，2008 年 11 月，"圣地基金会"的 5 名组织者被判向"哈马斯"提供超过 1200 万美元的资金支持[165]。美国政府冻结伊斯兰"慈善机构"资产的政策必须受到批评，因为将这些机构与资助恐怖主义联系起来的证据掌握在联邦检察官手中，他们对媒体、公众和被指控资助恐怖主义的"慈善机构"隐瞒了这一证据[166]。政府冻结可疑恐怖分子资产的政策是解决长期问题的短期办法；由于国际恐怖主义资金来源广泛，因此，美国对国际恐怖主义资金的冻结并非十分有效。尽管如此，金融行动特别工作组得出的结论是，"美国已经建立了一个稳固的和结构良好的旨在有效实施联合国对恐怖主义制裁的机制……冻结的恐怖分子相关资产的统计数据说明了一切"[167]。

---

[160] 关于这个特殊的"慈善组织"的详细讨论，参见脚注[133]尼斯-彼得森文章，第 1396 – 1400 页。

[161] 参见脚注[101]拉夫文章，第 449 页。美国政府关闭的前三家"慈善机构"是"全球救济基金会""仁爱国际基金会"和"伊斯兰美洲救济机构"。

[162] Engel, M. (2004), 'Donating "bloody money": fundraising for international terrorism by United States charities and the government's efforts to constrict the flow', *Cardozo Journal of International and Company Law*, 12, 251 – 296.

[163] 参见脚注[101]拉夫文章，第 465 页。

[164] 同上，第 464 – 471 页。

[165] 关于本案的更多精彩讨论参见 Nicols, G. (2008), 'Repercussions and recourse for specially designated terrorist organisations acquitted of materially supporting terrorism', *Review of Litigation*, 28, 263 – 293.

[166] 参见脚注[133]尼斯-彼得森文章。

[167] 参见脚注[121]金融行动特别工作组报告，第 58 页。

三、可疑交易报告制度

美国政策的最后一部分是对金融机构和储蓄机构的报告要求[168]。

1970 年的《货币和外国交易报告法》是美国最早应对恐怖主义融资的报告制度，它规定"报告应包括现金、可流通票据和进外交易的记录"[169]。该法案允许财政部长实施法规，以确保"在刑事、税务或监管调查程序中具有高度应用价值"的金融交易的信息被及时、有效地记录下来[170]；该法案对海外交易或涉外货币交易规定了严苛的义务，特别是根据美国财政部长颁布的规定，人们必须"保存与外国金融机构交易的记录和报告"，同时从美国出口或进口超过 1 万美元的货币交易也必须报告[171]。此外，2004年的《情报改革与恐怖主义预防法》要求美国财政部长"颁布条例要求金融机构报告跨境金融活动，并由美国财政部向国会提交关于打击洗钱和恐怖主义融资活动的报告"[172]。

2001 年《美国爱国者法案》包含了旨在健全反恐怖主义融资机制的全面条款[173]。该法案第 3 章规定，金融机构必须遵守 1970 年《银行保密法》的规定履行报告义务[174]。美国外交关系委员会认为，"国会通过了作为《美国爱国者法案》重要组成部分的全面反洗钱法，并由财政部负责及时有效实施"[175]。该法案增加了报告义务，并允许财政部对金融和信贷机构增加额

---

[168] 金融行动特别工作组通过适用于报告可疑交易的建议 13 和特别建议 4 影响了美国反恐怖主义融资政策。

[169] 《美国法典》第 31 编第 5311～5322 节。

[170] 《美国法典》第 12 编第 1829b 节。

[171] 《美国法典》第 18 编第 981（k）节。

[172] 《美国法典》第 31 编第 5317（c）节。

[173] 参见脚注[19]美国财政部报告，第 10－11 页。

[174] 第三卷称为 2001 年《国际反洗钱和反恐怖主义融资法》。

[175] 参见脚注[1]格林伯格文章，第 13 页。

外的反洗钱要求[176]；该法案还制定了一系列旨在查明恐怖主义资金进入金融系统之前的资金来源的条例[177]，例如，将《银行保密法》下的货币交易报告义务扩展到所有金融机构，授权采取措施惩罚未能制止洗钱活动的境外金融机构和国家，停止与洗钱机构的账户往来，改善信息共享机制以增强客户识别能力[178]。根据该法案，金融机构在怀疑交易被用于恐怖主义目的时，必须提交可疑活动报告[179]。埃克特认为，这项义务通过要求金融机构识别和验证新客户的身份而强化了交易足迹的记载[180]。该法案允许美国财政部对某些交易进行审查，在某些情况下还可以禁止这些交易[181]，特别是允许美国财政部要求金融机构和储蓄机构在"主要洗钱问题"领域进行更高级别的尽职调查并提供补充报告[182]。该法案禁止特定金融机构给国外空壳银行开设往来账户并要求其履行更多的尽职调查义务[183]。此外，该法案还要求所有金融机构和企业遵守1970年《银行保密法》中的货币交易报告要求[184]，金融机构必须制定相应的反洗钱方案[185]；同时要求财政部实施深度"了解客户"的条例[186]，经纪交易商必须严格履行可疑活动报告义务[187]。最后，该法案寻求旨在鼓励政府和金融机构之间信息共享的有效机制[188]。2001年《美国爱国者法案》的影响是深远的，它直接促进了交易记

---

[176] 莱登指出，这些条款对反恐战争的影响微乎其微，却给金融机构带来了额外的负担。参见 Lyden, G. (2003), 'The International Money Laundering and Anti-terrorist Financing Act of 2001: Congress wears a blindfold while giving money laundering legislation a facelift', *Fordham Journal of Corporate & Financial Law*, 3, 201–243.

[177] 2001年《美国爱国者法案》，第311~330节。

[178] 参见脚注[94]埃克特文章，第216页。

[179] 2001年《美国爱国者法案》，第326条。

[180] 参见脚注[94]埃克特文章，第216页。

[181] Stevens, P. and Bogle, T. (2002), 'Patriotic acts: Financial institutions, money laundering and the war against terrorism', *Annual Review of Banking Law*, 21, 261–290, at 267–268.

[182] 2001年《美国爱国者法案》第311 (a) 节。

[183] 2001年《美国爱国者法案》第312节。

[184] 2001年《美国爱国者法案》第365 (a) (1) 节。

[185] 2001年《美国爱国者法案》第352 (b) 节。

[186] 2001年《美国爱国者法案》第326节。

[187] 2001年《美国爱国者法案》第351节。

[188] 2001年《美国爱国者法案》第341节。

录保存、归类和内部治理水平的提升[189]。例如，2006 年美国财政部金融犯罪执法网络局报告称，金融机构共提交了 919230 份可疑交易报告，与 2004 年提交的报告数量相比增加了 37%[190]。由于在 2000 年 9 月"美国革命之子组织"（SAR）对恐怖袭击实施了资助，因此在"9·11"恐怖袭击事件之后对可疑交易报告提交的要求越来越高[191]。但事实上，在"美国革命之子组织"为"9·11"事件提供资金支持后，要求提交的可疑交易报告与之前的报告区别并不明确[192]，2001 年《美国爱国者法案》出台的措施可能会适得其反[193]。李总结说，过多的报告要求给当局带来了"大海捞针"的问题[194]。

严苛的报告制度产生了"令人沮丧的微弱效果"[195]。根据美国财政部金融犯罪执法网络局最近的统计数据，已报告的恐怖主义融资案例数量不升反降。例如，在 2004 年案件数量达到顶峰后，美国财政部金融犯罪执法网络局发布的最新"可疑交易活动回顾"称，"2008 年报告的恐怖主义融资案例减少了 26%，延续了 2004 年以来的下降趋势"[196]。但是，美国财政部金融犯罪执法网络局在 2010 年 6 月记录称，"2009 年报告显示恐怖主义融资案例数量增加了 8%，这是自 2004 年以来首次出现正增长"[197]。事实上，在用于资助"9·11"恐怖袭击的资金中，有很大一部分是直接通过美国银行体系转入恐怖分子账户的，这说明提高对金融机构的报告要求并没有

---

[189] 参见脚注[19]鲍尔温文章，第 118 页。

[190] FinCEN *The SAR Activity Review – By the Numbers*（FinCEN：Washington，DC，2006）at p. 1.

[191] Lee, R. *Terrorist Financing*: *The US and International Response Report for Congress*（Congressional Research Service：Washington，DC，2002）at p. 19.

[192] Roberts, M.（2004），'Big brother isn't just watching you, he's also wasting your tax payer dollars: an analysis of the anti–money laundering provisions of the USA Patriot Act', *Rutgers Law Review*, 56（2），573–602.

[193] 美国财政部报告称，2001 年有 1260 万份货币交易报告（超过 1 万美元的交易需要这些报告）和 182000 份可疑活动报告提交给财政部，参见脚注[19]美国财政部报告，第 6 页。

[194] 参见脚注[191]李文章，第 18 页。

[195] Department of Justice United States *Attorney's Bulletin*: *Terrorist Financing Issues*（Department of Justice：Washington，DC，2003）at p. 82.

[196] FinCEN SAR *Activity Review – By the Numbers*（FinCEN：Washington，DC，2009d）at p. 5.

[197] FinCEN SAR *Activity Review – By the Numbers Issue 14*（FinCEN：Washington，DC，2010）at p. 5.

阻止恐怖主义融资，这个结果应该是可以预见的，因为报告体系的一个根本缺陷是包含了一个"门槛"（金融机构为 5000 美元，货币服务业务为 2000 美元），对低价值交易的追踪没有得到应有的重视影响了与恐怖主义融资相关的金融交易报告的有效性[198]。恐怖分子有效规避了金融服务行业报告制度的要求，利用新技术采取新手段为他们的活动提供资金。

最坚定和具有深远意义的金融情报措施是根据第 13224 号总统令制定的恐怖分子金融追踪计划。美国财政部最初将信用卡交易作为恐怖主义融资的预警指标，以防"有人购买了可能用于制造炸弹的物品"[199]。然而，对信用卡交易的全面追踪是极其困难的，所以美国财政部把注意力集中在西联汇款和第一数据公司，美国联邦调查局通过调取相关的交易记录进行恐怖主义融资的追踪[200]。一位"华尔街高管"建议政府将目标对准全球银行间金融电信协会（SWIFT）[201]。全球银行间金融电信协会是 1973 年在比利时成立的金融合作组织，拥有全球共享的数据处理和通信线路以及国际金融交易的通用语言[202]。全球银行间金融电信协会在 208 个国家拥有约 2000 名成员，每天处理 1200 万 ~ 1500 万条信息[203]。施拉德认为，"从最基本的意义上讲，全球银行间金融电信协会是由参与国际电汇的银行使用并由全球主要央行组成的委员会监督的全球消息传递系统"[204]。这项计划在 2006 年被美国几家报社披露前一直是保密的[205]，该计划的实施得到了保护，并被称为打击恐怖主义的重要武器[206]。事实上，美国财政部认为该项计划

---

[198] 参见脚注[121]金融行动特别工作组报告，第 146 页。

[199] Shea, C. (2008), 'A need for SWIFT change: the struggle between the European Union's desire for privacy in international financial transactions and the United States' need for security from terrorists as evidenced by the SWIFT scandal', *Journal of High Technology Law*, 8 (1), 143 – 168, at 151.

[200] 同上。

[201] 参见脚注[199]谢伊文章，第 151 页。

[202] Connorton, P. (2007), 'Tracking terrorist financing through SWIFT: when US subpoenas and foreign privacy law collide', *Fordham Law Review*, 76, 283 – 322, at 287 – 288.

[203] 参见脚注[29]桑托利文章，第 559 页。

[204] Shrader, J. (2007), 'Secrets hurt: how SWIFT shook up Congress, the European Union and the US banking industry', *North Carolina Banking Institute*, 11, 397 – 420, at 400 – 401.

[205] 参见脚注[202]康诺顿文章，第 284 页。

[206] 参见脚注[202]康诺顿文章，第 290 – 291 页。

"有助于有效防止恐怖袭击,并有助于调查过去十年中较为典型和突出的暴力恐怖袭击和未遂恐怖袭击事件"[207]。最近,美国有线电视新闻网(CNN)报道称,调查显示挪威在星期四因涉嫌参与"基地组织"阴谋而被捕的3名男子也得到了该项追踪计划的支持,他们使用了去年年底前收集的数据和存储在美国服务器上的信息[208]。欧盟对该项计划的实施表示担忧,并在与美国谈判后达成协议,允许继续实施该项计划[209]。2010年7月,美国和欧盟宣布,双方就共享旨在追踪恐怖主义资金的银行数据达成了一项新的协议[210]。英国广播公司报道称,"根据新协议,欧盟警察机构欧洲刑警组织将在数据发送给美国之前,评估是否需要特定的数据支持以打击恐怖主义……欧洲理事会将任命欧盟官员监督美国调查人员的行动"[211]。美国时任总统巴克拉·奥巴马对这一决定表示赞成,并表示"这项具有法律约束力的新协议在体现了对额外数据隐私权保护的同时,保留了这项不可或缺的反恐计划的有效性和完整性[212]"。

---

[207] 这些恐怖袭击事件和计划包括2002年巴厘岛爆炸案、2004年马德里火车爆炸案、2004年在荷兰发生的梵高恐怖谋杀案、2005年伦敦地铁爆炸案、2006年针对跨大西洋航班的液体炸弹阴谋、2007年袭击纽约肯尼迪机场阴谋、2007年"伊斯兰圣战联盟"密谋袭击德国案件、2008年孟买恐怖袭击案以及2009年雅加达酒店袭击事件。参见"美国财政部恐怖主义融资追踪项目问答",美国财政部:华盛顿特区,2010年,第2页。

[208] CNN(2010),'U.S. to share terror finance info with E.U.',8 July 2010,available at http://news.blogs.cnn.com/2010/07/08/u-s-to-share-terror-finance-info-with-e-u/?iref=allsearch(accessed 14 July 2010).

[209] 美国当局被允许使用该计划,前提是美国同意:①仅为反恐目的使用通过全球银行间金融电信协会项目获得的数据;②删除正在进行的与反恐调查无关的信息;③数据保存期限不超过5年;④允许欧盟官员监督该计划执行;⑤在《美国联邦公报》上公布协议条款。参见脚注[202]康诺顿文章,第294页。

[210] BBC(2010c),'US to access Europeans' bank data in new deal',8 July 2010,available at http://www.bbc.co.uk/news/10552630(accessed 14 July 2010).

[211] 同上。

[212] The White House(2010),'Statement by the President on the U.S.-European Union Agreement on the Terrorist Finance Tracking Program',8 July 2010,available at http://www.whitehouse.gov/the-press-office/statement-president-us-european-union-agreement-terrorist-finance-tracking-program(accessed 14 July 2010).

四、小结

美国政府声称其制定了一项针对恐怖主义融资的全面的和成功的政策[213]。对"圣地救济和发展基金会""阿富汗支持委员会"和"伊斯兰遗产复兴协会"的定罪和争议性关闭证实了这项政策的有效性[214]。外交关系委员会指出,"由于乔治·布什总统的领导,以及国会和布什政府在过去一年里的辛勤工作,上述恐怖组织的通信活动已经被中断"[215]。然而,恐怖分子已经适应了"9·11"事件以来引入的立法变化,他们仍然有大量可用的资金来源。鉴于"基地组织"继续煽动和资助恐怖袭击,美国政府政策规定的效力必然受到质疑,2010年5月在纽约发生的未遂汽车炸弹袭击就说明了这一点[216]。

第五节　英国反恐怖主义融资机制

英国的反恐怖主义融资政策与美国相比实施的时间更长。2002年,英国财政部发布了一份报告,概述了政府在打击恐怖主义融资方面所做的重要贡献[217]。2007年,英国政府发起了"金融领域应对恐怖主义犯罪的挑战",首次阐述了"公共和私人部门如何联合起来阻止恐怖分子使用金融

---

[213]　参见脚注[191]李的文章,第14页。
[214]　参见脚注[19]美国财政部报告,第6页。
[215]　参见脚注[1]格林伯格文章,第1页。
[216]　BBC (2010a), 'Car bomb found in New York's Times Square', 2 May 2010, available at http：//news.bbc.co.uk/1/hi/world/americas/8656651.stm (accessed 14 July 2010).
[217]　HM Treasury *Combating the financing of terrorism – a report on UK Action* (HM Treasury：London, 2002).

系统，在他们使用金融系统时发现他们，并使用金融工具破坏他们"[218]。2010 年，英国财政部表示，政府的目标是剥夺恐怖分子和暴力极端分子从事恐怖活动和暴力行动所需的资金，切断金融系统对恐怖主义的支持[219]。从相关政策文件中可以推断出，英国的反恐怖主义融资政策可以分为三个部分：资助恐怖主义的刑事定罪、恐怖主义资产的冻结和可疑交易报告制度。

一、资助恐怖主义的刑事定罪

1989 年《反恐怖主义临时法案》将资助恐怖主义行为定为犯罪，并允许政府没收恐怖分子在犯罪时所拥有或控制的任何资金或其他财产[220]。英国政府依据该项法案所规定的罪名，将北爱尔兰恐怖分子对抗爱尔兰共和军的行为成功定罪[221]。然而，该法案的有效性却因此受到质疑，由此引发了对英国反恐怖主义融资政策的全面审查[222]。审查结果显示，反对恐怖主义融资的条款有几项缺陷，包括只能对 1978—1989 年 4 人的恐怖主义融资行为定罪[223]。贝尔认为，"在过去的 30 年里，北爱尔兰没有对恐怖主义融资犯罪的成功起诉，1989 年《反恐怖主义临时法案》中的没收条款也从未被使用过"[224]。英国内政部建议将恐怖主义融资的范围扩大到所有为恐怖主

---

[218] 参见脚注[37]英国财政部报告。
[219] 参见脚注[37]英国财政部报告，第 5 页。
[220] 1989 年《反恐怖主义临时法案》第 13 节。也可参见 Levi, M. (2010), 'Combating the financing of terrorism: a history and assessment of the control of threat finance', *British Journal of Criminology*, 50 (4), 650–669, at 652.
[221] 关于北爱尔兰恐怖分子资金来源的详细讨论，参见 Tupman, W. (1998), 'Where has all the money gone? The IRA as a profit-making concern', *Journal of Money Laundering Control*, 1 (4), 303–311.
[222] Home Office *Legislation against terrorism - a consultation paper* (Home Office: London, 1998b).
[223] 同上，第 6.14 段。
[224] Bell, R. (2003a), 'The confiscation, forfeiture and disruption of terrorist finances', *Journal of Money Laundering Control*, 7 (2), 105–125, at 113.

义目的筹集资金的行为[225]。2000 年的《反恐怖主义法》对 1989 年的条款进行了修订,确立了 5 项罪行。其中第 15 节规定,如果一个人知道或有合理理由怀疑资金或财产可能会被用于恐怖主义目的,那么他为恐怖活动索取[226]、接受[227]或提供资金或财产的行为就是刑事犯罪[228]。根据第 16 节的规定,任何人如果将金钱或其他财产用于恐怖主义目的,即属犯罪[229];此外,如果该人打算将其拥有的资金或财产用于恐怖主义目的,或有合理理由怀疑其将被用于恐怖主义目的,则属犯罪行为[230]。根据第 17 节的规定,如果某人加入或参与一项向他人提供资金[231]或财产的活动,而该人知道或有理由怀疑该活动可能被用于恐怖主义,即属犯罪[232]。根据第 18 节的规定,如果某人通过隐瞒[233]、从司法管辖区移走[234]、向指定人转移[235]或以任何其他方式[236]加入或参与了一项有助于另一个人或代表另一个人保全或控制恐怖主义资产的活动,即属犯罪。根据第 19 节的规定,被控人的辩护理由是证明他们既不知道也没有合理的理由怀疑其加入或参与了与恐怖主义融资有关的活动[237]。2000 年《反恐怖主义法》的影响有限。贝尔指出,"在恐怖主义融资案件中,起诉的主要困难在于排除合理怀疑,证明资产是恐怖主义资产"[238]。

2001—2008 年,共有 34 人依据 2000 年《反恐怖主义法》第 15~19

---

[225] 参见脚注[222]英国内政部文件,第 6.15 段。
[226] 2000 年《反恐怖主义法》第 15(1)节。
[227] 2000 年《反恐怖主义法》第 15(2)节。
[228] 2000 年《反恐怖主义法》第 15(3)节。
[229] 2000 年《反恐怖主义法》第 16(1)节。
[230] 2000 年《反恐怖主义法》第 16(2)节。
[231] 2000 年《反恐怖主义法》第 17(1)节。
[232] 2000 年《反恐怖主义法》第 17(2)节。
[233] 2000 年《反恐怖主义法》第 18(1)(a)节。
[234] 2000 年《反恐怖主义法》第 18(1)(b)节。
[235] 2000 年《反恐怖主义法》第 18(1)(c)节。
[236] 2000 年《反恐怖主义法》第 18(1)(d)节。
[237] 2000 年《反恐怖主义法》第 18(2)节。
[238] 参见脚注[222]贝尔文章,第 113 页。

节因资助恐怖主义的罪行被起诉[239];然而,在同一时期,根据 2000 年《反恐怖主义法》,只有 10 人因资助恐怖主义而被定罪[240]。卡莱尔勋爵指出,"虽然有一些指控悬而未决,但 2009 年的统计数据表明,当局对拥有、可能转移和使用恐怖主义资金保持高度警惕"[241]。贝尔客观地总结道,作为一项打击恐怖主义融资的策略,《反恐怖主义法》从调查和起诉的角度来看都是最困难的。因此,经验表明,很难对资助恐怖主义的犯罪行为进行指控,因为即便在进行了精确追踪的情况下,也很难建立特定账户的资金与代表恐怖组织购买武器行为之间的联系[242]。

2000 年《反恐怖主义法》赋予执法机构更多调查的权力,包括获取资金账户信息和监控资金账户活动的权力[243],这部分规定成为该法案不可或缺的内容[244]。资金账户监控权的行使,是允许执法机构在对恐怖分子实施调查时发现并确认相关银行账户。为了获得账户的监控权,必须由一名至少被授予警司警衔的警官[245]向巡回法官提出[246],同时要满足"①权力行使是为调查恐怖活动之目的;②出于调查的目的追踪恐怖分子的财产是可行的;③该项权力的行使将提高调查工作的效率[247]。一旦被授予该项权力,警官就可以要求金融机构……提供客户资料用于调查"[248]。附录 6 规定,"客户信息"包括金融机构与客户之间是否存在或存在怎样的业务关系,

---

[239] Home Office *Lord Carlile Report on the operation in 2008 of the Terrorism Act 2000 and of Part 1 of the Terrorism Act 2006* (Home Office: London, 2009) at p. 68.

[240] 同上,第 73 页。也可参见 Financial Action Task Force *Third mutual evaluation report: anti-money laundering and combating the financing of terrorism – the United Kingdom and Northern Ireland* (Financial Action Task Force: Paris, 2007) at p. 45.

[241] 参见脚注[239]英国内政部报告,第 18 页。

[242] 参见脚注[222]贝尔文章,第 113 页。

[243] 2000 年《反恐怖主义法》附录 6。

[244] 参见脚注[239]英国内政部报告,第 23 页。

[245] 2000 年《反恐怖主义法》附录 6 第 2 (a) 段。

[246] 2000 年《反恐怖主义法》附录 6 第 2 (b) 段。

[247] 2000 年《反恐怖主义法》附录 6 第 3 段。

[248] Peddie, Jonathan (2008), 'Anti-terrorism legislation and market regulation', in W. Blair and R. Brent (eds), *Banks and financial crime – the international law of tainted money*, Oxford University Press, Oxford, 437-458, at 440.

客户账户的详细信息，客户的姓名、地址和出生日期等信息[249]。佩迪援引卡莱尔勋爵 2005 年关于 2000 年《反恐怖主义法》执行情况的报告称，卡莱尔勋爵认为金融信息监控系统运转良好，体现了警方与金融机构之间的深度合作[250]。2000 年《反恐怖主义法》规定，如果一个人被判犯有第三部分规定的罪行[251]，任何与该罪行有关的财产都可能被没收[252]，被称为刑事没收[253]；如果没收令生效，一旦获法院批准，须将该项罪名指向的财产交给指定的警官[254]。2000 年《反恐怖主义法》还允许议会下达命令，支持外国没收令在英格兰得到承认[255]。

2001 年《反恐怖主义、犯罪和安全法》修订了关于账户监控指令、金融信息指令和信息披露指令等方面的规定。根据 2001 年法案的规定，刑事法庭的法官出于恐怖调查的目的，可以下达对账户进行监控的指令，出于调查的目的而追踪恐怖分子的资产提升了调查的有效性[256]。宾宁认为，"执行账户监控要求依据法案具有监控权的相关金融机构按照约定的时间和地点在监控令有效期内提供账户相关信息"[257]。2001 年《反恐怖主义、犯罪和安全法》规定，法院可以签发金融信息令，强制金融机构为进行恐怖主义调查而披露特定类型的客户信息。信息披露令允许披露某些类型的信息，其适用范围非常广泛，包括 2001 年《反恐怖主义、犯罪和安全法》附表 4 所列的任何情形。

此外，2008 年《反恐怖主义法》包含了一些旨在强化反恐权力的条款。根据该项法案，英国财政部获得了额外的权力，可以指示金融机构对在其司法管辖区内涉及洗钱和恐怖主义融资的金融业务逐步实施一系列的

---

[249] 2000 年《反恐怖主义法》附录 6 第 7 段。
[250] 参见脚注[248]佩迪报告，第 441 页。
[251] 2000 年《反恐怖主义法》第 15～19 节。
[252] 2000 年《反恐怖主义法》第 23 节。
[253] 2000 年《反恐怖主义法》第 28 节。
[254] 2000 年《反恐怖主义法》附录 4。
[255] 参见脚注[248]佩迪报告，第 443 页。
[256] 2000 年《反恐怖主义法》第 38（A）节。
[257] 参见脚注[39]宾宁著作，第 747 页。

金融限制[258]。附录7第1部分概述了指示金融机构实施金融限制的条件。英国财政部与金融行动特别工作组保持密切联系，金融行动特别工作组可以决定何时因存在洗钱或恐怖活动的风险而需要对某一特定国家采取适当行动[259]。2008年，金融行动特别工作组在对"伊朗未能消除恐怖主义融资的风险及对国际金融体系完整性构成严重威胁"表示特别关注的情况下使用了这些权力[260]。作为回应，英国财政部根据金融行动特别工作组的建议颁布了一项政策[261]。此外，当英国财政部认为一国恐怖主义融资和洗钱行为对英国的国家利益构成了巨大威胁时，可以发布指令对该国采取适当行动。附录7第2部分概述了执行指令的人员，包括在金融服务部门工作的人员[262]；附录7第3部分规定了依据指令可以提出的要求，包括对金融交易或金融业务施加某些限制条件，还包括要求提高尽职调查水平并禁止进行新的交易；附录7第6部分规定相关执法部门可以运用民事制裁，即如果个人不履行指令所规定的义务，可以对其实施民事制裁。英国财政部在2009年使用了附录7规定的权力，当时它发布了"指示英国金融业停止与伊朗国民银行和伊朗航运公司的所有业务关系和交易"的命令[263]。戈尔德比指出，"该命令的依据是英国财政部认为，伊朗境内促进核武器生产和发展的活动对英国的国家利益构成了重大威胁"[264]。因此，实施该项命令是基于认为伊朗对英国国家利益构成了严重威胁[265]。该命令指示金融业停止与伊朗国民银行和伊朗航运公司的任何业务关系，这意味着伊朗国民银行

---

[258] 2008年《反恐怖主义法》附录7。

[259] 2008年《反恐怖主义法》附录7第1部分。

[260] Financial Action Task Force (2009) 'FATF Statement', 25 February 2009, available at http://www.fatf-gafi.org/dataoecd/18/28/42242615.pdf (accessed 3 August 2010).

[261] HM Treasury (2009), 'HM Treasury warns businesses of serious threats posed to the international financial system', 11 March 2009, available at http://webarchive.nationalarchives.gov.uk/+/http://www.hm-treasury.gov.uk/press_26_09.htm (accessed 3 August 2010).

[262] 2008年《反恐怖主义法》附录7第2部分第3段。

[263] Goldby, M. (2010), 'The Impact of Schedule 7 of the Counter-Terrorism Act 2008 on Banks and their Customers', Journal of Money Laundering Control, 13 (4), 351–71.

[264] 同上。

[265] 参见脚注[263]戈尔德比文章。

在英国被禁止进行任何金融交易[266]。2009 年，伊朗国民银行对英国财政部的命令提出了反对[267]。

二、恐怖主义资产的冻结

2001 年的《反恐怖主义、犯罪和安全法》授权在英国的任何地方扣押恐怖分子的资金[268]，从调查开始之时冻结恐怖分子资金[269]，监管可疑账户[270]，并要求金融机构工作人员在有合理理由怀疑资金将被用于恐怖主义活动时必须报告；同时，允许英国财政部冻结海外个人和团体的资产。该法案第 2 部分允许英国财政部冻结已采取或可能采取损害英国经济利益或对英国国民或居民的生命或财产构成威胁的行动的海外政府或居民的资产[271]。如果满足以下两个法定要求，英国财政部就可以下令冻结资产：第一，英国财政部必须有理由相信，威胁英国经济利益或英国国民或居民生命或财产的行动已经或可能发生[272]；第二，参与行动的人必须是英国以外的居民或海外政府[273]。这项冻结令还禁止所有英国国民或居民向指令相对人提供资金支持或为其牟取利益[274]。英国财政部负责对冻结令进行持续审查并决定两年后是否继续执行冻结令[275]。英国财政部冻结了涉嫌资助恐怖

---

[266] 有关伊朗国民银行所遭受的损失的描述，参见伊朗国民银行诉英国财政部案［2010 年英格兰和威尔士最高法院第 1332 号案例（QB）］第 2 段和伊朗国民银行诉英国财政部案（2010 年英格兰和威尔士巡回法庭第 483 号案例）第 12 段。
[267] 参见伊朗国民银行诉英国财政部案［2010 年英格兰和威尔士最高法院第 1332 号案例（QB）］。
[268] 参见 2001 年《反恐怖主义、犯罪和安全法》附录 1 第 2 部分。
[269] 参见 2001 年《反恐怖主义、犯罪和安全法》第 4～16 节。
[270] 参见 2001 年《反恐怖主义、犯罪和安全法》附录 1 第 1 部分。
[271] 该条款在废除 1964 年《紧急状态法》第 2 节的基础上颁布了新的条款。
[272] 该法案规定，英国财政部无须证明有实际危害就可以冻结恐怖分子嫌疑人的资产，只要证明有危害威胁就足够了。
[273] 参见 2000 年《反恐怖主义法》第 4（1）(a) 和 (b) 节。
[274] 参见 2000 年《反恐怖主义法》第 5 节。
[275] 参见 2000 年《反恐怖主义法》第 7 节和第 9 节。

主义的个人和组织的资产[276]，并定期更新被冻结账户的个人和组织名单[277]。早在2001年之前，英国财政部就冻结了9000万英镑的恐怖主义资产，直接导致了2002年"塔利班"在阿富汗的垮台[278]；在取得了初步的成功后，英国财政部其后又冻结了1000万英镑的资产[279]。有人认为，这种成功是用冻结资金的实际数量来衡量的，"尽管从数量上看，在政治上无疑是令人满意的，但这并不是衡量效率的标准"[280]。2009年7月麦纳斯勋爵报告称，"截至2009年6月底，英国财政部共计冻结了237个账户，其中包含607661英镑涉嫌恐怖主义融资的资金"[281]。2007年10月，英国财政部的资产冻结部门成立。原有英格兰银行内部的金融制裁部门划归英国财政部管辖。英国财政部资产冻结部门负责金融制裁立法、国内金融制裁的实施和管理、恐怖组织认定、国际金融制裁在英国的实施和管理、与外交部和联邦事务部联系，并通过国际合作制定资产冻结政策的国际框架。金融行动特别工作组的结论是，"英国已经建立了一个在实践中行之有效的恐怖主义资产冻结机制，这项机制在国内设计和运用过程中具有快速、简便、高效的特点，必要时该项机制可以独立于英国和欧盟金融机制运行"[282]。因此，英国政府的资产冻结政策完全符合国际标准，英国政府声称，英国是"第一个在资产冻结方面获得完全合规评级的国家"[283]。

英国已执行的2006年《反恐怖主义（联合国措施）令》确认了联合国安全理事会第1373号决议的法律效力[284]。该法令还给予2001年欧盟第2580号条例法律效力，允许条例范围内的指定人员采取与冻结资金、金融

---

[276] 2006年《恐怖主义（联合国措施）令》允许冻结资产，参见第2657节。
[277] 2000年《恐怖主义法》第2部分附录1。
[278] Ryder, N. (2007a), 'A false sense of security? An analysis of the legislative approaches towards the prevention of terrorist finance in the United States and the United Kingdom', *Journal of Business Law*, November, 821–850, at 843.
[279] 参见脚注[16]英国财政部文件，第27页。
[280] 参见脚注[278]莱德文章，第844页。
[281] 《华盛顿明星报》第96号专栏，2009年7月15日。
[282] 参见脚注[240]金融行动特别工作组报告，第76页。
[283] 参见脚注[37]英国财政部文件，第11页。
[284] 2006年《反恐怖主义（联合国措施）令》第2657节。

资产和经济资源有关的措施[285]。英国财政部认为，该项法令的目的是"进一步限制向被英国财政部认定为涉嫌参与或协助恐怖主义行为的个人或团体提供资金、经济资源或金融服务"[286]。根据该法令第 4 条，英国财政部在有合理理由怀疑某个人是：①实施、企图实施、参与或协助实施恐怖主义行为的人；②欧洲理事会决议中指定的人；③由指定人直接或间接拥有或控制的人；④代表指定人或按指定人指示行事的人，有权对其实施相关的资产冻结措施。根据该法令第 5 条，英国财政部需要采取适当措施，公布或通知被执行人资产冻结的情况。根据该法令第 7 条，禁止与从事、企图从事、参与或协助实施恐怖主义行为的人或其指定的人以及代表他们或者受他们指使的人从事任何资金、金融资产和经济资源的相关交易；违反这项禁令的行为构成刑事犯罪。该法令第 8 条规定，禁止向第 7 条所适用的任何人提供资金、金融资产、经济资源或金融服务；违反这项禁令的行为同样构成刑事犯罪。

2006 年《反恐怖主义（联合国措施）令》的合法性在 A 诉英国财政部案中受到了挑战[287]。在本案中，上诉人要求法院根据 2006 年的法令撤销对其资产的冻结[288]。柯林斯法官裁定，根据 5 名申请人的上诉，基于三个理由应当撤销 2006 年《反恐怖主义（联合国措施）令》。首先，该项法令应当由议会批准而不应当由安理会批准；其次，法院认为，英国财政部不应该以其有合理理由怀疑申请人正在或可能进行恐怖主义活动为由适用联合国措施；最后，2006 年法令规定的刑事犯罪违反了法律的确定性原则。法院认为，无法根据"经济资源"这个关键定义认定申请人的家庭成员是否违反了法令或者他们是否需要从英国财政部获得资金交易许可[289]。英国财政部向上诉法院提出上诉[290]，上诉法院考虑了四个方面的问题。第一，

---

[285] 2001 年 12 月 27 日，为打击恐怖主义而针对某些个人和实体采取的具体限制措施。
[286] 参见脚注[116]英国财政部文件，第 25－26 页。
[287] 英格兰和威尔士最高法院 2008 年第 869 号案例。
[288] 其中一名申请人辩称，在批准 2006 年针对"基地组织"和"塔利班"的《反恐怖主义（联合国措施）令》的基础上，应当适用 2006 年《反恐怖主义（联合国措施）令》第 2952 节。
[289] 有关此问题的详细讨论，参见 M 诉英国财政部案，2008 年《英国上议院报告》第 26 号。
[290] A 诉英国财政部案，2008 年英格兰和威尔士上诉法院第 1187 号案例。

2006 年的法令是否违法？是否应该撤销？第二，2006 年法令中缺乏程序性保障有何影响？第三，2006 年法令第 7 条和第 8 条规定的罪行是否符合法律确定性和相称性原则？第四，2006 年《基地组织和塔利班（联合国措施）令》是否因被列入联合国制裁委员会名单的人没有对该决定的上诉机制而非法？上诉法院认为，第一，英国财政部所采用的合理的基础调查并没有超出第 1373 号决议的范围，但 2006 年法令中"或可能"的要求确实超过了该项决议的范围，因此，上诉法院裁定撤销财政部指令；第二，上诉法院指出，必须由法院给予申请人合法的程序保护[291]；第三，法令规定的许可证制度是合理合法的；第四，2006 年《基地组织和塔利班（联合国措施）令》是合法的。

根据上诉法院的裁定，英国出台了 2009 年《反恐怖主义（联合国措施）令》[292]，规定英国财政部发布的指令在发布 12 个月后不再生效，但英国财政部有权更新指令[293]。禁止将资金、经济资源和金融服务直接提供给指定的人的禁令没有改变，但仅在指定利益关系人获得或能够获得重大经济利益的情况下适用该项法令。此外，2009 年法令改变了禁止向指定人员提供经济资源的规定，即在不知道并且没有合理理由怀疑向指定人员提供的经济资源可能会被用于交换资金、商品或服务的情况下，可以进行免责辩护。英国财政部财政司司长麦纳斯勋爵认为，"2009 年修订后的法令将改善资产冻结制度的运行以保证公平和均衡，并通过确保禁令实施的针对性和明确性实现其有效合规"[294]。最高法院也考虑了 2006 年《反恐怖主义（联合国措施）令》和 2006 年《基地组织和塔利班（联合国措施）令》的合法性。最高法院裁定这两项法令均属越权，英国财政部迅速做出回应，发布了 2010 年《恐怖分子资产冻结法案草案》，并实施了 2010 年《恐怖分子资产冻结暂行法》[295]。约翰斯顿和纳诺普洛斯认为，该法案"认为

---

[291] 上诉法院指出，该案采用的程序应当与内政大臣诉内政部案（〔2008〕1A. C440）程序相同。
[292] 2009 年《反恐怖主义（联合国措施）令》1747 节。
[293] 2009 年《反恐怖主义（联合国措施）令》1747 节中的第 5 条。
[294] 《华盛顿明星报》第 96 号专栏，2009 年 7 月 15 日。
[295] 参见脚注[37]英国财政部文件。

1946 年法案规定的所有受到质疑的议会命令均已被有效采纳，因此保留了根据这些命令做出的所有指示的效力；该法案将于 2010 年 12 月 31 日到期"[296]。

三、可疑交易报告制度

2001 年《反恐怖主义、犯罪和安全法》附录 2 第 3 部分在 2000 年《反恐怖主义法》中插入了第 21A 节，并将监管部门未能及时披露风险的行为定为刑事犯罪。如果监管部门的行为符合以下三个条件，即构成犯罪：第一个条件是被告知道或怀疑，或有合理理由知道或怀疑某人实施了 2000 年《反恐怖主义法》第 15～18 节规定的罪行[297]；第二个条件是被告所知道或怀疑的，或有合理理由知道或怀疑的信息或其他事项，是在监管部门履行职责过程中获得的[298]；第三个条件是被告在知晓相关信息后，没有在合理的时间内向警方或其他指定人员（通常是洗钱活动报告人员）披露相关信息或事项[299]。卡莱尔勋爵认为，这些报告义务是"尚未公开的义务，存在基于法律职业特权无须报告的法定例外"[300]。自从引入新的第 21A 节条款以来，还没有实际的判例[301]。一个人如果有合理的理由不披露该信息或其他事项，或者他是专业法律顾问，并且该信息或其他事项是基于职业特权提供给他的，则不能认定为犯罪[302]。卡莱尔勋爵认为，"这是一项广泛而尚未公开的义务"[303]。2001 年《反恐怖主义、犯罪和安全法》修订了

---

[296] Johnston, A. and Nanopoulos, E. (2010), 'Case Comment: The new UK Supreme Court, the separation of powers and anti-terrorism measures', *Cambridge Law Journal*, 69 (2), 217–220, at 220.
[297] 2000 年《反恐怖主义法》第 21A (2) 节。
[298] 2000 年《反恐怖主义法》第 21A (3) 节。
[299] 2000 年《反恐怖主义法》第 21A (4) 节。
[300] 参见脚注[239]英国内政部文件，第 23 页。
[301] 同上，第 18 页。
[302] 2000 年《反恐怖主义法》第 21A 节。
[303] 参见脚注[239]英国内政部文件，第 23 页。

2000年《反恐怖主义法》，并加入了对受保护信息披露的辩护条款[304]。这项辩护条款的适用必须满足以下三个条件：第一个条件是，披露的信息或其他事项是在监管部门履行职责过程中披露给信息披露人的[305]；第二个条件是，有关资料或其他事项使信息披露人知道或怀疑，或使披露人有合理理由知道或怀疑某人犯了2000年《反恐怖主义法》第15～18节所述的罪行[306]；第三个条件是，在有关资料或其他事项被告知披露人后，信息披露人尽可能及时向警方或指定人员披露了相关信息[307]。2007年12月，新的第21ZA条被加入《反恐怖主义法》[308]。这项修正案允许人们为协助发现犯罪之目的，在经授权人同意的情况下依法不披露相关信息，修正案还旨在保护在上述情况下披露的信息。第21ZC条还为不披露提供了合理辩解。根据2000年《反恐怖主义法》，个人或组织如果怀疑有犯罪行为，必须向英国严重有组织犯罪监察局报告可疑交易。

卡莱尔勋爵在其关于2000年《反恐怖主义法》实施情况的年度报告中评论称，"商界对于信息披露合规化存在的困难及其可能造成的严重后果表示担忧[309]"。2005年，《兰德评论》指出，"2005年，金融情报中心恐怖主义研究小组判断，在2100件可疑交易报告中，只有低于1%的报告与恐怖主义有关，其中约650人被转交给英国国家反恐金融调查中心进行更详细的调查；在2005年7月7日和21日事件发生之后，相关报告的数量达到了一个微弱的峰值"[310]。2007—2008年提交的与恐怖主义有关的可疑交易报告数量为956件[311]，而2008—2009年则降为703件[312]。英国严重有组

---

[304] 2000年《反恐怖主义法》第21B节。
[305] 2000年《反恐怖主义法》第21B（2）节。
[306] 2000年《反恐怖主义法》第21B（3）节。
[307] 2000年《反恐怖主义法》第21B（4）节。
[308] 2000年《反恐怖主义法》和2002年《犯罪所得法》（2007年修订版第3398节）。
[309] 参见脚注[293]英国内政部文件，第19－20页。
[310] Serious Organized Crime Agency *Review of the Suspicious Activity Reports Regime* (London: Serious Organized Crime Agency 2006) at p. 13.
[311] Serious Organized Crime Agency *The Suspicious Activity Reports Regime Annual Report 2008* (Serious Organized Crime Agency: London, 2009) at p. 42.
[312] Serious Organized Crime Agency *The Suspicious Activity Reports Regime Annual Report 2009* (Serious Organized Crime Agency: London, 2010) at p. 14.

织犯罪监察局强调了可疑交易报告制度对于打击恐怖主义融资的重要意义,"尽管与恐怖主义融资相关的可疑交易报告在总数中占比很低,但其价值是巨大的,前些年发生的重大恐怖事件都与可疑交易报告有关。英国所有反恐调查都关乎金融调查,英国金融情报局的恐怖主义融资小组在过去的一年里始终为这些调查提供有效支持"[313]。

四、小结

英国早在2001年9月恐怖袭击发生前就制定了相关的反恐怖主义融资法案,但是,这些措施的有效性还是受到了质疑,只有4个人依据1989年《反恐怖主义临时法案》被定罪。2000年《反恐怖主义法》和2001年《反恐怖主义、犯罪和安全法》提升了冻结恐怖主义资产的能力,然而这只是解决长期问题的短期办法。上述法案的最后一部分都给予法定机构利用可疑交易报告获得的金融情报反恐怖主义的权力,但在防范2005年7月的恐怖袭击方面却收效甚微。

第六节 结 论

在2001年恐怖袭击发生后的十天内,时任美国系统乔治·布什宣布,政府将制止在世界上每一个角落进行的恐怖主义融资活动,但随后只是制定了大量旨在防止恐怖组织实施恐怖袭击的法律、规则和条例。联合国实施了几项旨在打击恐怖主义融资的决议,成为国际社会应对这类金融犯罪的法典,然而这些措施的实施因国家而异,难以具有普适性。金融行动特

---

[313] Serious Organized Crime Agency *The Suspicious Activity Reports Regime Annual Report 2009* (Serious Organized Crime Agency: London, 2010) at p. 17.

别工作组的行动为反恐怖主义融资措施提供了有益的补充，但这些措施真的有效吗？如果其目标是切断恐怖分子获得资金的途径，那么答案是否定的，乌干达发生的两起恐怖袭击就是例证❸；如果其目标是建立一个反恐怖主义融资的基本的全球法律框架，那么答案是肯定的。然而，如之前的章节所述，任何针对某一类金融犯罪的全球制度都取决于若干因素，包括国家之间和不同执法机构之间的合作，但迄今为止，几乎没有证据表明国际社会应对"9·11"事件的机制发挥了作用。这场针对恐怖主义的金融战争既欠考虑又仓促，它几乎没有起到限制恐怖组织资金来源的作用。因此，无论是通过立法、改进调查方法、赋予金融监管机构新的权力，还是提高国际合作水平等各种战略，组织严密、资金自给自足的恐怖组织仍能在反恐金融立法的雷达下成功发动恐怖袭击，对全球安全造成重大威胁。

一、美国

在 2001 年的恐怖袭击发生之前，美国关于反恐怖主义融资的政策是由不同政府部门制定的，重点关注支持恐怖主义的国家。相比反恐怖主义融资，美国更加重视打击洗钱和欺诈犯罪。20 世纪 90 年代末，美国两座大使馆遭遇恐怖袭击，前总统比尔·克林顿立即做出回应，将筹措两座大使馆重建资金的问题放在首位。然而，恐怖袭击引发了此前被前总统布什列为美国财政部首要议程的反恐怖主义融资政策的全面改革。政策的首要部分根据联邦立法规定了四项与恐怖主义融资相关的刑事罪名，在定罪人数上多于英国。美国打击恐怖主义融资的重心是第 13224 号总统令，该总统令产生了立竿见影的效果。根据该项总统令，美国当局冻结了近 250 名被认定为恐怖组织的个人和团体价值 1.35 亿美元的资产。这次行动的一部分是针对美国的伊斯兰"慈善组织"，因为有报道称，"基地组织"从这些组

---

❸ BBC (2010b), '"Somali link" as 74 World Cup fans die in Uganda blasts', 12 July 2010, available at http://news.bbc.co.uk/1/hi/world/africa/10593771.stm (accessed 3 August 2010).

织中获得了很大比例的资金，根据总统令的明确要求打击恐怖主义融资的行动致使一些伊斯兰"慈善机构"的资产被冻结。但是，这次行动的效果是有争议的，因为它不仅疏远了美国潜在的伊斯兰投资者，更重要的是它也疏远了潜在的可以共同应对恐怖主义融资问题的国际合作伙伴。2001年《美国爱国者法案》规定的恐怖主义融资报告义务实际上并未能有效阻止恐怖袭击。"9·11"事件调查委员会强调，1970年《银行保密法》规定的报告制度存在严重不足，其中一名恐怖分子曾在2000年被通缉，而关于这名恐怖分子的可疑交易报告就是1996—2003年向美国当局提交的120多万份此类报告中的一份。《银行保密法》对美国金融业实施的新的监管规定任务繁重，合规成本也很高，因此其效力也受到了质疑。

二、英国

英国从"爱尔兰共和军"和其他准军事组织进行的恐怖活动中吸取了一些重要教训，在1989年就颁布并实施了专门的反恐怖主义融资法案。英国政府在超出国际义务的范围充分执行了联合国决议，值得称赞。在反恐怖主义融资方面，英国采取了与美国类似的做法。2000年的《反恐怖主义法》对反恐怖主义融资制度进行了全面的改革，但十年内只有4人被定罪的结果却令人啼笑皆非，证明这些将资助恐怖主义的行为定为犯罪的规定的效力有限，这也是由于恐怖组织可以多渠道广泛获得资金来源所致。英国政府自1964年以来就有冻结可疑恐怖组织资产的能力，但直到"塔利班"倒台后，英国财政部才冻结了超过8000万英镑的资产。政府冻结恐怖组织资产的能力最初似乎是打击恐怖主义资金的有效武器，但自从冻结可疑恐怖组织资产的能力由于A诉英国财政部的裁决而受限后，英国财政部仅冻结了1000万英镑涉嫌恐怖主义的资产。因此，英国关于资产冻结的政策就像美国一样，只是解决长期问题的短期方案，同样需要改进。2000年《反恐怖主义法》和2001年《反恐主义、犯罪和安全法》规定的可疑交易报告制度的有效性也因恐怖分子可获资金来源的广泛性而广受诟病。

第四章

欺诈

有明确的证据表明，欺诈正成为有组织犯罪和恐怖主义融资犯罪首选的犯罪方式，但是，全球的执法部门尚未做出充分的反应。因此，需要确保用于打击欺诈的法律、程序和资源与时代发展变革相适应，以有效打击欺诈犯罪❶。

第一节 引　言

由于美国领导了"毒品战争"和"金融反恐战争"，国际上对金融犯罪的打击主要集中在洗钱犯罪和恐怖主义融资犯罪方面，欺诈犯罪未能得到足够重视。欺诈可以定义为"说服某人放弃某物"❷，包括"欺骗或意图欺骗"❸，或"为了个人利益或给另一方造成损失的欺骗行为"❹，它是指"企图实施犯罪的人通过欺骗手段从他人处获得个人利益或避免损失"❺。在过去二十年中，国际欺诈行为显著增加❻，这在一定程度上与国际信贷

---

❶ Wright, R. (2007), 'Developing effective tools to manage the risk of damage caused by economically motivated crime fraud', *Journal of Financial Crime*, 14 (1), 17–27, at 18.

❷ Doig, Alan (2006), *Fraud*, Willan Publishing, Cullompton, at p. 19.

❸ Ormerod, David and Williams, David (2007), *Smith's law of theft*, Oxford University Press, Oxford, at 9.

❹ 英国严重欺诈办公室："什么是欺诈？", http://www.sfo.gov.uk/fraud/what-is-fraud.aspx（2010年4月22日查阅）。

❺ 英国金融服务管理局："欺诈", http://www.fsa.gov.uk/Pages/About/What/financial_crime/fraud/index.shtml（2010年4月22日查阅）。

❻ 关于欺诈历史发展的更多讨论，参见 Robb, George (1992), White-collar crime in modern England – Financial fraud and business morality 1845–1929, Cambridge University Press, Cambridge。

商业银行❼、巴林银行❽、安然公司❾和世通公司❿倒闭的公司欺诈事件有关。此外，还有许多针对个人的欺诈计划，包括伯纳德·马多夫的"庞氏骗局"⓫。继帕玛拉特、维旺迪的欺诈投资破产案后⓬，欧盟国家也发生了大规模的欺诈案件，科维尔的欺诈案件导致法国兴业银行损失了37亿英镑⓭。美国同期也发生了包括奥尔德菲亚通信公司、奎斯特国际通信集团、美国在线服务公司、施乐办公设备制造公司和美国泰科国际公司等在内的大量欺诈案件⓮。受全球金融危机的影响，抵押贷款欺诈成为欺诈犯罪的又一隐忧。美国联邦调查局根据普里斯顿集团的研究估计，美国每年的抵押贷款欺诈规模为40亿美元⓯。英国也发生了大量的欺诈案件，如波利·

---

❼ 更多精彩讨论参见 Arora, A. (2006), 'The statutory system of the bank supervision and the failure of BCCI', *Journal of Business Law*, August, 487–510.

❽ 有关巴林银行的评论参见 Proctor, L. (1997), 'The Barings collapse: a regulatory failure, or a failure of supervision?', *Brooklyn Journal of International Law*, 22, 735–767.

❾ 有关安然公司倒闭的评论参见 Hurst, T. (2006), 'A post–Enron examination of corporate governance problems in the investment company industry', *The Company Lawyer*, 27 (2), 41–49.

❿ Sidak, J. (2003), 'The failure of good intentions: the WorldCom fraud and the collapse of American telecommunications after deregulation', *Yale Journal on Regulation*, 20, 207–261.

⓫ 据报道，马多夫丑闻造成的损失总额可能超过500亿美元。参见 Anderson, T., Lane, H. and Fox, M. (2009), 'Consequences and responses to the Madoff fraud', *Journal of International Banking and Regulation*, 24 (11), 548–555, at 548。其他例子包括 Gomez, Toshihide Iguchi and Roberto Calvi。参见 Blanque, B. (2002), 'Crisis and fraud', *Journal of Financial Regulation and Compliance*, 11 (1), 60–70, at 61.

⓬ Abarca, M. (2004), 'The need for substantive regulation on investor protection and corporate governance in Europe: does Europe need a Sarbanes–Oxley?', *Journal of International Banking Law and Regulation*, 19 (11), 419–431, at 419.

⓭ Haines, J. (2009), 'The National Fraud Strategy: new rules to crackdown on fraud', *Company Lawyer*, 30 (7), 213.

⓮ Lunt, M. (2006), 'The extraterritorial effects of the Sarbanes–Oxley Act 2002', *Journal of Business Law*, May, 249–266, at 249。其他众所周知的欺诈案件包括来德爱、美国讯宝科技公司和南方保健公司欺诈案，参见 Brickey, K. (2004), 'White collar criminal law in comparative perspective: the Sarbanes–Oxley Act of 2002', *Buffalo Criminal Law Review*, 8, 221–276, at 228。有趣的是，2003年以来报告的会计欺诈案增加了300%，参见 PriceWaterhouseCoopers *2009 Global Economic Crime Survey* (PriceWaterhouseCoopers: London, 2009), at 7.

⓯ Federal Bureau of Investigation (n/d), 'Mortgage fraud' available at http://www.fbi.gov/hq/mortgage_fraud.htm (accessed 22 April 2010).

派克[16]、镜像集团养老金计划[17]、吉尼斯[18]和巴洛克劳维斯公司的破产案件等[19]。与其他类型的金融犯罪一样，对欺诈数额的计算存在一定的难度[20]。例如，据估计，美国经济每年要为欺诈犯罪付出4000亿美元的代价[21]。有人保守地认为，英国的欺诈损失最低也要139亿英镑[22]，但英国国家反欺诈局指出这一数字更接近300亿英镑[23]。事实上，欺诈审查报告"没有对国家经济造成损失的可靠证据"[24]，有人认为，"从货币角度来看，欺诈对国家经济的危害程度与A级毒品相当"[25]。因此，我们不应低估欺诈的威胁，有人指出，恐怖分子越来越多地利用欺诈为其非法活动提供资金[26]。

因此，必须考虑两个重要问题：第一，可以做些什么来对付欺诈？第二，能否从之前的反洗钱和反恐怖主义融资战略中吸取经验教训？在国际层面，联合国和欧盟对防止欺诈都坚持严格的立场，而且都采取了相应的措施。然而，与反洗钱和反恐怖主义融资政策相比，反欺诈政策还有一定的局限性。一方面，是没有类似于反洗钱国际公约（《维也纳公约》和《巴勒莫

---

[16] Gallagher, J., Lauchlan, J. and Steven, M. (1996), 'Polly Peck: the breaking of an entrepreneur?' *Journal of Small Business and Enterprise Development*, 3 (1), 3–12.

[17] Sarker, R. (1996), 'Maxwell: fraud trial of the century', *Company Lawyer*, 17 (4), 116–117.

[18] Sarker, R. (1994), 'Guinness – pure genius', *Company Lawyer*, 15 (10), 310–312.

[19] Doig, Alan (2006), Fraud, Willan Publishing, Cullompton, at 9–12.

[20] Attorney General's Office *Fraud Review – Final Report* (Attorney General's Office: London, 2006) at p. 21。与确定欺诈程度相关的问题的详细审查，参见 Levi, M. and Burrows, J. (2008), 'Measuring the impact of fraud in the UK: a conceptual and empirical journey', *British Journal of Criminology*, 48 (3), 293–318, at 297–298.

[21] Saksena, P. and Fox, M. (2004), 'Accounting fraud and the Sarbanes – Oxley Act', *International Company and Commercial Law Review*, 15 (8), 244–251, at 244.

[22] Levi, M., Burrows, J., Fleming, M. and Hopkins, M. *The Nature, Extent and Economic Impact of Fraud in the UK* (ACPO: London, 2007) at p. iii.

[23] National Fraud Authority *National Fraud Authority Annual Fraud Indicator* (National Fraud Authority: London, 2010) at p. 7.

[24] Levi, M. and Burrows, J. (2008), 'Measuring the impact of fraud in the Uk: a conceptual and empirical journey', *British Journal of Criminology*, 48 (3), 293–318, at 297.

[25] Sarker, R. (2007), 'Fighting fraud – a missed opportunity?', *Company Lawyer*, 28 (8), 243–244, at 243.

[26] Ryder, N. (2007a), 'A false sense of security? An analysis of legislative approaches to the prevention of terrorist finance in the United States of America and the United Kingdom', *Journal of Business Law*, November, 821–850, at 825.

公约》）和反恐怖主义融资国际公约（《制止向恐怖主义提供资助的国际公约》）的反欺诈国际公约；另一方面，联合国和欧盟主要关注的是针对金融机构的欺诈行为。就单个国家而言，反欺诈政策与反洗钱和反恐怖主义融资政策基本相同。例如，这些政策的共同点是对金融犯罪进行分类定罪和对金融情报的依赖。美国和英国制定了多部法律，将各种类型的欺诈活动定为犯罪。例如，为了应对欺诈对金融部门构成的威胁，美国国会颁布了《银行欺诈法案》㉗；在一系列财务欺诈事件发生后，美国于 2002 年又颁布了《萨班斯—奥克斯利法案》㉘；2006 年《反欺诈法》也是在法律委员会针对《盗窃法》（1968—1994 年）的问题开展了 30 年的研究之后颁布的。

除了将欺诈定为犯罪外，英美两国还建立了大量监管和执法机构，专门负责预防和打击欺诈行为。在美国，包括司法部在内的执法机构得到了美国特勤局、联邦贸易委员会（FTC）、联邦调查局（FBI）、金融犯罪执法网络局（FinCEN）和几个反欺诈工作组的支持。在英国，严重欺诈办公室（SFO）和国家反欺诈局（NFA）得到了金融服务管理局（FSA）、严重有组织犯罪监察局（SOCA）、国家反欺诈报告中心（NFRC）、英国税务海关总署（HMRC）等的支持。有效的反欺诈政策还有赖于储蓄机构和其他金融服务机构的合作，反欺诈协会工作的开展也有赖于金融机构向监管机构和执法机构提供涉嫌欺诈的金融情报。金融情报在打击恐怖主义融资和反洗钱中的重要性在第 2 章和第 3 章中得以充分体现，其在反欺诈工作中也发挥着关键作用。在美国，许多机构都有义务向财政部金融犯罪执法网络局提交可疑交易报告，报告可疑的欺诈交易；在英国，相关机构同样有义务向严重有组织犯罪监察局报告对欺诈的指控。

本章在介绍联合国和欧盟为预防欺诈而采取的政策和立法的基础上，评价其对美国和英国反欺诈政策制定的指导作用。在这两个国家，反欺诈政策通常分为三个部分：一是欺诈行为的刑事定罪；二是欺诈行为的监管机构；三是欺诈行为的报告义务。

本章下一节将着重分析联合国和欧盟反欺诈战略的影响。

㉗ 《美国法典》第 18 篇第 1344 节。
㉘ 英国众议院第 3763 号决议，《英国公法》107 – 204。

第二节 反欺诈国际战略

一、联合国反欺诈国际战略

联合国尚未制定和实施任何独立的反欺诈公约，其政策都是针对金融体系的。例如，联合国开发计划署（UNDP）的反欺诈政策规定，联合国开发计划署致力于防范、调查和处理所有针对开发计划署和与开发计划署关联的第三方的欺诈行为。为此，联合国开发计划署将提高对欺诈风险的认识，积极防控欺诈行为，并建立规范的欺诈行为侦查程序。联合国开发计划署的反欺诈政策旨在防范、侦查涉及开发计划署工作人员、顾问、承包商和/或与开发计划署有业务关系的第三方的欺诈行为[29]。

这项政策涉及三类欺诈行为：第一类是为了获得不正当的金融利益或权利而违反联合国规章制度的欺诈行为[30]；第二类是涉及第三方的欺诈行为[31]；第三类是指"在对真实信息充分了解的情况下实施了反向行动的欺诈行为"[32]。此外，联合国开发计划署还对采购欺诈的风险表示关注。[33] 同样，联合国项目事务厅（UNOPS）也有反欺诈行为的政策规定：联合国项目事务厅致力于防范、调查和处理所有对项目事务厅的涉嫌欺诈和企图实施的欺诈行为，为此，项目事务厅将通过提高对欺诈风险的认识、积极防

---

[29] 《联合国开发计划署反欺诈政策声明》，联合国开发计划署：纽约，2007年，第2页。
[30] 这类行为包括为了获取租金补贴、保险索赔、教育补助金、退税、差旅费等的滥用资金行为。
[31] 例如与承包商串通、收受回扣和谎报支出的行为。
[32] 例如虚假简历和欺诈性评估报告或证明。
[33] 联合国开发计划署："反欺诈总体方案和相关政策及侦查程序"，参见 http://content.undp.org/go/userguide/cap/procurement/fraud-corrupt-practices/? lang = en，（2010年8月4日查阅）。

控欺诈行为,并建立发现、调查和报告欺诈的程序来执行反欺诈政策。❸
联合国项目事务厅的反欺诈政策指向的欺诈行为包括根据《联合国工作人
员条例和细则》,为获取不当经济利益而实施的欺诈行为、涉及第三方的
欺诈行为(包括与承包商勾结),以及诱使联合国工作人员采取非法行动
的欺诈行为❸。然而,联合国有许多法规涉及反欺诈条款,包括《联合国
独立担保和备用信用证公约》❸《联合国打击跨国有组织犯罪公约》❸ 和联
合国安理会第 1373 号决议❸。与欧盟实施的反欺诈政策相比,联合国的政
策优先考虑其雇员实施的或针对联合国的欺诈行为。

二、欧盟反欺诈国际战略

欧盟针对欺诈所采取的政策与其打击洗钱和恐怖主义融资的政策相
似。反欺诈政策专注于针对欧盟的欺诈行为,并没有对成员国强加任何反
欺诈义务。❸ 欧盟反欺诈战略的起源可以追溯到共同农业政策的制定导致
的欺诈指控数量不断增加。❹ 然而,直到 20 世纪 70 年代,欧盟才开始意
识到欺诈对其金融体系构成的威胁。❶ 其反欺诈政策的法律依据可以追溯

---

❸ 《联合国项目事务厅反欺诈政策》,联合国项目事务厅办公室:纽约,2008 年,第 1 页。
❸ 同上。
❸ Xiang, G. and Buckley, R. (2003),'Comparative analysis of the standard of fraud required under the fraud rule in letter of credit law', *Duke Journal of Comparative and International Law*, 13, 293 – 336.
❸ 联合国大会 2000 年 11 月 15 日第 55/25 号决议。
❸ 2001 年 9 月 28 日联合国安全理事会第 4385 次会议通过。
❸ 例如欧盟的《保护欧洲共同体金融利益公约》[OJ C 316,1995 年 11 月 27 日] 和欧盟 2001 年《打击欺诈和非现金支付中的伪造行为》的框架决定。
❹ Ruimschotel, D. (1994),'The EC budget:ten percent fraud? A policy analysis approach', *Journal of Common Market Studies*, 32 (3), 320 – 342, at 320.
❶ Pujas, C. (2003),'The European Anti – Fraud Office (OLAF):a European policy to fight against economic and financial fraud?', *Journal of European Public Policy*, 10 (5), 778 – 797, at 780. 欧盟的欺诈金额无法确定是过去存在的问题,但最近的估计显示,每年的金额大约为 100 亿欧元。参见 Xanthaki, H. (2010),'What is EU fraud? And can OLAF really combat it?', *Journal of Financial Crime*, 17 (1), 133 – 151, at 133.

至《罗马条约》的第 5 条[42]。根据该条约，成员国必须证明代表欧盟政策的理事会条例没有受到欺诈活动的侵害。[43] 此外，《欧盟条约》第 280 条规定，成员国必须打击影响欧盟经济利益的欺诈和其他犯罪活动。[44]

欧盟反欺诈政策的一个重要组成部分是成立了欧盟独立的财务审查机构——欧洲审计法院[45]。欧洲审计法院确定是否存在针对欧盟的欺诈行为，并确定是否已按法定程序执行财务审查并规范记录，以保证审查的效率和有效性。[46] 欧洲审计法院曾几次向欧洲议会提交了欺诈相关案例。[47] 但是，由于它无权或不被允许进行任何反欺诈调查，欧洲审计法院的工作遇到了很大的阻碍。[48] 欧洲议会预算控制委员会建议成立"反欺诈小组"调查欺诈指控。[49] 因此，1987 年欧盟成立了反欺诈委员会（UCLAF），1988 年正式开始运作，目的是处理针对欧盟的欺诈行为。[50] 反欺诈委员会的建立是基于欧盟内部金融违规行为的增加和因此而引发的批评。[51] 但是，由于

---

[42] 《罗马条约》第 5 条规定："成员国应采取一切适当措施，不论一般或特殊措施，以确保履行本条约所规定的或共同体各机构所采取的行动所产生的义务。"它们应促进共同体各项任务的完成。

[43] Ruimschotel, D. (1994), 'The EC budget: the percent fraud? A policy analysis approach', *Journal of Common Market Studies*, 32 (3), 320 – 342, at 330.

[44] 参见 1995 年 12 月 18 日欧洲共同体和欧洲原子能共同体关于保护欧洲共同体金融利益的第 2988/95 号理事会条例。

[45] 欧洲审计法院是 1975 年根据《布鲁塞尔条约》设立的。有关欧洲审计法院一般职能的详细论述参见 Quirke, B. and Pyke, C. (2002), 'Policing European Union Expenditure: A Critical Appraisal of the Transnational Institutions', *Journal of Finance and Management in Public Services*, 2 (1), 21 – 32, at 23 – 25.

[46] 欧洲审计法院："关于我们"，参见 http://eca.europa.eu/portal/page/portal/aboutus, (2010 年 8 月 3 日查阅)。

[47] Pujas, C. (3003), 'The European Anti – Fraud Office (OLAF): a European policy to fight against economic and financial fraud?', *Journal of European Public Policy*, 10 (5), 778 – 797, at 780.

[48] 同上。

[49] White, S. (1999), 'Investigating EC Fraud: The metamorphosis of UCLAF', *Journal of Financial Crime*, 6 (3), 255 – 260, at 256.

[50] Tupman, B. (2000), 'The sovereignty of fraud and the fraud of sovereignty: OLAF and the wise men', *Journal of Financial Crime*, 8 (1), 32 – 46, at 43.

[51] Quirke, B. (2007), 'Critical appraisal of the role of UCLAF', *Journal of Financial Crime*, 14 (4), 460 – 473, at 460。图特曼也指出，"欧洲议会预算控制委员会是欧盟委员会对犯罪网络缩小化、专业化和市场化的回应"，参见 Tupman, W. (1994), 'You Should Have Read the Small Print: The European Commission's Post – Maastricht Response to Fraud', Journal of Financial Crime, 2 (2) 107 – 114, at 107.

"伏案工作"的员工数量少[52]以及组织结构混乱[53],该机构的有效性受到了限制,同时也削弱了其有效调查欺诈行为的能力。[54] 由于欺诈活动造成人道主义援助的 6 亿英镑损失后,UCLAF 的地位变得岌岌可危。[55] 因此,欧洲审计法院建议成立一个独立的反欺诈机构,[56] 欧洲反欺诈办公室(OLAF)于 1999 年应运而生,[57] 其目标是协助欧盟打击欺诈和其他金融违法行为[58]。为实现欧洲反欺诈办公室的目标,可以参照《罗马条约》的反欺诈条款保护欧盟的经济利益,而不是对其成员国施加任何直接的反欺诈义务。欧洲反欺诈办公室负责"欧盟立法委员会的反欺诈立法",[59] 并由其工作人员通过检查或其他适当措施进行行政调查,[60] 以保证对欺诈行为进行调查指控的质量。欧洲反欺诈办公室的行政调查分为两类:内部调查和外部调查。内部调查涉及欧盟内部的财务数据差异和员工不当行为[61];而

---

[52] 参见脚注[49]怀特文章,第 256 页。

[53] 参见脚注[41]普加斯文章,第 781 页。具体参见 Doig, A. (1996), 'A fragmented organizational approach to fraud in a European context', *European Journal on Criminal Policy and Research*, 3 (2), 48–73.

[54] 参见脚注[50]图普曼文章,第 33 页。

[55] 参见脚注[45]奎克和派克文章,第 29 页。另参见 House of Lords, Select Committee on the European Communities, Fraud against the European Communities, Session 1988–1989, 5th Report, HL paper 27, para. 205, as cited in Skiadas, D. (1998), 'EC: The Role of the European Court of Auditors in the Battle against Fraud and Corruption in the European Communities', *Journal of Financial Crime*, 6 (2), 178–185, at 179.

[56] Quirke, B. (2010), 'OLAF's role in the fight against EU Fraud: Do too many cooks spoil the broth?', *Crime, Law and Social Change*, 53 (1), 97–108, at 97. 怀特特别指出,欧洲审计法院建议设立一个单独的部门,任何有关腐败的线索都会自动传达给该部门,并且赋予该部门权力和资源进行任何必要的调查。参见脚注[49]怀特文章,第 257 页。

[57] 参见脚注[41]普加斯文章,第 782 页。

[58] 欧盟委员会 1999 年 4 月 28 日关于建立欧洲反欺诈办公室的决定(欧盟委员会 1999 年第 136 号文件)。参见 Vlogaret, Johan and Pesta, Michal (2008), 'OLAF fighting fraud and beyond' in S. Brown (ed.), *Combating international crime – the longer arm of the law*, Routledge, London, 77–87, at 77.

[59] 《上议院欧盟委员会强化欧洲反欺诈办公室的职责》,上议院欧盟委员会:伦敦,2004 年,第 11 页。

[60] 参见脚注[58]维罗佳瑞特和佩斯塔文章,第 77 页。

[61] 参见脚注[58]维罗佳瑞特和佩斯塔文章,第 79 页。有关欧盟反欺诈执法政策的讨论,参见 White, S. (2010), 'EU anti–fraud enforcement: overcoming obstacles', *Journal of Financial Crime*, 17 (1), 81–99.

第四章　欺诈　105

外部调查涉及发生在欧盟以外的欺诈行为❷。尽管欧洲反欺诈办公室可以通过共享金融信息和金融情报来协助其他成员国进行行政调查，❸ 但是由于其没有独立的调查权，导致调查的有效性受到限制。❹

由于欧洲反欺诈办公室是"UCLAF 的影子机构"以及其与"欧洲司法组织"的关系，其功能发挥受到很大限制。❺ 欧洲司法组织成立后，通过提升多个成员国进行调查和起诉时的合作水平来打击有组织犯罪。❻ 欧洲司法组织与欧洲反欺诈办公室的关系"相当令人不安"❼，在欧洲司法组织宣称将欧洲反欺诈办公室视为竞争对手而不是合作伙伴之后，这种状况进一步恶化。❽ 此外，欧洲反欺诈办公室只有建议权而没有执法权。❾ 欧盟成员国扩展到 27 个国家导致欧洲反欺诈办公室除了要采纳各成员国不同的反欺诈政策以外，还要协调不同国家反欺诈政策之间的差异；❿ 更为令人关注的是，一些成员国认为保护本国的金融利益优于欧盟整体利益。⓫ 而欧盟反欺诈政策的目标是保护其自身的整体金融利益，这一立场与其反洗钱和反恐怖主义融资战略是相呼应的。

在回顾了联合国和欧盟各自的政策之后，可以清楚地看到，它们优先处理针对自身资金的欺诈活动，这一立场可以与它们针对洗钱和恐怖主义融资的政策形成呼应。因此，可以得出结论，联合国和欧盟实施的反欺诈

---

　❷　参见脚注❺维罗佳瑞特和佩斯塔文章，第 79 页。
　❸　同上。
　❹　参见脚注❺维罗佳瑞特和佩斯塔文章，第 78 页。涉及欧洲反欺诈办公室的最引人注目的案件之一与南非莱索托水项目有关。经过调查，几个人被判犯有贿和腐败罪，参见 Sole v The Crown C of A（Cri）5 of 2002（unreported）. For a more detailed discussion of this case see Letsika, O. (2004), 'Creating a corruption – free zone through legislative instruments: some reflections on Lesotho', Journal of Financial Crime, 12 (2), 185 – 191 and Darroch, F. (2003), 'The Lesotho corruption trials – a case study', Commonwealth Law Bulletin, 29 (2), 901 – 975.
　❺　参见脚注❺奎克文章，第 99 页。
　❻　2002/187/JHA：2002 年 2 月 28 日欧洲理事会决定成立欧洲司法组织，以强化打击严重犯罪的权力，参见 2002 年 3 月 6 日 L063 号政府公报，第 0001~0013 页。普加斯指出，这是"临时的司法合作组织，负责打击严重跨国犯罪。"参见脚注❹普加斯文章，第 784 页。
　❼　参见脚注❺奎克文章，第 99 页。
　❽　参见脚注❺上议院欧盟委员会文件，第 12 页。
　❾　参见脚注❺维罗佳瑞特和佩斯塔文章，第 84 页。
　❿　参见脚注❺奎克文章，第 101 页。
　⓫　参见脚注❺图普曼文章，第 101 页。

政策对美国和英国相关战略的影响微乎其微，本章后半部分将探讨美国和英国的反欺诈战略。

第三节　美国反欺诈战略

美国的反欺诈政策可以比照其反洗钱和反恐怖主义融资的政策。没有一份"战略文件"能够对美国的反欺诈机制和措施提供有价值的见解和概述，但是从下面的讨论中可以清楚地看到，自1872年《邮件欺诈法案》出台以来，美国将广泛的欺诈活动定为犯罪，大量反欺诈法规陆续出台。此外，美国并未成立类似于欧洲反欺诈办公室这样的专门反欺诈机构，反欺诈的职责由各类监管机构分担。美国司法部作为主要监管机构，在美国联邦调查局的调查和起诉手段的支持下负责领导反欺诈工作。反欺诈政策的成功与否还取决于银行和其他金融中介机构向其金融情报部门提供的金融情报的质量。美国的金融情报部门是美国财政部金融犯罪执法网络局。美国反欺诈政策可分为三个部分：欺诈行为的刑事定罪、欺诈行为的监管机构和欺诈行为的报告义务。下面将逐一讨论。

一、欺诈行为的刑事定罪

反欺诈是许多国家刑事法规的重要组成部分，而且没有丝毫弱化的迹象。[72] 柏德阁指出，"关于欺诈行为的界定是有问题的，因为在《美国联邦法典》中没有对欺诈行为进行定义且缺乏专门的反欺诈法规"[73]。《邮件欺

---

[72] Podgor, E. (1999), 'Criminal fraud', *American University Law Review*, 48, 729–768, at 730.
[73] 同上，第740页。

诈法案》[74]将欺骗邮局从事欺诈活动定为刑事犯罪,[75]检察官必须证明被告意图设计骗取邮局的计划,而且只需证明邮件系统将被用于实施诈骗活动,不必证明通过邮件传达虚假陈述。[76]埃尔德指出,"《邮件欺诈法案》作为最后一部宽泛而模糊的刑事法规,在联邦刑法中占据独特地位"[77]。事实上,有人认为,司法部门允许《邮件欺诈法案》成为一部"非特定"的反欺诈法规;[78]检察官扩大其适用范围来掩盖美国国会立法过程中存在的异常情况,[79]例如,检察官利用该项法规作为起诉洗钱犯罪的平台。[80]科菲和怀特海德表示,"联邦检察官长期以来一直遵循当事实存疑时指控邮件欺诈的规则"[81],《邮件欺诈法案》因此也被称为"检察官的秘密武器"[82]。

---

[74] 1872 年 6 月 8 日《邮件欺诈法案》第 335 编第 301 节;《美国联邦法律大全》第 17 编第 283 节和第 323 节;《美国法典》第 18 编第 1341 节。参见 Henning, P. (1995), 'Maybe it should be called federal fraud: the changing nature of the Mail Fraud Statute', *Boston College Law Review*, May, 435 – 477. Kessimian, P. (2004), 'Business fiduciary relationships and honest services fraud: a defense of the statute', *Columbia Business Law Review*, 197 – 230, at 201.

[75] Mogin, P. (2002), 'Refining in the Mail Fraud Statute', *Champion*, 26, 12 – 17, at 13.

[76] Weintraub, L. (1987), 'Crime of the century: use of the Mail Fraud Statute against authors', *Boston University Law Review*, 67, 507 – 549, at 524; Gagliardi, J. (1993), 'Back to the future: federal mail and wire fraud under 18 U. S. C. § 1343', *Washington Law Review*, 68, 901 – 921, at 903; Brown, M. (2008), 'Prosecutorial discretion and federal mail fraud prosecutions for honest services fraud', *Georgetown Journal of Legal Ethics*, 21, 667 – 682, at 669.

[77] Elder, J. (1998), 'Federal mail fraud unleashed: revisiting the criminal catch – all', *Oregon Law Review*, 77, 707 – 733, at 707.

[78] Orr, K. (2006), 'Fencing in the frontier: a look into the limits of mail fraud', *Kentucky Law Journal*, 95, 789 – 809, at 791。类似观点参见 Molz, T. (1997), 'The Mail Fraud Statute: an argument for repeal by implication', *University of Chicago Law Review*, 64, 983 – 1007, at 983.

[79] 参见脚注[78]莫尔斯文章。这导致《邮件欺诈法案》通常被称为"包罗万象"法。

[80] Mogin, P. (2002), 'Refining in the Mail Fraud Statues', *Champion*, 26, 12 – 17, at 14。事实上,亨宁的结论是,"法令成为打击政治腐败和日益复杂的经济不端行为的战略工具"。

[81] Coffee J. and Whitehead, C., 'The Federalization of Fraud: Mail and Wire Fraud Statutes', in *White Collar Crime: Business and Regulatory Offenses*, § 9.01, at 9 – 2 (O. Obermaier and R. Morvillo (eds), 1990) as cited in Mogin above, n 75 at 13.

[82] Greenwood, L. (2008), 'Mail and wire fraud', *American Criminal Law Review*, 45, 717 – 740, at 717。该法案也被称为检察官的"Stradivarius""Colt 45"或"UZI",法官拉尔夫和温特将该法令的影响形容为"隐形飞机上的氢弹",参见 Kessimian, P. (2004), 'Business fiduciary relationship and honest services fraud: a defense of the statute', *Columbia Business Law Review*, 197 – 230, at 198.

因此，可以认为《邮件欺诈法案》是现有的最重要和最有力的检察工具之一，[83] 司法部门试图限制检察官滥用《邮件欺诈法案》的权力。[84] 在麦克纳利诉美国案中，美国最高法院将《邮件欺诈法案》的范围限制在涉及侵犯财产权的案件中。[85] 美国国会迅速做出反应，于1988年实施了《反毒品滥用法案》[86]，增加了《邮件欺诈法案》为"诚实服务的无形权利"提供保护的条款。[87] 1994年《暴力犯罪控制和执法法案》对《邮件欺诈法案》进行了修订，将"由任何私人或商业州际承运人发送或交付"的包裹包括在内。[88] 因此，《邮件欺诈法案》"涵盖了全方位的消费者欺诈、股票欺诈、土地欺诈、银行欺诈、保险欺诈和商品欺诈，也包括勒索、伪造、选举欺诈和贿赂等领域"。[89] 《邮件欺诈法案》与1952年《电信欺诈法案》共同规定：任何人如果设计或试图设计在州际或对外贸易中通过有线、无线或电视通信传输文字、标志或信号并制作成图片或声音，以利用虚假、欺骗性的陈述或承诺获取金钱或财产的诡计，将被处以罚金或监禁。[90]

检察官必须证明犯罪主体存在"包括重大欺骗在内的诈骗阴谋；有欺诈的主观故意；使用邮件、私人商业载体和/或电信推进实施诈骗行为；

---

[83] Weintraub, L. (1987), 'Crime of the century: use of the Mail Fraud statute against authours', *Boston University Law Review*, 67, 507–549, at 523.

[84] Podgor, E. (1998), 'Mail fraud: redefining the boundaries', *Saint Thomas Law Review*, 10, 557–570, at 717. 这种关于联邦检察官藐视司法的激进行为的案例包括美国诉杰克逊案26 F.3d 999（1994年第十巡回法庭）和美国诉弗罗斯特案125 F.3d 346, 369–70（1994年第十巡回法庭）。

[85] 1987年《美国公法》第350编第483节。有关这一案件的详细评论参见Dean, J. and Green Jr, D. (1988), 'McNally v United States and its effect on the federal Mail Fraud Statute: will white collar criminals get a break?', *Mercer Law Review*, 39, 697–716.

[86] 《美国公法》第100编第690节，《联邦法规》第7卷第102编第4181节、第4508节、第7603（a）节。

[87] 《美国法典》第18编第1346节。关于美国联邦最高法院在麦克纳利作出判决前司法机关依据《邮件欺诈法案》采取的措施的讨论参见脚注[76]格里亚蒂文章，第901页。亨宁指出，美国国会在第18编中增加了一个新的第1346节，该编完整地规定，"欺诈计划或诡计"一词包括剥夺他人诚实服务无形权利的计划或诡计。参见上述脚注[74]亨宁文章，第463页。

[88] 《美国公法》第103编第322节；《美国联邦法律大全》第108编第1796节。

[89] Greenwood, L. (2008), 'Mail and wire fraud', *American Criminal Law Review*, 45, 717–740, at 719.

[90] 《美国法典》第18编第1343节。

确实导致或可能导致金钱或财产的损失或剥夺诚实服务的权利",才能为其定罪。[91]《电信欺诈法案》被称为"防范欺诈活动的第一道防线"[92],它为检察官提供了广泛的起诉依据。[93] 法院也将《电信欺诈法案》的适用范围扩大到越来越多的通信方式,并适用于范围广泛的欺诈活动。[94]

另一个旨在防止欺诈的立法是《银行欺诈法》,该法是作为 1984 年《综合犯罪控制法》的一部分而提出的,[95] 是对大量以金融机构为目标的欺诈计划[96]以及最高法院在威廉姆斯诉美国案中的判决的回应。[97] 在该案中,法院裁定参与欺诈活动(如"开空头支票"[98])的人不能因向金融机构做出误导性陈述而被起诉;[99] 司法部也被迫放弃了许多与欺诈有关的起诉。美国国会通过的《银行欺诈法》将试图以欺骗方式从联邦保险金融机构获

---

[91] Stuart, C. (2009), 'Mail and wire fraud', *American Criminal Law Review*, 46, 813 – 835, at 816.

[92] NuraKami, K. (1987), 'Mail and wire fraud', *American Criminal Law Review*, 24, 623 – 637, at 623.

[93] Blumel, R. (2005), 'Mail and wire fraud', *American Criminal Law Review*, 42, 677 – 698, at 678. 关于这一领域司法判例的优秀评论,参见 Robinson, J. (2008), 'The federal Mail and Wire Fraud Statutes: correct standards for determining jurisdiction and venue', *Willamette Law Review*, 44, 479 – 540, at 482 – 507.

[94] 参见脚注[93]布鲁梅尔文章,第678。《电信欺诈法》的范围在 1994 年通过《老年公民反营销诈骗法》后扩大。参见《美国公法》第 103 – 322 号法令第 250006 节和 1994 年《美国联邦法律大全》第 108 编第 1796、第 2087 节。

[95] 美国国会第 98 次会议第二次全体会议第 377 项议案第 98 – 225 号,《美国法典》第 1344 节。

[96] Madia, M. (2005), 'The Bank Fraud Act: a risk of loss requirement?', *University of Chicago Law Review*, 72, 1445 – 1471, at 1445. 值得注意的是,这并不是美国国会通过的唯一一项打击此类欺诈计划的法律,其他法律包括 1989 年《金融机构改革、恢复和执行法案》和 1990 年《银行欺诈起诉和纳税人追偿法案》,关于这些法案的更多讨论参见 Rowlett, J. (1993), 'The chilling effect of the Financial Institutions Reform, Recovery, and Enforcement Act of 1989 and the Bank Fraud Prosecution Act of 1990: has Congress gone too far?', *American Journal of Criminal Law*, 20, 239 – 262.

[97] 《美国法典》第 279 编第 458 节。Fischer, A. and Sheppard, J. (2008), 'Financial institutions fraud', *American Criminal Law Review*, 45, 531 – 578, at 533.

[98] "开空头支票"的定义是"从一家银行的一个账户上开出支票,当两个账户都没有足够的资金来支付开出的金额时,将支票存入另一家银行的一个账户"。由于一家银行从另一家银行收取资金造成的延迟,就产生了人为的余额。参见脚注[96]麦迪亚文章,第 1946 页。

[99] 德龙和格沃特尼表示,"美国国会通过第 1344 节是对这一裁决的反应,主要是给政府起诉支票欺诈行为提供依据"。参见 Delone, C. and Gwartney, S. (2009), 'Financial institutions fraud', *American Criminal Law Review*, 46, 621 – 670, at 623.

得资金的欺诈行为定为犯罪,[100] 该法案将伪造支票、信用卡欺诈、学生贷款欺诈、抵押贷款欺诈以及离岸空壳银行和国内银行之间的虚假金融交易定为犯罪。[101] 1989 年《金融机构改革、恢复和执行法案》进一步扩大了《银行欺诈法》的适用范围,[102] 将"金融主谋犯罪"纳入其中,对金融犯罪集团的主谋判处无期徒刑。[103] 1988 年颁布的《重大欺诈法》旨在解决采购欺诈问题,[104] 但其范围仅限于金额超过 100 万美元的欺诈案件。[105]

臭名昭著的安然(Enron)和世通(WorldCom)会计欺诈案件导致了 2002 年《萨班斯-奥克斯利法案》(Sarbanes-Oxley Act)的出台,[106] 其目标是提高对会计行业的监管水平,并阻止欺诈和不道德行为。[107] 该法案将电信和邮件欺诈的最高刑罚从 5 年监禁提高到 20 年监禁,[108] 并为检察官提供了几种在欺诈案件办理过程中的新依据,[109] 包括将证券欺诈定为欺诈犯罪,以及将早期破坏公司审计记录定为犯罪等。这些犯罪的认定饱受诟

---

[100] Biskupic, S. (1999), 'Fine tuning the bank statute: a prosecutor's perspective', *Marquette Law Review*, 82, 381 – 403, at 382.《银行欺诈法》规定"任何人在知情的情况下,通过虚假或欺诈性的借口、陈述或承诺诈骗金融机构,获得任何资金、基金、信贷,以及金融机构拥有、保管或控制的资产、证券或其他财产的,将被处以 100 万美元以下罚款或 30 年以下监禁,或者两者并处。"

[101] 参见脚注[99]德隆和格沃特尼文章,第 625 页。《银行欺诈法》不适用于洗钱、贿赂银行官员以及银行对客户实施的欺诈行为。

[102] 《美国公法》第 107 编第 73 节,1989 年《美国联邦法律大全》第 103 编第 187 节。

[103] Sussman, R. (1991), 'Protecting clients from the government's thermonuclear war on bank fraud', *American Law Institute – American Bar Association Continuing Legal Education ALI – ABA Course of Study*, C646, 213 – 260, at 215.

[104] MacKay, S. (1992), 'Major fraud against the United States', *Army Lawyer*, September, 7 – 14, at 8. 里罗说,"在 20 世纪 80 年代末,一系列广为人知的国防承包商滥用职权的事件将通常晦涩的政府合同话题带入公众视野"。参见 Liro, C. (2000), 'Prosecution of minor subcontractors under the Major Fraud Act of 1988', *Michigan Law Review*, 99, 669 – 695, at 669 – 670.

[105] 参见脚注[104]。

[106] Pub. L. No. 107 – 204, 116 Stat. 745 (2002).

[107] Saksena, P. (2009), 'The Sarbanes – Oxley Act and occupational fraud: does the law effectively tackle the real problem?', *International Company and Commercial Law Review*, 20 (2), 37 – 43, at 37.

[108] 2002 年《萨班斯-奥克斯利法案》第 903 节。

[109] 参见脚注[14]布里基文章,第 229 页。更具体的细节参见 2002 年《萨班斯-奥克斯利法案》第 8 编公司刑事欺诈责任和第 9 编白领犯罪扩大刑事责任。

病，被描述为"不必要的冗余"[⑩]。布里克总结道："《萨班斯－奥克斯利法案》的刑事条款更多的是一种象征性的政治愤怒的表达，而不是对公共政策问题的理性回应。"[⑪] 尽管存在这种担忧，2003 年《证券欺诈法案》还是在一系列证券欺诈导致投资者损失逾 400 亿美元之后出台。[⑫] 根据该项立法，如果一个人"故意欺诈或试图欺诈与已注册的发行人的证券有关的任何人"并"通过虚假或欺诈性的借口、陈述或承诺借由销售该类已登记证券的发行人的证券获得金钱或财产"，将被定为证券欺诈罪。[⑬]《证券欺诈法案》的出台有三个目标：一是填补现行证券欺诈刑事立法的漏洞；[⑭] 二是使检控人员能够就"不可预见的新型犯罪形态"提起刑事诉讼；三是以最高刑罚 25 年监禁形成对证券欺诈犯罪的威慑作用。[⑮] 帕齐基表示，该法案"对证券欺诈起诉产生了重大影响，因为政府不再需要证明被告使用了州际邮件或电报系统；此外，灵活的书面法规使检察官能够指控最复杂的欺诈计划和最恶劣的欺诈目标。"[⑯]

除了邮件、电信和证券欺诈立法外，另一个值得关注的领域是医疗欺诈。据估计，美国政府每年在医疗保险和医疗补助方面的预算超过 5500 亿美元，[⑰] 布兰克等人表示，"犯罪分子将医疗欺诈视为获取非法丰厚利润的领域并不奇怪"[⑱]。医疗欺诈的规模大约为每年 130 亿美元，[⑲] 预防此类欺诈的立法包括《医疗补助虚假索赔法案》，该法案将"与美国联邦医疗保健计划下的任何福利索赔或与资产处置支付申请有关的虚假陈述或欺诈行

[⑩] Brickey, K. (2003), 'From Enron to WorldCom and beyond: life and crime after Sarbanes‐Oxley', *Washington University Law Review*, 81, 357–382, at 359.

[⑪] 同上。

[⑫] Pazicky, L. (2003), 'A new arrow in the quiver of federal securities fraud prosecutors: section 807 of the Sarbanes‐Oxley Act of 2002', *Washington University Law Quarterly*, 81, 801–828, at 801.

[⑬] 如果罪名成立，最高可判处 25 年徒刑。

[⑭] 参见脚注[⑫]帕兹奇文章，第 801–802 页。

[⑮] 同上。

[⑯] 同上。

[⑰] Blank, S., Kasprisin, J. and White, A. (2009), 'Health Care Fraud', *American Criminal Law Review*, 46, 701–759, at 703. 下文简称为布兰克等人。

[⑱] 同上。

[⑲] 参见脚注[⑰]布兰克等人文章，第 703 页。

为"定为犯罪。[120]依据该法案起诉必须满足四个要素：第一，被告在美国联邦医疗保健计划下的索赔或福利申请中陈述重要事实或促使他人陈述重要事实;[121]第二，声明或陈述确认是虚假的;[122] 第三，被告是在知情的情况下故意做出的陈述;[123] 第四，被告明知陈述是虚假的。[124] 如果被告依据该法案被判有罪，可处以罚款和/或至多 5 年监禁。[125] 防止医疗欺诈的法案还包括适用范围广泛的《医疗补助反回扣法案》，该法案适用于医疗保健行业的所有部门。[126] 依据该法案起诉的检方必须证明被告是在明知的情况下故意索取或收取报酬，以换取或诱使他人获得相关业务。[127]其他旨在解决医疗欺诈的法规还包括 1996 年《健康保险流通与责任法案》[128]，有评论员认为，该法案是"最全面的旨在纠正美国联邦医疗保健计划欺诈行为的尝试"[129]。该法案扩大了《医疗补助反回扣法案》的范围，将所有医疗保健方案囊括在内，并增强了检察机关的权力，从而为打击医疗保健欺诈行为提供了持续的资金来源。[130] 该法案规定，任何人在知情和故意的情况下骗取医疗保健福利方案，或以虚假陈述的方式获取医疗保健福利方案下的任何金钱或财产，或"在任何涉及医疗福利计划的事项上"做出虚假或虚构的陈述，

---

[120] 《美国法典》第 42 编第 1320a–7b (a) 节。有关该法案的更详细讨论，参见 Shaffer, C. (2007), 'The impact of Medicaid reforms and false claims enforcement: limiting access by discouraging provider participation in Medicaid programs', *South Carolina Law Review*, 58, 995–1023.

[121] 参见美国诉劳克林案，《联邦地区法院判例汇编》第 3 编第 26 卷第 1523 页、第 1526 页 (1994 年第十巡回法庭)。同时参见脚注[115]布兰克等人文章，第 707 页。

[122] 同上。

[123] 参见脚注[115]布兰克等人文章第 707 页引用的"美国诉卡特顿案"，《联邦地区法院判例汇编》第 3 编第 89 卷第 387 页、第 392 页 (1996 年第七巡回法庭)。

[124] 同上。参见脚注[115]布兰克等人文章第 707 页引用的"美国诉劳克林案"，《联邦地区法院判例汇编》第 3 编第 26 卷第 1526 页、第 1527 页 (1994 年第十巡回法庭)。

[125] 《美国法典》第 42 编第 1320a–7b (a) (6) (i) 节。

[126] 《美国法典》第 42 编第 1320a–7b (b) 节。

[127] 《美国法典》第 42 编第 1320a–7b (b) (1) 节。关于此类犯罪的更为详细的讨论参见汉莱斯特网络诉沙拉拉案 (1995 年)，《联邦地区法院判例汇编》第 3 编第 51 卷第 1400 页和麦克莱塞诉美国案 (2000 年)，《联邦地区法院判例汇编》第 3 编第 217 卷第 823 页。

[128] 《美国公法》第 104 编第 191 节，《美国联邦法律大全》第 110 编第 1936 节。

[129] 参见脚注[115]布兰克等人文章，第 736 页。有关该法案的更多讨论参见 Eddy, A. (2000), 'The effect of the Health Insurance Portability and Accountability Act of 1996 on health care fraud in Montana', *Montana Law Review*, 61, 175–221.

[130] 同上。

侵吞、转换或窃取医疗保健福利计划下的任何资金、财产或资产，或阻挠、拖延或误导对美国联邦医疗保健违法行为的调查都是非法的。[131] 检察官起诉被告还可以依据《虚假申报法》[132]《虚假陈述法》[133]《社会保险法》[134]和《邮件和电信欺诈法案》。

《计算机欺诈和滥用法案》也被用于打击各种涉及"受保护的计算机"的欺诈犯罪。由于"受保护的计算机"包括那些用于州际贸易或通信的计算机，因此该法案涵盖了任何连接到互联网中的计算机，即使涉及的计算机都位于同一州。[135] 根据该法案，"获取受政府保护的信息、通过州际通信从受保护的计算机获取信息、访问政府计算机、以欺诈手段从受保护的计算机中获取任何有价值的东西（一年内获得的价值少于5000美元的除外）、对受保护的计算机及/或其数据或程序造成损害、在某些情况下非法买卖密码、威胁损害或敲诈勒索受保护的计算机及/或数据或程序"等行为均构成犯罪。[136] 此外，1998年《身份盗用与假冒防范法》将身份盗用定为刑事犯罪。[137] 具体而言，身份盗用行为是指"未经合法授权，故意假借或使用他人身份识别，意图实施、协助或教唆非法活动"的行为。[138] 按照

---

[131] 参见脚注[117]布兰克等人文章，第738页。

[132] 2006年《美国法典》第18编第287节。有关虚假索赔法案与医疗欺诈之间联系的详细评论，参见 Girard, V. (2009), 'Punishing pharmaceutical companies for unlawful promotion of approved drugs: why the False Claims Act is the wrong rx', *Journal of Health Care Law and Policy*, 12, 119–158.

[133] 2006年《美国法典》第18编第1001节。参见 Halverson, A. and Olson, E. (2009), 'False statements and false claims', *American Criminal Law Review*, 46, 555–587.

[134] 《美国法典》第42编第1320a–7b (a) 节。

[135] 最初，该法案将三种狭义的行为定为犯罪。首先，它将未经许可或在获得许可的情况下访问计算机以获取可能损害美国的机密信息定为犯罪；其次，它将使用计算机获取金融机构记录或信息的行为定为犯罪；第三，它将"为影响政府对计算机的使用而修改、破坏、披露或阻止授权使用美国或代表美国运行的计算机中的信息"的行为定为犯罪。参见 Kleindienst, K., Coughlin, T. and Pasquarella, J. (2009), 'Computer crimes', *American Criminal Law Review*, 46, 315–392, at 331–333.

[136] Boyer, S. (2009), 'Computer Fraud and Abuse Act: abusing federal jurisdiction?', *Rutgers Journal of Law and Public Policy*, 6 (3), 661–702, at 667.

[137] 《美国公法》第105编318节，1998年《美国联邦法律大全》第112编第3007节，修改自1990年《美国法典》第18编第1028节。

[138] 《美国法典》第18编第1028 (a) (7) 节。

美国司法部的规定,"在大多数情况下,这种犯罪行为最高可判处 15 年监禁和/或罚款,并对用于或打算用于犯罪行为的个人财产进行刑事没收"[139]。因此,该法案对身份欺诈行为给予了很严厉的惩罚,并允许美国联邦贸易委员会在打击身份欺诈的斗争中发挥主导作用。[140] 最后,关于信用卡欺诈的规定散见于《借贷事实法》[141]《邮件欺诈法案》和《电信欺诈法案》,直到 1984 年制定了《信用卡欺诈法》对相关法规做了修正。[142] 其他欺诈法规包括 1986 年《婚姻欺诈法》和《税务民事欺诈法》等。[143]

美国出台了大量的反欺诈法规,每一项都将不同类型的欺诈活动定为犯罪。其中适用范围最广的是《邮件欺诈法案》和《电信欺诈法案》,这两部法案已经成为通用的反欺诈法规。美国对欺诈行为的刑事立法具有很多不确定性,联邦检察官可以滥用欺诈法规为种类各异的案件寻求起诉。有观点认为,美国的反欺诈法规太多,建议将其合并为单一的反欺诈法规,但并未得到普遍认同。柏德阁认为:"单一的反欺诈法规尽管一致性得到了提升,但总体上看可能弊大于利。欺诈行为发生的不同领域需要制定一系列不同的法规,法规结构上的一致性可以增强解释力。合并、删除多余的法规,以及编写具体条款,将加强对刑事欺诈的起诉;然而,最重要的还是需要对一般的欺诈法规加以限制"[144]。美国国内似乎不希望修改其针对欺诈的立法方法,而且很有可能继续推出更多的欺诈法规。

---

[139] 美国司法部:"身份盗窃和身份欺诈",参见 http://www.justice.gov/criminal/fraud/websites/idtheft.html(2010 年 3 月 19 日查阅)。需要注意的是,实施身份盗窃的犯罪可能会违反其他欺诈法规,如《信用卡欺诈法》(《美国法典》第 18 编第 1029 条)、《计算机欺诈和滥用法案》(《美国法典》第 18 编第 1030 条)、《邮件欺诈法案》(《美国法典》第 18 编第 1341 节)、《电信欺诈法案》(《美国法典》第 18 编第 1343 节)或《金融欺诈法》(《美国法典》第 18 编第 1344 节)。

[140] Saunders, K. and Zucker, B. (1999), 'Counteracting identity fraud in the information age: the Identity Theft and Assumption Deterrence Act', *Cornell Journal of Law and Public Policy*, 8, 661 – 675, at 673.

[141] 《美国法典》第 15 编第 1643 节。

[142] 《美国法典》第 18 编第 1029 节。关于《信用卡欺诈法案》的更多评论参见 Faro, E. (1990), 'Telemarketing fraud: is RICO one answer?', *University of Illinois Law Review*, Summer, 675 – 710.

[143] 《美国国内税法典》第 6663 节。

[144] 参阅脚注[72]波德戈文章,第 768 页。

二、欺诈行为的监管机构

美国反欺诈政策的第二部分涉及联邦监管机构和几个欺诈特别工作组。刑事定罪与调查和起诉欺诈活动的机构之间存在联系。欺诈行为的主要监管机构是美国联邦政府部门，它们负责反欺诈斗争。例如，美国司法部有自己的反欺诈科，负责调查和起诉复杂的欺诈案件，并成立了快速反欺诈反应部门。反欺诈科在司法部反欺诈工作中发挥着重要作用，包括执行法律、预防犯罪、提供培训和公众教育等。[145] 此外，反欺诈科还协调机构间进行反欺诈调查和国际执法合作。美国司法部反欺诈科包括几个跨机构的欺诈工作组："卡特里娜飓风"欺诈特别工作组、身份盗窃特别工作组、国家采购欺诈特别工作组、证券及期货欺诈工作组、跨部门金融欺诈特别工作组、按揭欺诈工作组、大规模营销欺诈工作组和消费者权益保障委员会等。

2007—2008 年，反欺诈科发起了大约 100 项调查，制作了 80 项起诉书，起诉了 160 名被告，并对 156 项与欺诈有关的犯罪定罪。[146] 在美国反欺诈战略中扮演重要角色的另一个司法部门是联邦调查局，其工作重点分为两个领域——国家安全和刑事犯罪。联邦调查局在反欺诈刑事犯罪领域的重点任务是设法解决它所称的"白领犯罪"，尤其是白领欺诈犯罪，并制定了"白领犯罪：战略计划"。[147] 该项战略计划为联邦调查局设定了六项战略目标，其中五项与欺诈有关：一是以参与重大公司欺诈计划的团体或个人为目标，降低公司欺诈发生率；二是减少医疗保险欺诈行为；三是减少有组织犯罪分子对金融机构的欺诈行为；四是减少电话营销、保险和投资欺诈的影响；五是调查联邦政府采购和授权项目、环境犯罪、破产欺诈

---

[145] 司法部"反欺诈科"，参见 http：//www.justice.gov/criminal/fraud（2010 年 3 月 19 日查阅）。

[146] Department of Justice Fraud Section *Activities Report Fiscal Year 2008* (Department of Justice：Washington，DC，2008a) at p. 2. (Federal Bureau of Investigation：Washington，DC，2007b).

[147] Federal Bureau of Investigation *White‐Collar Crime：Strategic Plan* (Federal Bureau of Investigation：Washington，DC，2007b).

和反垄断犯罪中存在重大经济损失的事项。

联邦调查局还承担抵押贷款欺诈的调查起诉工作，2009 年《欺诈执法与追讨法案》推动了这项工作。[148] 该法案有三个目标。首先，提高对金融危机期间出现的欺诈行为的问责层次和水平；其次，为美国司法部和其他执法机构打击抵押贷款欺诈提供大量资金，该法案允许美国政府在 2010 年和 2011 年额外提供 5 亿美元以提升其执法活动的效能。[149] 美国司法部因此获得了 3.3 亿美元用于调查抵押贷款欺诈案件，并对可能出现的起诉进行调查；最后，试图厘清欺诈和洗钱法规交织的问题。[150] 鉴于金融危机导致的欺诈活动的复杂性，资金支持是必不可少的。联邦调查局在资金支持下已经能够对抵押贷款欺诈的指控进行大量详细的调查。[151]

除了联邦调查局，美国特勤局在规制欺诈行为方面也发挥着重要作用。[152] 美国特勤局成立最初的目的是调查伪造美元的行为，并确保支付和金融系统受到保护。1984 年，美国特勤局的职责扩大到阻止和调查金融机构诈骗、计算机诈骗[153]、接入设备诈骗和电信诈骗；除此以外，美国特勤局还负责调查洗钱犯罪。温恩和戈文认为："美国特勤局对金融犯罪以及

---

[148] Ryder, Nicholas and Chambers, Clare (2010), 'The credit crunch and mortgage fraud – too little too late? A comparative analysis of the policies adopted in the United States of America and the United Kingdom', in S. Kis and I. Balogh (eds), Housing, housing costs and mortgages: trends, impact and prediction, Nova Science, New York, pp. 1 – 22.

[149] 同上。

[150] 包括在美国最高法院对艾莉森发动机有限公司诉桑德斯案的判决后的重要修正说明（2008 年第 128 卷第 2123 号案件）。此外，对若干欺诈法规进行了重要修订，包括对洗钱犯罪中"收益"的定义的修正（《美国法典》第 18 编第 1956 节）。这是为了克服最高法院在美国诉桑托斯案（2008 年《联邦地区法院判例汇编》第 3 编第 461 卷第 886 页，第 06 – 1005 号）裁决中的缺陷。

[151] 例如，美国联邦调查局在 2009 年 11 月宣布，它对 100 名被告提起欺诈指控，这些被告拥有 700 多处房产，非法获得了总额 4 亿美元的贷款。参见美国司法部："抵押贷款欺诈激增，调查在佛罗里达中部地区网罗了 100 多个人"，2009 年 11 月 4 日，参见 http: //tampa. fbi. gov/dojpress-rel/2009/ta110409. htm（2010 年 3 月 15 日查阅）

[152] 有关其作用的简要讨论，参见《美国特勤局 2008 财年年度报告》，美国特勤局：华盛顿特区，2009 年，第 34 页。

[153] 自 20 世纪 80 年代初以来，美国特勤局一直保持对计算机欺诈和其他欺诈犯罪的管辖权。乌贝里斯指出，1984 年的《计算机欺诈和滥用法案》要求美国特勤局承担调查计算机犯罪的义务。参见 Urbelis, A. (2005), 'Towards a more equitable prosecution of cybercrime: concerning hackers, criminals and the national security', Vermont Law Review, 29, 975 – 1008, at 976.

涉及金融基础设施和银行支付系统的犯罪拥有与美国司法部同等的管辖权，包括国内和国际接入设备欺诈、借记卡和信用卡欺诈、身份盗窃、虚假身份识别和计算机欺诈等犯罪"[154]。

2001年《美国爱国者法案》进一步扩大了美国特勤局的职权范围，要求其协调成立电子犯罪特别工作组。[155] 其他延伸机构包括邮政监察局、联邦贸易委员会（FTC）和证券交易委员会（SEC）。邮政监察局在防止欺诈方面发挥着重要作用，其目标是保护和维持美国邮政系统的纯洁性。它负责处理邮件和身份欺诈犯罪，并设法保护客户免受邮件欺诈方案的伤害，包括股票欺诈、医疗保健欺诈、预付费用欺诈、保险欺诈和其他消费者欺诈。例如，在2006—2007年，邮政监察局调查了38000起邮件欺诈指控，[156]并在2007年报告中称，"40%的邮政监察员的逮捕与邮件盗窃有关"[157]。联邦贸易委员会试图解决身份盗窃和互联网欺诈问题，其报告称，"互联网欺诈相关投诉占所有欺诈投诉的46%，造成的经济损失超过3.35亿美元"[158]。因此，联邦贸易委员会旨在为消费者和企业提供信息、建议和指导，以防止身份盗窃。[159] 证券交易委员会的职责是"保护投资者，维护公平、有序和有效的市场，促进资本良性运作"[160]。1933年《证券法》规定，

---

[154] Winn, J. and Govern, K. (2009), 'Identity theft: risks and challenges to business of data compromise', *Temple Journal of Science, Technology & Environmental Law*, 28, 49–63, at 59.

[155] 该法案规定，美国特勤局局长应采取适当行动，以纽约电子犯罪工作组模式为基础，在全美建立一个全国性的电子犯罪工作组网络，以预防、侦查和控制犯罪，调查各种形式的电子犯罪，包括针对关键基础设施和金融支付系统的潜在恐怖袭击。参见美国众议院第107次会议第3162号决议。

[156] Maskaleris, S. (2007), 'Identity theft and frauds against senior citizens: "who's in your wallet?"', *Experience*, 18, 14–32, at 16.

[157] Postal Services Inspectorate *2007 Annual Report of Investigations* (Postal Services Inspectorate: Washington, DC, 2008) at p 2.

[158] Federal Trade Commission *Consumer fraud and identity theft complaint data: January–December 2005* (Federal Trade Commission: Washington, DC, 2006) as cited in Corbett, P. (2007), 'Prosecuting the internet fraud case without going for broke', *Mississippi Law Journal*, 76, 841–873, at 843.

[159] 参见联邦贸易委员会："反身份盗窃"，http://www.ftc.gov/bcp/edu/microsites/idtheft//（2010年3月26日查阅）。

[160] 美国证券交易委员会："投资者的保护者：美国证券交易委员会如何保护投资者、维护市场完整性和促进资本良性运作"，参见http://www.sec.gov/about/whatwedo.shtml（2010年3月26日查阅）。

证券交易委员会有两个主要目标[161]：首先，确保投资者获得有关公开发行证券的财务信息和其他重要信息；其次，禁止证券销售中的欺骗、虚假陈述和其他欺诈行为。证券交易委员会特别关注的是"促进证券市场信息公开披露，维护公平交易，防止欺诈"[162]。根据2002年《萨班斯－奥克斯利法案》，美国证券交易委员会拥有广泛的证券欺诈和内幕交易相关的执法权。[163]

除了上述反欺诈的主要机构外，还有一些反欺诈的辅助机构，这些机构是在发生了一些引人注目的欺诈事件后设立的。[164] 由于安然公司和世通公司的倒闭，成立了公司欺诈特别工作组（CFTF）。[165] 时任总统布什称，"现在是时候重申资本运作的基本原则和规则了，即资本运作中的诚信以及打击欺诈和腐败的良法"[166]。CFTF的成立起源于布什的"提高企业责任和保护美国股东的十点计划"[167]。这一计划基于三个原则——信息的准确性与可访问性、管理问责性和审计师独立性。[168] 第13271号总统令允许司法部长在美国司法部内部设立CFTF，[169] 以帮助传达总统曝光和处罚不诚实的

---

[161] 根据《美国公法》第111编第72节修订，2009年10月13日通过。

[162] 参见脚注[161]关于美国证券交易委员会职责的论述。

[163] 《美国公法》第107编第204节，2002年7月30日，《美国联邦法律大全》第116编第745节。

[164] 阿罗盖蒂认为，这些机构是"对企业欺诈泛滥的直接反映，引发了投资者对市场未来的担忧"。参见Arogeti, J. (2006), 'How much co-operation between government agencies is too much? Reconciling United States v Scrushy, the Corporate Fraud Task Force, and the nature of parallel proceedings', *Georgia State University Law Review*, 23, 427–453, at 427.

[165] Griffin, L. (2007), 'Compelled co-operation and the new corporate criminal procedure', *New York University Law Review*, 82, 311–382, at 314.

[166] 第13271号总统令，《美国联邦法则》第67编第46091节（2002年7月9日）。

[167] 白宫："总统在打击公司欺诈中的领导作用"，参见www.whitehouse.gov/infocus/corporateresponsibility/（2010年7月6日查阅）。也被称为"汤普森备忘录"，以当时的副司法部长拉里·汤普森命名。参见Wray, C. and Hur, R. (2006), 'Corporate criminal prosecution in a post-Enron world: the Thompson Memo in theory and practice', *American Criminal Law Review*, 43, 1095–1188, at 1101.

[168] 《美国司法部公司欺诈特别工作组提交总统的第一份年度报告》，美国司法部：华盛顿特区，2003年，第14页。

[169] 2002年7月9日第13271号总统行政令第2条同意成立公司欺诈特别工作组。公司欺诈特别工作组的成员包括司法部副部长、助理司法部长（刑事和税务司）、联邦调查局局长和来自几个州的美国检察官。

企业领导人的明确指令。❼ CFTF 有三项重要职能：一是建议调查金融犯罪并决定是否提起诉讼；❼ 二是向司法部长提出建议，❼ 以确定如何分配调查及检控重大金融犯罪所需的资源；三是提出建议以提高联邦机构之间的合作和协作水平，并修订相关法律法规以打击金融犯罪。❼

CFTF 设立的受益者是美国司法部和证券交易委员会，它们的反欺诈预算得到了大幅增加。❼ CFTF 在其存续期间共向美国总统提交了三份报告：2003 年的第一份报告中指出，它成功地确定了 250 桩公司欺诈犯罪，发起了近 300 项调查，并对 354 名被告提出了指控；此外，由于这些法律诉讼，美国法院在 2002 年 7 月至 2003 年 3 月期间实施了总额为 25 亿美元的金融制裁。❼ CFTF 在其第二份报告中列举了几项备受瞩目的定罪，包括对玛莎·斯图尔特和弗兰克·奎特隆的定罪，以及对世通公司处以创纪录的 22.5 亿美元的民事罚款；❼ CFTF 在这份报告中还指出，它已成功地对 500 多人定罪，960 人被控与公司欺诈有关的罪行；此外，它还为安然公司欺诈案的受害者追回了 1.6 亿美元的损失。❼ CFTF 在其第三份报告中指出，它已为大约 1300 起公司欺诈行为定罪。❼ 阿罗盖蒂指出："毫无疑问，

---

❼ 2002 年 7 月 9 日第 13271 号总统行政令第 2 条同意成立公司欺诈特别工作组。公司欺诈特别工作组的成员包括司法部副部长、助理司法部长（刑事和税务司）、联邦调查局局长和来自几个州的美国检察官。

❼ 总统令中所称的金融犯罪包括邮件欺诈、洗钱、会计欺诈和税务欺诈。

❼ 2002 年 7 月 9 日第 13271 号总统行政令。

❼ 2002 年 7 月 9 日第 13271 号总统行政令。公司欺诈特别工作组列明了其成立的原因："在成立公司欺诈特别工作组时，总统呼吁清理董事会内部的腐败，恢复投资者对美国金融市场的信心，并发布了一个响亮而明确的信息——决不容忍公司的不法行为。"美国企业界的大量高利润欺诈行为动摇了公众对企业、金融市场和经济的信任，少数不诚实的人损害了许多诚实公司和高管的声誉，他们伤害了那些因为相信公司利润增长和诚信的承诺致力于为公司工作的员工，伤害了投资者和退休人员，参见脚注❼公司欺诈特别工作组报告第 1.4 节。

❼ 例如，美国司法部的预算增加了 2450 万美元，而证券交易委员会的预算增加了 73%。参见 Hurt, C. (2008), ' The under civilization of corporate law ', *Journal of Corporation Law*, 33, 361 - 445, at 379.

❼ 《公司欺诈特别工作组提交总统的第二个年度报告》，美国司法部：华盛顿特区，2003 年，第三部分。

❼ 同上，第 2.2 节。

❼ 参见脚注❼公司欺诈特别工作组报告第 2.3 节。

❼ 《公司欺诈特别工作组向总统提交的报告》，美国司法部：华盛顿特区，2008 年，第二部分。

CFTF 的成立是迄今为止导致证券刑事诉讼数量创纪录的一个主要因素。"㉗
CFTF 的影响是巨大的，在安然公司和世通公司倒闭后，该组织一直致力于协助美国司法部追捕欺诈者。

身份盗窃特别工作组（ITTF）于 2006 年根据第 13402 号总统行政令成立，㉘ 由美国司法部长与联邦贸易委员会主席共同担任主席，㉙ 审查执法机构在调查、起诉和追回盗用身份所得收益方面所采用法律措施的有效性。㉚ 身份盗窃特别工作组还与联邦机构联络，评估政府如何建立适当的安全机制以保护其和企业所持有的信息。2007 年 4 月，身份盗窃特别工作组公布了其"战略计划"㉛，并提出了旨在改善美国针对身份盗窃政策的四点建议：一是联邦机构应当减少对于"社会保险号"的不必要的使用；二是应当制定要求私人部门保护个人数据，并在出现构成身份盗窃重大风险的违规行为时向消费者发出通知的国家制度；三是联邦机构应开展广泛、持续的宣传运动，教育消费者、私人部门和公共部门如何阻止、发现和防范身份盗窃行为；四是应该建立一个全国性身份盗窃执法中心，让执法机构更有效地共享信息和协调工作。㉜

此外，2006 年还成立了国家采购反欺诈特别工作组（NPFTF），目的是预防、侦查和起诉参与政府拨款和采购欺诈的人员。这个特别工作组与前面提到的工作组一样，由美国司法部领导，其成员包括联邦调查局、司法部监察局和其他联邦机构。NPFTF 将其反欺诈工作集中于民事和刑事执

㉗ 参见脚注⑯阿罗盖蒂文章，第 432 页。

㉘ 2006 年 5 月 10 日第 134022 号总统行政命令。该行政命令责成 15 个联邦部门和机构制定一项全面的国家战略，以更有效地打击公司欺诈恶性犯罪。每年有数百万美国人成为这类犯罪的受害者，而且这种伤害是毁灭性的。参见《身份盗窃特别工作组提交给总统的报告》，身份盗窃特别工作组：华盛顿特区，2008 年，第 7 卷。

㉙ Dent, R. (2008), 'The role of banking regulation in data theft and security', *Review of Banking and Financial Law*, 27, 381 – 392, at 385 – 386.

㉚ Lafferty, I. (2007), 'Medical Identity Theft: The Future of Health Care is Now – Lack of Federal Law Enforcement Efforts Means Compliance Professionals Will Have to Lead the Way', *Health Care Compliance*, 9 (1), 11 – 20, at 17.

㉛ 《身份盗窃特别工作组打击身份盗窃战略计划》，身份盗窃特别工作组：华盛顿特区，2007 年。

㉜ 同上，第 4 页。关于美国应对身份盗窃策略的精彩讨论，参见 Marron, D. (2008), '"Alter reality": governing the risk of identity theft', *British Journal of Criminology*, 48 (1), 20 – 38.

法，包括集中处理滥用机密和采购敏感信息、虚假索赔、政府拨款欺诈、涉及海外军事销售的欺诈以及与采购欺诈相关的公共腐败等问题。2010年，美国司法部宣布将 NPFTF 的职责范围扩大到除采购和拨款欺诈以外的追索诉讼欺诈。NPFTF 将其反政府采购、拨款和追索诉讼欺诈的目标确定为以下六点：一是加强所有监察部门、执法部门和司法部之间的协调与合作关系，以更有效地打击欺诈；二是评估政府职能部门打击欺诈工作的成效，并与政府内外的审计人员和承包人员合作，以发现和报告欺诈行为；三是提升民事、刑事和行政诉讼的效率，以追回欺诈所得；四是教育和告知公众有关欺诈行为的识别方法；五是识别并消除预防和发现起诉欺诈的障碍；六是鼓励私人部门更多地参与预防和发现欺诈行为。

为了规范二级反欺诈机构的角色和职责，前总统奥巴马于 2009 年成立了跨部门金融欺诈特别工作组。[185] 该机构由美国司法部牵头，[186] 取代了公司欺诈特别工作组，"旨在通过加强协调，充分利用政府执法和监管机构的资源与专业知识，在打击抵押贷款、证券和公司欺诈的现有工作基础上更进一步"[187]。跨部门金融欺诈特别工作组的职能主要有以下三个方面：一是就调查和起诉各类金融罪行向美国司法部长提出建议；[188] 二是就提高联邦、州和地方当局之间的合作水平向美国司法部长提出建议；三是使联邦、州和地方当局的执法同步。

美国司法部出色地领导了美国的反欺诈斗争，并得到了联邦调查局广泛的调查和起诉权的协助。此外，包括美国特勤局、美国证券交易委员会和联邦贸易委员会在内的许多联邦机构也在美国反欺诈政策中发挥着积极作用。这些机构的成就毋庸置疑，但是它们之间在功能上有大量的重叠。美国的主要监管机构得到了多个欺诈特别工作组和由美国司法部领导的专注于特定类型反欺诈的二级监管机构的协助，但美国的反欺诈监管机构过

---

[185] 第 13519 号总统行政命令。

[186] 联邦调查局："奥巴马总统建立跨部门金融欺诈特别工作组"，参见 http：//www.fbi.gov/pressrel/pressrel09/taskforce_111709.htm（2009 年 11 月 29 日查阅）。

[187] 同上。

[188] 包括银行抵押贷款欺诈和其他贷款欺诈、证券期货欺诈、退休计划欺诈、邮件和电信诈骗、税务犯罪和洗钱犯罪等。

多，可以通过创建一个类似于欧洲反欺诈办公室的机构来统领反欺诈工作。首先必须肯定美国司法部作为领导机构为反欺诈工作提供指导和支持的重要地位与作用；然而，反欺诈监管机构无法获得美国政府反欺诈政策的支持，这与政府对洗钱和恐怖主义融资的立场形成了鲜明对比。因此，有人强烈主张美国反欺诈政策应该受益于明确反欺诈的可行性目标和可以准确衡量政策成功与否的战略文件。

三、欺诈行为的报告义务

美国反欺诈政策的最后一部分是强制实施欺诈行为报告义务，以及使用由现金交易报告（CTR）或可疑活动报告（SAR）提供的金融情报。可疑活动报告由储蓄机构、证券和期货机构、赌场和信用卡俱乐部等提供，这些机构应当在相关可疑活动报告的报表中按规定填写包括支票欺诈、商业贷款欺诈、消费贷款欺诈、信用卡欺诈、借记卡欺诈、抵押贷款欺诈和电汇欺诈案件的基本情况。可疑活动报告报表设有案件综述栏，相关机构可以在其中列举明显的欺诈活动。美国反欺诈政策中的欺诈行为报告制度的作用在金融危机期间得到了体现。美国财政部金融犯罪执法网络局在2008年报告中称，与欺诈相关的可疑交易报告总数为63173起，欺诈损失估计超过15亿美元。美国财政部金融犯罪执法网络局2009年报告称，"2009年第三季度，储蓄机构提交了15697份抵押贷款欺诈报告，比2008年同期增长了7.5%"[189]。截至2009年4月底，共有40901份这类报告被提交给美国财政部金融犯罪执法网络局。根据这些金融情报提供的线索，自2007年全球金融危机爆发以来，联邦调查局已经进行了2440项调查，立案965起，定罪354人。[190]

然而，关于欺诈，林恩指出，"非银行贷款机构、抵押经纪机构和其

---

[189] FinCEN *Mortgage loanfraud update – suspicious activity reportfilingsfrom 1 July – 30 September 2009* (FinCEN: Washington, DC, 2009) at p. 2.

[190] 参间脚注[15]联邦调查局报告。

他房地产专业机构不受《银行保密法》规定的约束,包括强制性的抵押欺诈报告义务"[191]。2001 年《美国爱国者法案》要求许多专业机构制定反洗钱方案,[192] 包括制定内部反洗钱程序和控制措施、任命监察员、制定培训计划以鼓励员工发现和预防洗钱,以及进行独立审计以确定反洗钱程序的有效性。[193] 然而,《美国爱国者法案》并未涉及房地产行业。林恩指出,"遗憾的是,在次贷最繁荣的高峰时期,非银行抵押贷款机构、抵押经纪机构、房地产经纪机构和其他参与房地产交割和结算的机构成功地抵制了美国财政部对它们实施《银行保密法》的努力"[194]。联邦机构不愿意对房地产行业施加强制性报告义务的原因有很多,如成本问题[195]、防御性报告的增加[196]、监管水平的提高,还有房地产业认为自己并未受到金融犯罪的威胁等。联邦机构对房地产行业欺诈行为的忽略令人匪夷所思,越来越多的证据表明,犯罪分子和恐怖分子正利用这一漏洞隐藏其犯罪所得并实施欺诈。林恩建议将强制性欺诈报告义务扩展到房地产行业还有另一个原因:美国的房地产行业是分散的,许多参与者受到联邦、州和地方机构的监管。现在有很多观点表明,"美国房地产行业的分散本质是次贷时代监管不力的表现,但这原本可以被作为一种优势加以利用"[197]。联邦调查局在其"白领犯罪"战略中强调了报告义务和收集金融情报的重要性。联邦调查局确定了六项战略目标,所有这些目标都特别强调情报的重要性。例如,联邦调查局的首要战略目标是"通过私人部门和社区外联扩大情报基础,

---

[191] Linn, C. (2009), 'The way we live now: the case for mandating fraud reporting by persons involved in real estate closings and settlements', *Journal of Financial Crime*, 16 (1), 7–27, at 20.

[192] "通过提供拦截和阻止恐怖主义所需的适当方案以联合和强化 2001 年《反洗钱法》第 352 (a) 节"。

[193] Tellechea, A. (2008), 'Economic crimes in the capital markets', *Journal of Financial Crime*, 15 (2), 214–222, at 217.

[194] 参见[191]林恩文章,第 10 页。

[195] Roberts, M. (2004), 'Big brother isn't just watching you, he's also wasting your tax payer dollars: an analysis of the anti-money laundering provisions of the USA Patriot Act', *Rutgers Law Review*, 56 (2), 573–602, at 592.

[196] Leong, A. (2007a), 'Chasing dirty money: domestic and international measures against money laundering', *Journal of Money Laundering Control*, 10 (2), 141–156, at 141.

[197] 参见脚注[191]林恩文章,第 11 页。

特别关注私营行业人员、政府监管机构和各级执法人员"[198]。

美国对欺诈采取了强硬立场,将范围非常广泛的欺诈活动定为犯罪,检察官有效地使用了反欺诈条款。美国司法部和联邦调查局从历届政府提供的空前数额的反欺诈资金中获益,特别是关于抵押贷款欺诈的案件,联邦调查局对其进行了空前的调查和起诉。此外,美国反欺诈政策还得到了一些专门的反欺诈工作组的协助,这些工作组的设立通过启动刑事和民事诉讼程序来支持联邦调查局的活动。然而,如上所述,这些机构的有效性受到质疑,因为其中许多机构的职能存在重叠,有太多的联邦机构应对欺诈行为,这也对美国的反恐怖主义融资政策产生了不利影响。美国的战略将受益于建立一个单一的金融犯罪机构。同时,金融情报在打击金融犯罪斗争中的重要性不容小觑,向美国财政部金融犯罪执法网络局和联邦调查局提供高效、实用的金融情报,已成为美国反欺诈战略的核心原则。英国对欺诈也采用了几乎相同的政策。

第四节 英国反欺诈战略

从历史的角度来看,由于缺乏有关英国欺诈规模的权威统计数据,给英国政府制定反欺诈政策带来了巨大挑战。此外,作为有效反欺诈战略核心的刑法和刑事诉讼法复杂且大多无效,过时和不灵活的立法从根本上阻止了许多大型欺诈案件被提交到法院。[199] 英国的反欺诈政策与美国类似,也分为三个部分:一是欺诈行为的刑事定罪;二是欺诈行为的监管机构;三是欺诈行为的报告义务。

随着《欺诈审查》的公布和2006年《反欺诈法》的出台,欺诈已从传统上位列洗钱和恐怖主义融资之后的第三位上升到政府金融犯罪议程的

---

[198] 参见脚注[167]联邦调查局报告。
[199] 参见脚注[13]海恩斯的文章,第213页。

首位。[200] 萨克认为,"一批新的反欺诈举措、审查和立法如雨后春笋般涌现,表明打击欺诈已成为英国的重要任务"[201]。然而,这并不是所有评论家都认同的观点,有人认为,"英国政府几乎没有做出任何改变来扭转反欺诈未被列为重要任务的局面"[202]。《欺诈审查》的编撰发行(以下简称《审查》)是由英国司法部长委托进行的,目的是"为减少欺诈及其对经济和社会的危害提出建议"[203]。《审查》主要有三个方面的内容:一是欺诈的总体规模如何?二是政府在处理欺诈方面的适当角色是什么?三是如何实现政府资源利用的价值最大化?[204]《审查》无法准确概述欺诈的总体规模,但从关于第二方面内容的报告中可以得出结论,政府有两项职能:保护公共资金不受欺诈者的侵害以及保护消费者和企业不受欺诈行为的侵害。《审查》建议,英国政府应对欺诈行为制定国家战略进行综合治理;此外,应成立国家反欺诈局(NFA)来制定和实施这一战略,同时建立一个国家反欺诈报告中心(NFRC),以便企业和个人能够举报欺诈行为。国家反欺诈报告中心自 2005 年 10 月[205]起作为国家反欺诈行动组织开始正式运营。[206] 国家反欺诈情报局(NFIB)是一个专门分析和评估欺诈行为的机构,雇用了来自执法部门和私人部门的分析师。《审查》还建议以伦敦警察反欺诈调查组为基础建立一支国家层面的警察反欺诈行动组织。[207]

---

[200] 英国政府在 2005 年的大选宣言中宣布,它计划对反欺诈的法律进行彻底改革。参见 Labour Party *Labour party manifesto – Britain forward not back*(Labour Party:London,2005)。

[201] 参见脚注[25]萨克文章,第 243 页。

[202] 同上。

[203] 参见脚注[20]英国司法部长办公室报告,第 4 页。

[204] 同上,第 4 – 5 页。

[205] 英国国家反欺诈局:"英国国家反欺诈报告中心的'0300'专线在西米德兰兹郡启动",2009 年,参见 http://www.attorneygeneral.gov.uk/nfa/WhatAreWeSaying/NewsRelease/Documents/NFRC%20launch%2026%20Oct%2009.pdf(2010 年 3 月 3 日查阅)。

[206] 国家反欺诈委员会:"反欺诈行动",参见 http://www.actionfraud.org.uk/(2010 年 3 月 13 日查阅)。

[207] 参见脚注[20]英国司法部长办公室报告,第 10 页。这项决定的有效性受到了质疑。参见 Rider, B. (2009), 'A bold step?', *Company Lawyer*, 30 (1), 1 – 2, at 1。

一、欺诈行为的刑事定罪

英国针对欺诈的立法框架可以与美国进行比较。在《反欺诈法》出台之前，欺诈犯罪包括《反盗窃法》（1968年和1978年）中规定的八项法定欺诈犯罪和普通法中的共谋欺诈犯罪。[208] 但是，1968年《反盗窃法》规定的罪行很难认定，[209] 因此，刑法修订委员会修订了1968年《反盗窃法》，出台了1978年《反盗窃法》，但对欺诈行为的刑事定罪问题收效甚微。[210] 英国内政部指出，"《反盗窃法》中关于哪些欺诈罪行应该被起诉并不明确，导致有些被告以他们特定的欺骗行为的后果不符合其被指控的罪行的定义而成功为自己辩护"。[211] 1998年，当时的内政大臣杰克·斯特劳要求法律委员会审查有关欺诈的法律，[212] 1999年，法律委员会发表了一份咨询文件，对不诚实和欺骗两种欺诈行为进行了区分。[213] 法律委员会的结论是，虽然内政部对现行法律给予了必要的关注，但可以通过扩大现有罪行而不是设立单一的欺诈罪来解决欺诈行为不能被定罪的问题。[214] 法律委员会在

---

[208] 1968年的《反盗窃法》是美国刑法修订委员会对1966年5月《刑法》第2977条关于盗窃相关罪行的一次重要修订。在《反欺诈法》出台前，用于规制欺诈行为的法律还包括1958年的《反投资欺诈法案》和1966年的《金融服务法》。

[209] Kiernan, P. and Scanlan, G. (2003), 'Fraud and the Law Commission: the future of dishonesty', *Journal of Financial Crime*, 10 (3), 199–208.

[210] 关于《反盗窃法》的有益研究参见脚注❷多伊格的文章，第22–35页。赖特的结论是，这些法律是"支离破碎的、分散的且过于具体的"。参见脚注❶赖特的文章，第18页。

[211] 同上。有关此问题的更详细说明，参见1996年R诉普雷迪案第815卷和第831卷。

[212] 具体来说，法律委员会被要求"审查有关欺诈的法律，特别是考虑它是否容易被陪审团所理解；足以有效起诉；公平对待潜在的被告；满足包括电子转让在内的技术发展的需要；并建议尽快完善这方面的法律。在提出上述建议时，同时考虑是否可以完善《刑法》相关条款"。参见下议院1998年4月7日辩论，华盛顿州第176–177号文件。

[213] Law Commission *Legislating the Criminal Code: Fraud and Deception – Law Commission Consultation Paper no. 155* (Law Commission: London, 2000).

[214] 法律委员会还于2000年发表了一份非正式讨论文件。参见 Law Commission *Informal discussion paper: fraud and deception – further proposals from the criminal law team* (Law Commission: London, 2000).

2002 年发表了最终报告《反欺诈法议案》,[215] 随后,《反欺诈法》于 2007 年 1 月 15 日生效。[216] 新的《反欺诈法》修订并扩大了与欺诈和欺骗行为有关的刑事罪行。[217] 新罪行包括三个涉及欺诈的罪名,即虚假陈述欺诈罪[218]、未披露信息欺诈罪[219]及滥用职权欺诈罪[220],最高可判处 10 年以下监禁并处或单处无限额罚金。丹尼斯认为,该法案"代表了一场可以追溯到 30 多年前的法律改革辩论的高潮"[221]。斯坎伦认为,2006 年《反欺诈法》为检察官提供了广泛的反欺诈依据,[222] 明确了对《反盗窃法》中的法定罪行和普通法中的共谋欺诈犯罪的定罪依据。

二、欺诈行为的监管机构

在英国,有许多监管机构试图打击欺诈行为。[223] 英国关于监管机构的政策与美国形成了鲜明对比,后者的主要机构是美国司法部。在英国,没有一个单一的政府部门扮演着美国司法部的角色,其中最重要的机构是英

---

[215] 关于法律委员会报告的分析,参见脚注[209]科尔南和斯坎兰的文章。

[216] 2006 年《反欺诈法(生效)》令,2006 年《反洗钱条例》第 3500 节。

[217] 有关欺诈法的详细评论和分析,参见 Ormerod. D. (2007), 'The Fraud Act 2006 – criminalising lying?', *Criminal Law Review*, March, 193 – 219。然而,并非所有 1968 年《反盗窃法》的条款都已被废除,例如提供虚假财务报表(1968 年《反盗窃法》第 17 节)、公司董事的责任(1968 年《反盗窃法》第 18 节)、公司董事的虚假陈述(1968 年《反盗窃法》第 19 节)、变造文件(1968 年《反盗窃法》第 20 (1) 节)。

[218] 2006 年《反欺诈法》第 2 节。

[219] 2006 年《反欺诈法》第 3 节。

[220] 2006 年《反欺诈法》第 4 节。

[221] Dennis, I. (2007), 'Fraud Act 2006', *Criminal Law Review*, January, 1 – 2, at 1.

[222] Scanlan, G. (2008), 'Offences concerning directors and officers of a company: fraud and corruption in the United Kingdom – the present and the future', *Journal of Financial Crime*, 15 (1), 22 – 37, at 25.

[223] 这些监管机构包括严重欺诈办公室、金融服务管理局、国家反欺诈委员会、公平交易办公室、严重有组织犯罪监察局、国家反欺诈报告中心和英国税务海关总署等。赖特指出:"新成立的严重有组织犯罪监察局……将非财政欺诈作为其首要任务之一。",参见脚注[1]赖特的文章,第 14 页。多伊格认为,"处理欺诈行为的机构可以分为以下几类:财政机构、福利支付机构、监管机构、非部门性质的公共机构、政府机构和公共部门内的警察机构",参见脚注[53]多依格的文章,第 54 页。

国严重欺诈办公室（SFO）。该机构是在20世纪80年代"放松金融管制时代"之后建立的，这一时代导致伦敦吸引了来自美国黑手党的"马德曼"和"科萨·诺特斯拉"等"外国罪犯"，他们利用伦敦宽松的金融环境进行证券欺诈、商品期货欺诈和其他形式的投资欺诈。㉔ 博斯沃思·戴维斯指出，"几乎一夜之间，伦敦就成了欧洲的欺诈之都，各种类型的欺诈者层出不穷"㉕。为了解决这些问题，英国成立了一个独立的政府部门，即英国严重欺诈办公室，它拥有对欺诈行为的调查权和检察权。㉖ 1987年《刑事司法法》的出台和严重欺诈办公室的创立都是基于欺诈审判委员会报告，即"罗斯基尔报告"。英国政府于1983年成立了独立的调查委员会——罗斯基尔委员会，该委员会审议了通过修改法律和刑事诉讼程序采用更有效的手段打击欺诈行为。㉗ 它批评了英国欺诈行为监管机构存在的职能重叠问题和各自的监管能力问题，得出的结论是，"英国不同调查机构之间的合作效率不高，执法部门之间的信息交流或协作也不能令人满意"㉘。罗斯基尔委员会提出了112项建议，除其中2项建议外，其余都得到了执行。㉙ 其主要建议是建立一个新的联合组织，负责发现、调查和起诉严重欺诈案件。结果是英国严重欺诈办公室在除苏格兰以外的英格兰、威尔士和北爱尔兰都拥有了管辖权。㉚ 英国严重欺诈办公室主任对英国司法部长负责。根据《刑事司法法》，严重欺诈办公室有权搜查财产，并在

㉔ Bosworth – Davies, R. (2009), 'Investigating financial crime: the continuing evolution of the public fraud investigation role – a personal perspective', *Company Lawyer*, 30 (7), 195 – 199, at 196.

㉕ 同上。

㉖ Wright, R. (2003), 'Fraud after Roskill: A view from the Serious Fraud Office', *Journal of Financial Crime*, 11 (1), 10 – 16.

㉗ 该委员会被要求"考虑如何优化英格兰和威尔士因欺诈行为而发生的刑事诉讼，并考虑现有法律和程序的变化，以确保公正、迅速和经济地处理此类诉讼"。参见（英国）皇家文书局1986年欺诈审判委员会报告。

㉘ 同上，第8页。

㉙ 有关罗斯基尔委员会的详细评论，参见 Levi, M. (2003), 'The Roskill Fraud Commission revisited: an assessment', *Journal of Financial Crime*, 11 (1), 38 – 44。

㉚ 1987年《刑事司法法》第1条。

有合理理由的情况下,强迫相关人员回答问题和出示文件。㉛ 严重欺诈办公室每年的预算为 4460 万英镑,它 2009—2010 年有 303 名员工和 86 宗在审案件。㉜ 严重欺诈办公室的目标是:保护全社会免受广泛的、蓄意的、可能动摇公众对英国金融体系信心的欺诈犯罪的伤害;它利用专业调查知识和特殊权力来获取和评估证据,调查欺诈和腐败,以成功起诉欺诈犯罪分子、冻结资产和补偿受害者。㉝ 根据指控是否符合以下标准,严重欺诈办公室决定是否着手调查:一是涉嫌欺诈的价值是否超过 100 万英镑?二是欺诈是否具有国际性?三是欺诈行为是否可能引起公众的广泛关注?四是欺诈案件的调查是否需要专业知识?五是严重欺诈办公室是否需要运用其调查权力?严重欺诈办公室也会在考量案件的严重性及复杂性的基础上,展开对投资欺诈、贿赂及贪污、公司欺诈及公共部门欺诈案件的调查。

在一系列备受瞩目的起诉失败后,严重欺诈办公室的效力受到了质疑。马亨德拉形容严重欺诈办公室臭名昭著的失败让人想起"观看英格兰板球队的比赛——胜利如此罕见,如此出乎意料,以至于举国欢庆"㉞。事实上,赖特指出,"由于严重欺诈办公室在聚光灯下工作,光束既落在失败者身上,也落在胜利者身上。事实上,耀眼的光芒也照向那些逃脱惩罚的人"㉟。"审查严重欺诈办公室的工作"强调了严重欺诈办公室在检控方面的不足。㊱ 这次审查比较了英国严重欺诈办公室与美国纽约南区检察官办公室和曼哈顿地区检察官办公室在打击欺诈行为方面的表现,得出的结论称,"定罪率的差异是惊人的"㊲。审查显示,2003—2007 年,严重欺诈

㉛ 1987 年《刑事司法法》第 2 条。值得注意的是,根据 2006 年《反欺诈法》、1968 年《反盗窃法》、2006 年《公司法》、2007 年《反严重犯罪法》、2005 年《严重有组织犯罪和警察法》、2002 年《犯罪所得法》和 2000 年《调查权力法》,严重欺诈办公室拥有其他调查和起诉权。

㉜ Serious Fraud Office *Achievements 2009—2010* (Serious Fraud Office: London, 2010) at p. 3.

㉝ Serious Fraud Office *SFO Budget 2009—2010* (Serious Fraud Office: London, 2010) at p. 3.

㉞ Mahendra, B. (2002), 'Fighting serious fraud', *New Law Journal*, 152 (7020), 289。

㉟ 参见脚注㉘赖特的文章,第 10 页。

㊱ de Grazia, J. *Review of the Serious Fraud office – Final Report* (Serious Fraud office: London, 2008)。

㊲ 同上,第 3 - 4 页。

办公室的平均定罪率为61%，而美国纽约南区和曼哈顿地区的定罪率分别为91%及97%。[238]

2007年9月，英国皇家检察署宣布成立欺诈检控小组[239]，现在被称为欺诈检控署，该部门是在"银禧线"欺诈案件审理失败后成立的。[240] 该部门仅负责超过75万英镑的涉嫌欺诈案件、涉及公职腐败的案件、政府部门的欺诈、海外政府的欺诈、复杂的洗钱案件以及其认为在其职权范围内的任何其他案件的调查检控。[241] 2008年10月，英国皇家检察署督察得出结论，"欺诈检控署在成功定罪方面已经有了积极的进展，2007—2008年，有85%的被告被起诉，基本案件工作质量大幅提升，法律决策有力，案件进展顺利，管理体系合理，领导决策得力"[242]。博斯沃思-戴维斯认为，"严重欺诈办公室并没有像罗斯基尔预想的那样取得巨大成功，20年来，其内部机构的职业排斥和争论饱受诟病"[243]。严重欺诈办公室所调查犯罪的复杂性影响了其工作效率。[244] 赖特指出，严重欺诈办公室"一直存在资源缺乏的问题，它并不是单一的反欺诈办公室，而是承担了更为复杂的起诉职能的机构"[245]。

英国金融服务管理局（FSA）是第一个处理欺诈行为的二级机构。[246] 英国金融服务管理局表示，其反欺诈政策可分为四个部分：直接措施[247]、

---

[238] 参见脚注[236]。

[239] Crown Prosecution Service (2009), 'DPP announces new head of Fraud Prosecution Division', available at http://www.cps.gov.uk/news/press_releases/136_09/ (accessed 22 January 2010).

[240] Masters, J. (2008), 'Fraud and money laundering: the evolving criminalisation of corporate non-compliance', Journal of Money Laundering Control, 11 (2), 103–122, at 104.

[241] 同上。

[242] HM Crown Prosecution Service Inspectorate Review of the Fraud Prosecution Service (HM Crown Prosecution Service Inspectorate: London, 2008) at p. 5.

[243] 参见脚注[229]博斯沃思-戴维斯文章，第198页。

[244] 参见脚注[228]赖特文章，第10页。

[245] 同上。

[246] Financial Services Authority Developing our policy on fraud and dishonesty – discussion paper 26 (Financial Services Authority: London, 2003).

[247] 英国金融服务管理局将其工作重点放在人们普遍关注的特定类型的欺诈或欺骗行为上，并在这些领域发挥作用。

加强监管活动[248]、促进反欺诈全面合作[249]和修改手册相关条款[250]。英国金融服务管理局要求公司高级管理层负责管理欺诈风险，并且要求企业建立与其面临的风险相称的有效控制措施和工具。[251] 它鼓励企业保持对财务系统的控制和对专项工作的管理，同时改进关于欺诈的举报制度，修改《金融服务管理局反欺诈手册》中关于金融犯罪材料的规格要求，确保金融服务部门、行业协会和政府持续向客户传达欺诈风险。[252] 为了实施这一政策，金融服务管理局获得了广泛的执法权力，其中一些权力被用来打击欺诈行为。

金融服务管理局是洗钱和欺诈犯罪的起诉机关，[253]并有权在确定相关权利人违反任何反欺诈规定的情况下对其实施经济处罚。[254] 英国金融服务管理局对资本金融管理有限公司因其反欺诈控制不力罚款30万英镑；[255]2007年5月，英国金融服务管理局对法国巴黎银行私人银行罚款35万英镑，原因是其财务控制系统存在缺陷，允许一名高级雇员在未经允许的情况下，以欺诈的方式从银行客户的账户中转移了140万英镑。[256] 此外，金融服务管理局还对全国建筑协会（Nationwide Building Society）处以98万英镑的罚款，原因是其"未能建立有效的系统和控制措施来管理其信息安

---

[248] 包括在监管工作中更详细地考虑公司系统和对欺诈的控制，包括公司如何搜集有关欺诈和欺骗的数据。

[249] 第三部分是指金融服务管理局应当加强与金融界及其他部门的联系，以便更有效地防止金融服务业的欺诈行为。

[250] 最后一部分包括编纂和修改有关反欺诈风险管理规定的手册。

[251] 金融服务管理局："金融服务管理局的反欺诈新方法——打击合伙欺诈"，菲利普罗宾森的演讲，2004年10月26日，参见 http：//www.fsa.gov.uk/Pages/Library/Communication/Speeches/2004/SP208.shtml（2010年8月3日查阅）。

[252] 同上。

[253] 例如，2008年，英国金融服务管理局成功地起诉了威廉·拉德克利夫（William Radclyffe）违反《反盗窃法》、1986年《金融服务法》和2000年《金融服务和市场法》等法律的罪行。参见"'假'股东被判刑15个月"，参见 http：//www.fsa.gov.uk/pages/Library/Communication/PR/2008/011.shtml（2010年3月28日查阅）。

[254] 2000年《金融服务和市场法》，第206（1）节。

[255] 金融服务管理局："金融服务管理局对资本金融管理有限公司在首起反欺诈控制案件中被处以30万英镑的罚款"，参见 http：//www.fsa.gov.uk/pages/Library/Communication/PR/2006/019.shtml（2006年3月16日查阅）。

[256] 《金融服务管理局2007/2008年度报告》，金融服务管理局：伦敦，2008年，第23页。

全风险"❺;并向诺维奇联合人寿(Norwich Union Life)公司处以126万英镑的罚款,原因是其"未能建立有效的系统和控制措施来保护客户的机密信息并管理金融犯罪风险"❺。金融服务管理局还有权禁止授权人员和企业从事受监管的活动。❺ 2008年,金融服务管理局对12家提交虚假抵押贷款申请的抵押贷款经纪人进行了罚款和/或取缔。2007年,金融服务管理局只颁布了五条禁令;2008年,金融服务管理局禁止了24家独立的经纪人团队从业,并开出了超过50万英镑的罚款;❺ 仅2009年上半年,金融服务管理局开出的罚单金额已经超过了2008年的全年总额。除了对欺诈者实施制裁外,金融服务管理局还试图追回欺诈受害者因公司股票欺诈所蒙受的损失。❺ 为了达到减少金融犯罪的既定目标,金融服务管理局将其金融犯罪政策集中在洗钱犯罪上,很大程度上以忽略欺诈犯罪为代价。由于全球金融危机引发的问题,金融服务管理局最近在打击欺诈,特别是抵押贷款欺诈方面的工作进展迅速。金融服务管理局应该用同等力度打击2000年《金融服务和市场法》规定的不同类型的金融犯罪,而不是只集中力量打击洗钱犯罪。此外,金融服务管理局和严重欺诈办公室的调查与检控权限存在明显的重叠问题。

英国最新成立的反欺诈机构是国家反欺诈局(NFA)。❺ 国家反欺诈局的目标包括建立一个刑事司法系统,通过确保该系统更有效和高效地运

---

    ❺ 英国金融服务管理局:"英国金融服务管理局因信息安全漏洞对全国建筑协会处以98万英镑罚款",参见 http://www.fsa.gov.uk/pages/Library/Communication/PR/2007/021.shtml(2007年2月14日查阅)。

    ❺ 英国金融服务管理局:"英国金融服务管理局对诺维奇联合人寿公司罚款126万英镑",参见 http://www.fsa.gov.uk/pages/Library/Communication/PR/2007/130.shtml(2009年11月4日查阅)。

    ❺ 2000年《金融服务和市场法》,第56节。

    ❺ 参见脚注❷国家反欺诈局报告,第16页。

    ❺ 2010年2月,英国金融服务管理局为受骗购买 Eduvest plc 股票的投资者追回27万英镑。金融服务管理局:"金融服务管理局向股票欺诈受害者返还27万英镑",参见 http://www.fsa.gov.uk/pages/Library/Communication/PR/2010/032.shtml(2010年3月21日查阅)。

    ❺ National Fraud Authority The National Fraud Strategy – A new approach to combatingfraud(National Fraud Authority:London,2009b)at p.10.

行,来处理欺诈受害者的需求;❷❸ 同时阻止有组织犯罪分子在英国实施欺诈活动,并提高公众应对政府反欺诈的信心。❷❹ 巴里·莱德教授说,"国家反欺诈局有一份令人瞩目的战略目标清单:解除对英国造成最大伤害的主要欺诈威胁;有效追查欺诈者,追究他们的责任,加大对受害者的支持;通过宣传、分享和利用反欺诈知识,减少英国的欺诈风险以及确保必要的国际合作,从而保护英国免受欺诈危害"❷❺。

国家反欺诈局的临时首席执行官桑德拉·奎恩大胆宣称,"我们可以快速有效地应对欺诈威胁"❷❻。博斯沃思-戴维斯并不认同这种乐观的态度,他表示"国家反欺诈局有赖于无抵押资产追回机构开展工作"❷❼。国家反欺诈局的重要职责之一是公布英国的国家反欺诈战略,这也是政府反欺诈政策的一个组成部分。❷❽ 国家反欺诈局的工作重点:一是应对欺诈带来的威胁;二是有效追查欺诈分子,追究其责任;三是加大对受害者的支持;四是通过增强国家防范欺诈的能力来减少英国遭受欺诈的风险;五是通过建立、分享和利用反欺诈措施体系并确保必要的国际合作,更有效地打击欺诈行为,以保护英国免受欺诈之害。❷❾

尽管英国政府高调宣布创建了国家反欺诈局,但是仍存在一个基本问题:国家反欺诈局真的会对英国反欺诈政策的整体效果产生影响吗?假如英国的欺诈规模为 140 亿~300 亿英镑,那么国家反欺诈局怎么可能在三年内仅有 2900 万英镑预算的情况下对英国的反欺诈效果产生实质性的影响呢?英国反欺诈的另一个辅助机构是公平交易办公室(OFT),它主要负责

---

❷❸ 关于如何实现这一点的详细讨论,参见 The Attorney General's Office *Extending the powers of the Crown Court to prevent fraud and compensate victims*:a consultation(Attorney General's Office:London,2008)。

❷❹ 英国国家反欺诈局:"英国通过新的法律加强对欺诈犯罪的打击",参见 http://www.attorneygeneral.gov.uk/NewsCentre/Pages/UKToughensUpOn%20FraudstersWithNewAnti-FraudAuthority.aspx(2008 年 10 月 2 日查阅)。

❷❺ 参见脚注❶莱德文章,第 207 页。

❷❻ 参见脚注❷❹国家反欺诈局报告。

❷❼ 参见脚注❷❷❹博斯沃思-戴维斯文章,第 199 页。

❷❽ 参见脚注❷❻❷国家反欺诈局报告,第 3 页。

❷❾ 参见脚注❷❻❷国家反欺诈局报告,第 3 页。

保护消费者利益,也包括从保护消费者的角度监管企业之间的竞争。⁷⁰ 公平交易办公室有三个监管目标：一是调查市场是否对消费者有利；二是执行《市场竞争法》；三是执行《消费者保护法》。同时,公平交易办公室也有自己的反欺诈政策。⁷¹ 公平交易办公室的目标与公平贸易委员会（FTC）相似,都是尽力提醒消费者并保护其免受欺诈。⁷² 此外,公平交易办公室还与证券及期货事务局等其他机构合作,⁷³ 并与其他海外机构建立合作关系。⁷⁴ 如本书之前所述,英国严重有组织犯罪监察局是英国的金融情报机构,它在打击金融犯罪的斗争中扮演着不可或缺的角色。此外,英国税务海关总署负责处理增值税（VAT）欺诈、酒精欺诈⁷⁵和石油欺诈⁷⁶等问题。

上述英国反欺诈机构的有效性在与美国反欺诈机构的对比中受到了质疑。证券及期货事务局和国家反欺诈局之间存在相当大程度的重叠,两者都有广泛的调查权和检察权,力求实现相同的目标。证券及期货事务局在反欺诈工作中的失败是有据可查的,国家反欺诈局的效力则因其专注于打击洗钱犯罪而受到质疑。因此,应当成立一个单一的金融犯罪机构来协调英国的欺诈政策和广泛的调查与起诉权力。费希尔首先提出了这样一个想法,他建议建立一个"单一的"金融犯罪执法机构,以应对严重的欺诈、腐败和金融市场犯罪,⁷⁷ 这一建议得到了英国保守党的支持,其准备成立

---

⑦⁰ Kiernan, P. (2003), 'The regulatory bodies fraud: its enforcement in the twenty–first century', *Company Lawyer*, 24 (10), 293–299, at 295.

⑦¹ Office of Fair Trading *Prevention of fraud policy* (Office of Fair Trading: London, n/d).

⑦² 例如 Office of Fair Trading *Scamnesty 2010 campaign strategy* (Office of Fair Trading: London, 2009).

⑦³ 例如 Office of Fair Trading *Memorandum of understanding between the Office of Fair Trading and the Director of the Serious Fraud Office* (Office of Fair Trading: London, 2003).

⑦⁴ 例如,公平交易办公室2005年报告："公平交易办公室和尼日利亚金融犯罪小组联手打击垃圾邮件欺诈",参见http://www.oft.gov.uk/news–and–updates/press/2005/210–05（2010年8月2日查阅）。

⑦⁵ 例如,"英国皇家税务海关总署更新'应对酒精欺诈'战略",英国税务海关总署：伦敦,2009年。

⑦⁶ 参见"英国海关反消费税油类欺诈策略：咨询回复摘要和监管影响评估",英国税务海关总署：伦敦,2002年。

⑦⁷ Fisher, J. *Fighting Fraud and Financial Crime: A new architecture for the investigation and prosecution of serious fraud, corruption and financial market crimes* (Policy Exchange: London, 2010) at p. 3.

一个经济犯罪署,负责严重欺诈办公室、欺诈检察署和公平交易办公室的工作。当时的影子财政大臣奥斯本议员表示,"我们非常不擅长起诉'白领犯罪'。我们有6个不同的政府部门、8个不同的机构,但是结果很多罪行没有受到惩罚"[278]。在 2010 年英国大选之后,联邦政府概述了其创建一个单一机构来打击金融犯罪的规划,联邦政府表示:我们对'白领犯罪'与其他犯罪同等重视,因此我们将成立一个机构,负责处理严重经济犯罪,目前由严重欺诈办公室、金融服务管理局和公平交易办公室等机构负责。[279]然而,这场"金融危机"很可能会破坏英国政府建立这样一个机构的计划。[280]欺诈咨询小组在 2010 年 3 月的一份报告中认为,就目前的形势而言,成立一个单一的金融犯罪机构的时机并不合适[281]。

三、欺诈行为的报告义务

英国在利用金融情报作为其更广泛的金融犯罪战略的一部分方面有着悠久的历史,2002 年《犯罪所得法》中的反洗钱报告条款和 2000 年《反恐怖主义法》规定的报告任何可疑恐怖主义融资事件的义务清楚地说明了这一点。《欺诈审查》指出,"欺诈被严重低估。反欺诈并不是警方的首要任务,所以即使接到报案,警方也很少处理。因此,许多受害者根本不报案。官方欺诈犯罪统计由于缺乏欺诈总体调查状况的数据,只是冰山一

---

[278] Timesonline (2010), 'Conservatives confirm plans for single Economic Crime Agency', available at http://timesonline.typepad.com/law/2010/04/ conservatives – confirm – plans – for – single – economic – crime – agency.html (accessed 26 April 2010).

[279] HM Government *The Coalition*: *our programme for government* (HM Government: London, 2010) at p. 9.

[280] Leigh, D. and Evans, R. (2010), 'Cost of new economic crime agency could prove prohibitive', available at http://www.guardian.co.uk/business/2010/jun/02/ economic – crime – agency – scheme – cost (accessed 12 July 2010).

[281] Fraud Advisory Panel *Roskill Revisited*: Is there a case for a unifiedfraudprosecution office? (Fraud Advisory Panel: London, 2010).

角，几乎不可能制定出战略性的执法应对政策。"[282] 如果有涉嫌针对银行的欺诈，应当向其反洗钱报告专员报告。如果确认存在欺诈行为，应当向英国严重有组织犯罪监察局报告；相反，则由银行决定是否向警方举报欺诈行为。2007年，英国内政部宣布，信用卡、支票和网上银行欺诈的受害者可以向银行和金融机构举报。[283] 报告欺诈指控的义务虽然不那么简单却很重要。2002年的《犯罪所得法》中规定了报告欺诈行为的法定义务。[284] 根据2002年法案，如果知道、怀疑或有合理理由知道或怀疑某人正在清洗犯罪行为的收益而不报告可疑交易，则是一种犯罪行为。在该法中，成功将欺诈犯罪确定为与洗钱犯罪同等的严重犯罪[285]；此外，该法案还规定，受监管部门必须"在合理可行的情况下尽快"通过其洗钱报告专员向严重有组织犯罪监察局报告可疑交易。但是，对于未遂的欺诈行为，没有向严重有组织犯罪监察局报告的法律义务，因为无法对未遂的欺诈行为提起刑事诉讼，而且也不在2002年《犯罪所得法》规定的强制性报告义务范围内，最终是否进行调查取决于警方。英国内政部建议警方只有在有充分理由相信有犯罪行为发生的情况下才进行调查。[286]

此外，在下列情况下，受监管部门的成员有义务向金融服务管理局报告欺诈行为：一是受监管部门发现公司员工可能对其客户实施了欺诈；二是受监管部门发现可能有人对公司实施欺诈，无论该人是否受雇于公司；三是受监管部门发现有人试图对其实施欺诈，无论是否是其职员；四是受监管部门发现会计记录或者其他记录有舞弊行为，无论是否有相关证据；五是受监管部门怀疑其员工存在与公司受监管的活动或附属活动相关的严重失信行为。[287] 在确定欺诈问题是否严重时，企业必须考虑：一是对其自身或客户造成的经济损失或潜在经济损失的规模（就单个事件或者一组类

---

[282] 参见脚注[20]英国司法部办公室报告，第7页。
[283] 英国内政部："关于欺诈"，参见 http://www.crimereduction.home-office.gov.uk/fraud/fraud17.htm（2009年12月7日查阅）。
[284] 2002年《犯罪所得法》第330节。
[285] 必须指出，2002年《犯罪所得法》适用于包括欺诈在内的严重犯罪。
[286] "内政部通告第47/2004号欺诈案件调查的优先事项"，内政部：伦敦，2004年。
[287] 《补充条款》第15.3.17R节。

似或相关事件而言);二是企业声誉的损失风险;三是欺诈行为本身或欺诈行为方式是否反映了企业内部控制的弱点。[288]

《金融服务管理局手册》还规定,"根据《补充条款》第 15.3.17R 条的规定,金融管理服务局需要了解准备或正在进行的欺诈和非常规经济活动的类型,并在必要时采取行动,以防止对消费者个人或公司带来负面影响"。[289] 因此,"根据《补充条款》第 15.3.17R 条的规定,应当提供公司知晓的欺诈事件或疑似行为的所有相关和重要细节"[290];此外,"英国金融管理服务局还应当考量公司可能因欺诈事件而遭受的重大财务损失、声誉损失以及该事件是否表明该公司内部控制存在弱点"。[291] 如果欺诈行为是由公司代理人或其授权的人员实施的,金融服务管理局有权撤销其授权并可能对其提起诉讼。

在上届政府执政期间,英国针对欺诈的政策势头强劲,新一届联合政府也表现出了同样的政策导向。然而,为解决欺诈问题而采取的措施仍有较大的改进空间。例如,《盗窃法》和普通法关于罪行判定的不足限制了对欺诈犯罪刑事定罪的效力,《反欺诈法》的出台弥补了这一不足。然而,在数宗备受关注的欺诈案件被侦破后,人们仍对严重欺诈办公室和英国皇家欺诈检察署(CPS)在控制这些罪行方面的表现感到担忧。现在判断《反欺诈法》是否会对起诉欺诈犯罪产生影响还为时过早,但是首先必须肯定联合政府认识到建立一个单一的金融犯罪机构的必要性。对涉嫌欺诈活动的报告是零散的而且有许多不同的报告机制,这会造成报告的交叉和延迟。

---

[288] 《补充条款》第 15.3.18G 节。
[289] 《补充条款》第 15.3.19G 节。
[290] 《补充条款》第 15.3.19G 节。
[291] 《补充条款》第 15.3.20G 节。

第五节　结　论

国际社会对美国和英国反欺诈政策的影响与反洗钱和反恐怖主义融资的政策形成了对比。联合国和欧盟都认为欺诈是一个严重的问题，但却未对美国或英国规定反欺诈的重要义务。

一、美国

美国对欺诈采取了极其强硬和激进的政策。对欺诈行为进行刑事定罪的立法由来已久。美国联邦检察官通常将《邮件欺诈法案》与《电信欺诈法案》联合使用，作为规制欺诈行为的有力工具。本章提到的其他反欺诈法规都是应激性的。例如，2002年《萨班斯—奥克斯利法案》是在安然公司和世通公司会计欺诈案之后出台的。同样，由于20世纪80年代初美国银行业受到了欺诈行为的威胁，《银行欺诈法》得以实施。其他已出台的法规还包括《信用卡欺诈法》《婚姻欺诈法》和《税务民事欺诈法》。因此，美国对欺诈行为的刑事定罪采取了"散弹枪"的方式，有太多的反欺诈法规，造成了检察官对被告定罪的混乱和不确定。为了减少这种混乱，检察官更多地依赖《邮件欺诈法案》规定的相对宽泛的条款，使这些法规成为"通用"的反欺诈法规；检察官还利用这些法规起诉洗钱、贿赂和腐败等其他罪行。因此，为了在被告和检察官的权利之间实现适当的平衡，建议美国制定统一的反欺诈法规，以确定性地起诉那些欺诈犯罪行为人，同时避免美国联邦检察官利用现行的反欺诈法规对其他类型的金融犯罪提起诉讼。

美国有大量的一级和二级机构负责调查与起诉涉嫌欺诈的案件。美国司法部在执行美国反欺诈政策方面发挥着非常重要的作用，它的反欺诈部门在打击身份欺诈的斗争中起着主导作用,也是政府成立的几个欺诈工作组的成员。美国联邦调查局获得了广泛的调查权力和额外的资金支持,这在其对抵押贷款欺诈的积极调查和起诉中得到了清晰的体现。美国财政部的金融情报部门——金融犯罪执法网络局在打击欺诈中发挥着至关重要的作用,储蓄机构向金融犯罪执法网络局提供的信息已被证明是打击欺诈的有效工具。除了欺诈行为的监管机构外,还有几个反欺诈工作组牵头打击企业欺诈和身份欺诈。然而,从长远来看,这些只是短期措施,而且很有可能会成立更多与欺诈有关的特别工作组。尽管如此,美国反欺诈政策的这部分还是值得英国借鉴的。美国反欺诈的一些一级和二级机构的管辖权存在明显重叠。此外,由于美国没有反欺诈的战略文件,其反欺诈政策只能参照反洗钱和反恐怖主义融资政策。如果有这样的战略文件,将使反欺诈战略更加集中,目标更加明确。

二、英国

英国反欺诈政策的出台在 2006 年《欺诈审查》发表后加快了步伐,但仍处于混乱状态。英国所采取的反欺诈政策与美国非常相似,但其在欺诈的刑事定罪方面却与美国的做法形成了鲜明的对比。英国只有一部《反欺诈法》将不同类型的欺诈行为定为刑事犯罪,并为检察官提供打击欺诈犯罪的权力。英国反欺诈政策的第二部分涉及欺诈行为的主要和次要监管机构,由于没有一个机构在打击欺诈方面发挥主导作用,执行相同职能的机构过多,因此需要进行根本性改革。而且英国没有一个政府部门与美国司法部的职能相似,导致反欺诈无力的情况更加严重。例如,英国财政部负责制定和实施针对洗钱和恐怖主义融资的政策,但与英国的反欺诈政策几乎没有关系。此外,英国内政部负责处理与有组织犯罪有关的问题,但在反欺诈方面也鲜有作为。因此,建议由一个政府部门负责打击各类金融犯罪。鉴于英国财政部在反洗钱和恐怖主义融资方面的经验,这项任务交给英国财政部似乎更合理。

英国反欺诈机构重叠的另一实例是英国严重欺诈办公室和金融服务管理局都有权对欺诈犯罪进行调查与提起诉讼。国家反欺诈局仅获得了2900万英镑的三年预算以应对300亿英镑规模的欺诈犯罪，因此它担负着用很少的预算来减少巨额欺诈的不现实任务。英国政府应当建立一个统一的金融犯罪机构，将上述机构的职能结合起来。可以说，这一进程已经开始，包括国家犯罪小组、国家刑事情报局和资产追回局在内的多个机构都并入了英国严重有组织犯罪监察局。

英国政策的最后部分可以与美国的政策进行对比。规定欺诈行为报告义务的主要立法是2002年《反欺诈法》，根据该法案，欺诈行为应当向英国严重有组织犯罪监察局报告。然而，在某些情况下，欺诈指控被报告给了银行，而警方和受监管部门会向金融服务管理局报告。欺诈行为的报告制度需要重新厘清，而国家反欺诈报告中心的成立并未起到任何实质性作用。美国所有的欺诈指控都向美国财政部金融犯罪执法网络局报告，建议英国采取类似的报告制度，所有与欺诈有关的可疑交易都应向英国严重有组织犯罪监察局报告。

第五章

内幕交易

安德鲁·H. 贝克[*]

---

[*] 利物浦约翰摩尔斯大学法学院。

美国和英国的证券市场管理经验为内幕交易的监管提供了依据❶。

第一节　引　言

戈登·盖科说，"我所知道的最有价值的商品是信息"❷。戈登·盖科是一个虚构的好莱坞角色，是根据 20 世纪 80 年代从事证券行业的真实人物塑造的，上面的话是他的内心独白。不管虚构的是什么，事实上信息就是金融服务行业中最具价值的商品之一。❸ 麦考伊和萨姆认为，在 20 世纪 80 年代，内幕交易丑闻不仅占据了金融报纸的头版，也充斥了各大小报。内幕交易行为因其不公平而受到社会的抨击，也有人将这种行为定义为盗窃，加大了人们对市场及其参与者进行更加严格监管的呼声。❹ 美国所指的内幕交易在英国也被称为内部交易，即"不公平地使用与证券发行有关

---

❶ McCoy, K. A. and Summe, P. (1998),'Insider trading regulation: a developing state's perspective', *Journal of Financial Crime*, 5 (4), 311–346, at 311.

❷ 这句话也被用作以下文章的标题：Burger, R. and Davies, G. (2005a),'The most valuable commodity I know of is information', *Journal of Financial Regulation and Compliance*, 13 (4), 324–332.

❸ 据说戈登·盖科（Gordon Gekko）是伊万·博斯基（Ivan Boesky）和迈克尔·米尔肯（Michael Milken）等人物形象的共同体，他们都被判犯有证券欺诈罪。据说，盖科所说的"贪婪是优秀的言辞"是基于 1986 年伊万·博斯基在加利福尼亚大学时的一篇文章中提出的，他说："贪婪是对的，我认为贪婪是有益的，因此可以自信且贪婪。"

❹ 参见脚注❶麦考伊和萨姆文章，第 311 页。

的可能扰乱证券市场秩序的重大非公开信息"❺。内幕交易是一种复杂的犯罪,"由于在错综复杂的全球金融市场中,利用重要的非公开信息隐藏内幕交易的新方法不断变换,其复杂性也在不断增强"❻,内幕交易也被称为"华尔街上恶性的贪婪"❼。正如哈德逊指出的,"信息是证券市场的关键"❽。在做出投资决策时,拥有重要信息的人相对于没有重要信息的人处于有利地位,掌握信息的公司能够利用这些对它们有利的重要信息获得额外的经济收益或减轻重大损失。并购为内幕交易和市场滥用提供了合适的机会,因为收购前和收购期间的信息是价格高度敏感的,这些信息可能对公司特别是发行公司的股价产生重大影响❾。内幕交易和市场滥用大多与并购相关。本章关注的问题是对金融服务业的信息获取和使用应当采取哪些限制、制裁和惩罚措施。

  本章的重点是讨论旨在确保证券市场的诚信规定以及旨在打击金融服务行业内幕交易和操纵市场行业的立法。尽管美国法律早有上述规定和立法,但其对于英国立法者和监管者来说却仍是一个相对较新的领域。美国依据1934年《证券交易法》将内幕交易定为犯罪❿,然而,"美国最高法院却认为该项法律主要规制与证券买卖有关的欺诈行为"⓫。兰伯特认为,"内幕交易禁令明确禁止基于重大非公开信息的交易"⓬。英国自1939年以来就有零星的关于内幕交易的立法,但直到20世纪80年代和90年代才制

---

 ❺ Colvin, O. (1991), 'A dynamic definition of and prohibition against insider trading', *Santa Clara Law Review*, 31, 603 – 640, at 603. 关于内幕交易解释的更多讨论,参见 Anabtawi, I. (1989), 'Toward a definition of insider trading', *Stanford Law Review*, 41, 377 – 399.

 ❻ Pearson, T. (2008), 'When hedge funds betray a creditor committee's fiduciary role: new twists on insider trading in the international financial markets', *Review of Banking and Financial Law*, 28, 165 – 220, at 168.

 ❼ Cox, C. and Fogarty, K. (1988), 'Basis of insider trading law', *Ohio State Law Journal*, 49, 353 – 372, at 353.

 ❽ Hudson, Alistair (2009) *The Law of Finance*, Sweet & Maxwell, London, at p. 972.

 ❾ Hannigan, Brenda (2009) *Company Law*, Oxford University Press, Oxford.

 ❿ Naylor, J. (1990), 'The use of criminal sanctions by UK and US authorities for insider trading: how can the two systems learn from each other? Part 1', *Company Lawyer*, 11 (3), 53 – 61, at 53.

 ⓫ 参见脚注❶麦考伊和萨姆文章,第312页。

 ⓬ Lambert, T. (2006), 'Overvalued equity and the case for an asymmetric insider trading regime', *Wake Forest Law Review*, 41, 1045 – 1129, at 1050.

定了全面的法律，以保持证券行业的纯洁性和增强投资者的信心。❸ 在讨论和分析法律在什么情况下会对使用信息施加限制之前，首先要解决的问题是是否应该对使用信息施加限制。❹ 关于美国证券交易委员会（SEC）决定对凯迪·罗伯茨案中的内幕交易实施处罚一案就有人持不同观点。❺ 有些观点强烈支持如果信息使用者使用市场一般无法获得的信息而从中受益，不应因其赢利或避免损失而限制其使用信息❻，这是自由经济学的观点。从自由经济学的视角来看，市场会自动纠正信息使用中的问题。20 世纪 60 年代，曼恩教授❼根据研究提出"内幕交易实际上是一种补偿内部知情人士的有效方法"❽。反对禁止内幕交易的另一个理由是，有人认为内幕交易中没有受害者。在分析内幕交易案件时，很难确定一个或多个与内幕交易对应的受害者，如果没有明确的受害人，为什么要设置禁令呢？在是否应当禁止内幕交易的争论中这一直是个问题。对内幕交易犯罪中"无受害人"的反驳是，受害人是整个证券市场。因为就整个证券市场而言，受害人是已经或打算通过养老基金做证券投资的投资者，是一个庞大的群体，这些投资者所掌握的信息与那些掌握"内幕信息"的投资者所掌握的信息不同，因此其无法做出充分知情的决定。即使人们一致同意打击内幕交易，对于如何打击内幕交易也存在一些争论。美国和英国对内幕交易采

---

❸ 这是基于"保密和信任是市场有序运作的前提，而内幕交易在通过市场滥用破坏了市场纯洁性的同时，还摧毁了对市场来说至关重要的信心"。根据 LCJ 法官在 R 诉麦克奎德案（英格兰和威尔士的上诉法院 2009 年第 1301 号案例）中的陈述。这是对金融服务管理局根据 1993 年《刑事司法法》提出的第一次定罪判决的上诉。有关英国内幕交易历史的简要讨论，参见脚注❿内勒文章，第 55 – 56 页。

❹ Bauman, T. (1984), 'Insider trading at common law', *University of Chicago Law Review*, 51, 838 – 867, at 847 – 854 and Carlton, D. and Fischel, D. (1983), 'The regulation of insider trading', *Stanford Law Review*, 35, 857 – 895, at 872 – 882.

❺ Prentice, R. and Donelson, D. (2010), 'Insider trading as a signaling device', *American Business Law Journal*, 47, 1 – 73, at 1.

❻ Hannigan, Brenda (1994) *Insider Dealing*, Longman, London.

❼ Manne, Henry (1966) *Insider Trading on the Stock Market*, Free Press, New York.

❽ Painter, R. (1999 – 2000), 'Insider trading and the stock market thirty years later', *Case Western Reserve Law Review*, 50, 305 – 311. Also see Harris, D. and Herzel, L. (1989), 'USA: do we need insider trading laws?', *Company Lawyer*, 10 (1), 34 – 35.

取了不同的政策，本章将会进行详细讨论[19]。

第二节　国际社会内幕交易政策

一、联合国内幕交易政策

联合国没有针对内幕交易的监管政策，这与本书中联合国针对其他类型金融犯罪的政策形成了对比。

二、欧盟内幕交易政策

欧盟对内幕交易的监管还存在一些不确定性。例如，有人认为欧盟对内幕交易的监管受美国的影响[20]；此外，它还受到一些欧洲国家出台的内幕交易法律的影响[21]。1987年，欧盟颁布了《内幕交易委员会指令》草案[22]，该草案于1989年正式通过[23]。该指令的目的是"确保所有投资者的机会平等"[24]。此外，该指令寻求"为整个欧盟制定内幕交易法律提供最低

---

[19] 参见脚注[10]，第53页。
[20] Hansen, J. (2002), 'The new proposal for a European Union directive on market abuse', *University of Pennsylvania Journal of International Economic Law*, 23, 241–268, at 250.
[21] 包括法国、瑞典、丹麦、挪威和英国等欧洲国家。
[22] 原始指令于1987年5月发布（7310/87号指令），并于1988年10月修订（8810/88号指令）。该指令于1989年11月13日通过。
[23] 欧洲经济共同体欧洲理事会第89/592号指令。
[24] Cantos, F. (1989), 'EEC draft directive on insider dealing', *Journal of International Banking Law*, 4 (4), N174–176, at 174.

标准"㉕。该指令通过 1993 年《刑事司法法》（CJA 1993）在英国实施㉖，其中包含了一些影响英国内幕交易政策的条款。例如，该指令第 3 条 "要求禁止拥有内幕信息的内部人士向任何第三人披露该信息，除非该信息是在其受雇过程中因职业、职责需要披露的；或根据内幕信息，推荐或促使第三方取得或处置可转让证券"。欧盟还于 2003 年在 2000 年《金融服务和市场法》（FSMA）㉗中引入了《市场滥用指令》㉘。《市场滥用指令》禁止内幕交易和市场操纵等市场滥用行为，它规定了旨在阻止市场滥用的条款，如内幕人员名单、可疑交易报告和发行人经理交易披露，它还要求发行人按规定披露内幕信息㉙。更重要的是，该指令还规定成员国 "要求任何职业金融交易人员如果有合理理由怀疑交易可能构成内幕交易或市场操纵，应当立即报告主管部门"㉚。可疑交易报告制度已经成为英国内幕交易政策的一个组成部分，并由英国金融服务管理局管理。因此，欧盟可以参照其反洗钱战略，利用可疑交易报告制度制定反市场滥用的战略。

回顾上述国际措施后，我们清楚地认识到，联合国并没有颁布任何法律来规制内幕交易；欧盟则出台了一系列旨在解决内幕交易和市场滥用问题的措施。联合国对内幕交易采取的政策与其对洗钱、恐怖主义融资和欺诈的政策截然不同；而欧盟针对内幕交易和市场滥用的政策与其针对洗钱

㉕ Ashe, M. (1992), 'The directive on insider dealing', *Company Lawyer*, 13 (1), 15 – 19, at 15.

㉖ 有关执行内幕交易指令和市场滥用指令的更多讨论，参见 British Institute of International and Comparative Law *Comparative implementation of EU directives (1) – insider dealing and market abuse* (British Institute of International and Comparative Law; Corporation of London, 2005).

㉗ 2000 年《金融服务和市场法》第 118（C）节。

㉘ 2003 年 6 月通过了《市场滥用指令》（[2003] OJ L96/16）。"欧洲理事会" 于 2001 年 5 月 30 日颁布有关内幕交易和市场操纵（市场滥用）的建议指令。参见 McKee, M. (2001), 'The proposed EU market abuse directive', *Journal of International Financial Markets*, 3 (4), 137 – 142, at 137。2009 年，欧盟委员会发起了一项证据征集活动，作为其对市场滥用指令有效性的持续审查的一部分，参见 European Commission (2009), 'Call for evidence review of Directive 2003/6/EC on insider dealing and market manipulation (Market Abuse Directive)', http://ec.europa.eu/internal_market/consultations/docs/2009/market_abuse/ call_for_evidence.pdf (accessed 12 August 2010).

㉙ Ed. (2009), 'Commission seeks evidence in review of Market Abuse Directive', *Company Law Newsletter*, 252, 4 – 5, at 4.

㉚ 2003 年 6 月《市场滥用指令》（[2003] OJ L96/16），第 6（9）条。

和恐怖主义融资的政策非常相似，但与其针对欺诈的政策则有所不同。鉴于证券交易和投资的全球性特征，国际社会采取的应对内幕交易的措施很难令人满意。皮特和哈迪森警告说，证券市场的国际化不仅促进了全球投资，也为内幕交易创造了新的机会。例如，无良贸易商可能会寻求通过在具有保密和封锁账户的司法管辖区内进行交易，以逃避向外国机构披露有关其账户的信息。如果外国投资者坚持从事在其本国市场允许但违反其他国家法律的交易，这种国际化交易也可能被认定为内幕交易。[31]

美国一直试图"鼓励"其他国家实施内幕交易法，因此，国际社会对内幕交易的规制不严让美国倍感失望。[32] 诺娜认为，"美国证券交易委员会曾试图将美国的内幕交易法应用到其他司法管辖区，作为遏制全球内幕交易的措施"[33]。美国证券交易委员会"越来越感到有必要将其内幕交易监管的范围扩大到美国以外，以便有效地保护美国市场和投资者免受涉及多司法管辖区交易的内幕交易的侵害"[34]。美国证券交易委员会的这一做法得到了1990年《国际证券执法合作法案》的支持，该法案"极大地提高了美国证券交易委员会与其他国家证券监管机构合作的能力"[35]。此外，美国证券交易委员会还协助海外监管机构冻结资产，并对"被外国证券交易委员

---

[31] Pitt, H. and Hardison, D. (1992), 'Games without frontiers: trends in the international response to insider trading', *Law and Contemporary Problems*, 55, 199 – 229, at 203 – 204.

[32] 例如，在美国当局的影响下，瑞士于1988年引入了内幕交易法。更详细的讨论参见 Hanneman, J. (1997), 'The evolution of co – operation between authorities in the United States of America and Switzerland in the enforcement of insider trading laws', *Wisconsin International Law Journal*, 16, 247 – 270.

[33] Nnona, G. (2001), 'International insider trading: reassessing the propriety and feasibility of the US regulatory approach', *North Carolina Journal of International Law and Commercial Regulation*, 27, 185 – 253, at 201.

[34] 同上，第195页。

[35] H. R. 1396, 101st Cong. (1990). 参见 Mann, M. and Barry, W. (2005), 'Developments in the internationalisation of securities enforcement', *International Lawyer*, 39, 667 – 696, at 672. 关于海外监管机构合作水平的详细讨论，参见 Securities and Exchange Commission *International co – operation in securities law enforcement* (Securities and Exchange Commission: Washington, DC, 2004).

会发现渎职或有罪的证券专业人士实施制裁"❸。美国证券交易委员会与许多外国司法管辖区达成了谅解备忘录❼，签署了互助条约，同时成为国际证券委员会的成员❽。美国证券交易委员会获得的海外法权与本书前面章节讨论的美国在反洗钱和反恐怖主义融资政策中赋予美国财政部的权力相类似。本章的下一部分将着重讨论美国的内幕交易政策。

第三节　美国内幕交易政策

美国是世界上对内幕交易的监管和起诉最严苛的国家之一。❾

一、内幕交易的刑事定罪

美国的反内幕交易条款源于 1929 年华尔街"崩盘"和随后的经济大萧条。1934 年美国《证券交易法》颁布，成立了美国证券交易委员会❿，但班布里奇指出，最初"内幕交易受各州《公司法》规制"，1934 年后才改由《证券交易法》规制。内勒指出，《证券交易法》将内幕交易定为刑事犯罪并"授予美国证券交易委员会对违法者进行民事处罚的权力"⓫。然

---

❸ 沃尔夫指出，"美国证券交易委员会可以根据《国际证券执法合作法案》第 203 节对被外国安全部门认定为过失或故意犯罪的外国证券专业人士实施制裁"。Wolf, P. (1995), 'International securities fraud: extraterritorial subject matter jurisdiction', *New York International Law Review*, 8, 1 – 22, at 22.

❼ Jimenez, P. (1990), *Harvard International Law Journal*, 31, 295 – 311.

❽ Diamong, E. (1992), 'Outside investors: a new breed of insider traders?', *Fordham Law Review*, 60, 316 – 347, at 348.

❾ 参见脚注❶皮特和哈迪逊文章，第 200 页。

❿ Naylor, J. (1990), 'The use of criminal sanctions by UK and US authorities for insider trading: how can the two systems learn from each other? Part 2', *Company Lawyer*, 11 (5), 83 – 91, at 83.

⓫ 同上，第 85 页。

而，美国国会是否真的打算通过立法禁止内幕交易仍然存疑。[42]《证券交易法》第10（b）条和第16（b）条都是规制内幕交易的条款，但这两项条款实际上都没有明确规定禁止内幕交易。[43] 班布里奇指出，直到1934年《证券交易法》颁布后的第27年和美国证券交易委员会颁布内幕交易政策后的第17年的1961年，证券交易委员会才明确禁止内幕交易。[44]

《证券交易法》的第10（b）条和第16（b）条两项条款主要是反欺诈条款，但被美国证券交易委员会广泛解读为包括禁止内幕交易。此外，由于美国证券交易委员会没有制定适用这些条款的细则，导致这些条款本身很难起作用。《证券交易法》第10（b）条经由第10（b）-5条执行，但是并未提到禁止内幕交易；第16条规定董事、公司高管和持股比例超过10%的人员须每月报告其公司的权益证券交易，然而，报告可在六个月内完成的规定导致其缺乏时效性。美国禁止内幕交易的立法实际上是美国司法体系建构的重要部分[45]，但还只是松散地建立在原有立法的基础上[46]，美国证券交易委员会认为，在其敦促下，法院在界定内幕交易方面发挥了最大作用[47]。美国关于内幕交易的法律并不能让大众信服，"当查尔斯·狄更斯写下'法律是驴'时，他很可能描述的是规制内幕交易的法律"[48]。拉科夫和伊顿指出，"在招投标领域，第14（e）-3条直接禁止内幕交易"[49]。

---

[42] Bainbridge, S. (1985), 'A critique of Insider Trading Sanctions Act of 1984', *Virginia Law Review*, 71, 455–498, at 459.

[43] 关于内幕交易罪的司法解释，参见 Jain, N. (2004), 'Significance of mens rea in insider trading', *Company Lawyer*, 25 (5), 132–140.

[44] Bainbridge, S. (1986), 'The insider trading prohibition: a legal and economic enigma', *University of Florida Law Review*, 38, 35–68, at 38. See re Cady, Roberts & Co 40 S. E. C. 907 (1961).

[45] 参见脚注[1]麦考伊和萨默文章，第311页。

[46] Bainbridge, S. (2004), *An Overview of US Insider Trading Law: Lessons for the EU*, Research Paper No. 05–5, UCLA, School of Law, Law and Economic Research Paper Series, available from http://ssrn.com/abstract=654703 (accessed 1 June 2010).

[47] Newkirk, T. and Robertson, M. (1998), 'Speech given at the 16th International Symposium on Economic Crime', *Jesus College*, Cambridge, 19 September 1998, available from http://www.sec.gov/news/speech/speechar-chive/1998/spch221.htm (accessed 1 June 2010).

[48] Fisch, J. (1991), 'Start making sense: an analysis and proposal for insider trading', *Georgia Law Review*, 26, 179–251, at 179.

[49] Rakoff, J. and Easton, J. (1996), 'How effective is US enforcement in deterring insider trading?', *Journal of Financial Crime*, 6 (3), 283–287, at 283.

美国证券交易委员会并没有立即接受这项禁令，正如班布里奇所指出的，禁止内幕交易的第 10（b）-5 条直到《证券交易法》颁布 8 年之后的 1942 年才被提出，证明美国国会根本没有打算将第 10（b）条设计成一项禁止内幕交易的条款。[50] 事实上，还是证券交易委员会制定规则的权力和建立纯洁、高效市场的强烈呼吁促使司法部门从根本上禁止内幕交易。尽管内幕交易被定为刑事犯罪，但直到 20 世纪 80 年代[51]，美国法院才规定，"公民个人可以在证明内幕交易违法行为对其造成损失的情况下，对内幕交易行为人提起民事诉讼"[52]。涉及伊万·博斯基和丹尼斯·莱文等的阿尔卡彭公司丑闻促使美国国会制定强有力的措施打击内幕交易[53]，美国证券交易委员会根据 1934 年《证券交易法》首次在提起刑事诉讼的同时提起民事诉讼[54]。

1934 年《证券交易法》在规制内幕交易行为上存在缺陷，1984 年出台了《内幕交易制裁法》(ITSA)，以提高美国证券交易委员会的监管成效[55]。此外，根据 1988 年《内幕交易和证券欺诈执法法》，美国证券交易委员会还获得了额外的执法权。奥康纳指出，该法案明确了公司实际控制人的责任，明确了个人对内幕交易的诉权，同时建立了举报人奖励制度，以促进对内幕交易的侦查和成功起诉。美国国会还通过提高对内幕交易违法行为的刑事处罚来增强威慑。[56] 然而，班布里奇的结论却是，根据 1988 年《内幕交易和证券欺诈执法法》定罪的人数与内幕交易违法者的人数相比仍然很少，因此《内幕交易制裁法》实际上建立了一种执法制度，将大规模的名义制裁与低执法概率相结合，极少数人会因禁止内幕交易的规定

---

[50] 参见脚注[46]班布里奇的文章。
[51] 参见脚注[40]内勒文章，第 85 页。
[52] 同上。具体案例参见 *Kardon v National Gypsum Co*, 69 F. Supp. 512（E. D. Penn. 1946），affirmed, and *Superintendent of Insurance v Bankers Life & Cas. Co.* 404 US 6 (1971).
[53] 参见脚注[40]内勒文章，第 84 页。
[54] O'Connor, M. (1989), 'Toward a more efficient deterrence of insider trading: the repeal of section 16（b）', *Fordham Law Review*, 58, 309–381, at 309.
[55] 《美国公法》第 98 编第 376 节。
[56] 参见脚注[54]奥康纳文章，第 309 页。

受到非常严厉的惩罚。㊼ 此外，1988 年《内幕交易和证券欺诈执法法》"向举报人提供了一笔'赏金'，数额相当于从根据举报人提供的信息逮捕的内幕交易者身上追回的民事处罚的 10%"㊽。2002 年，玛莎·斯图尔特提出应该加大民事处罚的力度。㊾

美国法院最初关于内幕交易的定义比较宽泛，20 世纪 70 年代，美国法院首先提出依据"占有理论"为内幕交易行为定罪㊿。美国关于内幕交易刑事定罪的进展十分缓慢，直到 1961 年美国证券交易委员会表示公司高管不仅对公司负有责任，而且对股东负有责任，从而才在金凯迪·罗伯茨公司内幕交易案中真正明确禁止内幕交易；美国证券交易委员会在其诉德州海湾硫磺案的里程碑式判决中对内幕交易行为进行了适时的抨击，判决称拥有重要非公开信息的人只有两种选择，要么披露信息，要么放弃交易。㊹ 1980 年，美国最高法院以否认得克萨斯湾硫磺公司的平等准入为基础否决了原判决；在恰雷利亚诉美国案中，美国最高法院将法律溯源到委托代理关系中受托人的责任，只有对公司真正负有受托责任的人才可能成为内幕交易罪的主体。㊺ 拉科夫和伊斯顿认为，内幕交易行为的认定可以依据《证券交易法》第 10（b）-5 条款中的"挪用理论"，将内幕交易的"欺诈"和"交易"分为两个不同的部分。根据这一理论，受托人从委托人处窃取（"挪用"）内幕信息即构成欺诈罪（不披露内幕信息的盗窃行为）。㊻

㊼ 参见脚注㊹班布里齐文章，第 42 页。

㊽ Joo, T. (2007), 'Legislation and legitimation: Congress and insider trading in the 1980s', *Indiana Law Journal*, 82, 575 – 622, at 578.

㊾ Shen, H. (2008), 'A comparative study of insider trading regulation enforcement in the US and China', *Journal of Business & Securities Law*, 9, 41.

㊿ 参见脚注㊵内勒文章，第 84 页。

㊹ 美国第二巡回法庭第 401 卷第 833 号案例，1968 年。

㊺ 1980 年《美国法典》第 445 编第 222 节。参见 Livingston, J. and Salavert, D. (1990), 'An overview of the US law of insider trading', *International Business Law Journal*, 1, 149 – 152, at 149. 关于该案更详细的讨论，参见 Prakash, S. (1999), 'Our dysfunctional insider trading regime', *Columbia Law Review*, 99. 1491 – 1550, at 1501 – 1502.

㊻ 参见脚注㊾拉科夫和伊斯顿文章，第 284 页。关于第 10（b）条款的详细讨论，参见 Lee, I. (2002), 'Fairness and insider trading', *Columbia Business Law Review*, 119 – 192, at 124 – 129.

在德克斯诉美国证券交易委员会案中，美国最高法院指出内幕交易禁令的范围超过了委托代理关系中的受托责任人，扩大至"信息泄露人"，而信息泄露人的信息来源于与证券交易有关的公司的受托责任人。[64] 班布里奇认为，"最高法院的决定对执法的实际影响有限，其对犯罪事实的独特要求以及对客观标准的关注，使证券交易委员会确信如果法院狭义地定义德克斯，不会对执行产生不利影响"[65]。尽管如此，美国立法机构还是制定了1984年《内幕交易制裁法》[66] 和1988年《内幕交易和证券欺诈执法法》，以改变对内幕交易定罪的重点[67]。麦考伊和萨默指出，1984年《内幕交易制裁法》规定，"联邦法院可以对因内幕交易而获得的非法利润或避免的损失处以最高3倍的民事罚款；刑事罚款的最高限额也从以前的10000美元增加到100000美元。根据第32（a）节，每一项内幕交易的罪行都将被处以10000～100000美元的罚款，并处最高5年的监禁；此外，还将美国证券交易委员会的执法权限扩大到那些协助和教唆内幕交易的个人"[68]。班布里奇对该项法案表示了支持，他指出该法案的目的是增强内幕交易禁令的威慑力。该项法案规定，在持有重大非公开信息的情况下，对于通过交易获利或避免损失的责任人，可以处以其所获利润或避免损失的最高3倍的民事罚款。[69] 但是，1984年和1988年的立法都没有明确内幕交易的定义，因此，内勒从不同角度得出"法规、条例和法庭案例仍然无法对什么是内幕交易提供准确的定义"的结论。[70] 正如班布里奇所指出的，德克斯案件未能解决"当信息来自非内部人士，且是非公开的实质性信息时，美国的内幕交易禁令究竟能延伸到什么程度"的问题。[71] 因此，美国证券交易委员会致力于通过发展"挪用理论"规制内幕交易，这一理论也

---

[64] 1983年《美国法典》第462编第646节。
[65] 参见脚注[42]班布里齐文章，第483页。
[66] 参见脚注[1]麦考伊和萨默文章，第317页。
[67] 参见脚注[40]内勒文章，第84页。
[68] 参见脚注[1]麦考伊和萨默文章，第317页。
[69] 参见脚注[42]班布里齐文章，第456页。
[70] 参见脚注[40]内勒文章，第84页。
[71] 参见脚注[42]班布里齐文章，第456页。

在美国诉奥哈根案中得到了美国最高法院的采信，在该案中，有一名律师虽不是受托责任人，但其因为非法获取内幕信息并挪用该信息为自己牟利而被判有罪[72]，这也导致越来越多的人被判内幕交易罪。密斯特里认为，"挪用理论"为内幕交易行为人与证券发行人之间提供了一种比英国制度规定更有弹性的关系，使美国对内幕交易的执法更加有效。[73] 美国证券交易委员会为了明确其对于内幕交易的立场，制定了第10（b）5-1条款和第10（b）5-2条款[74]。第10（b）5-1条款规定，如果交易者在进行买卖时知道重要的非公开信息，并且根据重要的非公开信息进行交易就构成内幕交易；第10（b）5-2条款依据"挪用理论"，规定依据规则接收内幕信息的人负有信任和保密责任，如果利用该信息进行交易，可以根据"挪用理论"定罪。从上述对美国关于内幕交易所采取政策的分析来看，尽管美国国会在1934年面对理论界强烈反对规制内幕交易行为的情况下没有及时颁布内幕交易禁令，但是作为监管机构的美国证券交易委员会和美国法院（包括最高法院）在禁止内幕交易方面发挥了巨大作用。

由于《证券交易法》的不足，美国证券交易委员会还采取了其他一些立法措施来解决内幕交易问题。例如，1970年《反诈骗腐败组织集团犯罪法案》（RICO）规定，检察官只需要证明"被告在任何十年时间内犯下两次证券欺诈行为"，即可对其定罪并实施严厉的惩罚。[75] 奥康纳认为，"证券欺诈和邮件及电报欺诈行为可以作为诈骗和腐败组织犯罪的上游犯罪"[76]。此外，《邮件欺诈法案》和《电信欺诈法案》为检察官调查起诉内

---

[72] Loke, A. (2006), 'From the fiduciary theory to information abuse: the changing fabric of insider trading law in the UK, Australia and Singapore', *The American Journal of Comparative Law*, 54 (1), 123–172.

[73] 1997年《美国法典》第521编第642节。参见 Mistry, H. (2002), 'Battle of the regulators: is the US system of securities regulation better provided for than that which operates in the United Kingdom?', *Journal of International Financial Markets*, 4 (4), 137–142.

[74] 这被称为"美国《内幕交易制裁法》的关键条款"，参见脚注[72]利文斯顿和萨拉弗特文章，第149页。

[75] 参见脚注[1]麦考伊和萨默文章，第318页。

[76] 参见脚注[54]奥康纳文章，第340页。卡彭特诉美国案是依据1970年《反诈骗腐败组织集团犯罪法案》起诉内幕交易犯罪的典型案例（1987年108 S. Ct. 316）。

幕交易案件提供了广泛的执法权。❼ 2002 年的《萨班斯—奥克斯利法案》引入了一项新的内幕交易禁令,"该禁令对相当一部分已经退休但持有雇主股票证券的证券交易参与者实施交易管制";此外,即使退休人员不持有雇主股票证券而不受内幕信息知情人员交易限制,2002 年法案仍对领取固定退休金的退休人员及其退休金受益人员规定了新的内幕交易禁令。❼❽沈总结称,美国证券交易委员会利用这些法律对内幕交易行为进行严厉处罚。例如,2003 年 7 月 11 日,英克隆系统公司前首席执行官和总经理因内幕交易被判处 87 个月(7 年以上)的监禁,并被责令支付 300 万澳元和 126 万美元的罚款。❼❾ 沈指出,"美国证券交易委员会每年对内幕交易采取大约 50 次执法行动,而美国司法部(DOJ)每年提起大约 18 起诉讼"❽⓿。与其他监管机构一样,美国证券交易委员根据1934 年的《证券交易法》和 1990 年的《证券强制救济和低价股票改革法案》为投资者寻求公平的利益救济。❽❶ 尽管美国证券交易委员会在执行内幕交易政策方面采取了严格的措施,但其在调查过程中表现出的"过度热情"还是引发了一些担忧。❽❷ 此外,有评论人士指出,由于在 2002—2006 年伯纳德·马多夫的 6 起不当行为未能被成功指控,美国证券交易委员会亟需重建声誉。❽❸

美国针对内幕交易的政策是由美国证券交易委员会制定并实施的,然而,其有效性受到了一些因素的限制,包括法院对"内幕交易"解释的不一致以及证券交易委员会最初在规制内幕交易行为上的缺陷。自 20 世纪

---

❼ 参见脚注❶麦考伊和萨默文章,第 319 页。

❼❽ Levitt, B. (2003),'Sarbanes‑Oxley insider trading prohibitions affect insiders outside the US', *International Company and Commercial Law Review*, 14 (9), 293‑299, at 299.

❼❾ 参见脚注❺❾沈文章。

❽⓿ 同上。

❽❶ Ashe, M. (2009),'The long arm of the SEC', *Company Lawyer*, 30 (7), 193‑194, at 193. 特别参见美国上诉法院的决定:US Securities and Exchange Commission v Manterfield〔2009〕EWCA Civ 27.

❽❷ Newkirk, T. (2001),'Conflicts between public accountability and individual privacy in SEC enforcement actions',*Journal of Financial Crime*, 8 (4), 319‑324.

❽❸ Harris, J. (2010),'Getting over Madoff: how the SEC must restore its credibility', *Company Lawyer*, 31 (2), 33‑34, at 33. 关于证券交易委员会表现的深入讨论,参见 Securities and Exchange Commission *Investigation of Failure of the SEC to Uncover Bernard Madoff's Ponzi Scheme ‑ Public Version* (Securities and Exchange Commission: Washington, DC, 2009).

80 年代以来，伴随着广泛而多样的内幕交易行为的发生，美国证券交易委员会的反内幕交易政策参照美国的反洗钱政策发生了根本性的变化。拉科夫认为，美国内幕交易政策体系的有效性由于很难统计受到内幕交易信息诱惑但并未实施内幕交易的行为，或者虽然实施了内幕交易行为但逃脱了侦查的人数而显得难以评估，但也并非完全没有评估线索。[84] 卡曼和胡德认为，美国内幕交易法的发展是一段漫长而曲折的过程。[85]

二、内幕交易的报告义务

美国内幕交易政策的第二部分关于内幕交易的报告义务与本书第 4 章讨论的反欺诈政策有关。储蓄机构有义务通过货币交易报告（CTR）或可疑交易报告（SAR）报告欺诈活动，通过填写美国财政部金融犯罪执法网络局 101 号表格报告证券和期货行业的可疑交易；可疑交易报告由储蓄机构、证券和期货机构、赌场和信用卡俱乐部等在 101 号表格的相应空格内报告不同类型的欺诈行为，特别是证券欺诈行为。大量的欺诈活动都与内幕交易有关，美国财政部金融犯罪执法网络局报告称，"23% 的可疑交易报告涉及证券欺诈行为，包括市场操纵、内幕交易和虚假交易等"[86]。2007—2008 年，报告的可疑内幕交易数量增加了 29%[87]，美国证券交易委员会利用从可疑交易报告中收集的信息对内幕交易进行了大量调查。[88] 美国证券交易委员会在打击内幕交易中使用的另一个报告系统是"证券观

---

[84] 参见脚注[49]拉科夫和伊斯顿文章，第 285~286 页。

[85] Kamman, T. and Hood, R. (2009), 'With the spotlight on the financial crisis, regulatory loopholes, and hedge funds, how should hedge funds comply with insider trading laws?', *Columbia Business Law Review*, 2, 357–467, at 363.

[86] FinCEN *Mortgage loan fraud connections with other financial crime: an evaluation of suspicious activity reports filed by money service businesses, securities and futures firms, insurance companies and casinos* (FinCEN: Washington, DC, 2009b) at 7.

[87] FinCEN *Suspicious activity review – trends, tips and issues*, Issue 15 (FinCEN: Washington, DC, 2009a) at p. 9.

[88] 同上，第 18 页。

察、新闻分析和监管系统"（SONAR 系统）。SONAR 系统于 2001 年建立，由全美证券交易商协会（NASD）负责监控各类股票市场，以发现内幕交易和欺诈行为。[89] 沈指出，当某只股票的价格波动超过预定参数时，SONAR 系统将发出"警报"，由多个监管分析师和调查小组进一步审查；系统每天大约发出 50～60 条警报，其中一些会提交给美国证券交易委员会做进一步调查。美国纽交所还使用先进的技术和模型识别系统实时监控所有公开交易股票的交易量和价格变动数据，如果有足够的间接证据表明存在内幕交易且证券交易所没有权限解决这一问题，将提交给美国证券交易委员会做进一步调查。[90]

第四节 英国内幕交易政策

一、内幕交易的刑事定罪

英国直到 1980 年才在《公司法》中将内幕交易定为犯罪，后来在 1985 年并入《公司证券交易法案》。1993 年颁布的《刑事司法法》第 5 部分"内幕交易指令"是对内幕交易刑事定罪的进一步改革。[91]《刑事司法法》中规定的内幕交易罪行包括三类[92]：一是"内幕人员"买卖价格受内幕信息影响波动的证券[93]；二是"内幕人员"唆使他人买卖价格受内幕信

---

[89] Goldberg, H., Dale, K., Lee, D., Shyr, P. and Thakker, D. (2003) *The NASD Securities Observation, News Analysis & Regulation System (SONAR)*, available from http://www.aaai.org/Papers/IAAI/2003/IAAI03-002.pdf (accessed 12 August 2010).

[90] 参见脚注[59]沈文章。

[91] 第 89 编第 592 节。

[92] 1993 年《刑事司法法》第 52 节。

[93] 1993 年《刑事司法法》第 52（1）节。

息影响波动的证券❹;三是一方在受雇、职责或职业需要履职过程以外,向另一方泄露与内幕信息有关的信息。❺ 被控内幕交易的个人必须是拥有"内幕信息"的"内幕人员",虽然每一项罪行的犯罪手段和犯罪动机各不相同,犯罪嫌疑人都必须在受监管的市场上自行或者依托证券交易中介进行证券交易。如果没有实际进行证券交易,则不适用该条款。

从犯罪要件来看,犯罪嫌疑人必须实际交易相关证券,造成证券价格波动;内幕交易罪的犯罪要件还包括犯罪嫌疑人明知他人所掌握的信息是"内幕信息",而且他(她)因此成为主要或次要的"内幕人员"。关于"内幕人员"唆使他人买卖价格受内幕信息影响波动的证券罪,犯罪嫌疑人必须唆使他人买卖价格受内幕信息影响波动的证券;在这种情况下,被唆使的人只要知道或有"合理的理由相信交易将会发生",并不要求有实际的证券交易。❻ "内幕人员"唆使他人买卖价格受内幕信息影响波动的证券罪的犯罪动机是行为人明知自己是拥有"内幕信息"的"内幕人员",并且明知或有合理理由相信交易将发生,在这种情况下,检方只需要证明有合理理由相信被唆使的人会进行交易。该罪名可确保内幕交易犯罪行为人不能试图通过唆使他人进行证券交易而规避惩罚。泄露内幕信息罪的犯罪行为要件是犯罪嫌疑人向另一人泄露的信息"不是在受雇、职责或职业需要履职过程"中需要披露的❼,而且犯罪嫌疑人明知他泄露的信息是他作为"内幕人员"掌握的"内幕信息"。

内幕交易罪的共同特征是"内幕人员"拥有"内幕信息",并从事法律禁止的行为。❽《刑事司法法》的规定涉及如何认定内幕信息、内幕人员和信息使用等问题。该法案禁止与"内幕信息"相关证券的"内幕交易"的规定,比以前的规定更宽泛,但还是缺乏全面性❾。该法案所指的证券

---

❹ 1993 年《刑事司法法》第 52 (2) (a) 节。
❺ 1993 年《刑事司法法》第 52 (2) (b) 节。
❻ 1993 年《刑事司法法》第 52 (2) (a) 节。
❼ 1993 年《刑事司法法》第 52 (2) (b) 节。
❽ Stallworthy, M. (1993),'The United Kingdom's New Regime for the Control of Insider Dealing', *International Company and Commercial Law Review*, 4 (12), 448 – 453.
❾ 参见脚注❽斯塔尔沃斯文章。

包括股票、债券、权证、存托凭证、期权、期货、差价合约等[100]。该法案限定犯罪行为发生在"受监管的市场"[101],"不论市场如何运作"[102],英国财政部在确定"受监管的市场"清单的同时,提供有内幕交易犯罪前科的人员名单。英国政府对受监管的市场的关注,排除了个人之间的面对面交易,原因可能是面对面交易中由交易相关人确保相互之间获取信息的公平。[103]

由于"内幕人员"必须拥有被称为"内幕信息"的信息才能构成内幕交易罪,因此内幕交易罪立法的关键是"内幕信息"概念的界定。"内幕信息"是指与特定证券或特定证券发行人相关[104]的特定或准确的[105]、尚未公开的[106],如果被公开可能会对证券价格产生重大影响[107]的信息。《刑事司法法》相关条款还将证券定义限定为"价格波动的证券"[108],表明当且仅当"内幕信息"公开时可能会对这些证券的价格产生重大影响。[109] 如何定义"对证券价格产生重大影响"是一个关键问题。"重大"一词表明并非所有的"内幕交易"行为都会被定罪,仅限于相关证券价格将受到或已经受到很大程度影响的情况,如股价大幅上涨,如果股价只发生很小的波动,则不能构成本罪。洛姆尼卡指出,这项规定排除了价格的微小变动,只留下对证券价格有显著影响的"内幕信息"。[110] "内幕信息"必须是"特定或准确的",是指《刑事司法法》相关条款所指向的"内幕信息"应当是可明

---

[100] 参见脚注[98]斯塔尔沃斯文章。
[101] 1993 年《刑事司法法》第 52(3) 节。
[102] 1993 年《刑事司法法》第 60(1) 节。
[103] 美国关于内幕交易的早期规定所涉及的市场只包括面对面交易的市场,而英国认定的市场范围包括受监管的所有匿名市场。
[104] 1993 年《刑事司法法》第 56(1)(a) 节。该规定指出,这里所说的证券不包括普通证券或普通证券发行人。
[105] 1993 年《刑事司法法》第 56(1)(b) 节。
[106] 1993 年《刑事司法法》第 56(1)(c) 节。
[107] 1993 年《刑事司法法》第 56(1)(d) 节。
[108] 1993 年《刑事司法法》第 56(2) 节。
[109] 同上。
[110] Lomnicka, E. (1994), 'The New Insider Dealing Provisions: Criminal Justice Act 1993, Part V', *Journal of Business Law*, March, 173-188.

确识别或明确定义的信息，⑪ 而且越是特定的信息对价格就越敏感⑫。条款中规定的"特定"或"准确"允许采取或然条款，表明允许在不能表明内幕信息精准性的情况下，可以采取更为广泛的方式进行"内幕信息"的认定。⑬

1993年《刑事司法法》中的内幕交易禁令还规定内幕信息必须尚未公开方可构成犯罪，因此任何属于公共领域的信息都不能引致犯罪。《刑事司法法》详细说明了内幕信息转化为公共领域信息的时间条件。⑭ 这里的一个关键因素是证券市场参与者的研究和努力是有价值与回报的，因为内幕信息的"公开"不一定通过证券发行人的公告，也可能是市场参与者在研究现有信息和数据基础上推断出的结论，利用这样的"公开"信息进行交易不构成内幕交易罪。《刑事司法法》中内幕交易禁令的另一个关键要素是关于犯罪主体的规定，内幕交易罪的犯罪主体仅仅是指知晓"内幕信息"的"内幕人员"⑮，"内幕人员"明知其"内幕信息"的来源⑯是当且仅当他是证券发行人的董事、雇员或股东时获得的信息⑰，或因其工作、职务或职业而获得的信息⑱，或其信息的直接或间接来源是证券发行人的董事、雇员或股东⑲。

虽然立法没有明确规定，但"内幕人员"又可细分为一级"内幕人员"和二级"内幕人员"。一级"内幕人员"是指作为发行人或与发行人有密切联系的接收或掌握信息的人，包括在正常业务过程中获取价格敏感信息的人。从本质上讲，一级"内幕人员"是指通过与公司的关系获取可能对公司证券价格产生重大影响的价格敏感信息的"内幕人员"，包括董

---

⑪ Lomnicka, E. (1994), 'The New Insider Dealing Provisions: Criminal Justice Act 1993, Part V', *Journal of Business Law*, March, 173–188.

⑫ Zekos, G. (1999), 'Insider trading under the EU, USA and English laws: a well recognised necessity or a distraction?', *Managerial Law*, 41 (5), 1–35.

⑬ 参见脚注⑪，本书中给出的结论是，即使没有规定具体的获取超额利润数额，但可以从交易中捕捉到交易利润将超过预期的迹象。

⑭ 1993年《刑事司法法》第59节。

⑮ 1993年《刑事司法法》第57 (1) (a) 节。

⑯ 1993年《刑事司法法》第57 (1) (b) 节。

⑰ 1993年《刑事司法法》第57 (2) (a) (ⅰ) 节。

⑱ 1993年《刑事司法法》第57 (2) (a) (ⅱ) 节。

⑲ 1993年《刑事司法法》第57 (2) (b) 节。

事、雇员和股东。二级"内幕人员"是从一级"内幕人员"处获取包含未公开的价格敏感信息的人员，如果二级"内幕人员"利用"内幕信息"进行交易或唆使他人进行交易，则要承担内幕交易罪相应的法律责任。例如，办公室清洁工就可能成为二级"内幕人员"。《刑事司法法》第 52 节还将内幕交易禁令的范围扩展到某些"依赖专业中介机构，自己作为专业中介机构"进行的"场外"交易。⑳ 内幕交易禁令范围的扩大使更广泛的市场交易可以被纳入法律的管辖范围。㉑《刑事司法法》第 59 节对专业中介机构做了界定㉒，是指专业从事证券交易的机构，如股票经纪人。《刑事司法法》第 61 节规定了内幕交易罪的刑罚，如经简易程序定罪，可被判处 6 个月监禁及/或罚款；如经公诉程序定罪，可被判处 7 年监禁及/或罚款。《刑事司法法》还规定了一些抗辩理由，即"内幕人士"未能预期交易产生利润，虽然所涉信息是与证券有关的价格敏感信息㉓；或者基于合理理由认为该信息已被广泛披露，足以确保参与交易的所有人不会因为不占有该信息而受到损害㉔；或者参与交易的人员即使不知道这些信息，也会做出与知道这些信息同样的交易决定㉕。此外，《刑事司法法》附录 1 还列出了进一步的抗辩理由。㉖ 除了前面讨论的关于内幕交易罪的规定外，英国法律还将故意误导金融市场的行为定为犯罪。2000 年《金融服务和市场法》第 397 节规定，"在明知陈述、承诺或预测具有重大误导性、虚假性或欺骗性的情况下而做出陈述、承诺或预测；不诚实地隐瞒重要事实；或罔顾后果做出具有重大误导性、虚假性或欺骗性的陈述、承诺或预测"的行为构成误导金融市场罪㉗。

---

⑳ 1993 年《刑事司法法》第 57 (3) 节。
㉑ 参见脚注⑱斯泰尔沃西文章。
㉒ 1993 年《刑事司法法》第 59 节。
㉓ 1993 年《刑事司法法》第 53 (1) (a) 节。
㉔ 1993 年《刑事司法法》第 53 (1) (b) 节。
㉕ 1993 年《刑事司法法》第 53 (1) (c) 节。
㉖ 1993 年《刑事司法法》。
㉗ 2000 年《金融服务和市场法》的前身是 1986 年《金融服务法》第 47 节。参见 Barnett, W. (1996), 'Fraud enforcement in the Financial Services Act 1986: an analysis and discussion of s. 47', *Company Lawyer*, 17 (7), 203–210。

二、市场滥用监管制度

有人认为,《刑事司法法》针对内幕交易的刑事定罪在很大程度上是失败的,这个观点值得商榷。[128] 因为证券交易可能不透明和难以理解,而且有时发生在极少数群体之间,导致内幕交易罪的证明标准成为刑法的重大障碍。英国政府对缺乏定罪证据这一问题的解决方案是"用监管来填补缺口"。[129] 解决市场滥用问题的方法是建立"市场滥用监管制度",不仅规制内幕交易行为,而且规制可能影响金融市场诚信的所有不法行为。市场滥用监管制度的关键目标之一,就是通过降低刑事定罪所需的证明标准,赋予英国金融服务管理局最大的自由裁量权[130]。是否在《刑事司法法》执行过程中嵌入民事条款成为人们激烈争论的一个话题,但当时看来启用民事处罚还需要一个漫长的过程。[131]《刑事司法法》中有关内幕交易禁令的刑事条款并未能成功惩罚犯罪,从而使民事立法重回议事日程。2000 年《金融服务和市场法》的总体目标是建立一个监督所有金融服务业务的全面监管结构。为了实现维护市场信心[132]、确保金融稳定[133]、提高公众认识[134]、保护消费者[135]和减少金融犯罪[136]五大目标,金融服务管理局被赋予了很大的权力以制定相关规则。解决市场滥用问题涵盖了上述目标中的三个,如果有

---

[128] Alcock, A. (2002), 'Market abuse', *Company Lawyer*, 23 (5), 142 – 150 and Linklater, L. (2001), 'The Market Abuse Regime: setting standards in the twenty – first century', *Company Lawyer*, 22 (9), 267 – 272.

[129] Filby, M. (2004), 'Part VIII Financial Services and Markets Act: filling insider dealing's regulatory gaps', *Company Lawyer*, 23 (12), 363 – 370.

[130] Swan, E. (2004), 'Market abuse: A new duty of fairness', *Company Lawyer*, 25 (3), 67 – 68.

[131] Ed. (1993), 'Insiders beware!', *company Lawyer*, 14 (11), 202.

[132] 2000 年《金融服务和市场法》第 3 节。

[133] 2000 年《金融服务和市场法》第 3A 节。为应对全球金融危机,2010 年《金融服务法案》加入了这一条款。

[134] 2000 年《金融服务和市场法》第 4 节。

[135] 2000 年《金融服务和市场法》第 5 节。

[136] 2000 年《金融服务和市场法》第 6 节。

创意地运用市场滥用监管规定，还有助于提高公众的认识水平。因此，最重要的不是如何狭义地解释市场滥用监管规定，而是要依据法律促使金融服务管理局致力于保持市场的纯洁、高效，树立投资者的信心，保护个人消费者防止反向交易，减少金融犯罪特别是欺诈犯罪的发生。[137] 尽管《金融服务和市场法》（手册）的市场滥用监管规则[138]将在控制市场滥用方面发挥核心作用，但还必须全面参考手册中的其他规则，特别是《商业原则》[139]《高级管理、系统和控制》[140]《监管手册》[141]《决策与处罚手册》[142]《信息披露透明度规则》[143] 和《上市规则》[144] 等具体规定。

新的市场滥用监管制度被称为是"新奇的"[145]"有争议的"[146] 和"魔幻的"[147]。这些主要是对市场滥用监管规则中的民事条款的评价。新的市场监管制度旨在对 1995 年《刑事司法法》的刑事条款形成补充，而非替代相关的刑事条款。[148] 新的市场滥用监管制度在对《市场滥用指令》（MAD）进行重大修订的基础上于 2001 年生效，旨在为整个欧盟市场设定市场滥用的最低标准[149]，同时将新的重点放在防止市场滥用行为的发生上。《市场滥用指令》是使用拉姆法鲁西流程实施的旨在加快实施构成欧盟"金融服务行动计划"的一部分，以促使欧盟在处理市场滥用问题上达成一致。[150] 新

---

[137] 在本章编写过程中，英国新保守党/自由民主党联盟宣布对银行和金融服务监管进行重大改革，金融服务管理局将监管银行和维护金融稳定方面的大部分职责转移给英格兰银行。在撰写本书时，尚不清楚拟议改革的最终结果。

[138] MAR。

[139] PRIN。

[140] SYSC。

[141] SUP。

[142] DEPP。

[143] DTR。

[144] LR。

[145] 参见脚注[128]林克莱特文章。

[146] 参见脚注[128]阿尔科克文章。

[147] Alcock, A. (2001),'Market abuse – the new witchcraft', *New Law Journal*, 151, 1398.

[148] Sykes, A. (1999),'Market abuse: a civil revolution', *Journal of International Financial Markets*, 1 (2), 59 – 67.

[149] 2003 年欧洲理事会条例第 3 项。

[150] Hansen, J. (2007),'MAD in a hurry: the swift and promising adoption of the EU Market Abuse Directive', *European Business Law Review*, 15 (2), 183 – 221.

的《市场滥用监管制度》于 2005 年 7 月 1 日生效。[151]

《金融服务和市场法》规定的市场滥用的方式是多样的,包括与如下行为相关的市场滥用行为:①获准在规定市场上市交易的合格投资;②已向市场提出上市申请的合格投资;③与符合本法第 2 节或第 3 节规定的合格投资相关的,且属于第 2~8 节规定的任何一种或多种行为类型的投资。[152] 2000 年《金融服务和市场法》第 8 部分适用于其行为对市场产生影响的所有人员,无论其是否需要寻求授权或享有豁免权。《金融服务和市场法》中的市场滥用监管规定与内幕交易刑事条款的区别在于,《金融服务和市场法》中规定的市场滥用行为既可以由个人实施,也可以由法人实施,这与《刑事司法法》中的内幕交易刑事条款规定只能由个人实施市场滥用行为不同。两者都规定了市场上交易的合格投资可能发生的市场滥用,但规制的市场滥用行为的范围都比 1993 年《刑事司法法》更广。

英国《金融服务和市场法》最初主要规制三类行为,即滥用信息[153]、制造虚假和误导性信息[154],以及扭曲市场的行为[155]。《市场滥用指令》所引入的领域与英国现行法律大致相似,然而,由于该指令撤销了当时生效的英国市场滥用制度,其范围比最初的《金融服务和市场法》要窄。[156] 自《市场滥用指令》出台和颁布以来,其适用范围已逐步扩大到两大类共七种类型的行为。[157] 海恩斯说,"自《金融服务和市场法》颁布以来,市场滥用监管制度的实质就是要将不同类型的市场滥用行为纳入其规制的范畴"[158]。前三种行为与内幕信息或尚未公开的信息滥用有关,后四种行为与

---

[151] 2005 年《金融服务和市场管理法市场滥用监管制度》(SI 2005/381)是根据 2000 年《金融服务和市场法》修订的。

[152] 2000 年《金融服务和市场法》第 118 节。

[153] 2000 年《金融服务和市场法》第 118 (2) (a) 节。

[154] 2000 年《金融服务和市场法》第 118 (2) (b) 节。

[155] 2000 年《金融服务和市场法》第 118 (2) (c) 节。

[156] Burger, R. and Davies, G. (2005b), 'What's new in market abuse – Part 2', *New Law Journal*, 155, 964.

[157] 《市场滥用指令》将相关犯罪分为内幕交易和市场操纵两大类。

[158] Haynes, A. (2007), 'Market abuse: an analysis of its nature and regulation', *Company Lawyer*, 28 (11), 323–335, at 323.

各种类型的市场操纵有关。与《刑事司法法》中的刑事条款不同,新的市场滥用监管制度不要求检方确认市场参与者违反监管制度的主观动机[159],因为政府认为市场滥用监管制度的主要目标是维持金融市场的清洁高效,而非惩戒不法分子[160]。斯旺指出,如果市场滥用行为是过失所致,可能会导致市场滥用监管制度的误用。[161]金融服务管理局在对金融服务和市场联合委员会的回应中表明,他们"并不打算起诉市场滥用过失犯罪人"[162]。对这类缺乏主观犯罪动机的市场滥用过失行为人不予起诉的规定现已得到上诉法院的认可。[163]

英国金融服务管理局必须发布一份概述其在防范市场滥用方面的责任行为准则。[164]《金融服务和市场法》(手册)中的《市场行为准则》(MAR)是市场滥用制度运作的"核心"[165]和"支柱"[166]。最初的版本只说明了哪些行为不构成市场滥用[167];后来的版本则明确了构成市场滥用的行为种类,为市场参与者提供了避免构成市场滥用行为的指南,也为确定行为是否构成市场滥用提供了帮助和指导[168]。但是,该准则并没有对构成市场滥用的所有类型的行为进行详尽描述[169],也没有对确定行为是否为市场滥用时应考虑的所有因素进行详尽描述[170]。该准则中还包含两项不构成市场滥用犯罪的"安全港"条款,即股票回购计划和与新股发行价格稳定

---

[159] 《市场行为准则》第1.2.6条。
[160] 参见脚注[147]阿尔科克文章。
[161] 参见脚注[130]斯旺文章。
[162] Joint Committee on Financial Services and Markets, First Report, para 265, http://www.publications.parliament.uk/pa/jt199899/jtselect/jtfinser/328/32809.htm (accessed 8 July 2010).
[163] *Winterflood Securities Ltd and others v Financial Services Authority* [2010] EWCA Civ 423; [2010] WLR (D) 101.
[164] 2000年《金融服务和市场法》第119节。
[165] 参见脚注[128]林克莱特文章,第269页。
[166] Sabalot, D. and Everett, R. (2004) *Financial Services and Markets Act* 2000, Butterworths New Law Guide LexisNexis, at 270.
[167] 这部分被称为"安全港"规则,即不构成市场滥用的行为。
[168] 《市场行为准则》第1.1.2条。注意:标有"C"的行为都不构成市场滥用(参见第1.1.4条)。
[169] 《市场行为准则》第1.1.6条。
[170] 《市场行为准则》第1.1.7条。

计划❶。

那么，究竟哪些行为会构成市场滥用呢？我们应当参考《金融服务和市场法》和《市场行为准则》来认定哪些行为构成市场滥用，哪些行为不构成市场滥用。

构成市场滥用的第一类行为也是最典型的行为就是，"内幕人员"根据"内幕信息"进行交易或试图进行交易❷。

第二类行为是不当披露，即"内幕人员"未经允许向另一人披露"内幕信息"❸。英国金融服务管理局举了一个公司员工市场滥用行为的典型案例，该员工发现自己的公司已成为收购目标，在信息公开之前购买或出售了公司股票❹。不当披露条款旨在防止"内幕人员"将"内幕信息"告诉其朋友或同事。围绕并购可能出现的市场滥用行为的经典案例早已为大众熟知，这也是金融服务管理局及其前身机构主要担心的市场滥用行为。英国金融服务管理局指出，尽管统计数据正在逐步完善，但并购公告发布之前的交易价格变动水平还是令人担忧。❺ 最近这一行为再次引起了人们的高度关注，超过30%的并购中出现了异常价格波动，这也是五年来的最高水平❻。

构成市场滥用的第三类行为是滥用通常无法获得的信息影响投资者的交易决定。❼ 英国金融服务管理局援引这类行为的例子是，一名员工得知公司即将失去一份对其证券价格影响重大的合同而做出交易决定，如政府

---

❶ 《市场行为准则》第1.10条和附件1。
❷ 2000年《金融服务和市场法》第118（2）节。
❸ 2000年《金融服务和市场法》第118（3）节。
❹ Financial Services Authority (2008f), 'Why market abuse could cost you money – The revised Code of Market Conduct is here to help protect you', available at http://www.fsa.gov.uk/pubs/public/market_abuse.pdf (accessed 29 June 2010).
❺ Financial Services Authority (2007a) 'Market Watch. Market Division: Newsletter on market conduct and transaction reporting issues', available at http://www.fsa.gov.uk/pubs/newsletters/mw_newsletter21.pdf (accessed 30 June 2010).
❻ Wachman, R. (2010), 'Suspicious share trading before takeover news at five-year high', available at http://www.guardian.co.uk/business/2010/jun/10/fsa-takeover-suspicious-trading (accessed 30 June 2010).
❼ 2000年《金融服务和市场法》第118（4）（a）和（b）节。

取消了一艘航空母舰的订单。⑱

这是英国金融服务管理局特别保留的两个所谓"超级等效条款"中的第一条,尽管它不是《市场滥用指令》的组成部分,却比《市场滥用指令》的要求更进一步。"超级等效条款"涵盖了更多潜在的市场滥用行为,与《市场滥用指令》中要求市场参与者采取一些特定的积极行动相比⑲,"超级等效条款"保留了"行为"一词作为兜底。⑳ 该条款通过定期进行用户测试作为确定是否存在市场滥用行为的基础。从《市场行为准则》中的案例可以看出,该准则对市场滥用行为的规定比《市场滥用指令》更加宽泛,无须将拥有信息人员认定为"内幕人员",并且在"内幕人员"与非内幕人员的朋友共进午餐时告诉其有关收购的信息,然后该非内幕人员据此进行交易同样会被金融服务管理局起诉。㉑ 这里所指的信息也不要求是"内幕信息",而是普遍可用的相关的信息(RINGA)。由于这是从《市场滥用指令》前的制度中保留下来的,并且对《市场滥用指令》的规定做了延伸,适用于规制前面两类行为以外的《市场滥用指令》可能无法规制的市场滥用行为。㉒ "超级等效条款"受到一项"日落条款"的约束㉓,该条款于 2008 年 6 月 30 日触发生效㉔,但有效期至 2009 年 12 月 31 日㉕,这一期限后来又被延长至 2011 年 12 月 31 日㉖。这表明英国当局认为,至少在欧盟完成对市场滥用指令的审查之前,保持这些"超级等效条款"的灵活性是市场滥用监管制度的一个重要组成部分;也可能是因为英国不相信欧盟的最低标准可以规制市场滥用行为,这也是庞大的英国证券市场必须

---

⑱ 参见脚注⑭。

⑲ Financial Services Authority (2004b),'UK Implementation of EU Market Abuse Directive', available from http://www.fsa.gov.uk/pubs/other/eu_mad.pdf (accessed 5 July 2010).

⑳ Sheikh, S. (2008),'FSMA Market Abuse Regime: a review of the sunset clauses', International Company and Commercial Law Review, 19 (7), 234–236.

㉑ 《市场行为准则》第 1.5.10 条,第 1 段。

㉒ 参见脚注⑫洛克文章。

㉓ 参见脚注⑲谢赫文章。

㉔ 2005 年《金融服务和市场管理法市场滥用条例》(SI 2005/381)。

㉕ 2008 年《金融服务和市场管理法市场滥用条例》(SI 2008/1439)。

㉖ 2009 年《金融服务和市场管理法市场滥用条例》(SI 2009/3128)。

关注的。

构成市场滥用的第四类行为是操纵交易[187]，是指通过下达交易指令，对投资的供需关系形成误导，从而将投资的价格提高到人为的或异常的水平。[188]

构成市场滥用的第五类行为是操纵设备[189]，即使用虚拟设备或者其他手段进行交易或下达交易指令。

构成市场滥用的第六类行为是虚假传播，即在明知信息是虚假的或存在误导性的情况下，将其发布给投资人或发行人[190]。

构成市场滥用的最后一类行为是误导和扭曲行为[191]，即对投资的供需造成错误和误导的印象或者在投资中扭曲市场的行为，这是英国金融服务管理局"超级等效条款"中的第二条，该条款第一条涉及信息滥用，第二条涉及市场操纵和扭曲市场。此外，还应采用客观的"普通用户"测试，使其他不能归属于市场操纵、误导和扭曲市场的市场滥用行为同样受到规制。

《市场滥用指令》颁布前，英国条款的一个关键概念是"普通用户"的概念。原法律规定，与符合一个或多个设定条件的合格投资相关的市场滥用行为必须是作为市场的"普通用户"认识到该行为是相关人员未能遵守其既定职责行为准则的行为[192]。"普通用户"测试设置了一个测试市场参与者的客观假设标准，相当于判断市场参与者是否在过失诉讼中违反了注意义务的"理性人"标准的一种复杂的金融服务。[193]《市场滥用指令》中不包括"普通用户"测试，然而，尽管有"日落条款"的约束，英国金融服务管理局仍然保留了"普通用户"标准以支持"超级等效条款"。因此"普

---

[187] 2000年《金融服务和市场法》第118（5）（a）和（b）节。

[188] 例如，皇后公司诉证券及期货管理局，证券及期货管理局有限公司继续上诉审裁处，2001年英国高等法院第292号伯特兰·弗勒罗斯案，2001年欧盟法院案例第2卷第481号案例。

[189] 2000年《金融服务和市场法》第118（6）节。

[190] 2000年《金融服务和市场法》第118（7）节。

[191] 2000年《金融服务和市场法》第118（8）节。

[192] 2000年《金融服务和市场法》第118（1）（c）节，同时参见原《市场滥用指令》。

[193] *Blyth v Birmingham Waterworks* (1856) 11 Ex Ch 781；*Hall v Brooklands Auto Racing Club* [1933] 1 KB 205.

通用户"测试在 2000 年《金融服务和市场法》第 118 节第 4 条和第 8 条中做了规定。

《市场滥用指令》中规定的信息必须是"内幕人员"持有的"内幕信息",而非仅仅指"内幕信息"本身,这与《刑事司法法》中的内幕交易条款大体相同。[194]《市场滥用指令》的明显改进就是要求证券发行人提供能够获得"内幕信息"的"内幕人员"名单。[195] 2000 年《金融服务和市场法》第 118 节 B 部分列出了一些"内幕人员"的判定标准。"内幕人员"是指因担任证券发行公司的董事或股东[196],持有证券发行公司的资本[197],因其工作、职业或职责[198]或从事犯罪活动[199]而获得"内幕信息"的人员。此外,如果某人通过其他方式获得了他知道或应该知道的"内幕信息",也属于"内幕人员"[200]。《市场行为准则》也规定了判定"内幕人员"的标准。[201]《市场行为准则》根据《金融服务和市场法》(市场滥用条款)规定了认定"内幕人员"的系列标准,例如,掌握"内幕信息"的公司收购目标中的高级管理人员根据该系列标准被认定为"内幕人员"。

很明显,"内幕人员"的定义主要指向拥有"内幕信息"的人员,因此"内幕信息"的定义是能够对"内幕人员"的市场滥用行为成功起诉的关键。2000 年《金融服务和市场法》第 118 节 C 部分第 2 条和第 3 条界定了"内幕信息"的定义,《市场行为准则》也做了相关规定。[202] 这些条款分为非大宗商品衍生品的合格投资或相关投资[203]和属于大宗商品衍生品的投资[204]两部分。这两部分条款表明直接或间接与合格投资的发行人或合格

---

[194] Davies, P. (2008), *Gower and Davies Principles of Modern Company Law*, Sweet & Maxwell, London.

[195] 参见英国金融服务管理局《金融服务和市场法》手册第 2.8 节。

[196] 2000 年《金融服务和市场法》第 118B (a) 节。

[197] 2000 年《金融服务和市场法》第 118B (b) 节。

[198] 2000 年《金融服务和市场法》第 118B (c) 节。

[199] 2000 年《金融服务和市场法》第 118B (d) 节。

[200] 2000 年《金融服务和市场法》第 118B (e) 节。

[201] 《市场行为准则》第 1.2.7 条、第 1.2.8E 条和第 1.2.9G 条。

[202] 《市场行为准则》第 1.2.10 条。

[203] 2000 年《金融服务和市场法》第 118C (2) 节。

[204] 2000 年《金融服务和市场法》第 118C (3) 节。

投资有关[205]的，或者与一个或多个大宗商品衍生品有关[206]的普遍不可获得的"准确"信息[207]都属于"内幕信息"。就非大宗商品合格投资而言，要求信息对合格投资或相关投资的价格有重大影响[208]；就大宗商品而言，用户希望按照市场上公认的做法获取而实际不能获取的信息就是"内幕信息"[209]。由于大宗商品具有不同的物理特性，因此大宗商品市场获取信息的方式是多元的。[210]《金融服务和市场法》第118节C部分第5条对"准确"做了定义，"准确"是指存在或可以合理预期的情况，或已经发生或可以合理预期的事件[211]，而且这些情况或事件是具体的，并可能对合格投资或相关投资的价格产生影响[212]。这个定义不是特别明确，问题的关键是关于"内幕信息"应该有多准确或多具体存在一些争论，如果过于具体，可能会对金融服务管理局的执法形成障碍。对"内幕信息"的认定不应被过于具体的要求过分限制的观点得到了普遍认同。[213]

对于"内幕信息"的要求除了准确外，还要求"可能对合格投资或相关投资的价格产生重大影响"[214]。这项规定与之前《刑事司法法》中的规定相类似，对被控市场滥用行为人采取行动的抗辩理由是"对价格产生的影响微不足道"，因为合格投资价格的微小变动不会构成市场滥用行为。究竟什么行为会构成市场滥用是由金融服务管理局决定的，通过对金融服务管理局执法行动清单的调查可以了解"重大"在实践中的意义。[215] 因此，金融服务管理局会衡量理性的投资者会根据信息采取什么行动，由"内幕

---

[205] 2000年《金融服务和市场法》第118C（2）（a）节和118C（3）（a）节。
[206] 2000年《金融服务和市场法》第118C（2）（b）节。
[207] 2000年《金融服务和市场法》第118C（3）（b）节。
[208] 2000年《金融服务和市场法》第118C（2）（c）节。
[209] 2000年《金融服务和市场法》第118C（3）（c）节。
[210] 参见脚注❽哈德逊文章，第282页。
[211] 2000年《金融服务和市场法》第118C（5）（a）节。
[212] 2000年《金融服务和市场法》第118C（5）（b）节。
[213] 芬兰的判例法关于什么是"准确"的问题，参见 Hayrynen, J.（2008），'The precise definition of inside information?', *Journal of International Banking Law and Regulation*, 23（2），64–70.
[214] 《金融服务和市场法》第118C（6）节。
[215] Financial Services Authority（n/d），'Enforcement Notices, Financial Services Authority', available from http://www.fsa.gov.uk/pages/About/What/financial_crime/market_abuse/library/notices/index.shtml（accessed 1 July 2010）.

信息"导致的价格变动越显著,金融服务管理局就越有可能将其认定为"重大"[216]。

认定是否为"内幕信息"的另一个关键因素是信息是否已公开。只有"无法普遍获得"的信息才属于"内幕信息"[217],一旦信息被视为普遍可获得,它就不再是可以被市场滥用的"内幕信息"。《金融服务和市场法》第118节C部分第8条和《市场行为准则》为确认信息是否为"普遍可用"提供了依据和指导,并大量举例说明哪些信息为"普遍可用"信息[218]。这些信息包括以适当方式向指定市场披露的信息[219]、公开可得的信息[220]、支付费用才能获得的信息[221],以及通过分析或研究其他普遍可获得的信息而获得的信息[222]。如果信息是在英国以外的地方获得[223]或者只能由具有相当"经济资源、专业知识或能力"的人分析获得[224],则不能被界定为"内幕信息"。《市场行为准则》中给出的例子是一名乘客乘坐火车时看到一个正在燃烧的工厂,并打电话给他的经纪人出售该公司的股份,因为该信息被视为"普遍可用",所以不会构成市场滥用。[225] 如今信息的形式多种多样,何种证据能证明信息不被视为"内幕信息"是一个难题。《市场行为准则》中的规定使专业和有才华的市场分析师及证券经纪人在其用于分析研究的信息不是"内幕信息"的情况下,可以免受市场滥用行为的指控;证券经纪人即使有偿获得不是市场"普遍可用"的信息而做出全面、专业的分析,也不违反市场滥用的规定,除非他们已经做过同样的研究。《市场滥用指令》亟需改革创新的关键是采取更积极主动的措施防止市场滥用。

---

[216] 参见脚注❸哈德逊文章,第284页。
[217] 2000年《金融服务和市场法》第118C(2)(a)节、第118C(3)(a)节、第118C(4)(b)节。
[218] 《市场行为准则》第1.2.12E条。
[219] 《市场行为准则》第1.2.12E条第1段。
[220] 《市场行为准则》第1.2.12E条第2段。
[221] 《市场行为准则》第1.2.12E条第3段。
[222] 《市场行为准则》第1.2.12E条第5段。
[223] 《市场行为准则》第1.2.12E条第1段。
[224] 《市场行为准则》第1.2.12E条第2段。
[225] 《市场行为准则》第1.2.12G条。

《市场滥用指令》要求建立一个可疑交易报告系统[226]，尽管这对金融部门在反洗钱方面并不是一项新要求[227]，但它对监测可疑的市场滥用行为却是一项新举措[228]。

三、市场滥用法律执行

各方人士对关于市场滥用监管制度的主要职能是惩罚市场滥用者存在争议，为此，2000年《金融服务和市场法》第8部分的内容主要是"对市场滥用行为的惩罚"，市场滥用监管制度最初就重申了上述立场，并要求成员国监管当局努力防止市场滥用的发生。《市场行为准则》阐明了什么人实施何种行为会构成市场滥用。市场参与者可以对他们的行为是否应受到2000年《金融服务和市场法》第8部分条款的处罚有明确的认识，然而市场滥用监管制度仍然在惩罚市场滥用者方面发挥着至关重要的作用。法律赋予英国金融服务管理局相当大的权力对涉嫌市场滥用的行为人进行调查，2000年《金融服务和市场法》中对英国金融服务管理局的调查权力做了明确规定，允许英国金融服务管理局任命专业人员依据第167节进行一般调查或依据第168节进行特别案件的调查，与第168节有关的案件类型包括内幕交易[229]和市场滥用[230]。英国金融服务管理局必须确定某人从事了市场滥用行为[231]或者唆使他人从事了会构成市场滥用行为的行为[232]，才能依据法律对其进行处罚。英国金融服务管理局的调查结果会送交监管决策委员会，该委员会拥有是否对个人实施处罚的决策权。

---

[226] 《市场滥用指令》第6.9节。
[227] 参见2002年《犯罪所得法》。
[228] 详细的可疑交易报告要求载于《市场滥用监管手册》第15.10节。
[229] 2000年《金融服务和市场法》第168（2）（a）节。
[230] 2000年《金融服务和市场法》第168（2）（d）节。
[231] 2000年《金融服务和市场法》第123（1）（a）节。
[232] 2000年《金融服务和市场法》第123（1）（b）节。

如果英国金融服务管理局提议采取行动，则必须发出警告通知。[233] 同样，如果英国金融服务管理局提议施加罚款，则必须说明罚款的金额并发出警告通知[234]；如果提议谴责，也必须发出警告通知并说明谴责的内容[235]。英国金融服务管理局在发出警告通知后如果形成决定，必须就对某人采取的行动[236]、施加处罚[237]或发表谴责声明[238]向金融服务和市场管理法庭报告，这是为了制衡金融服务管理局的权力而建立的机构，它是一个独立的法庭，专门审理针对金融服务管理局裁决的上诉。金融服务管理局在已证明存在市场滥用行为的情况下，可以视严重程度采取不同措施。首先，金融服务管理局可以根据《金融服务和市场法》第 123 节的规定处以无限度金额的经济罚款[239]；其次，它还有权公开谴责市场参与者[240]、下达市场滥用禁令[241]或要求其采取补救措施[242]；此外，它还可以自行下达赔偿令[243]。为了确保更高的透明度和消除侵犯公民权的担忧，英国金融服务管理局被要求发布一份"政策声明"[244]，概述其打算如何实施处罚制度，详细说明何时、如何实施处罚、处罚金额以及其他相关政策。[245] 与内幕交易条款一样，英国金融服务管理局的任何处罚都不会导致交易无效或无法执行[246]，然而，为了确保有序遵守相关法规，金融服务管理局可以根据 2000 年《金融服务和市场法》第 25 部分申请下达损害赔偿令[247]。

英国金融服务管理局保留了根据《刑事司法法》对内幕交易提起刑事

---

[233] 2000 年《金融服务和市场法》第 126（1）节。
[234] 2000 年《金融服务和市场法》第 126（2）节。
[235] 2000 年《金融服务和市场法》第 126（3）节。
[236] 2000 年《金融服务和市场法》第 127（1）节。
[237] 2000 年《金融服务和市场法》第 127（2）节。
[238] 2000 年《金融服务和市场法》第 127（3）节。
[239] 2000 年《金融服务和市场法》第 123（1）节。
[240] 2000 年《金融服务和市场法》第 123（2）节。
[241] 2000 年《金融服务和市场法》第 381 节。
[242] 2000 年《金融服务和市场法》第 383 节。
[243] 2000 年《金融服务和市场法》第 384 节。
[244] 2000 年《金融服务和市场法》第 124 节。
[245] 参见 2000 年《金融服务和市场法》（手册）第 6 部分《决定程序和处罚手册》。
[246] 2000 年《金融服务和市场法》第 131 节。
[247] 2000 年《金融服务和市场法》第 382 节、第 383 节、第 384 节。

诉讼的权力。[248] 然而，其因在这方面并未有实质性的措施更多地实施经济处罚而招致了批评[249]，甚至有人怀疑金融服务管理局是否会启动对内幕交易的刑事起诉。[250] 莱德指出，在金融服务管理局成立初期，管理层认为金融服务管理局更多地应该承担行业自律的职责，而没有意识到其职责也包含降低金融犯罪的发生率和打击市场滥用行为。[251] 然而，现在有证据表明，金融服务管理局开始对内幕交易采取更严厉的措施，未来可能会对此类行为提起更多的刑事诉讼[252]。亚历山大[253]提到，金融服务管理局执法部门主管玛格丽特·科尔在一次演讲中强调金融服务管理局将寻求增加刑事诉讼的数量[254]，金融服务管理局内部的其他人称之为"金融服务管理局执法理念的重大变化"[255]。在这次演讲后不久，金融服务管理局首次成功起诉了一起内幕交易案件，一名律师因向其岳父传递即将发生的收购信息而被判处8个月监禁[256]，对刑事起诉的重视和力度的加大已经呈现出效果。法院最近又赋予金融服务管理局以检察权，以确保金融服务管理局能够根据《刑事司法法》提起刑事诉讼，而无须求助于州务卿或检察长。[257] 金融服务管理局也因其更积极地规制市场滥用行为扩大了影响力，并将市场滥用罪的适

---

[248] 2000年《金融服务和市场法》第402（1）（a）节。

[249] Haines, J. (2008), 'FSA determined to improve the cleanliness of markets: custodial sentences continue to be a real threat', *Company Lawyer*, 29 (12), 370.

[250] 参见脚注❷伯格和戴维斯文章，第326页。

[251] Rider, B. (2008), 'Where angels fear!', *Company Lawyer*, 29 (9), 257 – 258.

[252] 参见脚注[249]海恩斯文章。

[253] Alexander, R, (2009a), 'Corporate crimes: are the gloves coming off?', *Company Lawyer*, 30 (11), 321 – 322.

[254] Financial Services Authority (2008d), 'After dinner remarks at Cambridge Symposium on economic crime', available at http://www.fsa.gov.uk/pages/Library/Communication/Speeches/2008/0901_mc.shtml (accessed 1 July 2010).

[255] Financial Services Authority (2008e), 'FSA and enforcing the Market Abuse Regime' available at http://www.fsa.gov.uk/pages/Library/Communication/Speeches/2008/1106_js.shtml (accessed 16 July 2010).

[256] Financial Services Authority (2009b), 'Solicitor and his father – in – law found guilty in FSA insider dealing case', available at http://www.fsa.gov.uk/pages/Library/Communication/PR/2009/042.shtml (accessed 4 July 2010).

[257] R (*Uberoi and Another*) v *City of Westminster Magistrates' Court* [2008] EWHC 3191 (Admin); [2009] 1 WLR 1905.

用范围从传统的证券市场延伸到债券市场。[258]

市场滥用监管制度中最具争议也最令人困惑的部分是关于罪行性质的认定。如前所述，2000 年《金融服务和市场法》第 8 部分的目标是引入一种与 1995 年《刑事司法法》所载刑事条款平行的民事条款。在市场滥用监管制度中加入与刑事条款相关的如"犯罪"和"起诉"等术语，并未能消除对罪行性质认定的困惑。[259]民事条款的引入迫使金融服务管理局在其原职责范围之外进行大量的问询工作[260]，对其最初问询工作[261]的大量评论概述了金融服务管理局如何正确地依据相关法律进行问询，但关键问题是所谓的民事制裁是否符合依据《欧洲人权公约》纳入英国法律体系的 1998 年《英国人权法》的规定，这是金融服务管理局就市场滥用行为向金融服务和市场管理法庭提起诉讼时面临的问题。[262] 2000 年《金融服务和市场法》第 123 节仅规定金融服务管理局必须认定市场滥用行为或唆使市场滥用行为发生的行为，这似乎不是一个特别高的标准。这一规定涉及市场滥用监管制度中的民事处罚是否可以准确地称为民事处罚，还是更类似于刑事处罚。争议的两个关键问题：一是与 1995 年《刑事司法法》规定的刑事证据标准相比举证责任的减少；二是无论对市场滥用的指控是否是刑事指控，都应该受到通常的保护。[263]

关于公民权问题的担忧贯穿了立法的整个过程。金融服务和市场管理联合委员会质疑市场滥用监管制度缺乏确定性，尤其是缺乏对市场滥用行

---

[258] Peat, R., Mason, I. and Bazley, S. (2010), 'Market abuse in the debt markets – a new FSA case', *Company Lawyer*, 31 (2), 50.

[259] 参见脚注[129]菲尔比文章。

[260] Financial Services Authority (1999), 'Feedback statement on responses to Consultation Paper 10: Market Abuse', available at http://www.fsa.gov.uk/pubs/cp/cp10_response.pdf (accessed 5 July 2010).

[261] Financial Services Authority (1998), 'Consultation Paper 10: Market Abuse Part 1: Consultation on a draft Code of Market Conduct', available at http://www.fsa.gov.uk/pubs/cp/cp10.pdf (accessed 5 July 2010).

[262] Conceicao, C. (2007), 'The FSA's approach to taking action against market abuse', *Company Lawyer*, 29 (2), 43–45.

[263] 此外有人担心，市场滥用监管制度缺乏《欧洲人权公约》第 7 条所要求的确定性。

为主观动机的规定。[264] 政府对这种担忧的回应是，2000 年《金融服务和市场法》不是关注个人的道德责任，而是确保市场的效率。[265] 赫恩山的莱斯特勋爵和雅万·赫伯格勋爵对这一问题进行了详细的调查，指出 2000 年《金融服务和市场法》第 6 节中的保护条款只适用于内幕交易的犯罪行为而不适用于滥用"内幕信息"的类似行为是非常不合理的。[266]

他们还认为，《刑事司法法》和 1986 年《金融服务法》刑事条款中的监禁处罚与市场滥用监管制度中的经济处罚没有充分区分不同性质的行为，而处罚的性质和严重程度应该是根据市场滥用行为的性质来决定的。[267] 由于存在上述问题，政府对市场滥用监管制度做了重大修订，纳入了全面的保护条款。尽管弗勒罗斯案是由英国金融服务管理局的前身英国证券及期货管理局办理的，但其中的定性问题同样受到司法界的普遍关注，对类似案件的办理具有一定的启示。[268] 该案件涉及一名证券交易员，他被取消了交易员资格并被处以 17.5 万英镑的罚款，他随后申请司法复审但被拒绝，因为莫里森法官认为案件在初审时已经参照了荷兰恩格尔案中欧洲人权法院的刑事和民事判决。[269] 该案件审理中所考虑的问题是成员国是否应该将案件列入相关监管法或刑法的管辖范围，所指控的罪行的性质是什么，以及过去可能施加的惩罚的性质和严重程度。莫里森法官在对原审理法院的审理过程进行充分调查后驳回了上诉，并认为从总体上看，该案件是一起民事诉讼案。弗勒罗斯还针对二审被驳回继续向上诉法院申请复审，理由是纪律听证会涉嫌侵犯其获得公平审判的权利而做出刑事判决，

---

[264] Joint Committee on Financial Services and Markets (1999), First Report, para 264, available at http://www.publications.parliament.uk/pa/jt199899/jtselect/jtfinser/328/32809.htm (accessed 8 July 2010).

[265] 同上，第 265 段。

[266] 参见脚注[264]金融服务和市场联合会报告，附录 C 第 32 段。

[267] 同上，附录 C 第 34 段和第 35 段。

[268] 弗勒罗斯诉证券及期货管理局案（2001 年英格兰和威尔士上诉法院第 2015 号案例），[2002] IRLR297。

[269] [1976] 1 EHRR 647. Queen v Securities and Futures Authority Ltd. Disciplinary Appeal Tribunal of the Securities and Futures Authority Limited, ex parte Bertrand Fleurose [2001] EWHC Admin 292; [2001] 2 All ER (Comm) 481.

一审和二审法院都违反了《欧洲人权公约》第 6 条规定的权利。上诉法院依旧驳回了他的上诉,理由是证券和期货交易所的诉讼程序并未涉及刑事指控。㉗ 但是,金融服务和市场管理法庭㉘就戴维森和塔塔姆案得出的结论是,就《欧洲人权公约》第 6 条而言㉙,对市场滥用的惩罚是一项刑事指控,但法庭得出结论,第 6 条中并未涉及举证责任:虽然《欧洲人权公约》第 6 条是关于刑事指控的条款,但其并未规定合理的刑事证据标准。我们认为,民事诉讼的标准证据具有足够的证明力,足以对市场滥用行为进行认定。㉚

金融服务和市场管理法庭就如何处理依据类似刑事条款进行民事诉讼的举证责任问题对前手法院的审理过程进行充分调查后,指出考虑到罪行的严重性和可能带来的惩罚的严重性,应该修订相关证据标准,并指出:综合法庭意见,我们认为可以制定平衡各方面可能性的单一证据标准,但在应用上要体现出一定的灵活性;被指控的行为越严重或者行为的后果越严重,根据平衡的证据标准找到能证明罪行的证据就要越有力,这样才能成功起诉。㉛ 金融服务和市场管理法庭就戴维森和塔塔姆案得出结论认为,由于对被告的指控和制裁非常严重㉜,因此需要更严格的证明标准以"建立有说服力的证据"㉝。在帕克案中,法庭指出,"很难在我们必须适用的标准和刑事标准之间做出有意义的区分"㉞,这是证明市场滥用行为已经发生变得越来越困难甚至危及立法的理由。同时也表明,当法庭判定罪行严

㉗ [1976] 1 EHRR 647. *Queen v Securities and Futures Authority Ltd. Disciplinary Appeal Tribunal of the Securities and Futures Authority Limited, ex parte Bertrand Fleurose* [2001] EWHC Admin 292; [2001] 2 All ER (Comm) 481.

㉘ 金融服务和市场管理法庭第 31 号案例, http://www.tribunals.gov.uk/financeandtax/Documents/decisions/FSMTribunal/DavidsonAndTatham.pdf(2010 年 7 月 7 日查阅)。

㉙ 同上。

㉚ 参见脚注㉘金融服务和市场管理法庭案例。

㉛ 同上。

㉜ 参见脚注㉘金融服务和市场管理法庭第 31 号案件,戴维森被处以 75 万英镑的罚款,塔塔姆被处以 10 万英镑的罚款。

㉝ 同上。

㉞ 参见脚注㉖康塞桑文章,第 44 页。

重时，所需的证据标准将与刑事标准几乎相同[278]，这促使阿尔科克注意到"证明犯罪可能比提起诉讼更难"[279]。

四、市场滥用可疑交易报告

英国反市场滥用政策的最后一部分是可疑交易报告制度，这部分可以与上述反洗钱和反欺诈的类似规定进行比较。2005年7月1日实施的《市场滥用指令》中规定了报告涉嫌市场滥用行为的义务。企业或个人必须在有合理理由怀疑涉嫌市场滥用行为时提交可疑交易报告，这与2002年《犯罪所得法》中的规定相同。金融服务管理局的可疑交易报告规定指出，如果在与获准在规定市场交易的合格投资者准备或者正在交易的过程中，有合理理由怀疑该交易可能构成市场滥用，必须毫不延迟地向金融服务管理局报告[280]；如果企业或个人未提交可疑交易报告，金融服务管理局有权对其实施经济处罚。

第五节　结　论

从上面的讨论中可以看出，禁止内幕交易市场滥用行为的规定随着时间的推移不断得到规范和完善。

---

[278] Burger, R. (2007), 'A principled front in the war against market abuse', *Journal of Financial Regulation and Compliance*, 15 (3), 331–336.

[279] Alcock, A. (2007), 'Five years of market abuse', *Company Lawyer*, 28 (6), 163–171, at 164.

[280] Financial Services Authority *FSA Handbook – SUP* (Supervision) (Financial Services Authority: London, 2008b) at SUP 15.10.2.

一、美国对内幕交易行为的规制

美国最初的法律是否真的打算禁止内幕交易活动值得怀疑，但通过美国证券交易委员会和美国司法机构的积极合作，内幕交易行为在很大程度上以独特的方式得到了适当的规制。美国对内幕交易采取了非常强硬的立场，在1934年将内幕交易定为犯罪，但美国证券交易委员会多年来并没有执行这些刑事条款。内幕交易刑事条款未能得到有效执行的原因有很多，例如，最初对内幕交易的司法解释不够明晰等。20世纪80年代，美国证券交易委员会的执法权力有所扩大，但其对违反内幕交易规定的人更多是进行了相应的民事处罚。为应对国际上对内幕交易立法措施不足的问题，美国证券交易委员会还主动联合其他国家共同推进内幕交易行为的刑事立法和执法。

二、英国对内幕交易行为的规制

英国对内幕交易的刑事定罪在很大程度上是失败的，因为其对内幕交易行为规定了很高的证明标准。2000年《金融服务和市场法》试图通过民事执法来弥补这方面的缺憾，但这部法律在颁布9年后仍然很难判断其是否在规制内幕交易方面取得了更大的成功，部分原因是其中的《市场滥用指令》在首次生效后仅4年就做了修改。金融服务管理局对内幕交易市场滥用行为处以较高的罚款，同时推动了内幕交易的刑事起诉，在内幕交易行为的规制方面较好地履行了职责。然而，英国联邦政府却决定在2012年前废除金融服务管理局，挑战无疑仍将长期存在。对无受害人犯罪的看法以及犯罪的证明标准依然是两大难题，特别是如果金融服务和市场管理法庭对于重大案件适用刑事证据标准，可能会导致市场滥用监管制度的失效。正如莱德所述，在公民自由权问题上的妥协导致用于救济的民事责任和刑事责任一样难以证明。[281] 如果英国金融服务管理局和英国法院像美国那样保持过去几年对内幕交易市场滥用行为所表现出的精力和专注,那么,尽管英国的市场滥用监管机制面临重大挑战,未来仍然将有很大发展。

---

[281] Rider, B. (2010), 'An abominable fraud?', *Company Lawyer*, 31 (7), 197 – 198.

第六章

没收和剥夺非法犯罪所得

剥夺罪犯非法利润的第一个也是最重要的法律工具是没收犯罪所得[1]。

第一节　引　言

全球金融犯罪战略的一个组成部分是执法机构剥夺有组织犯罪分子、贩毒集团和恐怖犯罪分子的非法收入。奈伦认为,"必须瓦解犯罪分子的财务体系,以打击他们最脆弱的神经中枢:资产"[2]。这一观点得到了金融行动特别工作组的认同,该工作组指出,强有力的应急措施和没收制度是有效的反洗钱和反恐怖主义融资制度的重要组成部分。没收可以防止犯罪所得被清洗或通过再投资用于其他形式的犯罪或掩盖非法所得。[3]

处置犯罪所得的方式是多样的,包括没收规定、刑事和民事没收制度以及税收程序。没收是指"无偿放弃或失去财产或权利"[4]。有四种传统的

---

[1] Stessens, Guy (2000) *Money laundering: a new international law enforcement model*, Cambridge University Press, Cambridge, at p. 29.

[2] Nelen, H. (2004), 'Hit them where it hurts most? The proceeds of crime approach in the Netherlands', *Crime, Law & Social Change*, 41 (5), 517 – 534, at 517. Also see Smellie, A. (2004), 'Prosecutorial challenges in freezing and forfeiting proceeds of transnational crime and the use of international asset sharing to promote international cooperation', *Journal of Money Laundering Control*, 8 (2), 104 – 114, at 104.

[3] Financial Action Task Force *Best Practices Confiscation (Recommendations 3 and 38)* (Financial Action Task Force: Paris, 2010) at p. 3.

[4] Gallant, Michelle (2005) *Money laundering and the proceeds of crime*, Edward Elgar, Cheltenham, at p. 54.

没收形式：刑事没收❺、没收用于犯罪的物品❻、没收危险违禁品❼和民事没收❽。没收现已成为没收制度的一个组成部分，没收制度是政府制定的一项制度，依据没收制度，刑事犯罪可能会导致财产权的丧失。❾《联合国禁止非法贩运麻醉药品和精神药物公约》即《维也纳公约》规定，没收是"根据法院或其他主管当局的命令永久剥夺财产权"❿。没收有三种类型：没收犯罪工具的收益、没收犯罪客体和没收犯罪所得。⓫ 本章的目的不是分析没收制度的演化趋势，而是探讨没收制度的有效性。⓬

没收或没收犯罪所得的权力为执法机构提供了一种有效但有争议的打击有组织犯罪的武器。允许没收非法犯罪所得的国际公约包括《维也纳公约》⓭、1990 年《欧洲委员会关于洗钱、搜查、扣押和没收犯罪所得的公约》⓮、1999 年《制止向恐怖主义提供资助的国际公约》⓯、2000 年《联合国打击跨国有组织犯罪公约》⓰、2003 年《联合国反腐败公约》⓱、2005 年《欧洲委员会关于洗钱、搜查、扣押和没收犯罪所得及资助恐怖主义的公约》⓲ 和联合国安全理事会 2001 年第 1373 号决议⓳。美国的没收措施载于

---

❺ 根据 1870 年《没收法》，废除了刑事没收。
❻ 例如 1971 年《禁止滥用药物法》第 27 条。
❼ 这一没收措施确保从公共领域清除危险和违禁物品。
❽ 这些权力已在海关法规中广泛使用，参见 2002 年《犯罪所得法》第 298 节。
❾ 参见脚注❶斯蒂森文章，第 30 页。
❿ 1988 年 12 月 20 日《联合国禁止非法贩运麻醉药品和精神药物公约》，共 1582 节，第 165 节、第 170（1）（f）节。没收也被称为授予法院"剥夺与犯罪直接相关的财产"的权力，参见 Oxford Analytica Ltd（2004），'Country report: anti–money laundering rules in the United Kingdom' in M. Pieith and G. Aiolfi（eds），A comparative guide to anti–money laundering: a critical analysis of systems in Singapore, Switzerland, the UK and the USA, Edward Elgar, Cheltenham, pp. 265–345, at 290.
⓫ 参见脚注❶斯蒂森文章，第 30 页。没收被定义为"剥夺罪犯的犯罪收益或利润"。同上。
⓬ 关于没收制度历史演化的详细说明参见脚注❹格兰特文章，第 54–74 页。
⓭ 1988 年 12 月 20 日《联合国禁止非法贩运麻醉药品和精神药物公约》，共 1582 节，第 165 节和第 170 节。
⓮ 1990 年《欧洲理事会条约汇编》第 141 号第 14 编第 8 节，斯特拉斯堡。
⓯ 联合国大会 1999 年 12 月 9 日第 54/109 号决议通过。
⓰ 联合国大会 2000 年 11 月 15 日第 55/25 号决议通过，通常被称为《巴勒莫公约》。
⓱ 联合国大会 2003 年 10 月 31 日第 58/4 号决议。
⓲ 《欧洲理事会条约汇编》第 198 号第 5 编第 16 节，华沙，2005 年。
⓳ 联合国安全理事会第 1373 号决议，联合国安全理事会第 56 届委员会第 4385 次会议第 1（a）条。

1970 年《药物滥用综合预防和控制法案》[20]、1984 年《综合犯罪控制法》、2000 年《民事资产没收改革法案》和 2001 年《美国爱国者法案》。英国关于没收的规定是因 R 诉卡斯伯特森案[21]的裁决而制定的,并载于 2002 年《犯罪所得法》[22]。没收犯罪所得的制度已成为美国和英国金融犯罪政策的一个组成部分,然而,其在执行过程中却一直遭受批评,因为有些情况下没有必要进行刑事审判,没收在这样的情况下被称为"合法的盗窃行为"和"违反宪法的行为"。本章的下一部分阐述了联合国和欧盟没收犯罪所得所采取的战略。

第二节 国际社会没收犯罪所得的政策

国际社会认识到处置犯罪所得的重要性,制定并实施了一系列法律措施。[23] 有评论称,这些措施是打击有组织犯罪和恐怖主义不可缺少的一部分。[24] 最早制定的与处置犯罪所得有关的《维也纳公约》规定,缔约国应采取措施,限制、扣押和没收贩毒所得和贩毒工具[25];《维也纳公约》规制

---

[20] Blumenson, E. and Nilsen, E. (1998), 'Policing for profit: the drug war's hidden economic agenda', *University of Chicago Law Review*, 65, 35 – 114, at 37.

[21] [1981] AC 470。

[22] 必须指出,与恐怖主义有关的没收措施载于 2000 年《反恐怖主义法》和 2001 年《反恐怖主义、犯罪和安全法》。

[23] Verbruggen, F. (1997), 'Proceeds – orientated criminal justice in Belgium: backbone or wishbone of a modern approach to organised crime?', *European Journal of Crime, Criminal Law and Criminal Justice*, 5 (3), 314 – 341, at 317.

[24] 参见 Young, Simon (2009a), 'Civil forfeiture for Hong Kong: issues and prospects', in S. Young (ed.), *Civil forfeiture of criminal property – legal measures for targeting the proceeds of crime*, Edward Elgar, Cheltenham, at pp. 278 – 320. 博格斯和摩尔指出,"没收犯罪所得的立法已经发展成为打击一切形式犯罪的一项重要文书,起草各种国际条约和公约在很大程度上促进了这一发展",参见 Borgers, M. and Moors, J. (2007), 'Targeting the proceeds of crime: bottlenecks in international cooperation', *European Journal of Crime*, 15 (1), 1 – 22, at 1。

[25] 《联合国禁止非法贩运麻醉药品和精神药物公约》或《维也纳公约》(1988 年),第 5 条。

的范围仅限于贩毒所得，而不包括其他刑事犯罪的收益[26]。斯普劳雷和圣德尼认为，《维也纳公约》的规定"可以适当地视为在打击毒品犯罪所带来的利益方面的重大突破，并且有力地支持了有效打击毒品贩卖就必须扼制其利润动机的观点"[27]。《巴勒莫公约》规定，缔约国应采取措施，允许没收公约认定的刑事犯罪所得，包括"用于或打算用于本公约所涵盖的犯罪的财产、设备或其他工具"[28]。《欧洲委员会关于洗钱、搜查、扣押和没收犯罪所得的公约》适用于没收任何犯罪所得[29]，比《维也纳公约》的适用范围更广。该公约指出，"缔约国应采取必要的立法和其他措施，没收犯罪工具、犯罪所得或价值相当于犯罪所得的财产"[30]。《制止向恐怖主义提供资助的国际公约》扩大了国际没收措施的范围，该公约规定，缔约国应采取适当措施，识别、检测、冻结或扣押任何与资助恐怖主义相关的资金。[31] 此外，联合国安全理事会第 1373 号决议是为了应对 2001 年的恐怖袭击而实施的。[32] 2003 年《联合国反腐败公约》将没收程序的范围扩大到其规定的腐败犯罪和其他犯罪。[33] 除这些措施外，金融行动特别工作组还规定：各国应该采取措施……包括立法措施，使其主管当局在不损害善意第三方权利的前提下，能够没收被清洗的财产、洗钱犯罪或其上游犯罪所得或相应价值的财产、用于或打算用于实施这些犯罪的工具。[34]

《欧洲委员会关于洗钱、搜查、扣押和没收犯罪所得及资助恐怖主义的公约》规定，缔约国应当制定并实施法律允许没收"被清洗的财产、犯

---

[26] 参见脚注❶斯蒂森文章，第 23 页。

[27] Sproule, D. and Saint–Denis, P. (1989), 'The UN Drug Trafficking Convention: an ambitious step', in *Canadian year book of international law*, p. 263.

[28] 2000 年《联合国打击跨国有组织犯罪公约》第 12 条。

[29] 参见脚注❶斯蒂森文章，第 30 页。

[30] 1990 年《欧洲委员会关于洗钱、搜查、扣押和没收犯罪所得的公约》第 2 条。

[31] 1999 年《制止向恐怖主义提供资助的国际公约》第 8 条。

[32] 参见脚注㉔杨文章，第 280 页。

[33] 2003 年《联合国反腐败公约》第 31 条。更详细的分析和评论，参见 Webb, P. (2005), 'The United Nations Convention Against Corruption – global achievement or missed opportunity?', *Journal of Internaitional Economic Law*, 8 (1), 191–229.

[34] 参见脚注❸金融行动特别工作组报告。

罪工具、犯罪所得和价值相当于这些所得的财产"㉟。国际社会认识到有组织犯罪、毒品犯罪和恐怖主义犯罪造成的问题而采取了上述措施。这些措施与其说是为了惩罚个人过去的错误，不如说是为了实现具体的刑事司法目标，包括返还犯罪所得、削弱犯罪组织的财务能力和对受害者实施补偿。㊱ 国际组织报告中显示，希望隐匿其财产的有组织犯罪分子、希望切断与其上游犯罪联系的洗钱者和追求非法目标的恐怖分子越来越狡猾，"国际执法界已达成一个共识，通过协调以积极追回资产，可以有效削弱有组织犯罪的大规模洗钱和获利能力"㊲。国际社会已认识到各自刑事司法系统的弱点，并引入了有争议的民事征用和没收制度。显然，国际社会为允许没收非法犯罪所得而采取的措施影响了美国和英国的立场。本章的下一部分回顾了没收权在美国的使用情况，没收权已成为美国打击贩毒集团、有组织犯罪分子和恐怖主义犯罪分子的关键。

第三节 美国没收犯罪所得的政策

美国以犯罪所得为目标，在立法和执法行动方面处于世界领先地位。美国制定的一系列法律法规和规定的执法权力是行之有效的㊳。

自 1789 年以来，民事没收法律一直是美国打击犯罪战略不可或缺的一

㉟ 2005 年《欧洲委员会关于洗钱、搜查、扣押和没收犯罪所得及资助恐怖主义的公约》，第 3 条。

㊱ Young, Simon (2009b), 'Introduction', in S. Young (ed.), *Civil forfeiture of criminal property – legal measures for targeting the proceeds of crime*, Edward Elgar, Cheltenham, pp. 1 – 10, at 1.

㊲ Rees, Edward, and Fisher, Richard (2008) *Blackstone's guide to the Proceeds of Crime Act 2002*, Oxford University Press, Oxford, at p. 1.

㊳ Evans, J. (1996), 'International money laundering: enforcement challenges and opportunities', *Southwestern Journal of Law and Trade in the Americas*, 2, 195 – 221, at 197.

部分。[39] 20 世纪 70 年代美国引入的刑事没收条款与其领导的"毒品战争"有关。[40] 格兰特认为,"美国用来打击犯罪分子财务系统的主要手段是没收"[41]。执法机构使用没收条款的原因是执法预算和经费自给自足的限制,以及政策从打击犯罪向追查非法资产的转变[42]。卡塞拉认为,没收政策确实起到了威慑作用[43],他指出,"当臭名昭著的歹徒和诈骗犯被剥夺了看似令人羡慕的生活方式时,实际上也是向守法公民传递了一个信息"[44]。没收条款还被用来通过追回犯罪活动造成的财产损失来补偿受害人。[45] 如果将没收条款与本书已经讨论过的美国反洗钱和反欺诈政策进行比较,可以发现有多项法规允许没收各种刑事犯罪所得。然而,没有一条通用法规允许没收犯罪中使用的工具或部分犯罪所得,因此没收政策只能通过特定的法律实现。卡塞拉认为,"大多数联邦刑法现在都授权没收资产,并将其作为被告定罪时可能施加的惩罚的一部分"[46]。

一、没收犯罪所得的相关立法

美国没收犯罪所得的立法源于打击毒品的斗争[47]。格兰特认为,这项立法"得到了里根政府的大力支持"[48]。美国国会在 20 世纪 70 年代决定制

---

[39] Cassella, Stefan (2009), 'An overview of asset forfeiture in the United States', in S. Young (ed.), *Civilforfeiture of criminal property – legal measures for targeting the proceeds of crime*, Edward Elgar, Cheltenham, pp. 23–51, at 24.

[40] 参见脚注[20]布鲁门森和尼尔森文章,第 35 页。

[41] 参见脚注[4]格兰特文章,第 75 页。

[42] 参见脚注[20]格兰特文章,第 40 页。

[43] Blanchard, A. (2006), 'The next step in interpreting criminal forfeiture', *Cardozo Law Review*, 28, 1415–1445, at 1422–1423.

[44] 参见脚注[39]卡塞拉文章,第 31–32 页。

[45] 同上,第 31 页。

[46] Cassella, S. (2004c), 'The forfeiture of property involved in money laundering offences', *Buffalo Criminal Law Review*, 7, 583–660, at 585.

[47] Johnson, B. (2002), 'Restoring civility – the Civil Asset Forfeiture Reform Act 2000: baby steps towards a more civilised civil forfeiture system', *Indiana Law Review*, 35, 1045–1085.

[48] 参见脚注[4]格兰特文章,第 74 页。

定刑事没收条款，以应对"毒品战争"[49]和打击有组织犯罪[50]。《反诈骗腐败组织集团犯罪法》（RICO）是作为 1970 年《有组织犯罪和控制法》的一部分提出的。它有两个目标，第一个目标是限制犯罪组织的发展。该法提到的"收益"是指包括所有用犯罪所得购买并可追溯到犯罪所得的财产，包括任何非因犯罪活动带来的犯罪所得的价值增值"[51]。但是，在美国诉桑托斯一案中，美国最高法院将"收益"解释为"非法活动的净利润，而不是总收入"[52]。第二个目标是针对所谓的"犯罪头目"[53]。有人认为，《反诈骗腐败组织集团犯罪法》的另一个目标是"减缓有组织犯罪向合法商业组织的渗透"[54]，《反诈骗腐败组织集团犯罪法》允许没收"通过敲诈活动获得或持有的财产，以及犯罪嫌疑人在勒索企业过程中获得的任何收益"[55]。此外，1970 年《药物滥用综合预防和控制法案》[56]和 1970 年《有组织犯罪和控制法》试图在打击毒品的斗争中恢复使用民事没收条款[57]；《有组织犯罪和控制法》将商业活动中的敲诈勒索行为定为刑事犯罪，最

---

[49] Garretson, H. (2008), 'Federal criminal forfeiture: a royal pain in the assets', *Southern California Review of Law & Social Justice*, 18, 45–77, at 46.

[50] Linn, C. (2004), 'International asset forfeiture and the Constitution: the limits of forfeiture jurisdiction over foreign assets under 28 U. S. C. § 1355 (B) (2)', *American Journal of Criminal Law*, 31, 251–303, at 255–256.

[51] 参见脚注[1]斯蒂森文章，第 51 页。

[52] 2008 年《美国法院汇编》第 128 编第 2020、2025、2031 号案例。古鲁勒认为，美国最高法院的判决"限制了反洗钱法规的范围"。参见 Gurule, J. (2009a), 'Does "proceeds" really mean "net profits"? The Supreme Court efforts to diminish the utility of the federal money laundering statute', *Ave Maria Law Review*, 7, 339–390, at 339.

[53] 参见脚注[4]格兰特文章，第 77 页。

[54] Malani, A. (1999), 'The scope of criminal forfeiture under RICO: the appropriate definition of "proceeds"', *University of Chicago Law Review*, 66, 1289–1316, at 1296.

[55] 参见脚注[39]卡塞拉文章，第 36 页。关于《反诈骗腐败组织集团犯罪法》的详细的讨论参见 Tarlow, B. (1983), 'RICO revisited', *Georgia Law Review*, 17, 291–424.

[56] 《美国法典》第 18 编第 1963 节。关于这部分法律的历史记录参见 Schecter, M. (1990), 'Fear and loathing and the forfeiture laws', *Cornell Law Review*, 75, 1151–1183, at 1155–1157.

[57] 《美国公法》第 91~513 节，1970 年美国《联邦法规汇编》第 84 编第 1437 节（编纂于《美国法典》第 21 编第 801~971 节）。"禁毒战争"是尼克松于 1973 年发起的，被描述为"非同寻常的失败"。参见脚注[20]布鲁门森和尼尔森文章，第 37 页。然而，历届政府多次向毒品宣战，参见 Durkin, C. (1990), 'Civil forfeiture under federal narcotics law: the impact of the shifting burden of proof upon the Fifth Amendment privilege against self-incrimination', *Suffolk University Law Review*, 24, 679–705, at 679.

高可判处 25 年监禁，罚款 25000 美元，并允许没收"违法持有的所有收益"[58]。美国司法部有权依据民事诉讼法对违反《联合国禁止非法贩运麻醉药品和精神药物公约》而获得的非法货物或财产进行没收[59]。但上述规定是徒劳无功的，因为它们仅适用于因参与"持续犯罪活动"而被定罪的人[60]。1978 年没收法条款的适用范围扩大到包括麻醉物品销售所得的犯罪所得[61]。1984 年《综合犯罪控制法》扩大了上述规定的范围，将用非法犯罪所得购买的"不动产"包括在内[62]，有人认为，这项修正案通过授权物权诉讼极大地扩大了民事没收政策的适用范围，但缺乏将民事物权诉讼附加在刑事诉讼上的宪法保障。[63]

1984 年《综合犯罪控制法》还规定将民事没收的收益存入美国司法部和财政部的一项特别没收基金[64]；该法还引入了公平分享方案，允许执法机构分享大部分没收、扣押的资产[65]。国家资产扣押和没收基金被证明是成功的，到 20 世纪 90 年代，该项基金每年会增加 5 亿美元的存款，共持有近 14 亿美元的资产[66]。由美国司法部管理的资产没收方案在瓦解和摧毁非法企业、剥夺犯罪分子的非法活动所得、遏制犯罪和维护社会稳定方面

---

[58] 关于美国没收法规历史发展的详细讨论，参见 Maxeiner, J. (1977), 'Bane of American Forfeiture Law: Banished at Last?', *Cornell Law Review*, 62 (4), 768–802, at 792–793.

[59] 《美国法典》第 21 编第 881 (a) 节。该法还适用于用于犯罪目的的货币、流通票据、证券、有价物品和财产。参见 Petrou, P. (1984), 'Due process implications of shifting the burden of proof in forfeiture proceedings arising out of illegal drug transactions', *Duke Law Journal*, September, 822–843, at 824. 有关第 881 节解释的详细讨论，参见 Speta, J. (1990), 'Narrowing the scope of civil drug forfeiture: section 881, substantial connection and the Eighth Amendment', *Michigan Law Review*, 89, 165–210.

[60] Nelson, S. (1994), 'The Supreme Court takes a weapon from the drug war arsenal: new defences to civil drug forfeiture', *Saint Mary's Law Journal*, 26, 157–201, at 159.

[61] 1982 年《美国法典》第 21 编第 801~969 节中的第 881 (a) 节。

[62] Saltzburg, D. (1992), 'Real property forfeitures as a weapon in the government's war on drugs: a failure to protect innocent ownerships', *Boston University Law Review*, 72, 217–242, at 218.

[63] 参见脚注[60]尼尔森文章，第 159–160 页。

[64] 参见脚注[47]约翰逊文章，第 1049–1050 页。

[65] 参见脚注[1]斯蒂森文章，第 57 页。

[66] Stahl, M. (2009), 'Asset forfeiture, burdens of proof and the war on drugs', *Journal of Criminal Law and Criminology*, 83, 274–337, at 274–275. 卡塞拉指出，这一数字每年为 6 亿美元，参见脚注[39]卡塞拉文章，第 23 页。

发挥着至关重要的作用❻。自 2006 年以来，已有超过 20 亿美元的资产被没收。❽ 国家资产扣押和没收基金得到了国家资产没收战略计划的支持❾，该战略计划有五项任务：一是提供一个提高方案执行力、覆盖面和有效性的战略框架；二是向资产没收机构提供指导，以确保该方案得到切实有效的执行；三是使方案参与者能够管理和使用这一至关重要的执法工具；四是确保所有方案参与者的最大参与度，并确定适当的增长领域；五是倡导支持和发展方案所需的资源。❼ 该方案有四个旨在提高资产没收效率的目标——沟通、项目资源、案例开发和执行以及项目增长。❶

2000 年美国出台了《民事资产没收法》，2001 年出台了《美国爱国者法案》。2000 年《民事资产没收法》适用于 2000 年 8 月 23 日或之后开始的所有民事没收程序，这是自 1789 年以来对美国没收法律的最重大修订。❷ 该法对民事没收法规做了如下重大修改❸：第一，引入了一系列联邦机构必须遵守的技术要求；第二，规定了为贫困被告雇用法律代表的条款❹；第三，对举证责任做了重大修改，要求政府满足"证据优势标准"❺，在该法案出台之前，"一旦政府证明财产可能被用于协助毒品犯罪或来源于毒品犯罪，所有财产都会被没收"❻；第四，保留"善意所有权人"的条款；第五，引入允许"原告请求主审法院裁定没收是否违反《美国法典第八修正案》的超额罚款条款"的条款❼。2000 年《民事资产没收

---

❻ 《美国司法部 2008—2012 年国家资产没收战略计划》，司法部：华盛顿特区，2008 年，第 5 页。

❽ 同上，第 3 页。

❾ 同上，第 3 页。

❼ 《美国司法部 2008—2012 年国家资产没收战略计划》，第 7 页。

❶ 同上，第 9 页。

❷ Cassella, S. (2001), 'The Civil Asset Forfeiture Reform Act of 2000: expanded government forfeiture authority and strict deadlines imposed on all parties', *Journal of Legislation*, 27, 97 – 151, at 97.

❸ 参见❷，第 1070 – 1072 页。

❹ 希指出，2000 年《民事资产没收法》之前的没收法没有"规定第六修正案保证的被告的法律代理权"。Chi, K. (2002), 'Follow the money: getting to the root of the problem with civil asset forfeiture in California', *California Law Review*, 90, 1635 – 1673, at 1641.

❺ 参见脚注❷，第 1075 页。

❻ 同上，第 1058 页。

❼ 同上，第 1072 页。

法》使美国的没收法律现代化，然而尽管做了上述重大修正，还是存在一些缺陷[78]。例如，执法机构为了自己的利益挪用财产的可疑动机或"不当动机"[79]仍然值得怀疑[80]，这在几起案例中得到了证实，执法机构没收了未受到任何刑事犯罪指控的人的财产[81]。该法案虽然对原来的没收法律做了重大修改，但实际上并未导致没收金额的减少，而且有人认为该法案"不仅没有对联邦执法机构的执法构成障碍，反而实际上导致了没收金额的增加"[82]。

继2001年的恐怖袭击之后，2001年《美国爱国者法案》扩展了联邦政府和执法机构扣押与没收恐怖分子资产的条款[83]。格兰特指出，恐怖袭击"将恐怖主义犯罪推到了犯罪控制议程的首位，与非法毒品交易相当甚至超过了非法毒品交易，成为需要立即制止的头号犯罪"[84]。卡塞拉指出，2001年《美国爱国者法案》规定的没收权力范围很广：一旦政府确定个人或组织从事针对美国、美国公民或居民或其财产的恐怖主义活动，政府就可以扣押并最终下令没收恐怖组织的所有资产，无论这些资产是否与恐怖主义活动有关。[85] 2001年《美国爱国者法案》允许没收参与组织恐怖主义活动的所有资产，无论是海外资产还是国内资产，以及为实施恐怖主义活动而持有或获得的资产。[86] 在涉恐案件中，允许对包括支持和资助恐怖主

---

[78] 参见脚注[72]卡塞拉文章，第150–151页。

[79] Moores, E. (2009), 'Reforming the Civil Asset Forfeiture Reform Act', *Arizona Law Review*, 51, 777–803, at 786.

[80] 参见脚注[47]约翰逊文章，第1070–1074页。

[81] 例如，参见[79]引用的路德和梅雷迪思·里克斯的案例，第782页。

[82] 同上，第783–784页。

[83] Cassella, S. (2002), 'Forfeiture of terrorist assets under the USA Patriot Act of 2001', *Law and Policy in International Business*, 34, 7–15, at 7. 有关这些权力的详细讨论参见Thomas, J. and Roppolo, W. (2010) 'United States of America', in M. Simpson, N. Smith and A. Srivastave (eds), *International guide to money laundering law and practice*, Bloomsbury Professional, Haywards Heath, pp. 1095–1138, at 1128–1133.

[84] 参见脚注[4]格兰特文章，第105页。

[85] 参见脚注[83]卡塞拉文章，第8页。

[86] 参见脚注[4]格兰特文章，第105页。

义活动[87]、参与恐怖主义活动[88]以及为恐怖主义目的筹集或提供资金[89]在内的所有行为的收益进行民事和刑事没收。格兰特认为,"恐怖主义对布什政府来说就像非法毒品对罗纳德·里根政府一样棘手"。布什政府在组织应对2001年恐怖袭击时,立即实施了一项以收益为导向的战略,其目标直指恐怖活动的经济基础。[90]

二、可以没收的资产范围

美国有三种没收程序：行政没收、刑事没收和民事没收。行政没收是最广泛适用的程序,它涉及联邦执法机构作为"非司法"事项处理的未受质疑的案件,法院将没收资产的所有权转移给政府。[91] 行政没收仅限于四类资产：单件价值不超过50万美元的资产；非法进口的资产；用于移动或储存受管制物品的运输工具；货币或任何有价值的货币工具。[92]

行政没收程序由扣押机构开启,而司法程序则由法官开启。刑事和民事没收属于"司法事务,需要在联邦法院提起正式诉讼"[93]。刑事没收是刑事处罚的组成部分,一旦被告被定罪,法院就会强制执行没收程序[94],因此也被称为个人财产没收,意味着是针对个人的,就个人用于非法活动或从非法活动中获得的财产提起诉讼。如果被告被判有罪,刑事没收程序将在法庭上由法官执行,决定没收犯罪中使用的或获得的财产；此外,被告将被要求支付罚款,赔偿受害者,并上缴犯罪所得或用于实施刑事犯罪的

---

[87] 《美国法典》第18编第2339（A）（B）（C）节。

[88] 《美国法典》第18编第981（a）（1）（g）节。

[89] 《美国法典》第18编第981（a）（1）（h）节。

[90] 参见脚注[4]格兰特文章,第75页。

[91] Cassella, S. (2004b), 'Overview of asset forfeiture law in the United States', *South African Journal of Criminal Justice*, 17 (3), 347–367, at 353.

[92] 《美国宪法》第18编第983（a）（1）节、第983（a）（2）节和第19编第1602节。

[93] 参见脚注[39]卡塞拉文章,第35页。

[94] 美国刑事没收法规在《美国宪法》第18编第982节中。

财产[95]。因此，刑事没收是量刑的一部分[96]，被称为"一种强大的执法工具，并正迅速成为联邦刑事实践中的重要手段"[97]。美国法律规定对超过200种联邦和州规定的犯罪所得执行没收[98]，包括联邦欺诈和盗窃犯罪，州一级的犯罪包括纵火、抢劫、赌博和贩毒罪等[99]。法院拥有广泛的权力来没收毒品犯罪收益和用于实施毒品犯罪的任何个人的不动产[100]，但最有力的没收条款适用于洗钱，允许没收与实施洗钱犯罪有关的所有财产[101]。

民事没收是最有争议的没收条款[102]。该诉讼是对物、对财产提起的诉讼，而不是对被告或个人提起的诉讼，这意味着政府担任民事诉讼的原告，任何对诉讼提出质疑的人都被称为索赔人[103]。这种诉讼独立于针对被告的刑事诉讼。美国最高法院在美国诉各种个人财产案中指出，"对物而言，作为被起诉的财产，通过法律假定被判有罪，仿佛物是有意识的，而不是无生命的和无知觉的"[104]。斯蒂森指出，"民事没收的概念在逻辑上源于关系理论；基于法律假定，从犯罪发生时起，国家就被视为财产的实际所有人"[105]。民事没收允许政府控制从非法活动中获得的或与毒品相关犯罪行为关联的财产[106]。马克斯纳说，"理论上，因为民事没收是针对财产的，

---

[95] Cassella, S. (2008), 'The case for civil recovery: why in rem proceedings are an essential tool for recovering the proceeds of crime', *Journal of Money Laundering Control*, 11 (1), 8–14, at 9.

[96] 参见脚注[91]卡塞拉文章，第355页。

[97] Cassella, S. (2004a), 'Criminal forfeiture procedure: an analysis of developments in the law regarding the inclusion of a forfeiture judgment in the sentence imposed in a criminal case', *American Journal of Criminal Law*, 32, 55–103, at 102–103.

[98] 《美国法典》第18编第981 (a) (1) (c) 节。

[99] 参见脚注[39]卡塞拉文章，第33页。这些措施也可适用违反2000年《人口贩运受害者保护法》的犯罪；参见 Soto, J. (2004), 'Show me the money: the application of the asset forfeiture provisions of the Trafficking Victims Protection Act and suggestions for the future', *Penn State International Law Review*, 23, 365–381.

[100] 《美国法典》第21编第853 (a) 节和第881 (a) 节（分别为刑事和民事没收）。

[101] 参见脚注[39]卡塞拉文章，第35页。

[102] 民事没收法令参见《美国法典》第18编第981节。

[103] 参见脚注[83]卡塞拉文章，第9页。

[104] 《美国法典》第82编577节和第581节，参见脚注[1]斯蒂森文章，第39页。

[105] 同上，第41页。

[106] 参见脚注[62]萨尔茨伯格文章，第217页。

财产所有权人不会受到惩罚[107]"。因此，它是建立在财产具有非法行为能力的假设之上的[108]。

执法机构非常青睐民事没收程序。如果检察官不能进行刑事定罪，就可以对财产而不是被告提起诉讼。[109] 卡塞拉推测，由于民事诉讼要求的举证责任较低，不需要进行刑事定罪，对执法机构是有利的。[110] 民事没收程序在执法机构中很受欢迎，因为这是一种"剥夺犯罪成果的简单方法"[111]。但同时却遭到了民众的指责，民众认为，美国政府可能会因轻微违法行为而没收财产从而"填满国库"[112]。斯蒂森对这些措施提出了极其严厉的批评，并指出"为了从犯罪活动中获得经济利益而调查和起诉犯罪活动从根本上就是错误的"[113]。

民事没收的相关程序是烦琐的，而且没收仅限于"可追溯到的犯罪行为的财产"，这在许多情况下是无法确定的[114]。其他对民事没收的批评包括对所谓的"善意所有权人"的潜在不公平待遇，他们的财产可能因为另一方的非法行为而被没收，这是他们无法预料的。[115] 希指出，美国的民事资产没收制度已经从一个很少使用的法律假定演变成最受执法机构欢迎的手段。就其宪法含义而言，民事资产没收制度的根本缺陷是经济性的，而非程序性的，如果不改变激励地方和联邦执法机构寻找与利用漏洞的财政激励措施，无论民事没收程序如何进一步改革，都不会带来什么实际变化。[116]

也有人认为，当民事没收程序与刑事诉讼结合使用时，违反了美国宪法的双重危险条款。[116] 同样，尼尔森认为，"毒品犯罪的民事没收是禁毒战

---

[107] 参见脚注[58]麦克斯纳文章，第768页。
[108] 参见脚注[4]格兰特文章，第83页。
[109] 参见脚注[74]齐文章，第1639—1640页。
[110] 参见脚注[91]卡塞拉文章，第360—362页。
[111] 参见脚注[79]莫尔斯文章，第779页。
[112] 参见脚注[47]约翰逊，第1069页。
[113] 参见脚注[1]斯蒂森文章，第57页。
[114] 参见脚注[91]卡塞拉文章，第362—363页。
[115] 参见脚注[47]约翰逊，第1054页。
[116] 参见脚注[74]希文章，第16页。
[116] 然而，在美国诉昂斯案（1996年）中，美国最高法院在1997年驳回了这一论点，《美国判例汇编》第518卷第267页。

争中的一个重要武器"；然而，没收法令的宽泛措辞，加上毒品战争的狂热，削弱了重要的宪法保障基础。❶❽ 迈耶认为，"虽然民事没收可能是一种有效的策略，但在很多情况下并不是一种公平的策略"❶❾。

三、小结

美国没收法律已成为打击有组织犯罪、毒品犯罪和恐怖主义犯罪的重要组成部分，执法机构通过打击犯罪获得了收入，而且基本实现了自给自足，这导致了没收权的普遍使用。❶❷❶ 现在很难对这些措施成功与否下定论。格兰特的结论是，"长期以来，美国的收益导向机制是否取得了任何切实的成果值得商榷"❶❷❶。金融行动特别工作组提出，美国已将追回犯罪资产列为优先事项，并正在系统而有力地进行扣押和没收，执法工作可以依靠全面和坚实的法律基础以及专家的支持。没收制度相当灵活，可以使用最有效和最适当的民事、刑事或行政程序。在不能适用反洗钱法规的情况下，执法机构可以而且经常性地依据刑事法律来追回犯罪资产。❶❷❷

出于一些有争议的原因，执法机构更倾向于使用民事没收程序，因为民事没收程序要求较低的举证责任并且无须成功定罪；更重要的是，民事没收程序不要求提供与刑事没收程序相同的宪法保障。因此，必须在保护被告的宪法权利和赋予执法机构规制与毒品、有组织犯罪和恐怖主义有关问题的权力之间实现适当的平衡。这是一个不可能实现的目标，而且随着恐怖分子和有组织犯罪分子隐藏非法犯罪所得的手段日益高明，执法机构很可能会继续过度行使没收权力。

---

❶❽ 参见脚注❻⓪尼尔森文章，第 200 页。
❶❾ Meyer, C. (1991), 'Zero tolerance for forfeiture: a call for reform of civil forfeiture law', *Notre Dame Journal of Law*, Ethics and Public Policy, 5, 853 – 887, at 854.
❶❷⓪ 参见脚注❹格兰特文章，第 83 页。
❶❷❶ 同上。
❶❷❷ 《金融行动特别工作组关于美国反洗钱和打击资助恐怖主义行为的第三次比较评估报告》，金融行动特别工作组：巴黎，2006 年，第 49 页。

没收权力的行使彻底改变了美国的执法理念，也促使执法机构迫切希望实现自给自足。卡塞拉指出，"通过战略性地使用各种程序，联邦检察官可以大大提高他们控制和威慑犯罪活动以及为受害者追回犯罪所得的能力"[123]。金融行动特别工作组在 2006 年的比较评估报告中得出结论，"美国的冻结、扣押和没收制度相当健全，并且正在取得良好的效果，但尚有需要改进的领域"[124]。

第四节　英国没收犯罪所得的政策

英国有三种没收机制：财产没收、边境现金没收和刑事定罪没收。[125] 此外，《犯罪所得法》还规定了刑事没收、民事追偿和征税等四种资产追回程序。如果皇家检察署（CPS）确定了一项刑事定罪，则其或严重有组织犯罪监察局（SOCA）可以申请没收令以追回被告的犯罪所得。资产追回局曾被赋予管理和执行 2002 年《犯罪所得法》条款的任务，但由于执行不力，其职责最终移交给了 SOCA。2007 年《严重犯罪法》将 SOCA 的民事追偿权和课税权扩大到其他检察机关，这些新的权力超越了传统的刑事定罪范畴，当所涉资产在英国，但被告不在英国或已经逃离时适用资产追回程序。民事追偿允许英国执法机构在确认资产被非法获取的情况下提起民事诉讼，同时 SOCA 只要有"合理的理由"怀疑公司所获得的收入是犯罪所得，公司利润应缴纳企业所得税且所获得的利润是犯罪行为的结果时就可以进行征税。

---

[123] 参见脚注[91]卡塞拉文章，367 页。
[124] 参见脚注[122]金融行动特别工作组报告，第 51 页。
[125] Leong, Angela (2009), 'Asset recovery under the Proceeds of Crime Act 2002: the UK experience', in S. Young (ed.), *Civil forfeiture of criminal property – legal measures for targeting the proceeds of crime*, Edward Elgar, Cheltenham, pp. 187 – 227, at 188.

最近执法机构才拥有对被定罪的被告的犯罪所得进行没收的权力。[126] R 诉卡斯伯特森案的裁决强调了有效的没收权力的必要性。[127] 该案中被告因串谋制造和提供致幻剂麦角酸二乙基酰胺（LSD）而被定罪。皇家检察署试图依据 1971 年《禁止滥用药物法》[128] 来"确保没收与非法毒品犯罪有关的资产"[129]，因此扣留了该案中从罪犯处追踪到的 75 万英镑的犯罪所得。但是，由于英国上议院认为不能利用现有的权力没收用于犯罪的物品，因此必须返还这些资金。法院裁定，"1971 年《禁止滥用药物法》第 27 条规定的没收权力仅用于实施犯罪的物品"[130]，更为关键的是英国上议院指出，被告并未依据该法被定罪，而是依据 1977 年《刑事司法法》[131] 被判犯有共谋罪。基于这项决定成立了霍奇森委员会，旨在改进毒品犯罪的没收制度。[132] 该委员会的建议促成了 1986 年《贩毒犯罪法》的颁布，该法案"规定法院有没收毒品犯罪所得的强制性义务"[133]。美国和英国最初针对毒品犯罪所得非法利润的政策有所不同，1986 年《贩毒犯罪法》的目标明确而宽泛，但"零碎发展起来的法律制度中存在一些异常之处，而且在立法条款的运用方面也存在重大缺陷"。1988 年《刑事司法法》对 1986 年《贩毒犯罪法》进行了修正，其中包括对所有非毒品可诉犯罪和明确的即决犯罪的没收规定。[135] 1990 年《刑事司法（国际合作）法》允许在没收方面进行

---

[126] 虽然直到 1870 年《没收法》废除这一程序之前，皇家检察署一直拥有没收权力，参见 Alldridge, B. (2002), 'Smuggling, Confiscation and Forfeiture', *Modern Law Review*, 65 (5), 781–791, at 781.

[127] R 诉卡斯伯特森案，[1981] AC 470，后来被称为"朱莉行动"案。

[128] 《滥用毒品法》第 27 (1) 节。

[129] 参见脚注 [4] 格兰特文章，第 24 页。

[130] 参见脚注 [125] 梁文章，第 188 页。

[131] 同上。同时参阅迪普洛克勋爵对"R 诉卡斯伯特森"案的评论，1980 年《欧洲法院案例汇编》第 2 卷第 401 号案例，第 406 页。

[132] Profits of Crime and their Recovery: the Report of a Committee chaired by Sir Derek Hodgson: 1984: Cambridge Studies in Criminology.

[133] 参见脚注 [125] 梁文章，第 189 页。

[134] "追讨犯罪所得——英国发展和改革委员会报告"，英国内阁办公室：伦敦，2000 年，第 5 页。

[135] 1988 年《刑事司法法》第 71~89 节。梁认为，1988 年的法案扩大了没收立法的范围，将所有非毒品可起诉的罪行都包括在内，并具体规定了从中获得特别高利润的适用即决犯罪的条款。参见脚注 [125] 梁文章，第 191 页。

国际法律合作，1993 年《刑事司法法》执行了《维也纳公约》第 3 条❽，1994 年《贩毒法》❼ 和 1995 年《犯罪所得法》❽ 对上述规定进行了扩展。这些条款实施的影响受到许多评论人士的质疑。事实上，梁总结这一早期《贩毒法》的主要弱点在于，只有贩毒所得才能被没收，"非贩毒犯罪所得"不适用没收条款 ❾。英国内政部没收问题工作组评论说，英国的没收制度不如预期的成功。❿ 莱德的结论是，"实际从犯罪过程中没收的金额……少得可怜"❶，统计数据也一定程度上表明了立法的无效性❷。英国联合人权委员会指出，2000 年"没收令的总收入约为 3000 万英镑"❸。根据桑德斯和沃森的说法，1998—2003 年，只对 20% 的贩毒案件发出了没收令。❹ 英国改革和发展委员会（PIU）的结论是，"在英国，追查和追回犯罪资产未能实现对犯罪所得的预期打击"❺。

一、2002 年《犯罪所得法》

1997 年的英国大选彻底改变了针对在英国产生的非法利润的战略。

---

❽ 参见脚注❶梁文章，第 192 页。
❼ 1994 年《贩毒法》第 1～41 节。
❽ 1995 年《犯罪所得法》第 1 节和第 2 节。
❾ 参见脚注❶梁文章，第 197 页。
❿ "英国内政部没收问题工作组关于犯罪所得的第三次报告"，英国内政部：伦敦，1998 年，第 2 页。芒福德和奥尔德里奇补充道，"英国最初的没收立法未能产生预期效果，责任主要在检方"。参见 Mumford, A. and Alldridge, P. (2002), 'Taxation as an adjunct to the criminal justice system: the new Assets Recovery Agency regime', *British Tax Review*, 6, 458 – 469, at 463.
❶ Rider, B. (2001), 'Wrongdoers' Rights', *Company Lawyer*, 22 (3), 87.
❷ 然而，关于没收执法的数据没有以任何系统的方式收集。参见脚注❸英国内阁办公室报告第 4.18 段。没收令是一项法院令，"针对被定罪的被告，他们要向国家支付相当于其犯罪所得的款项"，参见脚注❹奥尔德里奇文章，第 782 页。
❸ Joint Committee on Human Rights *Joint Committee on Human Rights – Third Report – The Proceeds of Crime Bill* (Joint Committee on Human Rights: London, 2001) at para 4. See also Bell, R. (2003b), 'The seizure, detention and forfeiture of cash in the UK', *Journal of Financial Crime*, 11 (2), 134 – 149.
❹ Saunders, N. and Watson, B. (2003), 'Confiscation orders under the New Proceeds of Crime Act', *New Law Journal*, 152 (7066), 183 – 185, at 183.
❺ 参见脚注❸英国内阁办公室报告，第 7 页，第 1 段。

1999年，当时的首相托尼·布莱尔宣布，PIU将审议关于追踪和没收犯罪资产的政策与立法。[146] 他说，"扣押犯罪资产切断了犯罪分子和犯罪组织的经济命脉"[147]。PIU报告是改革进程的驱动力，报告建议设立一个侧重于金融调查的资产没收机构，同时将反洗钱和没收合并立法[148]；此外，该报告还建议增加对犯罪所得的征税[149]。《犯罪所得法》于2003年7月24日获得英国皇室御准，覆盖462个章节，并"被引入英国议会以履行选举承诺"[150]。该法案被称为"一项激进的立法"[151]，最有争议的一点就是设立了资产追回局（ARA）[152]，国家审计署（NAO）认为该机构的设立是为了"终结犯罪分子奢靡的生活方式"[153]。有评论指出，"就公众而言，资产追回局的设立标志着《犯罪所得法》能够真正得以实施"[154]。

二、可以没收的资产范围

资产追回局有三个政策目标：瓦解犯罪企业，促进利用金融调查，以及按照其价值逻辑和目标开展工作。[155] 有评论人士指出，这些目标与政府

---

[146] 参见脚注[134]英国内阁办公室报告，第1页，第1段。

[147] 同上，第4页，第2段。

[148] 同上，第118－120页。该报告还提出了其他几项建议，如关于对非法利润征税和国际合作的建议，这些不在本书讨论的范围内。

[149] 参见脚注[125]梁文章，第201页。

[150] Fisher, J. (2003), 'A review of the new investigation powers under the Proceeds of Crime Act 2002', *Journal of International Banking Law*, 18 (1), 15–23, at 15.

[151] 同上。

[152] 资产追回局成立于2003年1月13日，是一个向英国内政部负责的非部级部门，参见 Leong, A. (2006), 'Civil recovery and taxation regime: are these powers under the Proceeds of Crime Act 2002 working?', *Company Lawyer*, 27 (12), 362–368, at 362. 芒福德和奥尔德里奇形容设立资产追回局（ARA）是对以前没收制度的"彻底背离"，参见脚注[140]，第459页。

[153] "英国国家审计署资产追回局审计官和审计长报告"，英国国家审计署：伦敦，2007年，第4页。

[154] 参见脚注[150]费希尔文章，第15页。

[155] 《资产追回局2003/2004年度报告》，资产追回局：伦敦，2004年，第4页，参见脚注[152]梁文章，第362页。

的资产追回战略是一致的。⑯ 根据《犯罪所得法》，资产追回局拥有四种使其能够追回资产的机制：刑事没收、民事追偿、征税以及现金的扣押和没收⑰。

如果被告被刑事法院定罪或判刑，则资产追回局可以要求法院下达没收令⑱。然而，在法院发出没收令之前，必须明确两个关键问题：首先，被告是否有犯罪的情形⑲。如果满足以下三个条件之一，被告就被视为有犯罪情形，最后两个条件的最低收益必须达到5000英镑：一是符合《犯罪所得法》附表2中规定的"犯罪情形"；二是行为是"犯罪过程"的一部分；三是至少是在6个月内犯下的罪行且被告已经从中受益。其次，被告是否已从非法行为中获利。⑳ 一旦法院认为符合条件，它将确定一个"可追回的资金数额"，并发出没收令，强制被告支付。㉑ 关于刑事没收的条款，金融行动特别工作组的结论是：没收令在实践中取得了不错的效果，限制、没收和追回的资产数值稳步增长，使用新规的执法和检察机构也都有积极的反馈，表明人们对有效利用刑事没收打击跨国洗钱活动的认识有所提高。㉒

资产追回局追回资产的第二种方式是民事追偿，如果无法进行刑事诉讼，则允许资产追回局在高等法院提起民事诉讼。㉓ 肯尼迪认同"有评论人士认为民事追偿是一种'快速且廉价'的追查犯罪资产的方法"的观点。㉔《犯罪所得法》扩大了对财产的民事追偿制度的范围，并为警察和海

---

⑯ 《资产追回局2003/2004年度报告》，资产追回局：伦敦，2004年，第4页，参见脚注⑫梁文章，第362页。

⑰ 梁认为，民事追偿的概念类似于1970年《反诈骗腐败组织集团犯罪法》规定的没收权，该法不依赖于被定罪的个人，而是允许在没有刑事定罪的情况下，基于不可辩驳的假设进行民事诉讼，参见脚注⑫梁文章，第362页。

⑱ 2002年《犯罪所得法》第6节。

⑲ 2002年《犯罪所得法》第10节和第75节。

⑳ 2002年《犯罪所得法》第307节。

㉑ 2002年《犯罪所得法》第7节。

㉒ 《金融行动特别工作组关于英国和北爱尔兰的第三次相互评估报告：反洗钱和打击资助恐怖主义行为》，金融行动特别工作组：巴黎，2007年，第61页。

㉓ 2002年《犯罪所得法》，第240（2）节。

㉔ Kennedy, A. (2005), 'Justifying the civil recovery of criminal proceeds', *Company Lawyer*, 26 (5), 137–145, at 141.

关官员追回的款项建立了一种现金没收制度[165]。资产追回局不得主动启动诉讼程序,但如果提交案件的证据不足以进行刑事审判,或者英国皇家检察署出于公共利益考量已决定不起诉该案件,或者因程序错误而导致没收诉讼失败,以及在被告死亡甚至在国外的情况下,允许资产追回局主动启动诉讼程序[166]。严重有组织犯罪监察局启动民事追偿或征税程序时必须符合以下系列标准:一是已确定可追回的资产价值估计至少为 10000 英镑[167];二是资产为过去 12 年(已纳税 20 年)内获得的可追回资产;三是可追回的资产包括现金、支票以外的各种资产(尽管除其他资产外,现金也可以追回);四是有证据证明犯罪行为符合民事追偿标准;五是在税务案件中,必须有理由怀疑未征税的收入是由犯罪行为获得的[168]。

英国高等法院开始对持有犯罪所得的人发出追偿令[169]。高等法院在各种可能性之间做出权衡,并"规定追溯适用于法案生效前非法获得的财产"[170]。资产追回局必须能够在权衡各种可能性的基础上证明犯罪证据,被告负有说明资产来源合法的相应举证责任[171]。此外,如果已经开始民事没收程序,严重有组织犯罪监察局可以申请临时接收令和临时行政令[172],财产由临时接收人保管,并允许扣押、监管或保全财产。金融行动特别工作组得出结论,引入民事追偿制度"是英国法制发展的一大进步"[173]。

资产追回局追回资产的第三种方式是征税,资产追回局可以对犯罪分

---

[165] 布里格斯指出,"没收犯罪所得被称为控制犯罪行为的新的重大构想"。参见 Briggs, J. (2006), 'Criminal confiscation, civil recovery and insolvency under the Proceeds of Crime Act 2002', *Insolvency Intelligence*, 19 (10), 145–150, at 145。

[166] 参见脚注[152]梁文章,第 363 页。

[167] 2002 年《犯罪所得法》第 287 节和 2003 年《2002 年犯罪所得法(民事赔偿的财务门槛)》,2003 年《反洗钱条例》第 175 节。

[168] 参见脚注[152]梁文章,第 363 页。

[169] 2002 年《犯罪所得法》第 240 (1)(a) 节和第 243 (1) 节。关于 2002 年《犯罪所得法》下民事追偿制度的详细评论,参见 Kennedy, A. (2006), 'Civil recovery proceedings under the Proceeds of Crime Act 2002: the experience so far', *Journal of Money Laundering Control*, 9 (3), 245–264。

[170] 参见脚注[150]费希尔文章。

[171] 参见脚注[152]梁文章,第 209 页。

[172] 2002 年《犯罪所得法》第 246 节。

[173] 参见脚注[16]金融行动特别工作组报告,第 62 页。

子无法合法化其来源的收入、利益或营业额征税❼,这是结束有组织犯罪分子奢靡生活方式的非常有效的手段❺。英国发展和改革委员会报告中表达了对这些权力未得到充分利用的失望:许多犯罪组织产生大量的未征税收入,税务局有权对那些显示有未申报收入和财产的人进行评估和强制征税。税务局可以通过延长纳税评估期对长期收入征收额外罚款,这就意味着犯罪分子非法获得的财富可以通过征税的方式追回,但这些权力通常很少用于涉嫌从犯罪中获益的个人,尽管他们可能公开地过着入不敷出的生活。❻

根据《犯罪所得法》的规定,资产追回局负责征税的部门必须确信其有合理的理由怀疑"某人(或者公司)在应课税期间产生或累积的应税收入、利润或收益是因其自身或他人的犯罪行为而产生或累积的"❼。如果执法人员有合理理由怀疑现金是应当予以追回的资产,或意图用于非法行为的现金,则可以扣押和没收现金。❽ 此外,执法人员还可以没收其有合理理由怀疑是应当予以追回的资产,或意图用于非法行为的现金部分,如果在合理可行的范围内仅扣押那部分不可行的话❾。《犯罪所得法》还引入了广泛的调查权力,包括没收调查❿、民事追回调查⓫和洗钱调查⓬,资产追

---

❼ 这些权力起源于美国,并"通过税务局刑事调查司的出色工作打击有组织犯罪"。参见 Lusty, D. (2003), 'Taxing the untouchables who profit from organised crime', *Journal of Financial Crime*, 10 (3), 209 – 228, at 212. 有关税务局的详细讨论,参见 Baker, G. (1994), 'Your worst nightmare: an accountant with a gun! The criminal investigation division of the Internal Revenue Service: its past, present, and future', *Georgia State University Law Review*, 11, 331 – 379.

❺ 有关这些权力的基本原理的讨论,参见脚注❿英国内阁办公室报告,第 90 – 95 页以及 Kennedy, A. (2007a), 'An evaluation of the recovery of criminal proceeds in the United Kingdom', *Journal of Money Laundering Control*, 7 (2), 33 – 46, at 40 – 42.

❻ 参见脚注❿英国内阁办公室报告,第 138 段。

❼ 2002 年《犯罪所得法》,第 317 (1) (a) 节和 (b) 节。

❽ 2002 年《犯罪所得法》,第 294 (1) 节。

❾ 2002 年《犯罪所得法》,第 294 (2) 节。该法的这一部分取代并扩大了 1994 年《毒品贩运法案》制定的计划。

❿ 2002 年《犯罪所得法》,第 341 (1) 节。

⓫ 2002 年《犯罪所得法》,第 341 (2) 节。

⓬ 2002 年《犯罪所得法》,第 341 (4) 节。

回局因此能够获得包括生产订单[183]、信息披露单据[184]、客户信息单据[185]和监控账户单据等信息数据[186]。

资产追回局追回非法犯罪所得的最后一种方式是扣押和没收，扣押和没收适用于犯有与资助恐怖主义有关罪行的犯罪分子。[187] 2000年《反恐怖主义法》规定，法院"可以发出没收令"[188]。如果一个人被判犯有2000年《反恐怖主义法》规定的罪行，法院可以下令没收被告拥有或控制的资金或财产。[189] 贝尔质疑这些命令的有效性，并指出"在许多情况下，即使按照民事标准提供证据也很困难"[190]。此外，贝尔总结道，"虽然通过小规模的民事没收程序打击恐怖主义的方法可能具有一定的破坏性，但并没有什么长期价值，除非能够追溯到其资金来源并在侦查恐怖主义资金来源和使用这些资金的人方面发挥作用"[191]。此外，2001年《反恐怖主义犯罪和安全法》允许警察在有合理的理由怀疑现金是意图用于恐怖主义目的或代表被禁组织的资产，或代表通过恐怖主义获得的财产，或被指定为恐怖主义的财产时没收现金[192]。只要法院认定现金为恐怖分子的现金，便可以在民事诉讼中没收这笔现金。[193] 根据《反恐怖主义犯罪和安全法》的附表1，警察不仅可以没收恐怖分子的资产，还可以对恐怖分子财产的任何第三方接收者提起没收程序，即使第三方接收者并非财产价值的真正购买者。[194]

---

[183] 2002年《犯罪所得法》，第345（4）节。
[184] 2002年《犯罪所得法》，第357（4）和（5）节。
[185] 2002年《犯罪所得法》，第363（5）节。
[186] 2002年《犯罪所得法》，第371（4）节。
[187] 2000年《反恐怖主义法》，第15～19节。
[188] 2000年《反恐怖主义法》，第23节。
[189] 2000年《反恐怖主义法》，第23（2）节。
[190] Bell, R. (2003a), 'The confiscation, forfeiture and disruption of terrorist finances', *Journal of Money Laundering Control*, 7 (2), 105-125, at 113.
[191] 同上，第114页。
[192] 这就是所谓的"恐怖分子的现金"。
[193] 2001年《反恐怖主义犯罪和安全法》，第1节和附表1。
[194] Society for Advanced Legal Studies (2003), 'Forfeiture of terrorist property and tracing: sub-group 4: impact of the initiatives on other areas of the law', *Journal of Money Laundering Control*, 6 (3), 261-268, at 262.

三、没收制度的改革

资产追回局的效能通过"关键绩效指标"[195]进行评估,在最初几年中,其效能提升相当可观。例如,在2003—2004年,资产追回局实现了三个目标之一。[196] 在2004—2005年和2005—2006年,资产追回局的业绩都显著提高,实现了5个目标中的3个。[197] 在2006—2007年,资产追回局首次实现了所有预期目标。[198] 有评论员在2006年简要总结了资产追回局取得的成效:自2003年成立以来共捣毁了160家犯罪企业,获得了23笔价值共计1350万英镑的刑事没收令;获得了价值960万英镑的追回令;在24起案件中,罪犯通过征税协定自愿退赃,其中实际开出920万英镑的缴税凭证。[199]

时任内政大臣的查尔斯·克拉克议员大胆宣称,资产追回局已经从犯罪分子手中追回了1.2亿英镑。[200] 他进一步指出,"《犯罪所得法》中引入的强制没收权确实开始发挥作用,使得犯罪分子很难从非法活动中获利"[201],"这标志着对原先立法的明显重大改进"。然而,按照梁的说法,在资产追回局存在的前三年,它花费了6000万英镑,却只收回了800万英镑,受到了社会的普遍质疑。[202] 这一观点得到了英国下议院公共账户委员会的支持,该委员会指出,在2005—2006年,资产追回局只收回了2300

---

[195] 参见脚注[152]梁文章,第364页。
[196] 《资产追回局2003—2004年度报告》,资产追回局:伦敦,2004年。
[197] 《资产追回局2004—2005年度报告》,资产追回局:伦敦,2005年;《资产追回局2005—2006年度报告》,资产追回局:伦敦,2006年。
[198] 《资产追回局2006—2007年度报告》,资产追回局:伦敦,2007年。参见 Leong, A. (2007b), 'The Assets Recovery Agency: future or no future?', *Company Lawyer*, 28 (12), 279 – 380, at 380.
[199] 参见脚注[152]梁文章,第380页。
[200] BBC (2005), 'New laws target criminal's case', available at http://news.bbc.co.uk/1/hi/uk/4294581.stm (accessed 8 March 2005).
[201] 同上。
[202] 参见脚注[198]梁文章,第380页。

万英镑，然而那一年的总支出为 6500 万英镑。[203] 奈伦补充道，"犯罪所得政策令人失望的财务结果可以从薄弱的政策理论和执法权限中寻求解释"[204]。政府必须为资产追回局的失败承担一些责任，因为它设定了无法实现的目标。金融行动特别工作组也认为"最初设定的目标可能过于乐观"[205]。

2006—2007 年追回犯罪所得的目标是 1.25 亿英镑，到 2009—2010 年这一数字增加到 2.5 亿英镑，"长期目标是要达到 10 亿英镑"[206]。PIU 报告指出，资产追回制度从长看应该是具有成本收益优势的[207]，因此资产追回相关的法律及其政治预期都受到了质疑。奈伦认为，"荷兰对有关剥夺罪犯资产的立法的潜在效果的期望很高"[208]，荷兰司法部估计这项立法将带来"超过 2 亿欧元"的财政收入[209]，但由于两个方面的原因，荷兰政府反受其害[210]：首先，荷兰政府被指控滥用权力；其次，政府还被指控对检察机关和警察施加了太大压力。

对资产追回局的另一项批评是其打击有组织犯罪的表现，有评论认为，"资产追回局可能会集中精力打击英国约 400 名主要犯罪头目的犯罪资产，这些所谓的'不能触碰的人'估计总共拥有 4.4 亿英镑的财富"[211]。斯普鲁特认为，"英国约有 400 名有组织犯罪头目，他们的犯罪所得财产约为 4.4 亿英镑"。所谓的"赃款"，即犯罪所得形成的资产约占英国国内生产总值的 2%，即 180 亿英镑，预计如果用 2005 年《严重有组织犯罪和警察法》和 2002 年《犯罪所得法》所提供的法律工具，会对将有组织犯

---

[203] 《英国众议院公共账户资产回收委员会 2006—2007 年会议第五次报告》，英国众议院公共账户委员会：伦敦，2007 年，第 5 页。
[204] 参见脚注❷奈伦文章，第 521 页。
[205] 参见脚注❶❷金融行动特别工作组报告，第 62 页。
[206] 《内政部关于重新平衡刑事司法系统使之有利于守法的多数人，减少犯罪，减少再犯并保护公众的报告》，英国内政部：伦敦，2006 年，第 36 页。
[207] 参见脚注❶❸英国内阁办公室报告，第 23 页。
[208] 参见脚注❷奈伦文章，第 520 页。
[209] 同上。
[210] 参见脚注❷奈伦文章，第 521 页。
[211] 参见脚注❶❺费希尔文章，第 15 页。

罪分子绳之以法具有重大影响。[212] 斯梅利认为,"让这些'大人物'们破产的唯一可靠方法是没收他们的犯罪所得",其他打击犯罪的补救性措施包括将被视为与"核心人物"有关联的外国政府和人列入黑名单并实施制裁,虽然取得的效果只是象征性的。[213] 然而,肯尼迪警告说,"民事追偿的有效性也必须考虑在内,不仅要考虑追偿了多少钱,还要考虑是从谁那里追偿的。对'大人物'的犯罪活动实施制裁固然重要,但制裁那些在当地社区充当犯罪头目的人也同样重要"[214]。肯尼迪援引李维和奥索夫斯基的话说,"在法庭上被定罪的'大人物'相对较少,因此,相应被没收财产的也很少"[215]。

莫里斯认为,2002 年《犯罪所得法》……继续引发一些相当怪异的问题[216]。英国内政部没收问题工作组指出,英国的没收方法不如最初所希望的那样成功。[217] 此外,有人认为,英国的方法"从来不是就国内或国际追讨高级别罪犯犯罪所得的复杂性而设计"[218]。2007 年,英国国家审计署(NAO)发布了一份资产追回局的批评报告,其结论是"追回资产方面的问题产生的原因包括相关案件材料移交得不规范和不完整——特别是在早期包括一些与 1998 年《人权法》有关的案例的辩护方陈述的不完整和资产追回局内部执法程序的不规范"[219]。

在多种因素的作用下,资产追回局在履职过程中屡受各种不利因素的影响。截至英国国家审计署发布批评报告之日,仅有几家警方和地方执法机构提交案件;此外,资产追回局的案件管理力量薄弱,工作人员频繁更

---

[212] Sproat, P. (2009), 'To what extent is the UK's anti – money laundering and asset recovery regime used against organised crime?', *Journal of Money Laundering Control*, 12 (2), 134 – 150, at 134.

[213] 参见脚注❷斯梅利文章,第 104 页。

[214] 参见脚注⓰肯尼迪文章,第 144 页。

[215] Levi, M. and Osofsky, L. *Investigating, seizing and confiscating the proceeds of crime* (Home Office: London, 1995).

[216] Morris, P. (2004), 'The importance of being appropriate', *Journal of International Banking Law and Regulation*, 19 (7), 258 – 260, at 259.

[217] 《英国内政部没收问题工作组报告》,英国内政部:伦敦,1998 年。

[218] Kennedy, A. (2004), 'Justifying the civil recovery of criminal proceeds', *Journal of Financial Crime*, 12 (1), 8 – 23, at 20.

[219] 参见脚注⓯英国国家审计署报告,第 5 页。

换,甚至在有些情况下,法院指定的接管人的接管费用超过了收回的资产价值。㉒《卫报》在 2006 年 9 月评论了资产追回局存在的问题,指出"资产追回局的一个关键问题是英国内政部在最初设立该机构时就难以保证其有效运作,资产追回局甚至需要雇用外部会计师……充当法庭指定的顾问"㉑。

限制资产追回局有效履职的一个重要因素是其与《欧洲人权公约》的关系。㉒ 英国内政部指出,有必要"在个人合法享有财产的权利和社会收回非法所得资产的权利之间达成适当的平衡"㉓。PIU 报告指出,保障资产追回局履职的措施应当包括"10000 英镑的资产追回最低限额;举证责任由政府执法机构承担;提供民事法律援助;规定相关赔偿条款和确保民事没收途径不再成为替代刑事没收的'软选择'"㉔。莱德指出,"尽管政府及其顾问做出了巨大的努力对民事追偿新规定进行缓冲,并在程序中注入更大程度的公正性,但仍有许多人热切期盼有攻击新制度完整性的首次机会"㉕。没收令与和平享有财产权利之间的关系在菲利普斯诉英国一案中得到了验证。㉖ 欧洲人权法院认为,贩毒案件中的没收令是合法的,不违反《欧洲人权公约》第一议定书第 1 条的规定㉗;欧洲人权法院在雷蒙德诉意大利一案中也做出了类似的判决㉘。《欧洲人权公约》第 6 条适用于"定罪

㉒ 参见脚注❸英国国家审计署报告,第 5 页。

㉑ The Guardian (2006a), 'Solicitor's saga highlights problems facing cash recovery unit: unrealistic figure targets for agency accused of sweeping aside civil liberties' available from http://www.guardian.co.uk/uk/2006/sep/29/ukcrime.davi‑dleigh (accessed 4 August 2010).

㉒ 欧洲人权法院已经测试了类似的规定。参见 M 诉意大利案(编号 12386/86)1991 年 4 月 15 日生效的判决,列拉诉意大利案(编号 52439/99)2001 年 9 月 4 日生效的判决,以及阿库里诉意大利案(编号 52024/99)2001 年 7 月 5 日生效的判决。

㉓ 参见脚注❸梁文章,第 362 页。

㉔ 参见脚注❸英国内阁办公室报告,第 5.2.4 段。

㉕ 参见脚注❹莱德文章,第 87 页。

㉖ 2001 年欧洲人权法院第 817 号案例,[1994] HR CD 6。

㉗ 人权联合委员会指出,这一决定表明,该案件中没收令的发出与菲利普斯案的条件相符;然而,他们警告说,"《犯罪所得法》……可能会对犯罪严重程度差异很大的被告施加没收令"。参见脚注❸人权联合委员会报告,第 24 段。

㉘ 1994 年意大利最高法院第 6 号案例。

后面临没收令申请的人"[229]。第 6 条第 1 款规定，在受到刑事指控的情况下，每个人都有权在合理的时间内由依法设立的独立且公正的法庭进行公正和公开的审讯[230]。第 6 条第 2 款和第 3 款仅适用于被指控刑事犯罪的人，并提供了第 6 条第 1 款规定的确保公正审判的具体义务。第 6 条第 2 款"将无罪推定纳入构成公平审判权的具体权利之中"[231]。然而，出于公共利益的考量，无罪推定可能暂时会被搁置。[232]

限制资产追回局有效履职的另一个有争议的问题是反向举证责任问题。司法机关认为，"只要被告已经被定罪，举证责任的转换就是合理的，因为不会因此而干扰无罪推定"[233]。芒福德和奥尔德里奇指出，"英国枢密院、欧洲人权法院和英国上议院以此为由驳回了对没收诉讼中举证责任转换的质疑"[234]。在麦金托什首席律师一案中，英国枢密院司法委员会考虑了《欧洲人权公约》第 6 条第 2 款与 1998 年《犯罪所得（苏格兰）法》第 3 条第 2 款规定的假设的相容性[235]，法院裁定不适用第 6 条第 2 款的无罪推定条款[236]。2002 年《犯罪所得法》最具争议的是其规定的举证责任及其与《欧洲人权公约》的关系。《犯罪所得法》规定，"财产持有人必须承担证明其手中的财产是合法获得的举证责任"[237]。《犯罪所得法》与《欧洲人权公约》之间的另一个冲突是《犯罪所得法》第 7 条的规定和《欧洲人权公约》关于处罚不溯及既往的规定。[238]相关的典型案例是韦尔奇诉英国案[239]，

---

[229] 参见脚注[143]人权联合委员会报告，第 16 段。
[230] 第 6（1）条适用于刑事指控和民事权利及义务的确定。
[231] 参见脚注[140]芒福德和奥尔德里奇文章，第 462 页。
[232] 例如，1991 年萨拉比亚库诉法国案（EHRR 379），2001 年雷诉兰伯特案（UKHL 37），2004 年英国资产追回局局长诉奥尔什案（NIQB 21, 18），2004 年 R（资产追回局局长）诉何和陈案（EWCH 3021）。
[233] 参见脚注[140]芒福德和奥尔德里奇文章，第 463 页。
[234] 同上。
[235] [2001] 3 WLR 107。
[236] 在英国枢密院做出决定之前，苏格兰上诉法院认为《苏格兰犯罪所得法》与《欧洲人权公约》"背道而驰"。
[237] 参见脚注[140]芒福德和奥尔德里奇文章，第 462 页。
[238] 任何人不得因在犯罪时未构成国家或国际法律规定的刑事犯罪的任何作为或不作为而被判有罪。
[239] 20 EHRR 247。

法院认为没收令虽然严厉，却是阻止毒品走私危害的一项至关重要的权力。

四、严重有组织犯罪监察局的职责

在英国内政部对有组织犯罪进行广泛审查后，英国政府于2004年2月宣布打算成立严重有组织犯罪监察局（SOCA）。[240]《严重有组织犯罪和警察法》给严重有组织犯罪监察局规定了三个目标：第一，预防和侦查严重的有组织犯罪[241]；第二，减轻这种犯罪的后果[242]；第三，收集、储存、分析和传播有组织犯罪相关的信息[243]。哈菲尔德认为，严重有组织犯罪监察局有调查犯罪以获取证据支持起诉的权力，同时还拥有警察权力。[244] 英国政府在2007年宣布，严重有组织犯罪监察局将接掌原资产追回局的资产追回职能[245]；随后，2007年《严重犯罪法》宣布撤销资产追回局。[246] 当时的内政大臣约翰·里德议员表示，将"创建一个拥有更广泛专业技能和专业知识的、更有效的执法机构"[246]。英国政府决定将资产追回局与严重有组织犯罪监察局合并有许多原因：第一，改进资产追回局已经开展的工作，提高民事没收制度的整体效力；第二，采纳英国国家审计署报告中有关资产追回

---

[240] "英国内政部抢先一步——击败21世纪有组织战略犯罪"，英国内政部：伦敦，2004年。

[241] 2005年《严重有组织犯罪和警察法》，第2（1）（a）节。

[242] 2005年《严重有组织犯罪和警察法》，第2（1）（b）节。

[243] 2005年《严重有组织犯罪和警察法》，第3节。

[244] Harfield, C. (2006), 'SOCA: a paradigm shift in British policing', *British Journal of Criminology*, 46 (4), 743–761 at 743. 关于严重有组织犯罪监察局的详细评论参见 Bowling, B. and Ross, J. (2006), 'The Serious Organized Crime Agency – should we be afraid?', *Criminal Law Review*, December, 1019–1034.

[245] Home Office *Asset Recovery Action Plan – a consultation document* (Home Office: London, 2007) at p. 21. 弗农通过书面部长声明概述了2007年1月改革的一些原因。参见 HC Deb 11 January 2007, c21–222WS.

[246] 参见2007年《严重犯罪法案》（2002年《犯罪所得法修正案》）第2008/949号命令和2007年《严重犯罪法案》，第74节。

[246] 参见脚注[245]英国内政部报告，第3页。

局绩效的建议；第三，资产追回局的成效确实不佳。[248] 梁补充说，"合并背后的理由是……优化执法部门的工作机制，以提升打击严重有组织犯罪的专业技能和丰富专业知识，从而更好地实现规模效应"[249]。2008 年，严重有组织犯罪监察局宣布，"资产追回局的资产追回职能将并入严重有组织犯罪监察局……这意味着严重有组织犯罪监察局将拥有打击有组织犯罪的刑事和民事权力，以减少有组织犯罪对英国个人和社会造成的伤害"[250]。

根据 2007 年《严重犯罪法》，严重有组织犯罪监察局获得了新的权力。[251] 该法案提出了预防严重犯罪的新措施，包括"严重犯罪预防令"，允许法院对那些被证明参与严重犯罪的人施加限制性条件。[252] 严重有组织犯罪监察局有权通过财务报告单"对刑期长达 15 年（对个人终身监禁而言长达 20 年）的'获取巨大犯罪收益的犯罪分子'的财务状况进行监控"[253]。斯普劳特认为，财务报告单"将在执法机关认为被判犯有符合条件的罪行的罪犯对个人和社会构成长期威胁的情况下获得"[254]。符合条件的罪行包括逃税、洗钱、制假和贩毒等[255]。肯尼迪指出，财务报告单要求罪犯提交载有其具体财务情况的报告。如果罪犯不提供（或提供的财务报告单包含虚假或误导性信息）则构成刑事犯罪，最高可处一年监禁。《严重犯罪法》将财务报告单要求设为附属指令，在罪犯从监狱释放后生效，要求罪犯在获释后每六个月提交详细的收入、资产、支出流水和报告；获释的罪犯有义务报告其所有正在使用的银行账户和信用卡，并禁止使用除报告

---

[248] 参见脚注[198]梁文章，第 380 页。

[249] Leong, A. (2008), 'Passing the buck!', *Journal of Money Laundering Control*, 11 (2), 101 – 102, at 101.

[250] Serious Organized Crime Agency (2008a), 'Merger of SOCA and ARA strengthens government drive to deprive criminals of their assets', available at www.soca.gov.uk (accessed 4 August 2010).

[251] 2007 年《严重犯罪法案》，第 75～86 节。

[252] 参见脚注[212]斯普劳特文章，第 136 页。

[253] 同上，第 138 页。有关财务报告单实用性的信息，参见 2005 年《英国皇家检察署财务报告令》第 76 条和第 79～81 条，英国皇家检察署：伦敦，n/d。

[254] 这种符合条件的犯罪很可能是由 2006 年《反欺诈法》和 2002 年《犯罪所得法》附表 2 所列的犯罪方式造成的。参见脚注[212]斯普劳特文章，第 136 页。

[255] 参见 2006 年《反欺诈法》和 2002 年《犯罪所得法》附表 2。

以外的账户和银行卡进行交易。[256]

据报道，法院批准的第一例提供财务报告单的案件是 R 诉阿卜杜拉·巴巴亚辛案。[257] 同样，在 2007 年，被判洗钱罪的特里·亚当斯也受到了财务报告单的约束。[258] 2008 年 2 月，北安普顿警察局和北安普顿郡皇家检察署获得了针对肖恩·戴维斯的财务报告单。[259] 严重有组织犯罪监察局报告称，它已成功实现了对违反财务报告单制度的首例定罪。罗伊·威廉姆斯于 2008 年 4 月 14 日被判有罪，并因违反财务报告单制度规定被判处 3 个月监禁，与其因毒品和欺诈相关罪行被判处的 8 年徒刑同时执行。[260] 严重有组织犯罪监察局局长比尔·休斯指出，正如我们常说的，当罪犯入狱时，我们打击他们的行动并不会结束。财务报告单不是剥夺犯罪分子犯罪收益的最有力工具，我们致力于通过对罪犯的终身管理，减少甚至消除严重有组织犯罪分子，无论资金数额大小，我们都将严格追查他们的资产。[261]

由于可能违反《欧洲人权公约》，财务报告单制度的适用受到了质疑。[262] 2008 年 11 月，严重有组织犯罪监察局指出，根据法律咨询意见，该组织不再公布适用财务报告单制度的已定罪的罪犯，因为这会侵犯他们根

---

[256] Kennedy, A. (2007b), 'Winning the information wars: collecting, sharing and analysing information in asset recovery investigations', Journal of Financial Crime, 14 (4), 372–404, at 382.

[257] 19 June 2005 at Woolwich Crown Court. See The Guardian (2006b), 'Turkish drug gang leader jailed for 22 years', available at http://www.guardian.co.uk/uk/2006/may/16/drugsandalcohol.drugstrade (accessed 4 August 2010).

[258] The Guardian (2007), 'Crime boss Adams faces ruin after trial', available at http://www.guardian.co.uk/uk/2007/may/19/ukcrime.sandralaville (accessed 4 August 2010).

[259] Northamptonshire Police (2009), 'Financial reporting order among the first in country', available at http://www.northants.police.uk/default.aspx?id=18341&db=old&datewant=yes (accessed 4 August 2010).

[260] Serious Organized Crime Agency (2008b), 'Serious Organized Crime Agency secures first conviction under new power', available at www.soca.gov.uk (accessed 4 August 2010).

[261] 同上。

[262] 参见脚注[256]肯尼迪文章，第 382 页。财务报告单制度最初是英国内政部于 2004 年提出的，参见脚注[240]英国内政部报告，第 53 页。

据《欧洲人权公约》第 8 条享有的家庭和私人生活权。[263] 财务报告单制度最初用于 2003 年的一个判例，当时埃塞克斯警察被阻止在通缉海报上使用多次因盗窃车辆被定罪的盗窃犯加里·埃利斯的照片[264]。

五、小结

英国没收犯罪所得资产的方法与美国非常相似。其最初的目标是针对毒品交易，现在已经扩大到更广泛的刑事犯罪行为。R 诉卡斯伯特森一案的判决说明了改革的必要性，但随之而来却制定了一些无效的法规，这些法规对没收犯罪所得几乎没有任何作用。英国发展和改革委员会报告中的建议标志着追回犯罪所得的立法政策发生了根本性变化。资产追回局的设立最初是成功的，追回了超过 2.6 亿英镑的非法资产。然而，由于英国内政部不切实际的目标，它的存在是短暂的。但是，资产追回局完成了一项非常重要的任务，并为严重有组织犯罪监察局继续打击英国有组织犯罪产生的非法资金奠定了基础。

第五节　结　论

本章详细论述了打击有组织犯罪、毒品犯罪和恐怖主义犯罪非法利润的重要性。包括联合国、欧盟和反洗钱金融行动特别工作组在内的国际机构制定并实施了一系列国际公约来解决犯罪所得问题，然而，这些法律再

---

[263] The Telegraph (2008), 'Naming and shaming criminal masterminds "infringes their human rights"', available at http://www.telegraph.co.uk/news/uknews/law-and-order/3439645/Naming-and-shaming-criminal-masterminds-infringes-their-human-rights.html (accessed 12 November 2008).

[264] 关于该案件的详细评论参见 Melville-Brown, A. and Burgess, D. (2003), 'The right to be rehabilitated – can you ever escape your past?', *Entertainment Law Review*, 14 (4), 88-90.

次受到了美国在 20 世纪 70 年代推出的政策的影响。1988 年《维也纳公约》所载条款的适用范围最初仅限于与毒品有关的犯罪收益，但在 2000 年《巴勒莫公约》制定和实施后，其规制的范围扩大了，《巴勒莫公约》将没收程序的范围扩大到更多的刑事犯罪。欧盟在打击犯罪所得方面采取了略有不同的政策。例如，1990 年《欧洲委员会关于洗钱、搜查、扣押和没收犯罪所得的公约》的范围比《维也纳公约》更广，适用于没收任何犯罪所得。2001 年 9 月 11 日的恐怖袭击事件导致联合国安全理事会第 1373 号决议的执行，进一步扩大了没收犯罪所得的适用范围。

一、美国

与全球反洗钱政策一样，自 20 世纪 70 年代理查德·尼克松总统向毒品犯罪宣战以来，美国一直是打击犯罪收益的"旗手"。罗纳德·里根总统在 20 世纪 80 年代重申了打击犯罪收益的政策。如果将美国针对犯罪收益的政策与针对欺诈、洗钱、资助恐怖主义和内幕交易的战略进行比较，可以发现两个问题：第一，没有一项单独的立法涉及所有形式的没收；第二，没有一个专门的机构负责执行追查非法犯罪所得的工作。尽管如此，美国对犯罪所得采取了极其强硬的立场，其没收权力的范围很广；执法机构和联邦机构寻求没收犯罪收益的措施已成为美国刑事司法系统的重要组成部分。在现有的行政、民事和刑事三种没收程序中，使用民事没收是这些机构在上述一些有争议的问题上最常用的方法。尽管许多评论家对此表示担忧，民事没收措施仍将继续被联邦机构和执法机构使用。

二、英国

英国上议院对 R 诉卡斯伯特森案的裁决生动地说明了没收犯罪所得的必要性，然而，随后出台的几项法律并没能平息对法律无效和无力的批评。英国发展和改革委员会于 2000 年发表了一份促使政府努力打击非法犯罪所得的报告。资产追回局的建立和 2002 年《犯罪所得法》的实施将英国置于打击有组织犯罪、恐怖主义犯罪和毒品犯罪的前沿。英国历任内政大臣都宣布资产追回局将实现自给自足，并结束居住在英国的有组织犯罪分子所谓的"奢靡的生活方式"。然而，英国政府在设定目标时的考虑不周实际导致了其为资产追回局设定的目标无法实现，资产追回局没有足够的时间和资源来打击犯罪所得，而英国政府希望能够快速解决这一长期问题。严重有组织犯罪监察局成立后，其职权范围比资产追回局更加广泛，除了负责英国的没收制度外，它还充当金融情报机构。基于严重有组织犯罪监察局的多重职能，英国政府授予其一系列旨在打击有组织犯罪的执法权力。严重有组织犯罪监察局受益于资产追回局奠定的基础，《犯罪所得法》和《欧洲人权公约》在有些条款上的不一致给执法带来的问题也在逐步得到解决。然而，2007 年《严重犯罪法》赋予严重有组织犯罪监察局的额外权力还是受到了《欧洲人权公约》的挑战。

因此，不管社会公众是否对此表示关切，没收和没收程序将继续存在，它们都将构成全球、区域和国家打击金融犯罪措施的核心支柱。有组织犯罪分子、贩毒集团和恐怖主义犯罪分子的犯罪手法会越来越复杂，人们可以通过一系列措施隐藏其非法犯罪所得，进而筑起避免被执法机构起诉的防火墙，英国的几起典型判例清楚地说明了这一点。英国严重有组织犯罪监察局面临着一场艰难的战斗，要打击越来越多的有组织犯罪分子及其非法犯罪所得，因此必须允许执法机构依法处理有组织犯罪分子、贩毒集团和恐怖主义犯罪分子的资金问题。

第七章

金融犯罪监管机构

如果想要打击金融犯罪并且希望从长远上根本消除金融犯罪,就需要公共机构和私人部门为了这一共同的目标携手努力。❶

第一节 引 言

本书中提及的金融犯罪政策正通过大量国际、区域和国家层面已经建立的金融监管机构和部门得以实施。国际社会打击金融犯罪主要由联合国、金融行动特别工作组及其区域分支机构欧盟领导,并得到了国际货币基金组织(IMF)、世界银行集团、埃格蒙特集团、巴塞尔委员会和沃尔夫斯堡集团的支持。本章将美国和英国的监管机构分为三级:一级金融犯罪监管机构、二级金融犯罪监管机构和三级金融犯罪监管机构。

美国金融犯罪政策的实施由三个政府部门领导,即财政部、司法部和国务院,这三个部门是美国金融犯罪的一级监管机构。财政部在美国反洗钱和反恐怖主义融资政策的制定中发挥着重要作用;司法部负责调查和起诉各种金融犯罪,包括洗钱、恐怖主义融资、欺诈和内幕交易;国务院在包括联合国安理会制裁委员会和反恐委员会、金融行动特别工作组和八国集团罗马-里昂小组在内的许多国际组织中代表美国,它还是"提供海外反洗钱/打击恐怖主义融资培训和技术援助的主要机构与主要资金来源"❷。

---

❶ Drage, John (1993), 'Countering money laundering: the response of the financial sector', in H. Macqueen (ed.), *Money Laundering*, Edinburgh University Press, Edinburgh, 60-70.

❷ Financial Action Task Force *Third mutual evaluation report on anti-money laundering and combating the financing of terrorism-the United States of America* (Financial Action Task Force: Paris, 2006) at p. 18.

美国一级金融犯罪监管机构下属若干二级监管机构，其中美国财政部下属机构有恐怖主义和金融情报办公室、恐怖主义融资和金融犯罪办公室、情报和分析办公室、控制资产管理办公室和财政部资产没收执行办公室；司法部的下属机构包括资产没收和反洗钱科、刑事科、反恐怖主义科、国家毒品情报中心和国际事务办公室；国务院下属机构包括经济和商务事务局、国际麻醉品和执法事务局以及国家反恐协调员办公室。美国的三级金融犯罪监管机构可分为三类，即执法机构、金融监管机构和包括几个金融犯罪特别工作组在内的跨部门工作组。

英国金融犯罪政策的实施由包括英国财政部、内政部以及外交和联邦事务部在内的三个一级监管机构领导。英国财政部负责制定和实施英国的反洗钱和反恐怖主义融资政策，它代表英国起草和执行欧盟反洗钱指令；此外，它通过英国金融行动特别工作组实施对恐怖分子资金的冻结。英国内政部管理警察署、严重有组织犯罪监察局，负责制定资产追回战略和反恐怖主义战略。英国外交和联邦事务部对英国金融犯罪战略的参与有限，但它主要负责英国承诺的联合国条约和国际协定的执行，这些国际条约和协定的执行得到了若干二级监管机构的支持。英国金融犯罪的二级监管机构可分为刑事司法机构和金融机构两类；三级监管机构主要包括一些行业协会。

第二节　国际社会金融犯罪监管机构

一、联合国金融犯罪监管机构

联合国通过实施包括 1988 年《联合国禁止非法贩运麻醉药品和精神

药物公约》❸ 和 2000 年《联合国打击跨国有组织犯罪公约》等反洗钱公约引领了全球打击金融犯罪的斗争；此外，联合国通过其全球反洗钱计划及毒品控制和预防犯罪办公室向会员国提供打击金融犯罪的援助❹。联合国的这两项举措都旨在使会员国遵守全球反洗钱标准❺。毒品控制和预防犯罪办公室起草了相关的立法模式，包括"与犯罪所得有关的反洗钱、没收和国际合作的示范法"以及扩展到反恐怖主义融资领域的"反洗钱、犯罪所得和反恐怖主义融资的立法模式"❻。全球反洗钱规划于 1995 年开始制定，目的是开展研究并在会员国需要时提供专业帮助❼；此外，该规划还"管理和运行国际反洗钱信息网络中的反洗钱国际数据库"❽。联合国在打击恐怖主义融资方面发挥了主导作用，制定了 1994 年《消除国际恐怖主义措施宣言》、❾ 1999 年《制止向恐怖主义提供资助的国际公约》❿，在 2001 年 9 月的恐怖袭击后又执行了联合国安全理事会的几项重要决议⓫。然而，联合国尚未制定和实施任何国际立法措施来打击欺诈或内幕交易，其反欺诈政策主要考虑的是财务欺诈。

二、金融行动特别工作组的金融犯罪监管机构

与联合国一样，金融行动特别工作组在打击洗钱和恐怖主义融资方面

---

❸ 1988 年《联合国禁止非法贩运麻醉药品和精神物质公约》。

❹ 关于毒品控制和预防犯罪办公室的详细讨论参见 http：//www.unodc.org/。

❺ Bachus, A. (2004), 'From drugs to terrorism: the focus shifts in the international fight against money laundering after September 11, 2001', *Arizona Journal of International and Comparative Law*, 21, 835–872, at 856.

❻ Zagaris, B. (2004), 'The merging of anti-money laundering and counter-terrorism financial enforcement regimes after September 11, 2001', *Berkeley Journal of International Law*, 22, 123–157, at 137–139.

❼ Shehu, A. (2005), 'International initiatives against corruption and money laundering: an overview', *Journal of Financial Crime*, 12 (3), 221–245, at 228.

❽ 同上。

❾ 联合国 A/RES/49/60 第 84 次全体会议："消除国际恐怖主义的措施"，1994 年 12 月 9 日。

❿ 第 4 条。

⓫ 关于这些问题的更详细讨论参见第 3 章。

发挥着核心作用，但在打击欺诈和内幕交易方面的作用非常有限。它在其网站上明确表示，"金融行动特别工作组主要确保全球采取行动打击洗钱和恐怖主义融资，并在全球切实执行其'40＋9'建议"[12]。金融行动特别工作组的网站创建于 1989 年，被称为"针对反洗钱的首批国际协作措施之一"[13]。巴赫斯指出，"金融行动特别工作组的职责是审查反洗钱措施，特别是审查有关毒品贸易的非法资金"[14]，1996 年金融行动特别工作组发表的 40 条建议[15]表明了这一点。2001 年 9 月的恐怖袭击发生后，金融行动特别工作组发布了 9 条特别建议，将反洗钱工作的重点扩大到包括恐怖主义融资领域[16]。杰克逊说，金融行动特别工作组有三项重要任务："在全世界传播反洗钱信息，监测成员国执行 40 条建议的情况和分析洗钱犯罪的趋势与对策"[17]。金融行动特别工作组"监测成员国在实施必要措施方面的进展，审查反洗钱和恐怖主义融资方面的方案与对策，并在全球范围内推动制定和实施适当措施"[18]。反洗钱金融行动特别工作组得到了包括亚太反洗钱小组[19]、加勒比金融行动特别工作组[20]、欧洲理事会评估反洗钱措施特设

---

[12] Financial Action Task Force (n/d), 'Mandate' available at http://www.fatf‐gafi.org/pages/0,3417,en_32250379_32236846_1_1_1_1_1,00.html (accessed 4 August 2010).

[13] Dellinger, L. (2008), 'From dollars to pesos: a comparison of the US and Colombian anti‐money laundering initiatives from an international perspective', *California Western International Law Journal*, 38, 419–454, at 433.

[14] 参见脚注[5]巴赫斯文章，第 849 页。

[15] Financial Action Task Force (n/d), 'Forty recommendations', available at www.fatf‐gafi.org/document/28/0,3343,en_32250379_32236920_33658140_1_1_1_1_1,00.html (accessed 6 August 2010).

[16] Financial Action Task Force (n/d), '9 special recommendations on terrorist financing', available at www.fatf‐gafi.org/document/9/0,3343,en_32250379_32236920_34032073_1_1_1_1,00.html (accessed 6 August 2010).

[17] Jackson, C. (2004), 'Combating the new generation of money laundering: regulations and agencies in the battle of compliance, avoidance, and prosecution in a post‐September 11 world', *Journal of High Technology Law*, 3, 139–171, at 154.

[18] Financial Action Task Force (n/d), 'About the FATF', available at http://www.fatf‐gafi.org/pages/0,3417,en_32250379_32236836_1_1_1_1_1,00.html (accessed 6 August 2010).

[19] 关于亚太反洗钱小组的更多信息可从其网站 http://www.apgml.org/（2010 年 8 月 6 日查阅）上获得。

[20] 关于加勒比金融行动特别工作组的更多信息，参见 http://www.cfatf‐gafic.org/（2010 年 8 月 6 日查阅）。参见 Wilson, C. and Rattray, K. (2007), 'The Caribbean Financial Action Task Force', *Journal of Financial Crime*, 14 (3), 227–249.

专家委员会㉑、东非和南非反洗钱小组㉒、欧亚小组㉓、非洲反洗钱政府间行动小组㉔以及中东和北非金融行动特别工作组㉕等多个区域性分支机构的支持。

三、国际货币基金组织和世界银行的金融犯罪监管机构

国际货币基金组织和世界银行在全球打击洗钱犯罪和协助金融行动特别工作组方面发挥着重要作用㉖。国际货币基金组织于2001年发表声明，要求所有成员国全力推动联合国反恐怖主义决议的实施㉗；此外，它提供了一个信息共享的框架，来促进反洗钱和反恐怖主义融资相关政策的制定与实施㉘，并主导对金融部门的评估㉙。金融部门评估方案的一部分涉及对国家反洗钱计划的评估㉚，该评估还确定一国的反洗钱政策是否符合金融行动特别工作组的建议㉛。国际货币基金组织在打击洗钱和恐怖主义融资犯罪方面有三项职能：促进制定反洗钱和反恐怖主义融资的制度；提供相关技术援助；监测犯罪行为㉜。事实上，国际货币基金组织在执行国际反

㉑ 参见http：//www.coe.int/t/dghl/monitoring/moneyval/（2010年8月6日查阅）。
㉒ 参见http：//www.esaamlg.org/（2010年8月6日查阅）。
㉓ 参见http：//www.eurasiangroup.org/（2010年8月6日查阅）。
㉔ 参见http：//www.giaba.org/（2010年8月6日查阅）。
㉕ 参见http：//www.menafatf.org/，同时参见Png, Choeng-Ann (2008b), 'International legal sources IV - the European Union and the Council of Europe', in W. Blair and R. Brent (eds), *Banks and financial crime - the international law of tainted money*, Oxford University Press, Oxford, 87-100, at 88.
㉖ Fisher, J. (2002), 'Recent international developments in the fight against money laundering', *Journal of International Banking Law*, 17 (3), 67-72, at 71.
㉗ Hopton, Doug (2009), *Money laundering - a concise guide for all businesses*, Gower, Farnham, at p. 16.
㉘ 参见脚注⓭德林杰文章，第433页。
㉙ Leong, A. (2007a), 'Chasing dirty money: domestic and international measures against money laundering', *Journal of Money Laundering Control*, 10 (2), 140-156, at 149.
㉚ 参见脚注㉖费希尔文章，第71页。
㉛ 参见脚注⓭德林杰文章，第433页。
㉜ Zagaris, Bruce (2010), *International white collar crime - cases and materials*, Cambridge University Press, New York, at 60-63.

洗钱行动方面并没有发挥积极的作用❸,直到 2001 年 9 月的恐怖袭击发生后,国际货币基金组织才开始更多地关注这类金融犯罪❹。梁指出,国际货币基金组织打击金融犯罪的目的是"在国家和国际层面制定并推广相关政策,以打击洗钱和恐怖主义融资行为并维护金融体系的完整性"❺。世界银行成立于 1944 年,履行与国际货币基金组织相同的职能❻,它与国际货币基金组织都认可和执行金融行动特别工作组的 40 条建议和 9 条特别建议。世界银行有三个相关职能:建立反洗钱和反恐怖主义融资的全球对话体系;制定普遍的反洗钱和反恐怖主义融资的评估方案;改善相关机构的职能❼。

四、欧盟金融犯罪监管机构

20 世纪 70 年代,欧盟首先成立了打击金融犯罪的国际组织并制定和实施了一系列立法措施。它于 1991 年颁布了 3 项反洗钱指令中的第 1 项,2001 年颁布了第 2 项❽。第 3 项反洗钱指令要求成员国执行一系列旨在解决洗钱和恐怖主义融资问题的措施❾。2009 年,欧盟提议制定第 4 项反洗钱指令,但遭到成员国的广泛批评,然而正如霍普顿指出的,"第 4 项反洗钱指令的制定很显然在几年内是可能的"❿。欧盟打击金融犯罪的另一项重要措施是《欧洲理事会关于清洗、追查、扣押和没收犯

---

❸ 参见脚注❺巴赫斯文章,第 856 – 857 页。
❹ 参见脚注❷扎加里斯文章,第 60 页。
❺ 参见脚注❷梁文章,第 148 页。有关世界银行角色的更详细讨论,参见 Arnone, M. and Padoan, P. (2008),'Anti – money laundering by international institutions: a preliminary assessment', *European Journal of Law &Economics*, 26 (3), 361 – 386, at 363 – 364.
❻ 参见脚注❷扎加里斯文章,第 433 页。
❼ 同上,第 433 – 436 页。
❽ 2001/97/EC。
❾ 2005/60/EC。
❿ 参见脚注❷霍普顿文章,第 31 页。

罪所得的公约》[41]，该公约于 2005 年修订，要求成员国实施旨在没收犯罪所得的措施[42]。欧盟还实施了一系列旨在解决恐怖主义融资问题的措施，包括欧洲理事会关于打击恐怖主义的共同立场[43]和有争议的反恐怖主义制裁制度[44]。与联合国和金融行动特别工作组不同，欧盟颁布了若干法律法规来打击欺诈犯罪，还设立了一个专门的反欺诈机构——欧洲反欺诈办公室（OLAF）[45]。此外，欧洲刑警组织是欧盟国家执法机构之间跨界合作与协调的区域性机构，欧洲刑警组织在毒品贩运、非法移民、恐怖主义、人口贩运、伪造货币和洗钱等领域开展执法合作。欧盟还实施了一系列旨在解决内幕交易和市场滥用问题的措施以打击内幕交易犯罪[46]。

五、国际刑警组织

国际刑警组织是世界上最早的国际执法实体之一，其成员国包括近 200 个国家。国际刑警组织有三个主要目标：提供安全的警方通信；为警方行动提供数据服务和建立数据库；为警务行动提供支持[47]。国际刑警组织还在预防和控制洗钱犯罪方面发挥了重要作用[48]，它设有一个反洗钱小组，其主要职能是提高金融调查人员、金融情报机构（FIU）和执法机构信息共享的质量。

---

[41] Stessens, Guy (2000), *Money laundering: a new international law enforcement model*, Cambridge University Press, Cambridge, at p. 23.

[42] 关于这些问题的更详细讨论参见第 6 章。

[43] 2001/930 [2001] OJ L344/90。

[44] 例如，包括 2001/2580/EC [2001] OJ L344/70 和 2002/881/EC [2002] OJ L139/9。关于这些措施的法律性质的详细说明参见 Brent, Richard (2008), 'International legal sources IV – the European Union and the Council of Europe', in W. Blair and R. Brent (eds), *Banks and financial crime—the international law of tainted money*, Oxford University Press, Oxford, 101 – 150, at 125 – 136.

[45] 关于这一点的更详细讨论参见第 4 章。

[46] 例如 1989 年《内幕交易指令》和 2005 年《市场滥用指令》。

[47] Cameron – Waller, Stuart (2008), 'International co – operation networks', in S. Brown (ed.), *Combating international crime – the longer arm of the law*, Routledge Cavendish, Abingdon, 261 – 272, at 261.

[48] 2001/930 [2001] OJ L344/90。

六、埃格蒙特集团

为了应对有关金融交易保密性的担忧，1995 年成立了金融情报机构——埃格蒙特集团[49]。埃格蒙特集团被称为"金融情报机构的非正式工作组，它建立了一个重要的政府机构网络，共享金融情报并对金融情报进行分析以打击洗钱活动"[50]。埃格蒙特集团还充当"讨论和改进如何支持各国反洗钱方案的论坛"[51]。重要的是，"埃格蒙特集团的成员每年都会召开旨在促进国际合作的会议"[52]，因此，埃格蒙特集团的合作形式是国家间的行政合作[53]。要成为埃格蒙特集团的成员，金融情报机构必须是一个"中央国家机构，负责接收（并在允许的情况下，请求）、分析和向主管当局传播关于涉嫌犯罪所得和潜在资助恐怖主义的金融信息或打击洗钱和恐怖主义融资的国家法律或法规要求"[54]。埃格蒙特集团的成员能够连接到自己的"安全网络"，从而可以迅速交换与可疑交易有关的信息[55]。辛普森总结说，"埃格蒙特集团的工作取得了丰硕的成果，在就金融情报机构的性质和作用以及不同金融情报机构之间的信息交换程序达成一致方面取得了重大进展"[56]。埃格蒙特集团"已经成为一个非官方的、真正的国际论坛和国际反洗钱斗争中的一个重要组成部分"[57]。

---

[49] 参见脚注[13]德林杰文章，第 432 页。

[50] Springer, J. (2001), 'Obtaining foreign assistance to prosecute money laundering cases: a US perspective', *Journal of Financial Crime*, 9 (2), 153–164, at 161.

[51] 参见脚注[29]梁文章，第 149 页。

[52] 参见脚注[5]巴赫斯文章，第 855 页。

[53] He, P. (2010), 'A typological study on money laundering', *Journal of Money Laundering Control*, 13 (1), 15–32, at 23.

[54] Egmont *Statement of purpose of the Egmont Group of Financial Intelligence Units* (Egmont: Guernsey, 2004) at p. 2.

[55] 参见脚注[5]巴赫斯文章，第 855 页。

[56] Simpson, M., Smith, N. and Srivastava, A. (eds) (2010), *International guide to money laundering law and practice* (Bloomsburg Professional: Haywards Health), pp. 193–235, at 220.

[57] European Union *Second Commission report to the European Parliament and the Council on the implementation of the money laundering directive* (Brussels, 1 July 1998, COM (1998) 401).

七、巴塞尔委员会

巴塞尔委员会是由十国集团（G10）中央银行行长于 1974 年成立的[58]，其目标是"制定广泛的金融犯罪监管标准和指导方针并推荐最佳实践方案"[59]。巴塞尔委员会的建立是基于"金融部门容易被犯罪分子滥用的认知"[60]。该委员会没有正式的执法权力或立法权力，它主要致力于制定打击金融犯罪的最佳方案。扎加里斯指出，"巴塞尔银行监管委员会一直在积极发布软性法律建议。例如，1988 年，它通过了一项题为'防止犯罪分子利用银行系统的行为守则草案'的原则性声明，该声明要求银行了解其客户、发现可疑交易，并与执法当局充分合作"[61]。关于金融犯罪，巴塞尔委员会发布了若干相关的反洗钱和反恐怖主义融资准则，包括"银行客户尽职调查"[62]"打击恐怖主义融资相关犯罪的信息共享"[63] 和"开户和客户身份识别总指南"[64] 等。

八、沃尔夫斯堡集团

沃尔夫斯堡集团的成立是"由于国际上有对私人银行没有充分参与打击洗钱，特别是打击腐败斗争的担忧"[65]。《沃尔夫斯堡集团法则》是"由一批主要的国际私人银行于 2000 年 10 月起草的，并在制定时考虑了银行

---

[58] 参见脚注[25]琼安（巴布亚新几内亚）著作，第 97 页。
[59] 同上。
[60] 参见脚注[27]霍普顿文章，第 11 页。
[61] 参见脚注[32]扎加里斯文章，第 64 页。
[62] 同上。
[63] 参见脚注[32]扎加里斯文章。
[64] 同上。
[65] 参见脚注[27]霍普顿文章，第 17 页。

部门的实际需要"⑥。该集团与金融机构合作制定规则和准则,防止私人银行被有组织犯罪分子滥用来清洗其犯罪所得。具体而言,它与"国际透明组织"合作制定了这些准则。⑥

第三节 美国一级金融犯罪监管机构

一、美国财政部

美国财政部是负责实施美国反洗钱法律法规的主要政府部门⑥。在2001年9月的恐怖袭击发生之前,美国财政部一直专注于打击洗钱⑥;恐怖袭击发生后,美国财政部的职责通过2001年《通过提供拦截和阻止恐怖主义活动所需要的适当手段统一和强化美国法案》(2001年《美国爱国者法案》)扩展到打击资助恐怖主义犯罪的领域⑦。该法案赋予美国财政部打击资助恐怖主义和洗钱行为的额外权力⑦,美国财政部可以将某个海外司法管辖区、某项交易、某个金融机构或某种账户类型确定为"主要洗钱问题领域"⑦。美国财政部以前曾将乌克兰、瑙鲁岛和缅甸列为主要洗钱问

---

⑥ 参见脚注❺辛普森文章,第219页。

⑥ 参见脚注❷霍普顿文章,第17页。

⑥ Low, L., Tillen, J., Abendschein, K. and Fisher-Owens, D. (2004), 'Country report: the US anti-money laundering system', in M. Peith and G. Aiolfi (eds), *A comparative guide to anti-money laundering: a critical analysis of systems in Singapore, Switzerland, the UK and the USA*, Edward Elgar, Cheltenham, 346-411, at 399. Hereafter Low et al.

⑥ Shetterly, D. (2006), 'Starving the terrorists of funding: how the United States Treasury is fighting the war on terror', *Regent University Law Review*, 18, 327-348, at 332.

⑦ 以下称2001年《美国爱国者法案》。《美国公法》第107编第56节,第302(a)(1)条,2001年《美国联邦法律大全》第115编第272节。

⑦ Shetterly, D. (2006), 'Starving the terrorists of funding: how the United States Treasury is fighting the war on terror', *Regent University Law Review*, 18, 327-348, at 333.

⑦ 2001年《美国爱国者法案》第11节。

题国家㊳，美国财政部禁止与主要洗钱问题国家指定的任何个人或公司进行金融交易㊴；美国财政部还于 2005 年对叙利亚商业银行㊵、北塞浦路斯土耳其共和国第一商业银行、白俄罗斯信息银行㊶和拉脱维亚的两家银行，即美通银行和 VEF 银行行使了这项权力㊷。总统有权命令国务卿、司法部长或财政部长与相关金融监管机构和海外金融管辖区的官员进行谈判，因为这些机构与美国金融机构有业务关系，可能被用于资助恐怖主义或洗钱㊸。《美国爱国者法案》规定，总统有权指示财政部长提高国际合作水平，以确保海外金融机构保留与指定外国恐怖分子实体、与此类实体有关联的机构或其附属机构，以及其他涉嫌洗钱活动的个人的有关金融交易的记录，并创建便于向美国当局提供相关记录的设备㊹。2001 年《美国爱国者法案》赋予美国财政部打击恐怖主义和洗钱相关问题的广泛权力，美国政府问责局（GAO）认为，总统"没有进行明确的授权，即《美国爱国者法案》第 330 节没有授权任何机构或官员参与正式的谈判；尽管如此，第 330 节的措辞确实建议应努力进行适当的谈判"㊺。凯特里认为，"美国财政部发现，与一个国家的主要私人金融机构进行前所未有的直接谈判比与该国政府进行谈判能更快地产生效果"㊻。根据美国财政部打击恐怖主义融

㊳ 67 FR 78859（2002 年 12 月 26 日）。美国财政部："美国财政部认定缅甸和两家缅甸银行存在严重洗钱问题并提出相应对策"，http://www.treas.gov/press/releases/js1014.htm（2010 年 8 月 1 日查阅）。

㊴ 2001 年《美国爱国者法案》第 311（5）节。

㊵ 美国财政部："财政部认定叙利亚商业银行为主要参与洗钱的金融机构"，http://www.treas.gov/press/releases/js1538.htm（2010 年 7 月 30 日查阅）。

㊶ 美国财政部："财政部依据 2001 年《美国爱国者法案》认定两家银行'存在主要洗钱问题'"，http://www.treas.gov/press/releases/js1874.htm（2010 年 7 月 30 日查阅）。

㊷ 美国财政部："财政部行使《美国爱国者法案》赋予的权力孤立两家拉脱维亚银行：被认定为'存在主要洗钱问题'的金融机构"，http://www.treas.gov/press/releases/js2401.htm（2010 年 7 月 16 日查阅）。

㊸ 2001 年《美国爱国者法案》第 330 节。

㊹ 同上。

㊺ Government Accountability Office *International Financial Crime – Treasury's roles and responsibilities relating to selected provisions of the USA Patriot Act 2001*（US Government Accountability Office：Washington, DC, 2006) at p. 7.

㊻ Kittrie, O. (2009), 'New sanctions for a new century: Treasury's innovative use of financial sanctions', *University of Pennsylvania Journal of International Law*, 30, 789–822, at 820.

资和金融犯罪办公室的报告，2001年《美国爱国者法案》规定的义务使美国致力于与打击金融犯罪的其他国际机构合作，包括金融行动特别工作组和其区域分支机构、国际货币基金组织以及世界银行，目的是"建立一个确保所有国家采用的国际标准和根据国际标准进行评估的全球体系，以保护金融体系和司法管辖区免受洗钱和恐怖主义融资的侵害"[82]。美国财政部在打击全球恐怖主义融资方面发挥了重要作用，有评论认为，美国财政部已经"率先将打击恐怖主义融资的斗争列为全球首要任务"[83]。

二、美国司法部

美国司法部由司法部长领导，该职位是根据1789年《美国司法法》[84]设立的，并依靠司法部副部长、助理司法部长和法律政策专员的支持开展日常工作[85]。美国司法部下设若干机构，包括司法项目办公室、美国受托人执行办公室、争端解决办公室、联邦调查局（FBI）、缉毒局（DEA）、美国法警署以及烟酒枪支爆炸物管理局。在打击金融犯罪方面，美国司法部负责对涉嫌洗钱、恐怖主义融资、欺诈和内幕交易的案件进行调查与起诉，因此，其在美国金融犯罪政策的实施中发挥着不可或缺的作用。美国司法部在金融犯罪方面的重要性体现在它"冻结了全球2亿美元的资产，破坏了恐怖主义的金融网络"[86]；美国通过缉毒局，"试图阻止参与毒品走私、与毒品有关的恐怖活动和洗钱的犯罪组织获得安全避难场所，从而剥夺毒品走私组织的非法所得"[87]；与美国财政部和国土安全部合作设立了一

---

[82] 参见脚注⑧美国政府问责局报告，第8页。

[83] Shetterly, D. (2006), 'Starving the terrorists of funding: how the United States Treasury is fighting the war on terror', *Regent University Law Review*, 18, 327–348, at 339.

[84] 1789年《美国司法法》，第20编第35节，1789年《美国联邦法律大全》第1编第73节、第92节、第93节。

[85] 美国司法部：美国"司法部的机构设置"，http://www.justice.gov/agencies/index-org.html#NSD（2010年8月4日查阅）。

[86] 《美国司法部2007—2012财政年度战略计划》，美国司法部：华盛顿，2007年，第1页。

[87] 同上，第25页。

个联合组织，寻求通过一种识别金融系统特定部分的全国性方法来识别和打击洗钱活动，进一步证明了美国司法部参与了反洗钱的斗争[88]；负责制定实施美国的资产没收规定，这些规定旨在"攻击犯罪组织从贩毒活动中牟利的经济基础，并没收罪犯试图用于经营和扩大其犯罪组织的非法所得"[89]。关于资产没收和洗钱，美国司法部指出：所有"白领犯罪"都是为了获利，对此类活动最大的威慑和惩罚是没收其非法犯罪所得。尽管检察官直到最近才获得可以直接没收"白领犯罪"所得的法律依据，但资产没收基金的存款中约有一半与毒品无关，这表明在非毒品犯罪中，利用没收犯罪所得这一打击犯罪的手段效果显著；而且洗钱几乎贯穿所有"白领犯罪"，这些犯罪分子需要掩盖其非法所得的来源，这是一个可被利用的漏洞[90]。此外，美国司法部还负责打击各种欺诈活动，它在创建公司欺诈特别调查小组中发挥了重要作用，该工作组认定了1000多起公司欺诈犯罪，包括阿德菲亚、玛莎·斯图尔特、伯纳德·埃伯斯、弗兰克·奎特隆、肯尼思·莱和杰夫·斯基林等[91]。

三、美国国务院

美国国务院制定并实施包括反恐、反毒品交易、反贩运人口和与经济问题相关的广泛的政策，其在打击金融犯罪方面的作用是"国际性"的和"代表性"的。美国国务院在根据联合国1267号决议设立的联合国安理会制裁委员会和反恐怖主义委员会、八国集团罗马－里昂小组、都柏林小组、美洲国家组织（OAS）、金融行动特别工作组及其区域分支机构中代表美国履职，其官员还参加与反洗钱和反恐怖主义融资有关的多机构外交

---

[88] 《美国司法部2007—2012财政年度战略计划》，美国司法部：华盛顿，2007年，第46页。
[89] 同上。
[90] 同上，第53页。
[91] 同上，第7页。

使团的活动❷。此外，美国国务院还与美国财政部和司法部共同制定有关洗钱、恐怖主义融资和其他金融犯罪的政策，包括规划和执行总统指令，并且其是提供国外反洗钱/反恐怖主义融资培训和技术援助的牵头机构与主要资金来源❸。

第四节　美国二级金融犯罪监管机构

一、美国财政部二级金融犯罪监管机构

（一）恐怖主义和金融情报办公室

恐怖主义和金融情报办公室的目标是"统筹财政部的政策、执法、监管和情报职能，以切断对国际恐怖分子的金融支持渠道"❹。该办公室在美国国内和国际两个层面开展工作，确保采取一切可能的政治方案、政策和战术措施打击洗钱及恐怖主义融资行为；重点负责监督海外资产控制办公室和财政部资产没收执行办公室的政策制定动向以及两者政策的相互融合情况；此外，它还监督金融犯罪执法网络局开展工作。据金融行动特别工作组称，恐怖主义和金融情报办公室负责"制定和实施美国政府打击国内外恐怖主义融资的战略，制定和实施国家反洗钱战略以及其他打击金融犯

---

❷ 《金融行动特别工作组关于美国反洗钱和反恐怖主义融资的互评估报告》，金融行动特别工作组：巴黎，2006 年，第 18 页。

❸ 同上。

❹ 美国财政部："恐怖主义和金融情报"，http：//www.treas.gov/offices/enforcement/（2010年 8 月 6 日查阅）。

罪的政策和计划"[95]。

（二）情报和分析办公室

情报和分析办公室是根据 2004 年《情报授权法》设立的一个美国情报部门[96]。2004 年《情报授权法》规定，情报和分析办公室负责接收、检查和分发与美国财政部的工作流程和职责相关的海外情报及海外反情报信息[97]；此外，它还负责为美国财政部分析并提供有关恐怖分子的资金流转和技术支持网络的信息。据金融行动特别工作组称，情报和分析办公室"开发金融情报并进行分析，以填补情报目标的空白，提升情报的价值和专业性，重点查明和打击恐怖组织的金融基础设施；识别并填补恐怖分子和罪犯可能在国内与国际金融系统中利用的漏洞；同时促进美国和全球不同国家财政部建立牢固的合作伙伴关系"[98]。

（三）恐怖主义融资和金融犯罪办公室

恐怖主义融资和金融犯罪办公室（TFFC）与其他国家安全机构、私人部门和其他政府机构合作，以"应对各种形式的非法金融活动对国际金融体系构成的威胁"[99]。恐怖主义融资和金融犯罪办公室负责制定打击包括洗

---

[95] 《金融行动特别工作组关于美国反洗钱和反恐怖主义融资的互评估报告》，金融行动特别工作组：巴黎，2006 年，第 16 页。

[96] 《美国公法》第 108 编第 177 节第 314 条，《美国联邦法律大全》第 1117 编第 2599 节和 2610 节。关于 2004 年《情报授权法》及其前身的更详细的信息参见 Radsan, J. (2009), 'An overt turn to covert action', *Saint Louis University Law Journal*, Winter, 53, 485–552。

[97] 美国财政部："情报和分析办公室"，http://www.ustreas.gov/offices/enforcement/oia/（2010 年 8 月 6 日查阅）。

[98] 《金融行动特别工作组关于美国反洗钱和反恐怖主义融资的互评估报告》，金融行动特别工作组：巴黎，2006 年，第 16 页。

[99] 美国财政部："恐怖主义融资和金融犯罪办公室"，http://www.ustreas.gov/offices/enforcement/eotf.shtml（2010 年 8 月 6 日查阅）。

钱和恐怖主义融资在内的各种金融犯罪的政策[100]。该办公室还在金融行动特别工作组中代表美国履行职责和采取行动,据金融行动特别工作组称,该办公室"是响应国际社会要求,提供涉嫌恐怖主义融资或以其他形式资助恐怖分子的特定非营利组织信息的主要联络点。其作为提供与恐怖主义融资和其他金融犯罪相关信息的主要联络点,通过充分利用美国的情报和执法能力,一方面打击"慈善机构"资助恐怖主义的行为,另一方面通过颁布相关政策和采取其他举措来保护"慈善机构"免受恐怖主义滥用的威胁"[101]。

(四)海外资产控制办公室

美国财政部海外资产控制办公室(OFAC)起源于1940年设立的海外基金管理办公室,该办公室一直由美国财政部管理,直到第二次世界大战结束后才被撤销。海外基金管理办公室设立的最初目的是阻止纳粹企图使用"被占领国家"持有的外汇和证券,并防止其强行收回属于这些国家国民的资金。[102] OFAC 于 1950 年正式成立,现在,它"根据美国的外交政策和国家安全目标,对其他国家和政权、恐怖分子、国际毒品走私罪犯进行经济和贸易管制与制裁"[103]。自 2001 年的恐怖袭击发生以来,前总统乔治·布什授予 OFAC 额外的权力,它可以冻结可疑或已知恐怖分子的资产并对其实施制裁[104],制裁的目的是"剥夺目标对象的资产使用权,不允许其进

---

[100] 美国财政部:"恐怖主义融资和金融犯罪办公室",http://www.ustreas.gov/offices/enforcement/eotf.shtml(2010 年 8 月 6 日查阅)。

[101] 《金融行动特别工作组关于美国反洗钱和反恐怖主义融资的互评估报告》,金融行动特别工作组:巴黎,2006 年,第 248 页。

[102] 美国财政部:"海外资产控制办公室",www.ustreas.gov/office/enforcement/ofac/mission.shtml(2010 年 8 月 6 日查阅)。

[103] 同上,埃克特认为,"OFAC 的历史使命是对实行不利于美国外交和国家安全利益政策的外国政府实施制裁"。Eckert, Sue (2008),'The US regulatory approach to terrorist financing', in T. Biersteker and S. Eckert (eds) Countering the financing of terrorism, Routledge Cavendish, London, 209 – 233, at 211.

[104] Ortblad, V. (2008),'Criminal prosecution in sheep's clothing: the punitive effects of OFAC freezing sanctions', Journal of Criminal Law and Criminology, 98, 1439 – 1465, at 1442.

入美国金融体系，阻止其从涉及美国市场、企业和个人的贸易、交易和服务中获益"[105]。OFAC 持有一份制裁方案清单，对古巴、朝鲜、苏丹和津巴布韦等国家实施制裁[106]。OFAC 在打击恐怖主义方面的作用"源于对恐怖主义是由国家支持的最初的理解"[107]，它的作用是"收集现有证据，以证明某些外国实体或个人是由受经济制裁的外国政府拥有或控制，或代表上述政府行事"[108]。这项政策在前总统比尔·克林顿实施 1995 年《国际经济紧急权力法》后发生了变化，该法案允许 OFAC 直接对恐怖分子实施制裁，以应对恐怖分子对破坏中东和平进程所构成的威胁[109]。在 2001 年恐怖袭击发生后，OFAC 通过第 13224 号总统行政命令行使了这些权力[110]。OFAC 管理着"受目标国家控制、为目标国家行事或代表目标国家行事"的特别指定国民个人和公司名单[111]，该名单中还包含"非特定国家的个人、组织和实体，如恐怖分子和毒品贩运者"[112]。

OFAC 冻结可疑恐怖分子账户的能力极具争议。美国财政部称，OFAC 的行动极其成功，2004 年冻结的银行账户的数量（1500 个）和价值（1.39 亿美元）说明了这一点[113]。此外，有人认为，截至 2004 年，OFAC 冻结了大约 2 亿美元的可疑恐怖主义资金[114]。从对国家实施制裁到对个人实施制裁的政策转变是极具争议的，但这被认为是"使恐怖分子远离其资

---

[105] 参见脚注[103]埃克特文章，第 212 页。

[106] Zaring, D. and Baylis, E. (2007), 'Sending the bureaucracy to war', *Iowa Law Review*, 92, 1359–1428, at 1399–1400.

[107] 参见脚注[103]埃克特文章，第 212 页。

[108] 同上。

[109] 同上。

[110] 2001 年 9 月 23 日第 13224 号总统行政命令。《美国联邦公报》，66（186），2001 年 9 月 25 日，第 49079–49081 页。

[111] 美国财政部："美国财政部海外资产控制办公室常见问题和回答"，http：//www.ustreas.gov/offices/enforcement/ofac/faq/answer.shtml#17（2010 年 8 月 6 日查阅）。

[112] 同上。

[113] 美国财政部（2004 年）："布什政府宣布增加预算助力打击恐怖主义融资和金融犯罪"，http：//www.ustreas.gov/press/releases/js1100.htm（2009 年 5 月 8 日查阅）。关于美国财政部海外资产控制办公室表现的评论参见 Fitzgerald, P. (2002), 'Managing smart sanctions against terrorism wisely', *New England Law Review*, 36, 975–983.

[114] 参见脚注[106]扎林和贝勒斯文章，第 1399 页。

产,切断恐怖主义资金来源的唯一选择"[115]。"迄今为止,定向金融制裁已被证明是 20 世纪最有效、最重要的新的反恐和反扩散工具之一"[116]。然而,由于恐怖分子可获得的资金来源数量众多,而且他们有能力实现自给自足,这些措施的有效性也受到了一定的质疑[117]。OFAC 也曾错误地指认了巴拉卡特汇款公司[118]等几个与恐怖分子没有联系的团体[119],美国财政部错误地认为巴拉卡特汇款公司"每年向'基地组织'输送几百万美元"[120]。然而,美国当局也成功起诉了"圣地基金会"的一些董事[121],OFAC 的权力在伊斯兰美洲救济机构诉冈萨雷斯一案中得到了维护[122]。

(五) 美国财政部金融犯罪执法网络局

金融犯罪执法网络局(FinCEN)是美国的金融情报机构,其打击金融犯罪的目标是收集和分发金融情报[123]。美国政府于 1981 年最初提出了建立这样一个机构的想法[124],但该机构直到 1990 年 4 月 25 日才成立。金融犯罪执法网络局设立的最初目标是打击毒品犯罪[125],其后,它显示出打击更广

---

[115] Keeney, P. (2004), 'Frozen assets of terrorists and terrorist supporters: a proposed solution to the creditor collection problem', *Emory Bankruptcy Developments Journal*, 21, 301–341, at 340.

[116] 参见脚注[81]凯特里文章,第 819 页。

[117] 参见脚注[109]奥布特里拉文章,第 1455 页。

[118] 同上,第 1441 页。

[119] 美国财政部:"最近美国财政部海外资产控制办公室的行动",http://www.ustreas.gov/offices/enforcement/ofac/actions/20091103.shtml (2010 年 6 月 5 日查阅)。

[120] "美国财政部对金融反恐战争的贡献简报",美国财政部:华盛顿,2002 年,第 6 页。

[121] 2008 年 11 月 25 日,"圣地基金会"的 5 个组织者因向哈马斯提供超过 1200 万美元而被定罪。"圣地基金会"质疑海外资产控制办公室的合法性,但美国最高法院驳回了其质疑,参见"圣地基金会"以及德夫诉阿什克罗夫特案,2004 年《美国法典》第 540 编第 1218 节,《美国最高法院案例汇编》第 124 卷第 1506 页。

[122] 《联邦地区法院判例汇编》第 3 编第 477 卷第 728 页和 739 页。华盛顿特区巡回法院,2007 年。

[123] 参见脚注[63]洛等人文章,第 400 页。

[124] Bercu, S. (1994), 'Toward universal surveillance in an information age economy: can we handle Treasury's new police technology?', *Jurimetrics Journal*, 34, 383–449, at 339。

[125] 同上,第 392 页。

泛的非法活动的潜力[126]。例如，海湾战争期间，美国当局依托金融犯罪执法网络局的数据库，使美国财政部成功冻结了涉嫌与萨达姆·侯赛因有关联的账户和超过 300 万美元的资产[127]。金融犯罪执法网络局的任务是"通过提高美国和国际金融系统的透明度，维护美国的国家安全，打击和侦查犯罪活动，保护金融系统免受滥用"[128]。金融犯罪执法网络局根据 1970 年《银行保密法》，要求各类金融机构和其他专业人员通过货币交易报告和可疑活动报告提交金融情报，从这些报告中收集的金融情报表明，执法机构在追捕金融犯罪分子时利用了这些情报[129]。此外，由于这些情报向执法机构提供了可用于揭露、审查和起诉各种金融犯罪的详细信息，因此在打击金融犯罪中起着至关重要的作用[130]。金融犯罪执法网络局有义务"分析和传播可用数据……确定洗钱和其他金融犯罪的新趋势和新方法"[131]。除了提供与涉及金融犯罪的交易有关的金融情报外，金融犯罪执法网络局还有责任"识别和发现潜在的可没收资产，并向执法机构提供这些信息"[132]。根据 2001 年《美国爱国者法案》，金融犯罪执法网络局的职权范围扩大到包括恐怖主义融资活动[133]，金融行动特别工作组称这一决定是"金融犯罪执法网络局最重要的行动声明和战术重点"[134]。金融犯罪执法网络局还协助其他国家建立金融情报机构，并支持金融行动特别工作组开展工作[135]；它还具

---

[126] Bercu, S.（1994），'Toward universal surveillance in an information age economy: can we handle Treasury's new police technology?', *Jurimetrics Journal*, 34, 383–449, at, 390.

[127] 同上，392。

[128] 金融犯罪执法网络局："金融犯罪执法网络局的任务"，http://www.fincen.gov/about_fincen/wwd/mission.html（2010 年 8 月 5 日查阅）。

[129] "美国政府问责局认为虽然可疑活动报告的使用正在增加，但金融犯罪执法网络局需要进一步制定并记录其报告方式修订的过程"，美国政府问责局：华盛顿，2009 年，第 10 页。

[130] "美国政府问责局关于财政部金融犯罪执法网络局的进度报告"，美国政府问责局：华盛顿，1993 年，第 1 页。

[131] 《美国法典》第 31 编第 310（b）（2）（C）节。

[132] 《金融行动特别工作组关于美国反洗钱和反恐怖主义融资的互评估报告》，金融行动特别工作组：巴黎，2006 年，第 16 页。

[133] 美国财政部 2002 年 9 月 26 日第 180-01 号命令。

[134] 《金融行动特别工作组关于美国反洗钱和反恐怖主义融资的互评估报告》，金融行动特别工作组：巴黎，2006 年，第 61 页。

[135] 参见脚注[17]杰克逊文章，第 139 页。

有执法监督权，并且经常性地通过提起行政附带民事诉讼对违反 1970 年《银行保密法》的行为实施民事处罚[136]。因此，金融犯罪执法网络局在打击洗钱、恐怖主义融资、欺诈和内幕交易的国际工作中发挥着关键作用[137]。

（六）美国财政部资产没收执行办公室

资产没收执行办公室成立于 1992 年，负责管理美国财政部没收基金[138]，该基金汇集来自美国国家税务局刑事调查司、财政部、移民和海关执法局、海关及边境保卫局、特勤局和海岸警卫队的非税没收收入[139]。

（七）美国财政部绿色追击行动组

美国财政部于 2001 年 10 月 25 日发起了绿色追击行动。它由美国海关领导，同时得到了美国国税局、特勤局、烟酒枪炮及爆炸物管理局、联邦调查局、OFAC、金融犯罪执法网络局等专业机构及其专业人士以及美国司法部检察官的支持[140]。据美国财政部称，这个多机构组织旨在"通过将政府的金融专门人才全部纳入绿色追击行动组来增强现有的反恐怖主义力量，打击给恐怖分子提供资金来源的系统、个人和组织[141]"。绿色追击行动组是一个执法机构，它有权力冻结账户、扣押资产并对涉嫌恐怖主义融资的个人和团体提起刑事诉讼[142]。麦克莫尔认为，绿色追击行动聚焦于"恐

---

[136] 参见脚注[68]洛等人文章，第 400 页。
[137] 参见脚注[80]美国政府问责局报告，第 33 页。
[138] 值得注意的是，美国司法部管理着一项单独的资产没收计划，更详细的讨论参见第 6 章。
[139] 美国财政部："美国财政部资产没收执行办公室和资产没收基金"，http：//www.ustreas.gov/offices/enforcement/teoaf（2010 年 8 月 3 日查阅）。
[140] Jackson, C. (2004), 'Combating the new generation of money laundering: regulations and agencies in the battle of compliance, avoidance, and prosecution in a post – September 11 world', *Journal of High Technology Law*, 3, 139 – 171, at 140.
[141] 美国财政部："美国财政部副秘书长丹评论绿色追击行动的启动"，http：//www.ustreas.gov/press/releases/po727.htm（2009 年 10 月 21 日查阅）。
[142] 参见脚注[140]杰克逊文章，第 139 页。

怖分子可能用来筹集和转移资金的各种系统"[143]。雷诺兹和帕潘德里亚认为，绿色追击行动的目的是"切断恐怖分子当前和未来的资金来源，包括地下金融系统、非法'慈善机构'和腐败的金融机构"[144]。有评论显示，绿色追击行动在发起后一年内没收了1000多万美元走私现金和大约400万美元资产；到2002年10月，其没收资产总额增加到了2280万美元。麦克莫尔高度评价了绿色追击行动的成功并指出到2002年8月，"绿色追击行动组通过与美国司法部合作，已逮捕38人、起诉26人，在国内扣押680万美元和在国家边界扣押1600多万美元出境货币，包括非法走私到中东地区的700多万美元的大宗现金"[145]。杰克逊指出，到2003年，绿色追击行动组"发出了近200份搜查证/搜查许可，执行了93项逮捕，从可疑恐怖组织网络中缉获了超过1100万美元资金，另外还没收了通过走私途径获得的2400万美元金融票据"[146]。

二、美国司法部二级金融犯罪监管机构

（一）资产没收和反洗钱科

资产没收和反洗钱科管理美国司法部的资产没收方案，并向其洗钱起诉司提供咨询意见。此外，它还"发起、协调和审查对资产没收计划和反

---

[143] MacMull, J. (2004), 'Removing the charitable veil: an examination of US policy to combat terrorist funding charities post 9/11', New England Journal of International and Comparative Law, 10, 121 – 136, at 132.

[144] Reynolds, J. and Papandrea, J. (2002), 'Export controls and economic sanctions', Foreign Law Year in Review, Fall, 36, 1063 – 1079, at 1067.

[145] 参见脚注[143]麦克莫尔文章，第132页。

[146] Jackson, C. (2004), 'Combating the new generation of money laundering: regulations and agencies in the battle of compliance, avoidance, and prosecution in a post – September 11 world', Journal of High Technology Law, 3, 139 – 171, at 139.

洗钱执法机构产生影响的立法与政策提案"❹。美国司法部的这一机构还负责起诉和指导全球反洗钱与资产没收调查,为执法人员提供培训,并通过回顾和梳理相关的金融犯罪政策为决策者提供咨政服务❹。

(二) 反恐怖主义科

美国司法部反恐怖主义科负责制定和实施旨在打击恐怖主义的战略❹。它还专门负责调查和起诉恐怖主义融资案件,包括调查起诉向恐怖分子和恐怖活动提供物质支持的案件❺。

(三) 国家毒品情报中心

国家毒品情报中心(NDIC)成立于1993年,其主要目标是制定国内毒品情报战略❺。国家毒品情报中心的建立是为了"协调和整合所有国家安全和执法机构的毒品情报,并提供关于贩毒组织的结构、成员、财务、通信和活动的信息"❺;它还负责撰写反洗钱报告并协助美国政府实施毒品领域的反洗钱战略。

---

❹ 美国司法部:"美国资产没收和反洗钱科",http://www.justice.gov/criminal/afmls/afmls(2010年7月17日查阅)。

❹ 《金融行动特别工作组关于美国反洗钱和反恐怖主义融资的第三次互评估报告》,金融行动特别工作组:巴黎,2006年,第17页。

❹ 美国司法部:"反恐怖主义科",http://www.justice.gov/nsd/counter_terrorism.htm(2010年8月6日查阅)。

❺ 同上。

❺ 美国司法部:"国家毒品情报中心",http://www.justice.gov/ndic/about.htm#Top(2010年8月6日查阅),见1993年《国防部拨款法案》(《美国公法》第102编第396节)。

❺ 同上。

（四）国际事务办公室

国际事务办公室在美国司法部的引渡和司法互助政策中发挥着核心作用。

三、美国国务院二级金融犯罪监管机构

（一）经济和商务事务局

经济和商务事务局试图阻止恐怖主义国家从与美国有关的贸易中获利，并拒绝它们进入国际金融体系。

（二）国际麻醉品和执法事务局

美国国务院的这一机构主要负责反毒品洗钱和其他类型的金融犯罪。

（三）反恐协调员办公室

反恐协调员办公室负责指导美国国务院在打击指定外国恐怖组织方面的工作，这是美国反恐怖主义融资政策中不可或缺的一部分。反恐协调员办公室通过冻结恐怖分子资产来打击外国恐怖组织，它还为第 13224 号总统行政命令的颁发做了相关准备。

第五节　美国三级金融犯罪监管机构

一、美国联邦调查局

美国联邦调查局（FBI）成立于1908年，其目标是保护美国免受恐怖主义和外国情报威胁的侵害，执行美国刑法并保持与区域性机构和国际机构的联系[153]。联邦调查局是负责调查洗钱、恐怖主义融资、欺诈和内幕交易等金融犯罪的主要机构[154]，它是联合恐怖主义特别工作组的主要机构，在调查有关恐怖主义融资的指控方面发挥着关键作用[155]。联邦调查局在其反恐司内设立了专门的反恐怖主义融资科，其任务是为正在进行的调查提供情报分析和技术支持。美国政府问责局认为，"FBI的反恐怖主义融资科为其总部的机构间国家联合反恐怖主义特别工作组以及执行恐怖主义融资调查和行动的联合反恐怖主义调查专案组提供全面的行动指挥"[156]；此外，它还侧重于"对恐怖主义犯罪嫌疑人及其在美国和海外的资金支持系统进行全面的金融分析"[157]。联邦调查局已经瓦解了一些支持恐怖主义国家的恐

---

[153] 联邦调查局（n/d）："关于我们——快速了解事实"，http://www.fbi.gov/quickfacts.htm（2010年8月4日查阅）。

[154] 《金融行动特别工作组关于美国反洗钱和反恐怖主义融资的第三次互评估报告》，金融行动特别工作组：巴黎，2006年，第68页。

[155] 关于联合恐怖主义特别工作组的更详细讨论，参见 Herman, S. (2005), 'Collapsing spheres: joint terrorism task forces, federalism, and the war on terror', *Willamette Law Review*, 41, 941–969。

[156] "美国各机构应系统地评估恐怖分子对替代性融资机制的使用"，美国政府问责局：华盛顿，2003年，第24页。

[157] 《金融行动特别工作组关于美国反洗钱和反恐怖主义融资的第三次互评估报告》，金融行动特别工作组：巴黎，2006年，第22页。

怖主义融资资金支持系统[158]；此外，它还摧毁了"一个与香烟走私有关的采购和筹资网络以及一个向'基地组织'汇款的'慈善机构'"[159]。联邦调查局还负责调查欺诈、盗窃和贪污案件，它设立的金融犯罪科专门负责上述领域，其目的是监督对欺诈的调查，并协助没收参与犯罪的人的资产。金融犯罪科分为三个小组：第一经济犯罪组、第二经济犯罪组和第三医疗保健欺诈组[160]。第一经济犯罪组的职责范围包括针对个人、企业和行业的大规模欺诈；第二经济犯罪组处理针对金融机构的欺诈行为，它推动了战略性使用资产没收措施并负责"没收支持方案"的管理和实施；第三医疗保健欺诈组负责调查与公共和私人医疗系统有关的欺诈行为。联邦调查局在其"战略计划"中总结了其打击金融犯罪的战略[161]。

二、美国缉毒局

美国缉毒局（DEA）由前总统理查德·尼克松于1973年创建并作为美国"禁毒战争"的一部分[162]。美国缉毒局的任务是"执行与美国管制药物相关的法律法规，并运用美国的刑事和民事司法系统对在美国境内参与种植、生产、销售或非法贩运管制药物的组织和个人实施打击"[163]。此外，它还负责制定国家毒品情报方案、扣押和没收与毒品犯罪相关的资产、执行1970年《管制物质法案》，并与联合国和国际刑警组织合作[164]。鉴于其

---

[158] Zagaris, B. (2005), 'Brave new world: US responses to the rise in international crime', *Villanova Law Review*, 50, 509–582, at 529.
[159] 同上。
[160] 联邦调查局："2007年度向社会公开的金融犯罪报告"，http://www.fbi.gov/publications/financial/fcs_report 2007/financial_crime_2007.htm # corporate（2009年2月5日查阅）。
[161] "联邦调查局战略计划"，联邦调查局：华盛顿特区。
[162] 缉毒局："缉毒局的历史沿革"，http://www.justice.gov/dea/history.htm（2010年8月6日查阅）。
[163] 缉毒局："缉毒局的任务说明"，http://www.justice.gov/dea/agency/mission.htm（2010年8月6日查阅）。
[164] 同上。

在打击非法毒品交易中的历史地位,美国缉毒局在美国的反洗钱战略中担负着重要任务。美国缉毒局制定了一项由24个金融调查小组牵头的金融调查战略[165],其所采取的反洗钱战略的重要性在马洛卡行动、资金追踪倡议行动[166]、卡利交易所行动[167]和普拉塔苏西亚行动[168]中得到了充分体现。

三、美国证券交易委员会

美国证券交易委员会(SEC)是证券市场的主要监管机构,它负责管理美国证券法的制定和实施[169]。美国证券交易委员会负责监管证券交易所、证券经纪人和交易商、投资顾问和投资公司等,其目标是"保护投资者,维护公平、有序、高效的市场和促进资本形成"[170]。此外,它还拥有广泛的消费者保护权力,包括对外部审计师进行监督[171]。美国证券交易委员会在反欺诈和内幕交易政策中也发挥着积极作用,它可以对欺诈或内幕交易提

---

[165] 缉毒局:"缉毒局反洗钱",http://www.justice.gov/dea/programs/money.htm(2010年7月11日查阅)。

[166] 该计划导致扣押了2800万美元,逮捕了230人,没收了1581千克可卡因和37055磅大麻。缉毒局:"缉毒局的'资金追踪计划'削减了流向卡特尔的现金流",http://www.justice.gov/dea/pubs/pressrel/pr071905.html(2010年6月21日查阅)。

[167] 卡利交易所行动导致了24项起诉和18项逮捕,并缴获了700多万美元、2107千克可卡因和518磅大麻。缉毒局:"缉毒局取缔大型国际毒品和洗钱组织",http://www.justice.gov/dea/pubs/pressrel/pr120805.html(2010年6月21日查阅)。

[168] 作为行动的一部分,缴获了1000多万美元的贩毒收益和650万美元的可卡因、海洛因和大麻。缉毒局:"26人在国际缉毒行动中被捕",http://www.justice.gov/dea/pubs/pressrel/pr101806.html(2010年6月21日查阅)。

[169] 包括1933年《证券法》、1934年《证券交易法》、1940年《投资公司法》、1940年《投资顾问法》和1939年《信托契约法》。

[170] 证券交易委员会:"投资者的倡议:证券交易委员会如何保护投资者、保持市场完整性和促进资本形成",http://www.sec.gov/about/whatwedo.shtml(2010年7月2日查阅)。

[171] Singh, Dalvinder (2007) Banking regulation of the UK and US financial markets, Ashgate, Aldershot, at p. 173.

起民事诉讼，但不能提起刑事诉讼[172]。由于会计欺诈导致安然公司和世通公司破产，在 2002 年《萨班斯－奥克斯利法案》实施后，美国证券交易委员会的权力显著扩大，作用也日益凸显[173]。伯纳德·麦道夫被起诉和最终定罪的过程说明了美国证券交易委员会在反欺诈方面的重要作用[174]。

第六节 英国金融犯罪监管机构

英国创建金融犯罪监管机构所采取的政策是建立单一的实体机构来应对特定类型的金融犯罪，例如，英国成立的严重欺诈办公室（SFO）旨在解决欺诈问题。相反，工党政府自 1997 年以来采取的政策是为金融监管机构设定更广泛的职权范围。例如，英国金融服务管理局的法定目标是减少金融犯罪[175]，资产追回局后来被严重有组织犯罪监察局替代，负责打击洗钱犯罪和管理没收犯罪所得资产。然而，在工党领导人任期即将结束时，工党政府恢复了前保守党政府的政策，并开始创建职权范围相对狭窄的机构。例如，为了解决欺诈问题，成立了国家反欺诈局和国家反欺诈报告中心。

---

[172] Rider, B. (2010), 'An abominable fraud?', *Company Lawyer*, 31 (7), 197–198, at 197. 有关美国证券交易委员会使用民事诉讼的讨论参见美国证券交易委员会诉曼特菲尔德案（英格兰和威尔士的上诉法院 2009 年第 27 卷；《华盛顿法律评论》2010 年第 1 卷第 172 页（加州民事卷）。

[173] Saksena, P. and Fox, M. (2004), 'Accounting fraud and the Sarbanes–Oxley Act', *International Company and Commercial Law Review*, 15 (8), 244–251.

[174] Anon (2009), 'SEC charges key Madoff lieutenant with fraud', *Company Lawyer*, 30 (12), 371.

[175] 2000 年《金融服务和市场法》第 6 节。

第七节　英国一级金融犯罪监管机构

一、英国财政部

英国财政部的目标是"保护金融体系的完整性，使其免受犯罪分子和恐怖分子的侵害，它通过使用金融工具来阻止、发现和打击犯罪，减少其对金融安全造成的威胁。英国财政部采取的方法对于犯罪所带来的风险是有效的和相称的，并且与企业、立法者和执法人员建立起了沟通机制"。2007 年英国财政部发布了一份阐述政府打算如何打击洗钱和恐怖主义融资相关问题的战略文件，证明了其在打击金融犯罪中发挥的作用❻。英国财政部还主持成立了反洗钱咨询委员会，该委员会为"所有利益相关方——金融机构、贸易机构、消费者组织、政府和执法代表——提供论坛"❼。除了制定并执行反洗钱和反恐怖主义融资的政策之外，英国财政部还设立了一个资产冻结部门，负责执行和管理联合国的国际金融制裁决定，并为金融制裁豁免发放许可证。英国财政部资产冻结部门于 2007 年 10 月成立，负责有关国内金融制裁的立法；实施和管理国内金融制裁；完成国内机构人员的委任；在业务建议的基础上，就国内机构人员的委任决定向财政部长提出建议；在英国境内实施和管理与恐怖主义、国家政权、大规模杀伤性武器扩散有关的国际金融制裁；与外交和联邦事务部合作，设计联合国和欧盟的个别金融制裁制度与决定；与国际机构合作，制定资产冻结的国

---

❻ "英国财政部应对犯罪和恐怖主义的金融挑战"，英国财政部：伦敦，2007 年。

❼ Oxford Analytica Ltd (2004), 'Country report: anti-money laundering rules in the United Kingdom' in M. Pieith and G. Aiolfi (eds), *A comparative guide to anti-money laundering: a critical analysis of systems in Singapore, Switzerland, the UK and the USA*, Edward Elgar, Cheltenham, 265-345, at 271.

际框架以及对金融制裁的许可豁免。英国财政部资产冻结部门负责发布关于金融制裁的实施、修改、暂停或取消的通知和公告，使可能受到金融制裁影响的机构和个人了解其义务；它还提供了一个包含联合国、欧盟和/或英国列出的目标个人和实体的金融制裁综合清单，并处理释放冻结资金的许可证申请或给指定的/受限制的人员发放资金，同时回应金融机构、公司和社会公众关于金融制裁的报告与询问。

二、英国内政部

英国内政部在减少金融犯罪方面也发挥着积极作用，它是一个负责警察署、毒品政策、移民和护照政策以及反恐怖主义政策的政府部门。另外，英国内政部还"制定与洗钱相关犯罪的立法，并负责制定没收和国际司法互助政策"[178]。

三、英国外交和联邦事务部

英国外交和联邦事务部很少参与制定英国的反洗钱和反恐怖主义融资政策，然而，它却代表英国加入包括联合国条约和安全理事会决议在内的国际协定。

---

[178] Oxford Analytica Ltd (2004), 'Country report: anti – money laundering rules in the United Kingdom' in M. Pieith and G. Aiolfi (eds), *A comparative guide to anti – money laundering: a critical analysis of systems in Singapore, Switzerland, the UK and the USA*, Edward Elgar, Cheltenham, 265 – 345, at 272.

第八节　英国二级金融犯罪监管机构

一、严重有组织犯罪监察局

严重有组织犯罪监察局（SOCA）是英国的金融情报机构（FIU），它根据2002年《犯罪所得法》执行资产追回的相关规定[179]。根据2005年《严重有组织犯罪和警察法》，严重有组织犯罪监察局于2006年4月1日成立。该法案规定了严重有组织犯罪监察局的三项职能：打击严重的有组织犯罪；获取与有组织犯罪相关的信息；综合分析有组织犯罪的趋势。《严重有组织犯罪和警察法》规定，SOCA具有预防和侦查严重有组织犯罪的职能，并以其他方式协助减少此类犯罪和减轻其后果[180]。该法案第3节规定，就与犯罪有关的信息而言，SOCA的职能是"收集、储存、分析和分享：①与预防、侦查、调查或起诉犯罪有关的信息；②以其他方式减少犯罪或减轻其后果的信息"[181]。严重有组织犯罪监察局于2006年从国家刑事情报局接管了金融情报机构的角色；此外，英国政府于2007年宣布，由严重有组织犯罪监察局接管资产追回局的资产追回职能[182]。

---

[179] 关于资产追回局的更详细讨论参见第5章。
[180] 2005年《严重有组织犯罪和警察法》第2（1）（a）节第2（1）（b）节。
[181] 2005年《严重有组织犯罪和警察法》第3（1）（a）节第2（1）（b）节。
[182] 2007年《反严重犯罪法》（2002年《犯罪所得法》修正案），废除了资产追回局，参见2008年第949号令和2007年《反严重犯罪法》第74节。

二、警察署和特别部门

在许多情况下，英国警方也会接手金融犯罪案件，例如，简单的欺诈事件首先会被报告给警察，警察再把它们移交给相关机构处理。警方一般只处理相对较轻的金融犯罪，而将更复杂和更大的案件移交给更专门的机构。然而，大多数小规模的欺诈只会被报告给银行或信用卡公司，警方则完全不知情。多依格指出，"到20世纪90年代末，大多数警察认为此类案件案源数下降了，有两项调查显示，只有一家地方警察局在当地的警务计划中制定了反欺诈计划，大多数警察局的反欺诈小组只有不到10名警员，而且缺乏有反欺诈经验的高级警员"[183]。多依格认为，"对严重欺诈的刑事调查仍然属于警方的职责范围。在20世纪90年代晚期，只有一家地方警察局没有反欺诈小组；如今，越来越多的地方警察局废除了反欺诈机构，或者将它们并入综合的重案组"[184]。多依格表示，"目前的伦敦市警察局反欺诈小组是在2004年4月成立的，它整合了伦敦周边地区保留和不保留自己的反欺诈小组的各警察局的警力，反欺诈小组与严重欺诈办公室合作，但不隶属于该办公室"[185]。反欺诈小组隶属于伦敦市警察局的经济犯罪科，分为七个部门，包括支票和信用卡组、洗钱调查组、金融调查组、专用支票和信用卡组、欺诈情报开发组和海外反腐败组等[186]。

---

[183] Doig, Alan (2006), *Fraud*, Willan, Collumpton, at 120~121.
[184] 同上，第122页。
[185] 同上，第132页。
[186] See City of London Police (n/d), 'Structure', available at 'http://www.cityoflondon.police.uk/CityPolice/Departments/ECD/About/structure.htm (accessed 6 August 2010). 联邦政府很可能会实施一系列旨在改革警察局机构设置的措施。参见 Home Office *Policing in the 21st century: reconnecting police and the people* (Home Office: London, 2010).

三、英国税务海关总署

英国税务海关总署（HMRC）在防止洗钱和欺诈方面发挥着重要作用。根据 2007 年的反洗钱相关条例，该机构被指定为反洗钱"监管机构"[187]，这意味着它有义务"监督其监管的公司……如有必要，采取措施确保这些公司合规"[188]。

四、严重欺诈办公室

严重欺诈办公室（SFO）是一个独立的政府部门，负责调查和起诉严重或复杂的欺诈案件。严重欺诈办公室也被称为"联合欺诈调查和起诉组织"[189]，它是英国刑事司法系统的一部分，于 1988 年 4 月成立并开始运作，负责调查和起诉一些自其成立以来发生的大型欺诈案件[190]。严重欺诈办公室是依据"欺诈审判委员会报告"，也称"罗斯基尔报告"创建的，"罗斯基尔报告"主要建议建立一个统一的组织，负责发现、调查和起诉严重欺诈案件。严重欺诈办公室并不调查所有涉嫌欺诈的案例，而是制定了一套"关键问题"来决定是否发起反欺诈调查。严重欺诈办公室负责调查投资欺诈、贿赂和腐败、企业欺诈以及公共部门欺诈共四种类型的欺诈案件。然而，由于在多宗引人注目的案件中败诉，严重欺诈办公室的总体效

---

[187] 英国税务海关总署（HMRC）负责管理高额交易商、货币服务企业、审计机构、账单支付服务提供商和电信公司。

[188] 参见脚注[56]辛普森文章，第 98 页。

[189] Wright, R. (2003), 'Fraud after Roskill: A view from the Serious Fraud Office', *Journal of Financial Crime*, 11 (1), 10–16, at 10.

[190] 严重欺诈办公室是根据 1987 年《刑事司法法》设立的。

力受到了一定的质疑[191]。其在检控方面的不足之处在"严重欺诈办公室 2008 年工作回顾"中被重点提及[192]。为了改变这一状况,英国皇家检察署于 2007 年宣布成立欺诈起诉组[193]。欺诈起诉组将其管辖范围限制在涉嫌超过 75 万英镑的欺诈案件、涉及公职人员腐败的案件、政府部门的欺诈行为、海外政府欺诈、复杂的洗钱案件,以及其他任何它认为是其职权范围之内的案件[194]。2008 年 10 月,英国皇家检察署监察局得出结论,"就成功的结果(定罪)而言,2007—2008 年有 85% 的被告被定罪,反欺诈工作总体上在朝着积极的方向发展。"[195]

五、皇家检察署

英国皇家检察署(CPS)是根据 1985 年《犯罪起诉法》设立的。英国皇家检察署是与英国金融服务管理局联合进行反洗钱的起诉机构之一,它在收到严重有组织犯罪监察局的金融情报后提起刑事诉讼。在打击欺诈犯罪方面,皇家检察署设立了反欺诈调查小组,该小组位于伦敦,并设有地区办事处[196]。反欺诈调查小组处理的案件比严重欺诈办公室多,两者的作用和目标存在明显重叠,因此《格雷厄姆评论报告》建议将严重欺诈办公室的职权范围扩大,以包括原本由反欺诈调查小组负责的较大案件[197]。根

---

[191] 更详细的讨论参见 Wright, R. (2006), 'Why (some) fraud prosecutions fail', *Journal of Financial Crime*, 13 (2), 177–182.

[192] de Grazia, J. *Review of the Serious Fraud Office – Final Report* (Serious Fraud Office: London, 2008).

[193] 欺诈起诉组已更名为欺诈起诉部,并在纽约和伦敦设有区域办事处。

[194] Masters, J. (2008), 'Fraud and money laundering: the evolving criminalisation of corporate non-compliance', *Journal of Money Laundering Control*, 11 (2), 103–122, at 104–105.

[195] "英国皇家检察署监察局对欺诈起诉组工作的审查",英国皇家检察署监察局:伦敦,2008 年,第 5 页。

[196] Doig, Alan (2006), *Fraud*, Willan, Collumpton, at 126.

[197] 同上。

据该报告，戴维委员会于 1995 年将反欺诈调查小组更名为反欺诈部[198]。2007 年 9 月，英国皇家检察署宣布再次更名，并设立了欺诈起诉组，该组也更名为欺诈起诉部[199]。

六、国家反欺诈局

国家反欺诈局（NFA）于 2008 年 10 月成立，是英国司法部部长办公室下辖的一个新机构。国家反欺诈局的目标是"为反欺诈工作提供尽可能有效且高效的领导和国家间的协调"。它提供了一个打击欺诈行为的总体方案，通过威慑、预防、侦查、调查、制裁和赔偿受害者来实现全链条打击欺诈行为[200]。但是，创建国家反欺诈局还是受到了质疑，因为其设立实际上是加入了一份已经很长的旨在打击金融犯罪的执法和金融监管机构名单[201]。国家反欺诈局的主要任务：一是通过将欺诈者迅速、高效地绳之以法，建立一个专注于受害者诉求的刑事司法系统；二是通过严厉的多机构执法和监管，加强对欺诈者的威慑；三是增强公众应对欺诈的信心以及个人和组织的自我保护能力。[202]

国家反欺诈局的五大战略重点：一是解决对英国造成最大危害威胁的欺诈关键领域；二是采取有效行动追查欺诈者，追究他们的责任，并加强对受害者的支持；三是通过强化国家预防欺诈的能力，降低英国的欺诈风险；四是通过构建、分享和运用专业体系来更有效地打击欺诈行为；五是

---

[198] 更详细的讨论参见 Sarker, R.（1993），'The Davie Report – Anodyne for the SFO', *Journal of Financial Crime*, 3（1），89 – 91.

[199] 英国皇家检察署："民进党宣布欺诈起诉部新负责人"，http：//www.cps.gov.uk/news/press_releases/136_09/（2010 年 7 月 6 日查阅）。

[200] 同上。

[201] 包括金融服务管理局、严重欺诈办公室和严重有组织犯罪监察局。

[202] 国家反欺诈局："英国通过设立新的反欺诈机构来加强对欺诈行为的打击"，2008 年，http：//www.attorneygeneral.gov.uk/NFSA/National%20Fraud%20Strategic%20Authority%20comes%20into%20being.pdf.（2010 年 8 月 6 日查阅）。

确保必要的国际合作,保护英国免受欺诈[203]。2009年3月,国家反欺诈局公布了《国家反欺诈战略》[204],英国反欺诈的三年战略计划目标:一是加强关于欺诈的信息交流;二是减少欺诈带来的威胁;三是增强英国反欺诈的长期能力[205]。

七、国家反欺诈报告中心

除了建议设立国家反欺诈局,欺诈审查还建议设立国家反欺诈报告中心(NFRC)。国家反欺诈报告中心接受公司、金融机构和个人报告的任何可疑欺诈行为。国家反欺诈报告中心的情报部门旨在为反欺诈部门和受害人提供令其满意的信息服务,并有效分析收集到的情报数据,以指导反欺诈行动和政策。国家反欺诈报告中心及其相关情报部门一直致力于解决欺诈报告不足和情报管理缺乏整合的问题。

八、英国金融服务管理局

在1997年5月大选胜利三周后,当时的英国政府宣布,将开始对根据1986年《金融服务法》建立的监管结构进行改革[206]。政府在1995年表明了改革的意图[207],并在2000年制定和实施了《金融服务和市场法》。根据该法案的第6部分,英国金融服务管理局(FSA)有法定义务确保金融机

---

[203] 国家反欺诈局:"英国通过设立新的反欺诈机构来加强对欺诈行为的打击",2008年,http://www.attorneygeneral.gov.uk/NFSA/National%20Fraud%20Strategic%20Authority%20comes%20into%20being.pdf.(2010年8月6日查阅)。

[204] "国家反欺诈战略:一种打击欺诈的新方法",国家反欺诈局:伦敦,2009年。

[205] 同上。

[206] HC Debs cols. 508 – 511, 20 May 1997. Also see Bazley, S. (2008), 'The Financial Services Authority, risk based regulation, principles based rules and accountability', *Journal of International Banking Law and Regulation*, 23 (8), 422 – 440, at 422.

[207] HC Deb 14 December 1995 cc 1184 – 85, Alistair Darling.

构依据适当的制度和采取适当的做法来保护自己不被金融犯罪分子利用，从而减少金融犯罪。2000 年《金融服务和市场法》对金融犯罪做了广义的界定，包括欺诈或不诚实[208]、金融市场中的不当行为或滥用信息[209]、处置犯罪所得[210]等犯罪行为。英国金融服务管理局为了实现其目标，必须与刑事情报机构和检察机关合作[211]，它主要负责打击三种类型的金融犯罪——洗钱、市场滥用和欺诈。为了解决这些问题，英国金融服务管理局有权获得在履行《金融服务和市场法》规定的职责时所需的合理信息或文件[212]。2000 年《金融服务和市场法》还规定，金融服务管理局有权要求授权人或以前的授权人员就金融服务管理局要求的任何事项向其提交报告[213]。金融服务管理局有权对违反《金融服务和市场法》的行为发布公开声明或实施罚款，例如，金融服务管理局有权就被授权人违反 2000 年法案规定的任何行为发表公开声明[214]。根据 2000 年《金融服务和市场法》，金融服务管理局已成为某些金融犯罪行为（如洗钱）的起诉机构[215]。如果金融服务管理局认定授权人员违反了任何规定的义务，也有权对其处以罚款[216]。金融服务管理局对违反其手册规定的反洗钱和反欺诈义务的公司可以处以系列罚款[217]。除了处以罚款外，金融服务管理局还有权禁止授权人员和公司从事任何受监管的活动[218]。

---

[208] 2000 年《金融服务和市场法》第 6（3）(a) 节。
[209] 2000 年《金融服务和市场法》第 6（3）(b) 节。
[210] 2000 年《金融服务和市场法》第 6（3）(c) 节。
[211] 《国家刑事情报局和金融服务管理局之间的伙伴关系协议》，金融服务管理局：伦敦，2001 年。
[212] 2000 年《金融服务和市场法》第 165 节。
[213] 2000 年《金融服务和市场法》第 166 节。
[214] 2000 年《金融服务和市场法》第 205 节。
[215] 2000 年《金融服务和市场法》第 402（1）(a) 节。金融服务管理局有根据 2002 年《犯罪所得法》起诉洗钱罪行的权力，美国最高法院在 2010 年 R 诉罗林斯一案（2010 年英国最高法院第 39 号案例）中确认了这一点。
[216] 2000 年《金融服务和市场法》第 206（1）节。
[217] 金融服务管理局："金融服务管理局对苏格兰皇家银行洗钱控制失败处以 750000 英镑的罚款"，http：//www.fsa.gov.uk/Pages/Library/Communication/PR/2002/123．shtml（2009 年 1 月 6 日查阅）。
[218] 2000 年《金融服务和市场法》第 56 节。

九、公平交易办公室

公平交易办公室（OFT）的"主要职责是保护消费者，此外，它还从保护消费者的角度规范企业之间的竞争"[219]。公平交易办公室有三个管理目标：调查市场是否对消费者有利、执行《市场竞争法》和《消费者保护法》。公平交易办公室有自己的反欺诈政策[220]，该政策告知消费者反欺诈规定，并保护消费者免受欺诈行为的侵害[221]。此外，一些特定企业需要向公平交易办公室登记并承诺遵守 2007 年《反洗钱条例》[222]。

第九节 英国三级金融犯罪监管机构

一、英国银行家协会和反洗钱联合指导小组

英国银行家协会（BBA）成立于 1919 年，是在英国运营的主要银行业协会，其大约有 300 名成员，主要目标之一是打击洗钱。英国银行家协会为银行制定了反洗钱准则，由反洗钱联合指导小组（JMLSG）公布。反洗钱联合指导小组由英国金融服务行业的 17 个主要行业协会组成[223]，其目

---

[219] Kiernan, P. (2003), 'The regulatory bodies fraud: its enforcement in the twenty-first century', *Company Lawyer*, 24 (10), 293–299, at 295。
[220] "公平交易办公室反欺诈政策"，公平交易办公室：伦敦。
[221] "公平交易办公室 2010 年工作战略示例"，公平交易办公室：伦敦，2009 年。
[222] 关于这一作用的更详细讨论，参见"公平交易办公室未来反洗钱监管问询"，公平交易办公室：伦敦，2010 年。
[223] 反洗钱联合指导小组："反洗钱联合指导小组的成员有谁?"，http://www.jmlsg.org.uk/bba/jsp/polopoly.jsp?d=777&a=9907（2010 年 6 月 18 日查阅）。

标是在金融服务部门推广应对洗钱犯罪的先进经验和成功做法，并为执行2007年《反洗钱条例》提供切实可行的指导。反洗钱联合指导小组发布详细的指导说明，并根据新发布和实施的反洗钱条例定期修订[224]。梁指出，指导说明的目的是"提供可行的金融服务行业通用做法的指导，并为管理层制定促进其适当履职的政策和程序奠定基础"[225]。此外，霍普顿认为，"指导说明也是行业实践的合理来源，并为管理层提供建议和帮助"[226]。英国金融服务管理局建议企业"认真研读反洗钱联合指导小组的指导说明以及金融服务管理局的规则"[227]。

二、反欺诈咨询小组

反欺诈咨询小组是一家经注册的致力于让人们更清晰地认识到欺诈对人类、社会和经济造成的巨大损失，并帮助个人和组织制定有效的策略来预防欺诈的机构。反欺诈咨询小组是一个独立的组织，成立于1988年，它有四个战略目标：就欺诈预防、侦查和报告向政府、企业及公众提供建议；提出改革法律和公共政策的建议，特别强调调查和起诉；改进商业领域和专业领域对社会公众的教育及培训；开展研究以更准确地分析欺诈的程度、原因和性质。

---

[224] Hopton, Doug (2009), *Money laundering – a concise guide for all businesses*, Gower, Farnham, at 43.

[225] Leong, A. (2007a), 'Chasing dirty money: domestic and international measures against money laundering', *Journal of Money Laundering Control*, 10 (2), 140 – 156, at 144 – 145.

[226] Hopton, Doug (2009), *Money laundering – a concise guide for all businesses*, Gower, Farnham, at 43.

[227] Oxford Analytica Ltd (2004), 'Country report: anti – money laundering rules in the United Kingdom' in M. Pieith and G. Aiolfi (eds), *A comparative guide to anti – money laundering: a critical analysis of systems in Singapore, Switzerland, the UK and the USA*, Edward Elgar, Cheltenham, 265 – 345, at 276.

第十节 结 论

本章强调了政府部门、金融犯罪监管机构和执法机构在打击金融犯罪方面发挥的重要作用。在美国和英国，在打击金融犯罪中重要作用的都是政府金融部门。

一、美国的金融犯罪监管

美国财政部发挥着制定与执行反洗钱和反恐怖主义融资政策的双重作用，并得到了美国财政部海外资产控制办公室和金融犯罪执法网络局的大力支持，它们对于美国金融犯罪战略的有效实施同样至关重要。OFAC 因其根据第 13224 号总统行政命令行使权力的方式以及根据不实消息实施金融制裁违反了法治的基本原则而受到公众的批评。尽管如此，自 2001 年 9 月 11 日恐怖袭击以来，美国司法部仍然支持海外资产控制办公室的行动。海外资产控制办公室还曾错误地指控几家总部设在美国的"慈善机构"支持恐怖分子。金融犯罪执法网络局在反洗钱和反恐怖主义融资方面也发挥着核心作用，其主要职责是从金融机构和其他专业机构收集金融情报，并对情报进行整理分析后移交给执法机构以追捕金融罪犯。金融犯罪执法网络局负责落实 1970 年《银行保密法》的报告要求，有评论员认为，这是预防金融犯罪的最传统机制。由于完成货币交易报告或可疑交易报告的过程既烦琐又昂贵，提交给金融犯罪执法网络局的报告多为防御性报告。然而，金融行动特别工作组在其 2007 年互评估报告中指出，金融犯罪执法网络局履行了第 26 条建议规定的义务。

美国司法部，特别是联邦调查局对打击金融犯罪采取了非常激进的策略。例如，联邦调查局对抵押贷款欺诈采取了强硬的立场，这一政策得到了 2009 年《欺诈执法和追偿法案》的支持。该法案有三个目的：第一，提高对金融危机期间发生欺诈行为的责任和问责水平；第二，为美国司法部和其他执法机构提供大量资金，以打击抵押贷款欺诈行为；第三，美国司法部已获得 3.3 亿美元的拨款，用于调查任何涉嫌抵押贷款欺诈的案件，并有权依据调查结果提起诉讼。2009 年《欺诈执法和追偿法案》的出台是美国司法部诸多法案中广受认可的对打击欺诈行为的有效补充。鉴于欺诈活动的复杂性以及执法机构对案件调查和起诉的专业性，向联邦调查局和根据该法案授权的其他监管机构提供额外资金资助是非常必要的，也是至关重要的。目前很难判断美国应对抵押贷款欺诈的政策是否总体有效，因为直到现在，人们才逐步理解次级抵押贷款危机对金融系统的危害程度，当更多的金融机构倒闭或寻求联邦机构的进一步支持时，更大的可疑抵押贷款欺诈案件可能会被曝光。然而，大量机构被赋予打击金融犯罪的职责限制了美国监管机构的有效性，许多监管机构和执法机关依据相同的规则和条例执行相同的任务，这使美国对金融犯罪的立场过于复杂，从而导致实际运作出现混乱。

二、英国的金融犯罪监管

英国财政部在打击金融犯罪方面发挥着核心作用，它制定并实施了反洗钱和反恐怖主义融资的相关政策。在反洗钱方面，英国财政部试图引入一个均衡的具有成本收益的计划，但最终没能实现。正如本书所指出的，英国反洗钱制度的合规成本每年都在增加。英国财政部在确定其制裁金融犯罪制度的合法性上，没有像美国财政部 OFAC 那样得到一致的司法支持。在撰写本文时，英国的反恐怖主义融资政策还没有发生变化，因为英国财政部正在等待最高法院在上诉法院对英国财政部的案件做出判决之后，再就是否修改反恐怖主义融资政策做出最终的决定，因此从"9·11"事件后的形势变化来看，现行政策基本是无效的。

英国金融服务管理局的既定目标是减少金融犯罪，基于这一目标，它被赋予了必要的执法和调查权力。金融服务管理局对未能履行《金融服务和市场法》所规定义务的企业进行了大量罚款，这些数字引起了媒体的高度关注，甚至成为当时的"头条新闻"。金融服务管理局在可能涉及金融犯罪的企业中制造了一种恐慌气氛，企业必须按照《金融服务和市场法》的规定避免金融犯罪，这并不是因为它们认为应当自觉遵守义务，也不是因为它们认定金融服务管理局的做法是"正确的"，而是因为如果它们不遵守义务，就会招致负面宣传。然而，金融服务管理局的资源有限，针对2000年《金融服务和市场法》所规定的金融犯罪类型，它采取了循环打击的策略，直到最近，金融服务管理局才试图解决与欺诈相关的问题，其之前的政策过于关注洗钱及市场滥用问题。

严重有组织犯罪监察局是英国的金融情报机构，负责实施2002年《犯罪所得法》规定的没收制度。现在确定严重有组织犯罪监察局是否已经改进了2006年从国家刑事情报局继承的可疑交易报告制度也许还为时过早，同样也很难判断其早期没收制度的有效性。

自2009年宣布寻求英国司法部长的许可对英国航空航天系统公司提起腐败指控以来，严重欺诈办公室受到了越来越严格的审查。自20世纪80年代创立以来，严重欺诈办公室的表现因为诸多败诉一直饱受诟病。然而，既然英国只有一部《反欺诈法》，严重欺诈办公室的表现和效能无疑将会逐步提升。欺诈起诉处的设立是英国执法系统的有益补充，而且其成立后早期的定罪率出现了明显的上升。国家反欺诈局的创建受到了普遍质疑，因为它和金融服务管理局以及严重欺诈办公室的职能存在重叠，体现了机构设置中的官僚主义；国家反欺诈报告中心的创建同样也不是明智之举。因此，强烈建议管理可疑欺诈案件的职能必须由严重有组织犯罪监察局而非其他机构承担。2010年，英国联邦政府宣布成立一个新的"经济犯罪署"，将严重欺诈办公室、金融服务管理局和公平交易办公室的一些职能进行合并，这项提议与大选前政治智囊团所倡导的观点不谋而合。就目前来看，由于成本和时间问题，新的超级机构很难在短期内创建，但是笔者认为从长远看这是一条正确的前行之路。

第八章

金融犯罪的刑罚

凯伦·哈里森[*]

---

[*] 赫尔大学法学院。

第一节　引　言

到目前为止，本书讨论的关于金融犯罪的问题包括：金融犯罪的定义、金融犯罪的成因、金融犯罪的现状和趋势、打击金融犯罪的国内和国际政策等。本章的内容略有不同，本章并未继续这方面的研究，而是着眼于应该如何对那些被刑事法院判定犯有金融罪行的人适用刑罚。为此，本章的内容包括：金融罪犯的概念；对金融罪犯适用刑罚的目标；各国对金融罪犯适用刑罚的政策；对金融罪犯适用刑罚的选择；最后，通过分析比较英格兰和威尔士以及美国的刑罚实践，来评估英格兰和威尔士的刑罚实践是否令人满意。

第二节　金融罪犯

如本书第一章所述，尽管"没有国际公认的金融犯罪的定义"❶，但在英格兰和威尔士，金融犯罪包括"任何涉及欺诈或不诚实的犯罪行为；金融市场中的不当行为或滥用市场信息的行为；洗钱和恐怖主义融资等行

---

❶ 《国际货币基金组织关于金融体系滥用、金融犯罪和洗钱的背景文件》，国际货币基金组织：华盛顿特区，2001年，第5页。

为"❷。犯下上述罪行的人就被称为金融罪犯。其他常见的关于金融罪犯的表述包括"白领罪犯""公司犯罪的罪犯"等。克罗尔认为，这些术语的定义都存在一定的问题❸，例如，虽然人们可能经常把"白领罪犯"视为社会地位高、值得尊敬、有权力且处于管理层的人，但这并不总是正确的；许多公司犯罪可能涉及员工在商业和贸易过程中的行为，也可能涉及其他健康和安全领域的罪行❹。正如克罗尔所说，绝大多数"白领犯罪"的罪犯并不都是地位高的罪犯，但这不是本书所关注的犯罪或罪犯的类型。就本书而言，金融罪犯是指犯有金融罪行（如上文和本书第一章所述）并在企业或公司中具有一定地位（即管理地位）的人。

第三节 刑罚目标

一、刑罚的总体目标

无论针对何种类型的犯罪或罪犯，刑罚的目标可以说是相同的，大体上可以分为以下五个方面：惩罚、威慑、改造、剥夺行为能力和赔偿。尽管这些目标早已广为人知，但在 2003 年《刑事司法法》第 142 节第 1 条中才就此做了明确的规定。虽然本章的重点不在于讨论刑罚的目标，但仍将对这五个方面的目标进行简要的阐释，以便为下面进一步讨论金融犯罪的刑罚目标奠定基础。根据 2003 年《刑事司法法》的规定，法院在做出刑事判决时必须考虑这些刑罚的目标，但这些目标之间并没有固定的层级划分，实践中遵循哪个目标或哪几个目标将取决于具体情况。例如，当对实

---

❷ 2000 年《金融服务和市场法》第 6 (3) 节。
❸ Croall, H. (1989), 'Who is the white-collar criminal?', *British Journal of Criminology*, 29 (2), 157-174, at 157.
❹ 同上。

施危险和高风险暴力犯罪的罪犯适用刑罚时，惩罚和剥夺其行为能力更为重要；而改造和赔偿可能更适合那些为了减少无聊感而从超市偷东西的罪犯。

从刑罚的目标看，惩罚是指如果某人犯了罪，那么他/她必须为这种错误行为"付出代价"，但所涉及的错误行为通常与惩罚无关，否则在道德上似乎是无法解释的（如监禁或罚款的刑罚）❺。惩罚是与罪责理论相联系的，这一理论的前提是，犯罪的严重性应该是法院判决刑罚期限和类型的唯一决定因素，这就像一个天平，法庭试图在罪行的严重性和惩罚的严重性之间取得平衡。惩罚还与惩罚的理念密不可分，因为惩罚那些做错事并应受惩罚的人不仅是国家的权力，也是国家的责任❻。因此，惩罚的作用不仅是承认罪犯的权利（如自由）必须受到限制，而且还要从道德上唤醒罪犯的是非感。惩罚的形式包括监禁、取消驾驶资格或公司董事资格以及罚款等。

另外，阿什沃斯将威慑设定为刑罚的目标，这项目标是根据其预防犯罪的后果来设定的❼。从本质上看，它是使用比通常更严厉的惩罚来阻止人们犯罪或再次犯罪，因此从理论上看，威慑有两种类型：个人威慑（阻止特定罪犯再次犯罪）和普遍威慑（阻止其他人犯下类似罪行）。如果目标是普遍威慑，那么刑罚的期限和类型应当以能够威慑到其他非特定的人来考量，而不仅仅是威慑特定的罪犯。因此，在把某个罪犯所犯罪行和刑罚处罚当作判例时，就使用了普遍威慑。人们反对普遍威慑的主要原因之一是，普遍威慑认为惩罚无辜者或者给予过度的惩罚是合理的，这实际上制造了预期的恐惧。可以起到普遍威慑作用的惩罚包括：不经审判的死刑；在每个街角安装摄像头；身份验证和指纹识别。

---

❺ Duff, Anthony and Garland, David (1989), 'Introduction: Thinking about Punishment', in A. Duff and D. Garland (eds), *A Reader on Punishment*, Oxford University Press, Oxford, 1–44, at 2.

❻ Moore, M. (1987), 'The moral worth of retribution', in A. von Hirsch and A. Ashworth (eds), *Principled sentencing: readings on theory and policy*, Hart Publishing, Oxford, at 150.

❼ Ashworth, A. (1987), 'Deterrence', in A. von Hirsch and A. Ashworth (eds), *Principled sentencing: readings on theory and policy*, Hart Publishing, Oxford, at 44.

冯·赫希将改造定义为通过"改变罪犯的个性、观点、习惯或机会,降低其犯罪倾向",从而"治愈"罪犯的犯罪倾向[8]。改造的模式实际上是通过研究与犯罪原因直接相关的因素,无论是经济因素、社会因素还是个人因素,以尽可能地减少犯罪。在20世纪最初的60年里,许多人认为改造是刑罚最重要的目标。在设计与改造相关的制度时,罪行的严重性并不是主要考虑的因素,主要关注的是如何以更好的方式改变罪犯。因此,刑期的长短通常取决于这种"治疗"需要多长时间,而不是实际犯下罪行的严重程度。人们对改造效果的乐观态度一直持续到20世纪70年代初,后来包括马汀森[9]和布罗迪[10]在内的许多人的研究结果表明,"改造并没有任何实际效果"。这样的结论显然让人们开始质疑改造的价值,更加怀疑改造能否成为刑事司法系统的首要目标。改造的措施包括制定行为改造方案、受害者同理心的培养以及以教育、培训和就业为中心的课程。

剥夺行为能力是指使罪犯的行为受到约束,通常以拘禁的形式约束其行为,使其不能再次犯罪。剥夺罪犯的行为能力是为了保护公众免受特定罪犯未来可能的犯罪行为的影响。在认可改造的理念和目的的基础上,剥夺行为能力就有其存在的理由:在传统的改造制度设计下,那些被评估为可治疗的罪犯被"治愈",而那些被评定为不能治愈的罪犯则被剥夺行为能力。20世纪70年代初,人们对这种预见性的刑罚产生了质疑,事实证明,越来越多对惯犯的预测是错误的,而那些被预测会再次犯罪的人却并没有这样做。除了错误的预判之外,还有一种观点认为,任意扩展一个人的刑罚违反了罪责刑相适应的原则,因此,长期剥夺一个人的行为能力违反了公正刑罚的前提。剥夺行为能力是通过监禁、流放、软禁来实现的,在一定范围内,也可以通过电子监控的禁令和吊销执照来实现。

赔偿虽然不是一种严格意义上的刑罚理论,但赔偿制度存在的合理性

---

[8] von Hirsch, A. (1987), 'Rehabilitation' in A. von Hirsch and A. Ashworth (eds) *Principled sentencing: readings on theory and policy*, Hart Publishing, Oxford, at 1.

[9] Martinson, R. (1974), 'What Works? Questions and answers about prison reform', *The Public Interest*, 35 22–54, at 22.

[10] Brody, S. *The effectiveness of sentencing: a review of the literature* Home Office Research Study No. 35 (HMSO: London, 1975).

体现为，我们应该从大量集中于惩罚的刑罚转向包括赔偿和恢复原状等方式的补偿。赔偿的目的是补偿罪犯对受害者和整个社会造成的伤害。所以赔偿制度强调，犯罪行为不仅损害了国家的公共利益，受害人、社会公众和罪犯的家人也都受到了不同程度的伤害。因此，参与犯罪或受犯罪行为影响的人对应该采取什么样的赔偿措施和如何实施赔偿有一定的建议权。根据赔偿的刑罚目标，赔偿或补偿比为惩罚而惩罚更重要，并为罪犯提供了一种为其所犯罪行进行补偿的路径。一定程度上，具有赔偿性质的刑罚也鼓励罪犯重新融入社会，并防止他们再犯罪。赔偿的措施包括支付赔偿金、为社区工作以及与受害者会面并进行有效的沟通[11]。

二、金融犯罪的刑罚目标

如上所述，刑罚的五项目标总体上适用于大多数犯罪和罪犯，但到底哪一项是最合适和最恰当的，还要取决于罪犯及其犯下的罪行。当对金融罪犯实施刑罚处罚时，刑罚的目标是什么？根据上述对金融罪犯的定义，当法院对金融罪犯做出判决时，基本可以依据刑罚的总体目标，具体如何适用则取决于实际的罪行。例如，如果罪行涉及个人犯下的价值数百英镑的洗钱行为，那么，法院的首要目标可能是惩罚罪犯的不法行为；此外，法院可能还要通过威慑极力阻止其他人犯同样的罪行，并支持罪犯对受害者进行某种形式的赔偿。如果罪行涉及金额达数千英镑（低于百万英镑）的巨额欺诈，法院可以依据上述原则适用刑罚，在公正审判的前提下确保适用比上述罪行更重的刑罚，以体现罪责刑相适应的原则。如果犯罪的部分原因是罪犯不了解商业法或立法协议，那么改造就有可能发挥作用，但改造行为方案对大多数金融罪犯收效甚微，因此没必要强行适用改造。同样，除非出现极端情况，否则不需要考虑剥夺其行为能力，因为尽管某些

---

[11] 有关使用让罪犯蒙羞的方式对付白领犯罪的有趣分析，参见 Levi, M. (2002b), 'Suite justice or sweet charity? Some explorations of shaming and incapacitating business fraudsters', *Punishment & Society*, 4 (2), 147–163.

金融犯罪会造成巨大的经济损失，但金融罪犯不太可能是有实施进一步严重犯罪的高风险的危险分子。以欺诈犯罪为例，涉及欺诈的统计数据包括低水平利益欺诈、保险欺诈和抵押贷款欺诈等各类欺诈犯罪行为，很难做出确切的数据统计。虽然笔者未能找到可靠的统计数据，但从已有的统计数据看，绝大多数实施大规模金融犯罪的罪犯在被定罪后不会再犯。因此，对于大多数金融罪犯来说，法院似乎应该更专注于威慑、惩罚和赔偿的刑罚目标。

第四节 量刑政策

一、一般量刑政策

过去几十年，英格兰和威尔士的量刑政策发生了重大变化，从以罪犯改造和社会安宁为中心的政策转变为以惩罚、威慑和正义为目标的政策[12]。目前，在英格兰和威尔士境内实施的所有犯罪的量刑政策都体现在 2003 年的《刑事司法法》中，该法案以严肃和公正的刑罚原则为基础。根据这一原则，一个人只有在罪行足够严重的情况下，才会被判处监禁或罚款，因此，罪行的严重程度必须与所施加刑罚的严厉程度相称，以体现罪刑相当的原则。

为了在实践中做到这一点，需要对"严重"一词的含义达成共识。直到不久前，这一问题尚交由个别的审判法官自行决定；然而，现在审判指导委员会（SGC）的指南对"严重性"做了定义[13]。根据 2003 年《刑事司法法》第 143 节第 1 条的规定，"在考虑任何罪行的严重性时，法院必须

---

[12] 参见 1991 年《刑事司法法》。
[13] 根据 2003 年《刑事司法法》第 172 条，每个法院都必须遵守审判指导委员会发布的指南。有关该委员会的更多信息参见 www.sentencing-guidelines.gov.uk。

考虑罪犯在犯罪中的罪责以及犯罪造成的、意图造成的或可能预见会造成的任何伤害"。与此类似,关于"严重性"[14]的总体原则是"犯罪的严重性由两个主要参数决定:犯罪者的罪责以及罪行造成的或可能造成的伤害"[15]。虽然这两个定义的来源不同,但是从上述定义可以得出结论,在做出量刑决定时,审判法官在评估"严重性"时要考虑的两个最重要的因素是罪责和伤害。从罪责看,可以分为四个层次:故意、过失、明知和疏忽[16],故意是情节最严重也是罪犯应该承担最大责任的情况,因此,故意洗钱的人比明知或因疏忽而从事洗钱犯罪的人应该适用更严厉的刑罚,因为故意的罪行更为严重。

伤害包括对受害者个人的伤害、对社会的伤害和其他类型的伤害,其中还可能包括对动物的虐待(因为这也可能给受害者造成痛苦或经济损失)[17]。因此,对金融犯罪来说,伤害可能会给一个人、一个家庭、一个组织或公司的成员,甚至整个民族和国家带来损失。就犯罪而言,造成的伤害越大,可能引发的风险就越大,罪行就越严重。但是,无论造成的或可能造成的伤害程度如何,审判指导委员会的审判指南还是将罪犯的罪责作为确定罪行严重性的首要因素[18]。

除了罪责和伤害的定义之外,审判指导委员会还详细论述了可能增加一个人的罪责进而增加犯罪严重性的因素。在金融犯罪方面,这些因素包括:策划犯罪的证据、滥用职权或信任关系、故意造成比实际情况更严重的伤害、团伙作案、"职业"犯罪[19]以及犯罪行为给罪犯带来了高额利润或间接造成了重大损失[20]。相反,在特定罪犯受到挑衅、患有精神疾病或有残疾的情况下,或者罪犯年纪过小或过大、易受伤害、在犯罪过程中仅扮

---

[14] 审判指导委员会理事会确定的审判"严重性"总体原则:审判指导委员会秘书处:伦敦,2004 年。
[15] 同上,第 3 页。
[16] 同上,第 4 页。
[17] 同上。
[18] 同上,第 5 页。
[19] 同上,第 6 页。
[20] 同上,第 7 页。

演了次要角色的情况下,可以认定为罪责相对较轻[21]。如果按照上述关于金融犯罪的定义,可能就上述情形只能适用后一种考量。

一旦确定了罪行的严重性,审判法官就要将罪行与刑罚的类型和级别相对应——依据罪责理论在罪行的严重性和惩罚的严重性之间达成平衡。因此,在刑罚的适用方面设置了一些门槛,例如,关于监禁的门槛规定:法院不得判处监禁,除非法院认为该罪行或该罪行与一项或多项相关罪行结合起来非常严重,以至于无论是单独罚款还是社区量刑都不能对罪犯形成有效的惩戒[22]。

因此,只有在认为所涉罪行严重到有必要采取这种措施的情况下,金融罪犯才会被判处监禁。审判法院在做出最终判决时,应当确认如下问题:

(1) 监禁的门槛是否已过?
(2) 如果是,判处监禁是否不可避免?
(3) 如果是,是否可以缓刑?
(4) 如果否,是否可以间歇性服刑?
(5) 如果否,则判处与罪行严重程度相称的立即生效的刑罚。[23]

因此,这意味着监禁是最高的刑罚,只应在最极端的情况下使用。

在做出审判决定时,需要考虑的其他因素包括:是否有上诉法院的判决指南或审判指导委员会的审判指南;可以参照的相关立法是否规定了最高和最低刑罚;是否存在加重和/或减轻因素;是否存在及时认罪的情形。可能与金融犯罪相关的从重情节包括:弱势受害者;违背诚实信用;有计划犯罪;有组织犯罪;保释期间犯下的罪行;有前科,特别是性质相似的犯罪前科。相关的从轻情节包括:罪犯是在受胁迫或迫不得已的情况下犯罪的;对法律的无知;表现出对自己犯罪行为的悔恨;配合执法机构办

---

[21] 审判指导委员会理事会确定的审判"严重性"总体原则:审判指导委员会秘书处:伦敦,第7页。

[22] 2003年《刑事司法法》第152(2)节。

[23] 审判指导委员会理事会确定的审判"严重性"总体原则:审判指导委员会秘书处:伦敦,第8页。

案㉔；罪犯以前品行良好（无犯罪前科），并且判决可能对罪犯产生超乎意料的影响㉕。除了上述可以从轻处罚的因素之外，如果罪犯承认有罪，也可以减刑。2003年《刑事司法法》第144条和第152条对于主动认罪可以减刑做了规定，其中建议审判法院适用相关条款的时候应当充分考虑到罪犯认罪的时点。传统意义上，及时认罪可以折抵三分之一的刑期㉖。后来，审判指导委员会的审判指南㉗修改了这一点，根据认罪作为抗辩事由提交给法院的时间确定浮动的折抵刑期的比例。例如，如果抗辩是在第一合理时机提出的，那么将适用折抵三分之一的刑期；如果是在审判开始后提出的，那么被告最多只能折抵十分之一的刑期㉘。认罪也可用于将刑罚从监禁减为社区服刑，或者从社区服刑减为经济处罚㉙。

二、金融犯罪的量刑政策

上述关于一般量刑政策的介绍比较笼统，本部分将集中讨论上诉法院的判决指南、审判指导委员会的审判指南以及影响金融犯罪和金融罪犯适用刑罚的相关立法。在审判指导委员会和量刑咨询委员会㉚成立之前，发布量刑指南的唯一方式是通过上诉法院下达指导性判例。无论是在过去还是现在，指导性判例对所有下级法院都具有约束力，但只有当判决送达并得到上诉法院认可时才会发布。这意味着上诉法院的指导是零散的，无法

㉔ 如果这些因素与认罪相结合，那么罪犯可以折抵高达50%的刑期。
㉕ 关于后一情节的案例，参见1980年R诉理查兹案（1980年上诉法院判决指南第2卷第119节），其中一名医生的30个月刑期被减为12个月，理由是他已经57岁，再也不会行医，他将失去养老金，并且他的妻子自杀了。
㉖ 1993年R诉巴弗瑞案（1993年上诉法院判决指南第14卷第511节），实际上折抵的刑期通常在四分之一到三分之一的范围内浮动，参见《办案指导》（2001年第19~21期）（2001年英格兰和威尔士上诉法院的第1432号案例）。
㉗ 参见2007年修订的《审判委员会最终审判指南：认罪减刑》，审判指导委员会秘书处：伦敦，2007年。
㉘ 同上，第6页。
㉙ 同上，第4页。
㉚ 另一个在制定量刑指导方面发挥补充作用的量刑咨询机构。

涵盖尽可能多的罪行，但确实会有与金融犯罪量刑相关的指导性判例，例如，R 诉菲尔德案㉛涉及利用财务报表通过虚假陈述筹集资金的相关欺诈判例。此类欺诈案件中，与量刑相关的因素包括：

① 涉及的金额和实施欺诈的方式。

② 实施欺诈的时间和持续程度。

③ 被告在公司中的地位以及其对公司的控制程度。

④ 被揭露的滥用信任关系的行为。

⑤ 欺诈的后果。

⑥ 公众对城市的信心和对商业活动诚信的影响。

⑦ 使欺诈行为更显严重的造成小投资者损失的行为。

⑧ 被告获得的个人利益。

⑨ 认罪。

⑩ 被告的年龄和品行。㉜

此外，在 R 诉巴里克案㉝中，莱恩·LCJ 列出了在对专业人士进行欺诈判决时应考虑的一些因素：

① 对罪犯信任的性质和程度，包括基于其职级的信任。

② 欺诈或盗窃发生的时间。

③ 通过欺诈取得资金或财产的用途。

④ 对受害者的影响。

⑤ 犯罪对社会大众和公众信心的影响。

⑥ 对同事或合伙人的影响。

⑦ 对罪犯本人的影响。

⑧ 罪犯的履历。

⑨ 与罪犯个人情况相关的特别减刑因素，例如：疾病；基于重大责任过度承压；从罪犯被专业机构或警察指控具有欺诈行为到审判开始之间有

㉛ 1991 年上诉法院判决指南第 1 卷第 1 节。
㉜ 同上，第 4 节。
㉝ 1985 年上诉法院判决指南第 7 卷第 142 节。

一定的时滞，如两年多；给予了警方有益的帮助。㉞

莱恩还告诫说，"职业男性应该受到与其他人一样严厉的惩罚，在某些情况下，甚至应该更严厉"㉟，同时，他就适当的量刑起点提出了一些建议㊱，这些建议随后在 R 诉克拉克一案中得到更新㊲：

- 如果金额不小，但少于 17500 英镑，刑期最多不应超过 21 个月。
- 金额为 17500～100000 英镑的案件适用 2～3 年的刑期。
- 金额为 10 万～25 万英镑的案件适用 3～4 年的刑期。
- 涉及 25 万～100 万英镑的案件将适用 5～9 年的刑期。
- 涉及 100 万英镑或以上的案件适用 10 年或以上刑期。
- 涉及金额特别大，且涉及多起欺诈行为或者欺诈行为针对一个以上的受害者或群体，刑期可连续执行。㊳

与欺诈相关的其他判例包括 R 诉帕尔克和史密斯案㊴（欺诈交易）、R 诉史蒂文斯等人案㊵（抵押贷款欺诈）和 R 诉罗奇案㊶（通过欺骗手段转移资金）。

同样，与洗钱相关的判例包括对洗钱提供一般性指导的 R 诉巴斯拉案㊷，以及关于清洗贩毒收益的 R 诉德尔比案㊸。关于 R 诉德尔比案，上诉法院建议：

- 那些大量清洗贩毒收益的人在促使毒品犯罪阴谋得逞方面发挥着重要作用，因此，他们可能会被适用与在毒品交易中发挥重要作用的其他人

㉞ 1985 年上诉法院判决指南第 7 卷，第 147 节。
㉟ 同上，第 143 节。这在后来的 1987 年 R 诉斯图尔特（《欧洲法院案例汇编》第 2 卷第 383 页）一案中也得到了验证。
㊱ "如果所涉金额少于 10000 英镑或约为 10000 英镑，刑期最长不应超过 18 个月；涉案金额在 10000～50000 英镑的案件，被告将被判处 2～3 年监禁；如果涉案金额更大，如超过 100000 英镑，那么 3.5～4 年的刑期是合理的。"同上，第 143～144 页。
㊲ 1988 年上诉法院判决指南第 2 卷第 95 节。
㊳ 同上，第 100 节。
㊴ 1997 年上诉法院判决指南第 2 卷第 167 节。
㊵ 1993 年上诉法院判决指南第 14 卷第 372 节。
㊶ 2002 年上诉法院判决指南第 1 卷第 12 节。
㊷ 2002 年上诉法院判决指南第 2 卷第 100 节。
㊸ 2003 年英格兰和威尔士上诉法院的第 1767 号案例。

相当的严厉刑罚。

- 但是，议会对法官就 A 类毒品（终身监禁）和洗钱（14 年）的量刑规定了不同的上限。
- 在海关追缴的金额和实际涉案金额之间无法建立关联关系的情况下，对于有证据证明大规模洗钱的案件，量刑必须非常接近最高刑罚。❹

关于内幕交易和市场滥用，上诉法院最近提供了一份在审理此类案件时应考虑因素的清单，包括：

① 被告受雇或聘用的性质，或参与内幕交易犯罪过程中的角色。
② 获得内幕信息的情况和使用情况。
③ 行为是疏忽还是故意为之，是否不可避免地存在不诚实交代的情形。
④ 交易活动的计划和复杂程度，以及交易周期和单笔交易的数额。
⑤ 是个人犯罪还是共同犯罪，如果是共同犯罪，如何承担相应的罪责。
⑥ 预期或预谋的经济利益的金额或避免的损失（有时发生），以及实际收益（或避免的损失）。
⑦ 虽然没有确定的受害者不能构成减刑的原因，但如果证实对任何受害者个人（如果有）没有影响的话，则需要加以考虑。
⑧ 罪行导致公众对市场整体信心的影响，由于其对公众信心的影响，与一个人独自行事的个人犯罪相比，由一个以上受信任的人利用内幕信息共同实施的犯罪对公众信任的破坏性更大。❺

在审判指导委员会的审判指南中，金融犯罪似乎没有被置于安理会议程的首位，这可能是因为已有上述典型判例和详细的审判准则，也可能是因为有其他更为紧迫的事项（如危险犯罪、抢劫和性犯罪亟需完善相关审判指南）。然而，在一段时间的磋商和指南的草案发布之后，审判指导委

---

❹ 摘自上诉法院判例汇编，http://www.sentencing-guidelines.gov.uk/guidelines/other/courtappeal/default.asp? T = Cases&catID = 10&subject = MONEY LAUNDERING&SubSubject = Proceeds of drug trafficking.

❺ R 诉克里斯托弗·麦克奎德案，2009 年英格兰和威尔士上诉法院第 1301 号案例，第 14 段。

员会于 2009 年 10 月发布了关于欺诈犯罪量刑的明确指南[46]，该指南与一般量刑政策一致，重申了对欺诈犯罪量刑时首要考虑的是犯罪行为的严重性[47]。在评估欺诈犯罪的严重程度时，主要考虑的因素包括"欺诈策划的过程、罪犯实施犯罪的决定以及所涉资金或财产的价值"[48]。一般而言，欺诈犯罪可能会适用"最严厉的刑罚"[49]，其他要考虑的因素有：

① 犯罪对受害者的影响。

② 对直接受害者以外的人的伤害。

③ 公众信心的削弱。

④ 对直接受害者或其他人的物质利益的损害或者可能造成的物质利益损害的风险。

⑤ 预期损失和实际损失之间的差异。

⑥ 所获部分或全部收益中合法应得的数额。[50]

审判指导委员会还确定了它认为在对欺诈犯罪量刑时应特别关注的四个因素：

① 参与犯罪的人数和罪犯的角色。

② 实施犯罪行为所用的时间。

③ 借用他人的身份。

④ 犯罪对受害者的持续影响。[51]

最后，该指南还对某些类型的欺诈犯罪规定了量刑起点和量刑范围。例如，在银行业和保险业欺诈以及通过欺诈获得信贷的案件中，如果罪犯是"从一开始就预谋实施欺诈，经过专业的计划，或者是在很长一段时间内实施欺诈，或者是多次欺诈"[52]，量刑范围为 4～7 年；如果非法获利达

---

[46] 审判指导委员会《对欺诈的量刑：法定量刑指南》，审判指导委员会秘书处：伦敦，2009 年。
[47] 同上，第 4 页。
[48] 同上，第 5 页。
[49] 同上。
[50] 同上，第 6～7 页。
[51] 同上，第 8 页。
[52] 同上，第 24 页。

到 50 万英镑或更多,量刑起点[53]是 5 年监禁;如果欺诈行为只是一种"一次性的欺诈交易,而不是一开始就预谋实施欺诈"[54],并且涉及的金额少于 5000 英镑,则量刑起点[55]是经济罚款,量刑的范围为从罚款到短期社区服刑。关于欺诈的审判指南还规定了信任欺诈,拥有、制造或提供用于欺诈的物品,税收欺诈(针对英国税务总署和海关总署)以及利益欺诈的量刑起点和量刑范围。

审判法官在做出判决时必须遵守的最后一条指导原则就是最高刑罚的限制。例如,对于欺诈犯罪的起诉,最高刑罚为 10 年监禁[56];对于洗钱和恐怖主义融资,最高刑罚为 14 年监禁[57][58];对于内幕交易或市场滥用,最高刑罚为 7 年监禁[59]。只有在罪行被认为严重到需要适用最高刑罚时才会适用上述最高刑罚。如果罪行比这种惩罚所适用的行为更严重,或者有多项犯罪要判刑,审判法官只能连续执行,而不是同时执行[60]。这可以与美国的最高刑期相比[61],美国的证券欺诈、邮件欺诈、电汇欺诈和洗钱最高刑期为 20 年监禁;挥霍犯罪所得最高刑期为 10 年监禁[62];洗钱犯罪的最高罚款为 50 万美元或相当于涉案财产价值 2 倍的金额[63]。

---

[53] 这个量刑起点的规定是基于 750000 英镑的涉案金额。
[54] 《对欺诈的量刑:法定量刑指南》,审判指导委员会秘书处:伦敦,2009 年,第 24 页。
[55] 这个量刑起点是基于 2500 英镑的涉案金额。
[56] 2006 年《反欺诈法》第 1(3)节。
[57] 2002 年《犯罪所得法》第 334(1)节。
[58] 2000 年《反恐怖主义法》第 22 节。
[59] 1993 年《刑事司法法》第 61(1)节。
[60] 这意味着每一项刑罚的适用都是从前一项刑罚适用结束开始,而不是所有的刑罚合并适用。
[61] 这很值得做一项比较研究,一些国家对包括欺诈和洗钱在内的许多"白领犯罪"的最高刑罚为死刑。
[62] Australian Government and Australian Institute of Criminology *Charges and Offences of Money Laundering Transnational Crime Brief No. 4* (Australian Institute of Criminology: Canberra, 2008).
[63] Van cleef, C., Silets, H. and Motz, P. (2004), 'Does the punishment fit the crime', *Journal of Financial Crime*, 12 (1), 56–65, at 57。此后称范·克莱夫等人。

第五节 金融犯罪的量刑选择

迄今为止，我们所讨论的主要量刑方式是监禁，并简要提到了适用社区刑罚和/或经济处罚的可能性。这些是一般的量刑选择，适用于所有罪犯和大多数罪行，但还有一些措施是专门为金融犯罪设计的，包括没收令、限制令、财务报告令、取消资格令和严重犯罪预防令❻。这些措施也称为附属命令，通常是在其他一般量刑处罚之外发出的命令，而不是替代一般的量刑处罚。在很大程度上，这些附属命令旨在追回犯罪所得（详见本书第 5 章），或在罪犯被定罪和（或）释放后监控其金融和商业行为。

没收令❻在 2002 年《犯罪所得法》第 6～13 节中有相关规定，依据没收令，可以对被认为有犯罪生活方式因素的罪犯提起诉讼，并寻求追回罪犯从这种生活方式因素中积累的所有经济利益❻。如果审判法院认为罪犯有犯罪生活方式因素（使用法案中规定的假设❻），并从中获得了经济利益，它可以决定这种情况下的适当的没收金额，然后下令确保没收款的支付。罪犯应付金额是其通过犯罪获得的金额、可以没收的金额或者已经花掉的金融资产的名义价值❻。优先可以没收的资金是法院批准的罚款❻，没收应该在 6 个月内完成❼。如上所述，没收令是对监禁的附属命令，其效

---

❻ 没收令是基于对各种可能性考量的一种民事命令，因此尽管违反该命令可能导致刑事后果，但没收令本身由民事法院下达。由于该命令通常不作为刑事定罪的一部分，因此这里不再赘述，关于没收令的细节可参考 2007 年《严重犯罪法案》第 1 节。

❻ 等同于美国的刑事和民事没收。

❻ 2002 年《犯罪所得法》第 6 节。

❻ 2002 年《犯罪所得法》第 10 节。

❻ 2002 年《犯罪所得法》第 7 节。

❻ 2002 年《犯罪所得法》第 9 节。

❼ 2002 年《犯罪所得法》第 11 节。如果刑事法院认为情况特殊需要延长期限，则可延长至 12 个月。在发出没收令后，法院还应下令如果不付款，将被判处一定时间的监禁。2000 年《刑事法院（判决）法》第 139 节第 4 条概述了最长的违约期。

力与监禁期限无关❼。

为了试图确保在给罪犯适用量刑时存在可用于执行的资产，一旦被告开始接受犯罪调查，法院可以根据 2002 年《犯罪所得法》第 41 节，在"有合理理由认为被告从其犯罪行为中受益"的情况下发布限制令❼。限制令的主要目的是防止犯罪资产被处置，在有预期诉讼的前提下，限制令甚至可以在被告被指控犯有刑事罪行之前发出。限制令的发布不仅可以要求被告披露其资产的性质和下落，而且要求被告将资产重新安置在英格兰和威尔士的管辖范围内，从而可以限制所有资产变现。限制令适用于被告持有的所有可变现财产，还包括在命令下达后转移给他的任何财产。在决定没收哪些财产时，法院必须考虑合理的生活费用和律师费，并在适当的情况下允许被告继续从事其贸易、商业、专业或职业活动❼。

一旦金融犯罪指控成立❼，法院还可以根据 2005 年《严重有组织犯罪和警察法》第 76~79 节下达财务报告令。该命令要求罪犯定期向当局报告其财务状况，期限最长可达 20 年❼。未按要求提供必要的报告或报告中包含虚假陈述或误导性信息的，可能会被单独刑事定罪，甚至面临监禁的刑罚❼。此外，"如果罪行与公司内的晋升、组建团队、管理、清算或注销有关，或者与公司的破产接管或担任公司的接管人有关"❼，法院可以取消罪犯在特定时期内担任公司董事的资格。根据 1986 年《公司董事罢免法案》，无论罪犯是否在公司担任重要职务或者是否无人可以替代其行事，都要依法取消其担任公司董事的资格。虽然罪犯可以为公司工作（金融罪犯是否会在该行业重新就业是另一种情况），但未经法院允许，他不能作为公司财产的接管人；不能参与公司内的晋升、组建团队或管理工作；不

---

❼ R 诉罗杰斯案，2001 年英格兰和威尔士上诉法院第 1680 号案例。
❼ 2002 年《犯罪所得法》第 40 节。
❼ 2002 年《犯罪所得法》第 41 节。
❼ 相关罪行的完整清单参见 2005 年《严重有组织犯罪和警察法》第 76 节，包括欺诈、虚假账目、洗钱和与恐怖主义有关的融资安排。
❼ 除非罪犯被判无期徒刑，否则最长刑期为 15 年，2005 年《严重有组织犯罪和警察法》第 76 节。
❼ 2005 年《严重有组织犯罪和警察法》第 79 节。
❼ 1986 年《公司董事罢免法案》第 2 节。

能担任破产从业人员或参与有限责任合伙企业的企划、组建或管理工作。资格取消的期限最长可达 15 年,因此,取消担任公司董事的资格可以预防犯罪分子做出进一步的犯罪行为。任何人如果被发现违反该命令,将被处以最高 2 年监禁的额外刑罚[78]。

第六节　金融犯罪的刑罚实践

本节通过列举来自英格兰和威尔士以及美国的金融犯罪判例对金融犯罪刑罚实践进行分析。这项研究在考虑上述指南和审判程序的基础上,考量了英格兰和威尔士的刑罚实践是否适当,因此体现了一定的公正性。英格兰和威尔士的判例包括迈克尔·布莱特案、约翰·达尔文和安妮·达尔文案、乌萨玛·埃尔库尔德案、壳牌运输和贸易有限公司案以及克里斯托弗·麦克科伊德案等;美国的判例包括杰弗里·斯基林案、伯纳德·麦道夫案、里格斯银行案和玛莎·斯图尔特案等。

一、英格兰和威尔士的判例

(一) 欺诈犯罪判例

独立保险公司的创始人兼首席执行官迈克尔·布莱特案就是一项著名的欺诈判例。2000 年,该公司价值 10 亿英镑,但其在 2001 年倒闭,损失了 1000 多个工作岗位,英国金融服务管理局为此支付了 3.57 亿英镑的赔

---

[78] 1986 年《公司董事罢免法案》,第 13 节。

偿金[79]。布莱特被控两项共谋欺诈罪，即隐瞒索赔数据和未完全披露公司与其再保险人之间的所有实际或拟达成的协议以及未披露合同有关条款的欺诈交易犯罪。2007 年 10 月，布莱特被判处 7 年监禁，取消董事资格 12 年。这里要特别说明的是，布莱特的每项欺诈罪名都被判处 7 年监禁，两项罪名同时执行（即在同一时间执行）。由于本案中的罪行发生在 2006 年《反欺诈法》实施之前，当时欺诈交易犯罪的最高刑期为 7 年，而 2006 年《反欺诈法》中规定的共谋欺诈的最高刑期为 10 年[80]，但在当时，审判法官无权判处罪犯 10 年监禁[81]。尽管有 10 年刑期的规定，而且审判法官认为布莱特犯下的罪行"非常严重"，"完全超出了议会在确定最高刑期时考虑的范围，可能是严重数倍的罪行"，并且"如果有欺诈犯罪应该适用最高刑罚，那么必须适用布莱特案"[82]，但法院最终还是只判处了 7 年监禁。这是因为尽管布莱特案可以提起有关共谋的指控，但事实上，欺诈交易犯罪已经完整地体现了其犯罪的实质，因此只能适用相对较轻的欺诈犯罪的刑罚。尽管受到了较轻的判决，但布莱特还是提起了上诉[83]，他认为对他适用最高刑罚是不公正的。并且有关减刑的因素如年龄、良好品格和健康状况不佳没有得到审判法院的采纳。上诉法院驳回了其上诉，称该罪行"极其严重"[84]。上诉法院同时指出，初审法院将布莱特的刑期限制为 7 年是错误的，应该适用最高 10 年的刑期。虽然上诉法院有权将刑期增加到 10 年，但其最终裁定刑期保持不变。根据审判指导委员会的审判指南，布莱特的罪行是"职业"犯罪，是有计划的犯罪，罪行严重且造成了巨大的伤害，因此布莱特没有被增加刑期已经很幸运了。上述 R 诉克拉克案中发布的审判指南进一步支持了审判中的宽严相济原则，依据该指南，如果案

---

[79] 有关独立保险公司倒闭的更多信息，参见 R 诉布莱特案，2008 年上诉法院判决指南第 2 卷第 102 节。

[80] 2006 年《公司法》，第 993 节。

[81] 1987 年《刑事司法》，第 12 节第 3 条。

[82] Leroux, M. (2007), 'Michael Bright gets maximum seven years from Independent Insurance' availabe, http: //business.timesonline.co.uk/tol/business/industry_sectors/banking_and_finance/article2733660.ece (accessed 1 December 2009).

[83] R 诉布莱特案，2008 年上诉法院判决指南第 2 卷第 102 节。

[84] R 诉布莱特案，2008 年英格兰和威尔士上诉法院第 462 号案例，第 33 段。

件涉及100万英镑或更多金额，10年或更长时间的刑期是适当的。该指南还建议，在布莱特的案件中，采用连续执行可能更加合适，因此也许更公正的判决应该是14年或20年左右的监禁。2008年10月，迈克尔·布莱特还根据没收令支付了1258467英镑[85]。

布莱特的案例是（或者应该是）欺诈犯罪的典型案例，可以和其他欺诈案件形成对比。例如，2009年，贾辛塔·基布尼[86]因持有假身份证件而被判处12个月监禁：她用假护照开立了一个银行账户。虽然法院承认她可能是非法交易的受害者，但仍然维持了12个月监禁的判决。从这个案例来看，虽然使用假护照的行为很严重，但与布莱特案的犯罪事实和涉案金额相比，这样的判决似乎过于严苛。就犯罪的严重性和可通约性以及所涉及的减刑因素而言，社区刑罚甚至罚款更为合适。与约翰·达尔文和安妮·达尔文的案件相比，贾辛塔·基布尼案的判决似乎也更为严苛，约翰·达尔文和安妮·达尔文分别因6项欺诈罪和9项洗钱罪被判处6年零3个月和6年零6个月的监禁。通过伪造约翰·达尔文的死亡，这对夫妇获得了近25万英镑的利益，约翰·达尔文还因非法获得护照受到指控[87]。这起案件的关键是在约翰·达尔文认罪的同时他的妻子也被判有罪。尽管安妮·达尔文获得了更长的刑期，但仅比她的丈夫多了3个月。虽然约翰·达尔文的罪行可能更为严重，但这并不意味着他的认罪情节可以折抵最高三分之一的刑期[88]。此外，与贾辛塔·基布尼一案相比，对约翰·达尔文和安妮·达尔文案欺诈及洗钱的判决是同时执行的，否则对15项罪名进行连续执行的总刑期预计将超过20年。如果没有获得任何非法经济收益或未造成

---

[85] 洛马斯被判支付470113英镑，康丹被判支付1280896英镑。严重欺诈办公室："独立保险公司欺诈者被勒令上交超过100万英镑的没收款"，参见 http：//www.sfo.gov.uk/press-room/latest-press-releases/press-releases-2009/independent-insurance-fraudsters-ordered-to-pay-over-%C2%A31-million-confiscation.aspx（2010年8月5日查阅）。

[86] R诉贾辛塔·基布尼案，上诉法院刑事庭，2009年1月14日，未报告。

[87] 班扬，N.和爱德华兹，R.："独木舟妻子的审判：达尔文被判6年以上监禁"，参见 http：//www.telegraph.co.uk/news/2448044/Canoe-wife-trial-Darwins-jailed-for-more-than-six-years.html（2010年8月4日查阅）。

[88] 由于此案未被报道，其细节只能从报纸报道中获得，尚不清楚审判法官对约翰·达尔文减刑的详细情况。

任何损失，一项罪行被判 1 年监禁，那么罪行数为 15 项，非法经济利益为 25 万英镑，被判 6 年徒刑是不公正的。

另一个关于欺诈的案例是盖伊·庞德[89]的案件，由于上述达尔文案的量刑过轻，上诉法院将原来的 3 年刑期改判为 6 年。11 年来，盖伊·庞德一直参与一项慈善信托欺诈，金额达 200 万英镑。考虑到他的犯罪规划、背信弃义、滥用权力和罪行严重，增加他的刑期是必要的也是公正的。事实上，如果将此案与达尔文一案相比较，达尔文案获得的经济利益只有该案的四分之一，有观点认为，6 年的刑期应当再延长，这也是克拉克案的判决所倡导的。其他案件包括卡尔·库斯尼（凡尔赛公司的前董事长）案，他因涉案金额为 1.5 亿英镑的欺诈罪被判 6 年监禁（尽管他是因造成 2000 万英镑的损失被判刑的），并被取消了 10 年的董事资格；弗雷德·克拉夫（凡尔赛公司的前财务总监）被判处 5 年监禁（他与当局合作认罪，并获得减刑 50%）和取消 15 年的董事资格；阿巴斯·戈卡尔（与 BCCI 倒台有关）被判 14 年监禁；欧内斯特·桑德斯（吉尼斯公司前首席执行官）被判 5 年监禁[90]。

关于欺诈的判例还有许多，可以就上述几起典型判例做如下总结。从对上述判例的分析来看，如果可以设计一种模板或表格，能够将所获得的非法经济利益或造成损失的数额与刑罚的种类和刑期的长短联系起来，相当于为公正执法设计了一种度量标准，那么对审判法官来说会受益良多。然而，从上述判例实践来看，很难做出这样的模板或表格。布莱特因欺诈被判 7 年监禁，并因此导致英国金融服务管理局损失 3.57 亿英镑；但在涉案金额分别为 25 万英镑（约翰·达尔文）、200 万英镑和 2000 万英镑的情况下，刑期却都只少了一年。虽然犯罪行为造成的伤害或可能造成的伤害不是审判法官要考虑的唯一因素，但这一因素已被 2003 年《刑事司法法》、相关的审判指导委员会指南以及 R 诉巴里克和 R 诉克拉克的判例采纳作为量刑的重要考量因素。所有欺诈犯罪的罪责都相对较重，因此对欺

---

[89] "R 诉盖伊·庞德案"，《司法部长参考》，2004 年第 59 号，2004 年英格兰和威尔士上诉法院第 2488 号案例。

[90] 后来由于他身体状况不佳而减刑了。

诈犯罪适用的刑罚可以更加多样化，以凸显犯罪的严重性和其造成伤害的差异。涉及数百万英镑的欺诈犯罪适用不超过 10 年的监禁的事实即使不算让人震惊，也是令人惊讶的，因此欺诈犯罪的审判实践表明，我们迫切需要欺诈犯罪的审判指南，不仅需要规定更加一致的量刑规则，而且还要规定更为严厉的刑罚。考虑到审判指导委员会当前关于欺诈的审判指南仅涵盖不超过 50 万英镑的欺诈犯罪，建议将这份审判指南扩展到包括数百万英镑欺诈犯罪的量刑起点和量刑范围，包括可以适用的最高刑罚。虽然克拉克案为涉及 100 万英镑或更大金额的案件提供了审判指引，但在实际审判过程中，法官并没有对判例给予应有的关注。另一个在量刑时要考虑的因素是同时执行和连续执行如何适用的问题。虽然这两种量刑方式各有其适用的优势，但是一个犯下 10 项或 20 项罪行的人却与只犯下 1 项罪行的人判处同样长期限的监禁是不公平的。克拉克案提出了这样的问题，但是仍然迫切需要更深入的建议和指南。

（二）洗钱犯罪判例

关于洗钱犯罪的典型判例是乌萨玛·埃尔库尔德案[91]，他在 1999 年因参与一项 7000 万英镑的洗钱活动而被判处最高 14 年监禁和 100 万英镑罚款，他在其工作的外币兑换所从事了两年半的洗钱活动。当时，该项行动被称为欧洲最大的行动，埃尔库尔德也成为英格兰和威尔士第一个仅因洗钱指控而被定罪的人（也就是说，他的罪行与其他毒品或恐怖主义罪行没有特别的联系）[92]。这似乎表明法院和立法机构将洗钱视为更严重的犯罪，不仅因为其最高刑期比欺诈犯罪长 4 年，更为重要的是这样的最高刑期被普遍适用。虽然人们认为洗钱犯罪的影响会更加深远，但在比较布莱特案和埃尔库尔德案时，埃尔库尔德案罪行的严重性是否相当于布莱特案的 2 倍？这再次证明了人们对欺诈犯罪适用了较轻的刑罚。

---

[91] R 诉乌萨玛·埃尔库尔德案，2001 年《判例法律评论》第 234 期（刑事卷）。
[92] 英国广播公司："英国洗钱的最高刑罚"，1999 年，http：//news.bbc.co.uk/1/hi/uk/285759.stm（2010 年 8 月 4 日查阅）。

另一个极端的判例是律师菲利普·格里菲斯案[93]，菲利普·格里菲斯因未能向当局报告他有合理理由知道或怀疑涉及洗钱的交易而被判处6个月监禁。虽然法官认为格里菲斯已经失去了他的执业资格，也没有从这笔交易中赚到任何钱（除了正常的产权转让费），然而这笔交易却对他的健康和生活产生了巨大的影响，不过人们仍然认为判处监禁与洗钱犯罪是相当的，因此该判决是公正的。莱韦森J.认为，"策划掩盖或清洗犯罪所得的罪行是特别严重的，尤其是洗钱行动是有组织或有计划的情况，几乎所有这种案件（就算不是每一件）被判处监禁都是必然的"[94]。这一点在R诉达夫[95]案中也有所体现，上诉法院维持了对一名律师的6个月监禁的判决，该律师未报告他从一名客户那里获得70000英镑投资于一家合资企业的事实，该客户后来被控犯有贩卖毒品罪；尽管该律师听取了另一名律师关于其通知义务的意见，也查阅了律师协会的相关报告指南，法院仍然认为判决"在任何方面都不过分"[96]。问题在于惩罚的是没有采取行动的人，而不是积极采取行动的人。在英国刑法中，很少就不采取行动（不作为）提起刑事诉讼，尽管有义务采取行动显然是一个例外。事实上，政府已经规定了这样一项义务，不履行这一义务的行为正在受到惩罚，而且可以说受到了严厉的惩罚，这表明了政府在打击这类犯罪方面的严肃认真的态度[97]。在这种情况下，对律师和其他专业人员的监禁具有个人威慑和普遍威慑作用，但是否与其实际罪行的严重性相称仍有疑问。尽管如此，审判法官和政府需要通过专业人士未履行报告义务而获刑的判例对其他人形成威慑作用，以防止他们对这种行为视而不见。

其他与洗钱有关的案件包括雅克沃斯·伊恩诺案[98]，他因一项总额为100万英镑的洗钱指控而被判处18个月监禁。这笔钱是通过欺诈手段从一家大型金融服务提供商那里获得的，并被存入了许多个第三方银行账户，

---

[93] R诉菲利普·格里菲斯案，2006年英格兰和威尔士上诉法院第2155号判例。
[94] 同上，第11段。
[95] 2003年上诉法院判决指南第1卷第88节。
[96] 同上，第471节。
[97] 有关这方面的更多信息参见第2章。
[98] R诉雅克沃斯·伊恩诺案，2009年英格兰和威尔士上诉法院第1755号案例。

其中的 91240 英镑被转入了罪犯的账户。考虑到其认罪情节，审判法官折抵了最大限度的刑期，即三分之一的刑期；该项罪行的量刑起点是两年半，基于罪犯及时认罪的减刑情节折抵了 10 个月的刑期，另有其他减刑因素折抵了 2 个月的刑期，最终适用 18 个月的监禁，在一定程度上体现了宽大处理的原则。相反，塔尔森瓦尔·拉尔·萨巴瓦尔[99]因清洗超过 5300 万美元的贩毒收益被判处 12 年监禁。虽然适用了最高的刑罚，但上诉法院认为就严重性而言，这一罪行也是最严重的[100]，因此法院认为公正的审判模式得到了适当的应用。同样，大卫·辛普森[101]因清洗 250 万英镑的非法收益被判 11 年监禁，虽然上诉法院承认他的罪行并不是涉案最严重的，但他的作用仍然被认为是"重要的和关键的"[102]。同样，这也暗示了审判是公正的。

从上述案例中不难看出，对洗钱犯罪的刑罚似乎比对欺诈犯罪的刑罚更为严厉[103]，适用的刑罚更接近最高刑罚，不作为也可能被视为特别严重。虽然这样的量刑总体的影响是积极的，因为当涉案金额达到 7000 万英镑时，可以也应当被判处 14 年监禁，但犯罪所造成的伤害和适用刑罚之间似乎并没有关联性。虽然对清洗 7000 万英镑非法所得的行为判处 14 年监禁是公正的，但这并不意味着涉案金额为 100 万英镑判处一年半监禁和涉案金额为 250 万英镑判处 11 年监禁是公正的。如前所述，量刑的过程比较复杂，可能涉及其他加重和减轻处罚的因素。但是，我们从上述判例中发现了截然不同的量刑实践，这表明不仅需要为欺诈，还需要为洗钱和所有其他金融犯罪制定详细的审判指南。

（三）内幕交易/市场滥用犯罪判例

对于内幕交易和市场滥用，有几个典型的判例不仅涉及个人，还涉及

---

[99] R 诉塔尔森瓦尔·拉尔·萨巴瓦尔案，2001 年上诉法院判决指南第 2 卷第 81 节。
[100] 同上，第 375 节。
[101] R 诉辛普森案，1998 年上诉法院判决指南第 2 卷第 111 节。
[102] 同上，第 114 节。
[103] 除了伊恩诺案件在认罪减刑和涉及罚款金额两个方面都得到宽大处理外，其他案件在适用刑罚方面都比较严格。

大型跨国公司。2004 年，壳牌运输和贸易有限公司、荷兰皇家石油公司和荷兰皇家/壳牌集团公司因在已探明的石油储量方面存在虚假陈述而违反了信息披露的规则，构成市场滥用罪，被罚款 1700 万英镑。当这些虚假陈述被揭露时，壳牌公司的股价从 401 便士跌至 371 便士，相当于约 29 亿英镑的损失。英国金融服务管理局执行总监在评论该项罚款时表示，"这起案件中罚款的规模反映了壳牌公司不当行为的严重性及其对市场和股东的影响"[104]。虽然 1700 万英镑是一个相当大的数目，但英国金融服务管理局还表示，如果壳牌公司没有充分配合，那么处罚金额会高得多，这种配合办案的行为相当于刑事审判中可以予以考量的认罪从宽处理情节。此外，在 2006 年，英国金融服务管理局对内幕交易和市场滥用行为处以个人最高罚款，例如，对冲基金公司的对冲基金经理菲利普·贾布尔（前总经理）被罚款 75 万英镑。2003 年 2 月 11 日，贾布尔知悉了机密的内幕信息，他承诺在公开之前不使用这些信息；该消息于 2 月 17 日公布，但他在 2 月 12 日和 13 日违反规定卖空了约 1600 万美元的普通股[105]。

2009 年，金融服务管理局对交易柜台经理马克·洛克伍德处以 2 万英镑的罚款，原因是他未能及时阻止内幕交易行为。虽然他有理由相信某项交易是基于内幕信息进行，但他既没有及时阻止该交易，也未向金融服务管理局提交可疑交易报告[106]。在这个案例中，洛克伍德不是因积极参与犯罪而是因未采取行动而被罚款，与上述格里菲斯和达夫的洗钱案件相类似。根据洛克伍德的工作职责，他有义务向金融服务管理局报告任何可疑交易，但他显然没有这样做。尽管 2 万英镑的罚款在个人耻辱感、丧失自由以及对健康和家庭的影响方面远不如 6 个月的监禁严重，但这再次体现了政府和指定的特别工作机构在打击金融犯罪的斗争中所担负的艰巨任

---

[104] 金融服务管理局："金融服务管理局因市场滥用对壳牌公司罚款 1700 万英镑"，http：//www.fsa.gov.uk/Pages/Library/Communication/PR/2004/074.shtml（2010 年 3 月 31 日查阅）。

[105] 金融服务管理局："金融服务管理局对 GLG 对冲基金经理和菲利普·贾布尔的市场滥用分别罚款 75 万英镑"，http：//www.fsa.gov.uk/pages/Library/Communication/PR/2006/077.shtml（2010 年 3 月 13 日查阅）。

[106] 金融服务管理局："金融服务管理局对未能阻止内幕交易的经纪人罚款"，http：//www.fsa.gov.uk/pages/Library/Communication/PR/2009/115.shtml（2010 年 3 月 13 日查阅）。

务。这表明，虽然对未能让当局知悉可能的内幕交易的刑罚的普遍威慑是强大的，但洗钱犯罪的刑罚的普遍威慑力更强；并再次表明，对洗钱犯罪的刑罚似乎比对其他类型的金融犯罪更加严厉。

从上述案例来看，大多数市场滥用案件似乎是由金融服务管理局通过其监管体系而不是通过刑事诉讼来处理的，这是因为人们普遍认为根据刑事证据标准来证明内幕交易特别困难[107]，金融服务管理局更倾向于选择举证责任明显不那么繁重的民事诉讼。尽管得到了民事法庭的支持，但如上所述，金融服务管理局仍然可以无须经过审判程序而对专业人士处以罚款和/或禁止他们从事内幕交易活动。然而，2007—2008 年因内幕交易行为提起刑事诉讼的案件明显增多，使原来偏向通过民事诉讼惩罚内幕交易行为的政策发生了变化[108]。第一个典型案件是克里斯托弗·麦克奎德案[109]，他因利用内幕信息获利近 5 万英镑而被判处 8 个月监禁。除了对其判处监禁之外，还通过没收令收回其所有非法所得，并要求他支付 3 万英镑的诉讼费用。上诉法院驳回了他对判决的上诉，确认参与内幕交易的人构成内幕交易犯罪[110]。上诉法院认为，利用内幕信息进行内幕交易对不知道内幕信息的投资者而言是一种欺骗行为，某种程度上也属于欺诈[111]。尽管有人可能认为这是对内幕交易将被列为严重犯罪并被立即执行监禁的一种警告，但 2009 年 3 月，贝尔戈集团前高管蒂莫西·鲍尔因 2 项内幕交易罪名、非法获利 980 万英镑被判处 18 个月监禁，缓刑 2 年执行[112]。虽然人们承认，鲍尔在等待审判的过程中被关押了 163 天，他已经认罪，且他的罪行是陈

---

[107] 这是因为陪审团必须确保被告不仅有内幕信息，而且他也知道这是价格敏感的内幕信息，要么是他本人利用这一信息行事，要么是他鼓励其他人作为共犯行事。

[108] 其他案件包括尼尔和马修·尤博伊、卡泽诺的前合伙人马尔科姆·卡尔弗特和尼尔·罗林斯。Herman, M., 'Former Belgo executive faces insider – dealing trial as wave of prosecutions reaches court', *The Times*, 16 February 2009, at 40.

[109] R 诉克里斯托弗·麦克奎德案，2009 年英格兰和威尔士上诉法院第 1301 号案例。

[110] 同上，第 8 段。

[111] 同上，第 9 段。

[112] Cheston, P. (2009), 'Former Belgo chief spared prison for insider trading deal', http://www.thisislondon.co.uk/standard/article – 23656323 – former – belgo – chief – is – spared – prison – for – insider – trading – deal.do; jsessionid = A890C0DFCC53652272A3B0EA79225CFE (access ed 26 November 2009).

年的罪行（1997—1998年犯下），但对他执行缓刑似乎仍然属于宽大处理，特别是当审判法官将鲍尔的罪行描述为"严重的，因为鲍尔作为上市公司核心人物严重违反诚实信用原则，会引起证券市场交易价格的异常波动，也会使证券市场投资者对诚实透明的交易原则产生质疑"❸。此外，对鲍尔判处缓刑，审判法官违背了R诉巴里克案中提出的原则，即"在严重失信情况下，不适用任何缓刑政策"❹。

在针对内幕交易犯罪的量刑政策改变之前，英国最近一次因内幕交易被定罪的是阿西夫·巴特❺，他最初因共谋进行内幕交易被判5年监禁。阿西夫·巴特在3年的时间里利用其所掌握的内幕信息通过19次交易，为他的投资银行（瑞士信贷银行）赚取了388488英镑的利润，个人获利237000英镑。虽然上诉法院称他的罪行严重，"明目张胆、处心积虑和蓄谋已久"❻，但最终却将刑期减为4年。在此之前的案件涉及迈克尔·史密斯、凯瑟琳·斯皮尔曼、诺曼·佩恩和理查德·斯皮尔曼的内幕交易犯罪。4名被告涉嫌在多宗收购及合并交易中利用内幕信息获利达33.6万元英镑。前3名被告认罪，分别被判处18个月、18个月和21个月的监禁。理查德·斯皮尔曼在审判中被判有罪，且被判处30个月监禁。很遗憾，这起案件并没有公开报道，所以无法知晓每个罪犯参与内幕交易的程度，但假设每个人的参与程度相同，我们可以看到认罪在本案中有效地折抵了刑期，最多折抵了12个月或40%的刑期。另外，判决的没收令对迈克尔·史密斯的罚款为36012英镑，对凯瑟琳·斯皮尔曼的罚款为107935英镑，对理查德·斯皮尔曼的罚款为169000英镑❼。和鲍尔案相比，上述判例再次表明判决是宽大的，尤其是在迈克尔·史密斯、凯瑟琳·斯皮尔曼和诺

---

❸ Cheston, P. (2009),'Former Belgo chief spared prison for insider trading deal', http://www.thisislondon.co.uk/standard/article - 23656323 - former - belgo - chief - is - spared - prison - for - insider - trading - deal.do; jsessionid = A890C0DFCC53652272A3B0EA79225CFE（accessed 26 November 2009）.

❹ 1999年上诉法院判决指南第7卷第142节，第144页。

❺ R诉巴特案，2006年上诉法院判决指南第2卷第44节。

❻ 同上，第25段。

❼ 严重欺诈调查办公室："内幕交易共谋的四项定罪"，http://www.sfo.gov.uk/news/prout/pr_269.asp? id = 269（2009年12月1日查阅）。

曼·佩恩在案件中有认罪情节的情况下。

　　金融服务管理局起诉程序的转变和上诉法院的言辞表明，金融服务管理局和法院正试图将内幕交易犯罪视为与其他金融犯罪一样严重并会适用同样的量刑原则，以形成普遍的威慑。然而，这在实践中可能没有得到反映，情节严重和违背诚信的罪犯仍然会被判缓刑。虽然再次犯罪适用立即监禁，但如上文所述，人们认为大规模金融犯罪分子很少再次犯罪，因此除了等待审判时被关押163天之外，鲍尔实际上已经被释放。但是，针对内幕交易的刑事执法仍处于起步阶段，因此无法就目前的审判实践做出结论性的评价。对未来几年内幕交易犯罪的审判实践进行跟踪调查研究会很有意义，跟踪调查的重点在于审判过程中是否确实可以做到与其他严重金融犯罪的量刑原则相一致，是否更接近判处7年的最高刑罚。

二、美国的判例

（一）欺诈犯罪判例

　　美国最著名的金融丑闻之一是安然公司及其前首席执行官杰弗里·斯基林一案。杰弗里·斯基林被指控在3年的时间里，在安然公司内部其他几个关键人物的帮助下，参与了一系列可能影响公司股价的违规行为，导致公司股价飞涨。2001年，安然公司宣布破产，4000人失业，其股票市值损失了600亿美元，20亿美元的养老基金蒸发。2004年，杰弗里·斯基林被指控犯有10项内幕交易罪、15项证券欺诈罪、4项电汇欺诈罪、6项向审计师做出虚假陈述罪以及1项共谋实施电汇和证券欺诈罪。他总共被指控36项罪名（大部分涉及证券欺诈），其中19项罪名成立[118]，被判处24

---

[118] 美国诉杰弗里·斯基林案判决书，www.docstoc.com/.../U－S－vs.－Jeffrey－K－Skilling－Verdict－Slip。

年零 4 个月的监禁,并被勒令支付 2600 万美元用于恢复安然公司的养老基金。综上所述,证券欺诈的最高刑罚是 20 年监禁,审判法官判决某些刑罚应连续执行。尽管英格兰和威尔士也有类似的做法,但似乎绝大多数刑罚还是同时执行的。杰弗里·斯基林的罪名涉及 12 项证券欺诈罪、5 项向审计师做出虚假陈述罪、1 项内幕交易罪和 1 项共谋罪,如果所有刑期都连续执行,最高刑期可能接近 300 年。尽管只被判处 24 年零 4 个月的监禁,杰弗里·斯基林仍然对该判决提出了上诉,辩称审判指南没有得到适当的遵循,对他的判决过于严苛。2009 年,新奥尔良的美国第五巡回上诉法院受理了杰弗里·斯基林的上诉,裁定撤回原判并发回重审,该案件已延期并由最高法院审理[119]。

另一个关于欺诈犯罪的著名判例是伯纳德·麦道夫案,他在 2008 年被控 11 项与其通过自己的伯纳德·麦道夫投资证券有限责任公司实施的一个大型庞氏骗局有关的罪行[120]。如果连续执行刑罚,所有罪行的最高刑罚相加是 150 年监禁。尽管伯纳德·麦道夫有认罪表现,但 2009 年 3 月他还是收到了 150 年监禁的判决和一项涉及 1 亿美元财产的没收令[121]。虽然犯罪规模巨大,约 650 亿美元,涉及个人和公司,审判法官认为麦道夫的行为极其恶劣,但考虑到罪犯的年龄(71 岁),150 年监禁是否必要和可行仍是一个问题。因为罪行严重,审判法官在量刑时没有考虑到被告的认罪表现、健康状况不佳或年龄。从上述关于刑罚的目的来看,这个案例是形成个人威慑和普遍威慑的典型案例,但却超出了剥夺行为能力和公正惩罚的目的。伯纳德·麦道夫罪行的严重性毋庸置疑,但是否严重到在他已年过古稀时判处近乎死刑的刑罚?这样的判决是否会收到应有的效果?同样令人质疑的是,为什么法院对伯纳德·麦道夫所有的罪行适用最高刑期,并判定所有的刑期连续执行?这并不是美国法院的通常做法。因此,对伯纳

---

[119] 美国诉杰弗里·斯基林案,2006 年第 20885 号案例,2009 年 1 月 6 日。

[120] 包括 1 项证券欺诈罪、1 项投资顾问欺诈罪、1 项邮件欺诈罪、1 项电汇欺诈罪、3 项洗钱罪、1 项虚假陈述罪、1 项伪证罪、1 项向美国证券交易委员会提交虚假文件罪以及 1 项盗窃员工福利罪。

[121] 所涉可变现财产的详细情况参见 http://news.bbc.co.uk/2/shared/bsp/hi/pdfs/16_03_09_madoff_assets.pdf。

德·麦道夫的刑罚决定重在惩罚和剥夺罪犯的行为能力,以儆效尤,并不是公平和正义的判决。

尽管有评论认为,伯纳德·麦道夫虽然可以说是有史以来最大的投资欺诈案的罪魁祸首,却没有被判处有史以来最长的刑期。2000年,沙洛姆·韦斯因敲诈勒索、欺诈、洗钱和贩运毒品被判处845年徒刑,他的同伙基思·庞德被判处740年徒刑,释放日期分别定在2845年和2740年,这是一个更加荒唐的判例。其他荒唐的判例还包括诺曼·施密特案,他在2008年因欺诈和洗钱罪被判处330年监禁,涉案金额达5600万美元;威尔·胡佛因欺诈和盗窃罪被判处100年监禁。虽然这些罪行的严重性没有争议,但这种监禁是否有用、可行、必要以及最重要的是否合理都颇具争议。虽然不能与上述判例相比,但也属于被重判的其他判例包括:伯纳德·埃博斯(世界通信公司)被判25年监禁;斯科特·沙利文(世界通信公司)被判5年监禁(认罪并指证埃博思的罪行);康拉德·布莱克(霍林格国际公司)被判6年零6个月监禁;大卫·拉德勒(霍林格国际公司)被判2年零5个月监禁(认罪并指证布莱克的罪行)。如果被告不仅认罪,还帮助确保参与此案的罪行更严重的其他罪犯被定罪,则应该在刑期折抵上适用更大的幅度,建议折抵62%~80%的刑期[122]。

将这些案件与英格兰和威尔士的例子进行比较,可以发现,美国在欺诈犯罪的判决方面无疑要严厉得多。英格兰和威尔士的最高刑罚为10年,因为采用连续判决的情况似乎很少,即使对罪犯有多项指控,10年可能就是罪犯在监狱中服刑的最长时间;然而在美国,欺诈犯罪的最高刑罚不仅是英格兰和威尔士的2倍,而且还有法院使用连续执行方式给出离奇、不公正和似乎毫无意义的刑期的例子。虽然美国有明确的似乎有效的审判指南[123],但斯基林案和麦道夫案量刑的不一致表明,美国的审判法官要么没有有效地工作,要么还需就同时执行和连续执行的规则做出更为明确的指导。

---

[122] 尽管人们公认这些罪犯与同案犯相比,犯罪情节可能没有那么严重,所以他们不可能受到像他们所指证的人那样严厉的刑罚。

[123] 《美国审判指导委员会指南》,美国审判委员会:华盛顿,2008年。

（二）洗钱犯罪判例

与英格兰和威尔士的执法机构一样，美国的执法机构有时也通过民事处罚制度而不是刑事诉讼途径来打击金融犯罪，对洗钱行为的民事处罚就是其中一个例子。例如里格斯银行案，2004 年该银行因违反反洗钱规定而支付了 2500 万美元的民事罚款[124]；此外，在 2005 年，它承认未就与智利独裁者奥古斯托·皮诺切特有关的价值数亿美元的交易提交特别交易的可疑活动报告。考虑到其认罪情节，里格斯银行被判额外罚款 1600 万美元，缓期 5 年执行[125]。美国金融犯罪执法网络局处以罚款的其他案例还包括大东方银行因故意违反可疑交易报告制度的要求而被罚款 10 万美元，西联汇款公司因未能提交可疑交易报告和建立可疑交易报告制度而被罚款 300 万英镑[126]。

受到刑事处罚的洗钱判例包括约书亚·麦基案件，他因洗钱（金额达 60 万美元）和共谋分销大麻而被判处 5 年监禁。麦基通过投资清洗贩卖毒品收益，参与物业转易的律师也因未向当局报告可疑交易而被判 18 个月监禁。这可以与戴德利·劳埃德·鲍威尔案和理查德·利齐特案进行比较，戴德利·劳埃德·鲍威尔因清洗大约 99673 美元的贩毒收益而被判终身监禁，理查德·利齐特因分销毒品和洗钱达 123295 美元而被判 5 年监禁，同时收到了 50 万美元的没收令[127]。其他关于洗钱犯罪的刑事判例包括肖恩·布奇案和乔尔·马纳朗案，肖恩·布奇因持有并分销大麻和意图通过多个银行账户洗钱达数十万美元而被判处 12 年零 7 个月监禁；乔尔·马纳朗是一名物业转易律师，他因帮助别人清洗毒品犯罪所得换取财产而被判处 18

---

[124] 美国金融犯罪执法网络局：" 对金融犯罪的民事处罚的评估"，www. fincen. gov/riggsassessment3. pdf（2010 年 8 月 4 日查阅）。

[125] Red Flags（n/d），'Handling questionable assets'，http：//www. redflags. info/index. php? topic = illicitassets（2010 年 6 月 10 日查阅）。

[126] Van cleef, C., Silets, H. and Motz, P. (2004), 'Does the punishment fit the crime', Journal of Financial Crime, 12 (1), 56–65, at 57。

[127] 相当于英格兰和威尔士的没收令。

个月监禁和 6000 美元罚款。在庭审中，乔尔·马纳朗承认他明知所涉资金可疑却没有向当局报告。从英格兰和威尔士的判例可以看出，在有义务采取行动却不采取行动时，可能会招致更为严厉的刑事处罚[128]。另一起案件涉及对 39 名个人和 1 家企业的起诉，指控他们洗钱和隐瞒资助恐怖主义的行为。其中一名涉案男子赛富拉·兰贾承认自己犯有洗钱和资助恐怖主义罪，涉案金额达 220 万美元，2008 年，他被判处 9 年零 2 个月监禁[129]·[130]。适用较高刑罚的另一个案例是关于阮黄和阮特里的案例，他们因涉及多项总金额超过 1500 万美元的清洗毒品犯罪所得的指控被判处监禁，前者被判 19 年零 7 个月监禁，后者被判 3 年零 5 个月监禁[131]。考虑到 20 年监禁是可适用的最高刑罚，该判例几乎适用了最高刑罚，但是在判决中，还是对多项罪名同时执行而不是连续执行。

将这些例子与英格兰和威尔士的例子进行比较，可以看出，尽管如上所述，美国的最高刑罚比英格兰和威尔士高（高 6 年），但量刑实践似乎有一定的一致性。例如，就兰贾案而言，涉案金额 220 万美元被判 9 年监禁，而辛普森因洗钱 250 万美元被判 11 年监禁。然而，就未报告可疑交易的物业转易律师而言，从少数几件判例来看，美国对未履行职责的专业人士的惩罚更严厉，18 个月的刑期似乎是常态，而英格兰和威尔士的刑期通常只有 6 个月。在审判实践中，唯一不同的案例是鲍威尔案。虽然这是一起严重的案件，但审判过程中如何就洗钱犯罪和毒品犯罪分别量刑不为人知，因此被判处终身监禁不可能是洗钱犯罪应适用的刑罚。事实上，上述判例中对罪犯的指控仅仅关乎洗钱的很少，几乎在所有判例中，毒品犯罪都被认为比洗钱犯罪更严重。因此，在推断关于美国、英格兰和威尔士洗钱判例的结论时，需要格外谨慎。

---

[128] 美国国税局："刑事执法"，http：//www.irs.gov/compliance/enforcement/article/0,, id=174640,00.html（2010 年 8 月 4 日查阅）。

[129] 美国东北边境特区基金会："美国判例"，http：//www.nefafoundation.org/documents–legal–N_Z.html#ranjha（2010 年 8 月日查阅）。

[130] 在 2009 年 5 月提出了撤回此案的动议，因此实际量刑如何尚不得而知，http：//dockets.justia.com/docket/court–mddce/case_no–1：2009cv01379/case_id–168880/。

[131] 价值 250 万美元的资产也被扣押。

（三） 内幕交易/市场滥用犯罪判例

与洗钱一样，美国证券交易委员会处理的大多数内幕交易/市场滥用案件似乎都是通过民事诉讼途径进行的。例如，2009年9月，佩罗系统公司的雇员雷扎·萨利赫因在公司正式宣布被戴尔公司收购前利用收购的内幕信息进行交易而被提起民事诉讼，通过购买看涨期权，萨利赫非法获利860万美元[132]。同样，2008年，美国证券交易委员会对达拉斯小牛队[133]的老板马克·库班提起民事诉讼，指控他利用内幕信息出售了60万股股票，从而避免了超过75万美元的损失。这起案件尚未形成定论[134]，但目前库班正面临230万美元的民事罚款[135]。其他著名的案例包括罗伯特·斯莱特里（锐步国际有限公司前副总裁）案，他因利用内幕信息避免了9209美元的损失和非法获利1920美元而被美国证券交易委员会采取民事禁令。该案件已经结案，罗伯特·斯莱特里没有认罪，但他同意偿还获得的利润和支付11129美元的额外罚款[136]。

与反洗钱行动类似，一些内幕交易/市场滥用案件在提起民事诉讼后被再次提交刑事法庭审理。罗杰·布莱克威尔案就是一个典型判例，他在2007年因利用他所知道的凯洛格公司收购行动的内幕信息非法买卖沃星顿食品公司的股票而被罚款240879美元（外加129802美元的利息），终身

---

[132] Steele, F. (2009), 'Perot employee charged with insider dealing', http://business.timesonline.co.uk/tol/business/law/article6847523.ece (accessed 11 November 2009).

[133] 达拉斯小牛队是一支职业篮球队。

[134] 截至2009年10月，美国证券交易委员会已对联邦法院驳回此案的决定提起上诉，正在等待美国上诉法院裁决。参见 Whitehouse, K. (2009), 'Full Court Press – SEC Appeals cuban Insider Trading Decision', http://www.all business.com/legal/trial-procedure-appeals/13164328-1.html (2010年11月10日查阅)。

[135] Older, S. and Goldsamt, S. (2009), 'Does it Pay to be a Maverick when Trading Securities?', http://www.mondaq.com/article.asp?articleid=72360 (2009年12月14日查阅)。

[136] 美国证券交易委员会（1988）："证券交易委员会新闻摘要"，http://www.404.gov/news/digest/1988/dig090288.pdf (2009年9月2日查阅)。

取消担任公司董事的资格,并被判处 6 年监禁❶。著名电视节目主持人玛莎·斯图尔特因在 2001 年的一笔股票交易中避免了 51000 美元的损失,于 2004 年因内幕交易犯罪被提起刑事诉讼❶。面对几年的羁押,斯图尔特承认自己对联邦调查员撒谎,并被判入狱 5 个月,缓刑 2 年,并处 3 万美元的罚款。斯图尔特在美林的前经纪人彼得·巴卡诺维奇也被判 5 个月的监禁、缓刑 2 年和 4000 美元的罚款❶。2006 年,斯图尔特从监狱获释后,还与美国证券交易委员会达成和解,同意支付 195000 美元的罚款❶并接受 5 年内不得担任公司董事的禁令❶。

在比较英格兰、威尔士和美国的判例时,可以发现,它们都存在通过民事诉讼程序而不是提起刑事诉讼来处理内幕交易/市场滥用犯罪的传统。如上所述,这可能是因为民事法院的举证要求不那么烦琐,但也可能是基于这样一个事实,即对公司而言,民事案件同样可以执行巨额罚款,这也有助于实现惩罚、威慑和赔偿的刑罚目标。比较相关判例发现,英格兰、威尔士和美国在这一点上的做法似乎相当一致,公司被处以巨额罚款,有时罚款高达数百万英镑/美元;个人不仅会受到经济处罚,还会被判一段时间的监禁,虽然期限似乎没有洗钱和欺诈等其他金融犯罪那么长。

---

❶ 美国证券交易委员会(2007),"第 20245 号诉讼",http://www.sec.gov/litigation/litreleases/2007/lr20245.htm(2009 年 8 月 13 日查阅)。
❶ 泰晤士报在线,"玛莎·斯图尔特在内幕交易审判中如何面对陪审员",http://www.timesonline.co.uk/tol/news/article999303.ece(2009 年 8 月 14 日查阅)。
❶ Crawford, K. (2004), 'Martha: I cheated no one', http://money.cnn.com/2004/07/16/news/newsmakers/martha_sentencing/(2009 年 8 月 30 日查阅)。
❶ 其中包括退还 45673 美元,这是她因内幕交易而避免的损失,加上判决前的利息 12389 美元,总额为 58062 美元,最高民事罚款 137019 美元,是其所避免损失数额的 3 倍。
❶ 美国证券交易委员会(2006),"玛莎·斯图尔特和彼得·巴卡诺维奇就证券交易委员会的内幕交易指控达成和解",http://www.sec.gov/news/press/2006/2006-134.htm(2009 年 9 月 10 日查阅)。

第七节 结 论

对金融犯罪的罪犯适用刑罚的主要目标似乎是威慑、惩罚（使用公正的惩罚模式）和赔偿，英格兰和威尔士的判例大多遵循了这些目标。监禁是一种普遍适用的刑罚，对"职业"犯罪也不例外。然而，应该引起重视的是，监禁可能会对金融罪犯（及其家人）产生更大的负面影响，因为这些人以前不太可能被监禁，可以说在生活方式的改变、社会耻辱感、地位的丧失和经济利益的损失方面会遭受更多的痛苦[142]。因此，也许审判法院在做出审判决定时，也需要对上述情况予以关注。尽管从另一方面看，也有观点认为，如果一个人犯罪，不论其身份或背景如何，都应该适用同样的刑罚。

尽管适用了监禁和高额罚款，但似乎仍未达到预期的威慑效果，严重犯罪的案件仍在继续出现。例如，在撰写本文时，针对英国航空航天系统的腐败案件才刚刚开始展开调查，严重欺诈调查办公室将下令执行预计达5亿~10亿英镑的罚款[143]。如果威慑确实不是对金融罪犯适用刑罚的合法目的，那么法院诉诸更长、更严厉的判决可能更容易理解：不仅要惩罚相关人员，还要发出这样的信息，即金融犯罪行为是不可容忍的。这与莱恩在R诉巴里克一案中提出的"专业人士应该和其他人一样受到严厉的惩罚，在某些情况下，甚至应该更严厉"的观点相呼应[144]。

正如本章试图论述的那样，对任何罪犯的刑罚适用的确定都不容易，而金融犯罪可能更加复杂，因为它不仅涉及犯下罪行的个人，还涉及未能

---

[142] 虽然这可能意味着对这种罪犯的监禁比对其他类型的罪犯要有效得多。参见 Weisburd, David（2001），*White collar Crime & Criminal Carrers*, Cambridge University Press, Port Chester, NY, USA, at 92。更多详细信息参见韦斯伯德在第5章中关于监禁对"白领罪犯"的影响的论述。

[143] 英国广播公司（2009），"英国航空航天系统面临贿赂指控"，http://news.bbc.co.uk/1/hi/business/8284073.stm（2010年3月3日查阅）。

[144] 1985年美国上诉法院判决指南第7卷第143节。

履行职责的公司和专业人员。尽管如此,一般量刑原则仍将适用,还有一些判例和审判指导委员会指南可以帮助审判法官完成这项艰巨的任务,然而,这里仍然建议需要更多的判例和审判指南。虽然存在诸如"R诉巴里克案"和"R诉克拉克案"这样的判例,但在某些情况下,上述判例的指导作用并没有得到体现,审判法官在似乎不应该这样做的情况下,正在暂缓执行监禁;在欺诈案件中显示出没有充分利用刑罚的上限;在内幕交易案件中似乎也表现出宽大处理的态度,虽然如果通过民事执法途径会面临严厉的罚款;审判法官唯一可能使用全部量刑标准的金融犯罪是洗钱犯罪❹。虽然仍不能确定审判法官这样做的原因,但有人认为,这是因为政府在执法和刑事起诉方面可能将洗钱犯罪单列了出来,也可能是因为洗钱犯罪经常与其他更严重的毒品犯罪交织在一起。

确定金融犯罪的审判指南并不是一件容易的事。审判指导委员会已经开始为欺诈行为制定量刑起点,但就损失的最低金额和处罚的范畴(包括立法上限)而言,这些起点的制定还远远不够。像布莱特这样的严重欺诈案件,没有理由不受到最严厉的处罚,也没有理由不像洗钱犯罪那样经常适用最高刑罚。虽然不能提倡适用在美国已经出现过的荒诞判例的审判指导,但审判指南在规定量刑的上限标准方面,对什么时候可以在量刑上适用连续执行具有重要的指导作用。这样的审判指南同样应适用于其他金融犯罪,包括洗钱、恐怖主义融资和内幕交易/滥用市场犯罪。许多国家和国际组织都试图采取各种措施打击金融犯罪,但为了打赢打击金融犯罪的战争,应该对不同金融犯罪的量刑保持同样的关注、谨慎和精准。

---

❹ 尽管人们承认这种观点是通过分析本章的判例产生的,但是在其他案例的判决过程中可能会产生不同的观点。

第九章
结论和建议

金融犯罪是一个全球性的问题，需要全球协同应对。本书回顾了国际社会、美国和英国针对洗钱、恐怖主义融资、欺诈和内幕交易犯罪所采取的政策，强调了国际社会、美国和英国没收犯罪所得制度的重要性；此外，本书还特别将英国和美国的金融犯罪监管机构分为一级、二级和三级；最后，本书对美国和英国在上述金融犯罪方面的审判实践进行了比较。

总体而言，国际社会的金融犯罪政策是由联合国和欧盟领导的，它们制定并实施了若干旨在打击金融犯罪的法律文书。联合国已明确优先实施旨在打击洗钱和恐怖主义融资的政策，2001年恐怖袭击发生后，许多国家支持将《维也纳公约》《巴勒莫公约》和联合国安全理事会决议纳入国际社会的金融犯罪政策体系中充分说明了这一点。联合国得到了金融行动特别工作组的支持和协助，该工作组实施了旨在打击洗钱和恐怖主义融资的40条建议和9条特别建议。由于受到美国政府的影响，联合国的大部分措施已经得到实施，这也是因为美国在20世纪80年代发动了"毒品战争"和在2001年发动了"金融反恐战争"。联合国的反欺诈政策可以与其反洗钱和反恐怖主义融资政策形成对比，其反欺诈政策集中于员工欺诈和针对其自身金融系统的欺诈行为。欧盟对金融犯罪采取了同样系统的政策，它为应对洗钱、恐怖主义融资和内幕交易而采取的许多措施清楚地说明了这一点。事实上，欧盟是20世纪70年代第一个认识到洗钱威胁的国际机构，因此，欧盟执行了3项适用于27个成员国的反洗钱指令；欧盟对内幕交易和市场滥用同样采取了强硬的立场；其反恐怖主义融资的政策受到了2001年恐怖袭击的影响，并遵循了联合国提出的立法措施；欧盟对欺诈的政策类似于联合国的政策，这一点可以从欧盟优先打击针对自身金融系统欺诈行为的事实中得到证明。联合国和欧盟的金融犯罪政策对美国和英国产生了一定的影响。

美国的金融犯罪政策包括四个部分：一是关于洗钱犯罪的政策，包括洗钱的刑事定罪和金融情报制度；二是关于恐怖主义融资犯罪的政策，包括恐怖主义融资的刑事定罪、冻结恐怖分子资产的制度和金融情报制度；三是关于欺诈犯罪的政策，包括欺诈的刑事定罪、反欺诈的监管机构和金融情报制度；四是关于内幕交易犯罪的政策，包括内幕交易的刑事定罪和金融情报制度。

英国的金融犯罪政策也包括四个部分：一是关于洗钱犯罪的政策，包括洗钱的刑事定罪、金融监管机构的反洗钱系统和金融情报制度；二是关于恐怖主义融资犯罪的政策，包括恐怖主义融资的刑事定罪、冻结恐怖分子资产的制度和金融情报制度；三是关于欺诈犯罪的政策，包括欺诈的刑事定罪、反欺诈的监管机构和金融情报制度；四是关于内幕交易犯罪的政策，包括内幕交易的刑事定罪、市场滥用制度、内幕交易执法和金融情报制度。

因此，本书提出构建以下金融犯罪政策模型，包括金融犯罪的刑事定罪、金融情报制度、没收和剥夺非法犯罪所得、金融犯罪监管机构和金融犯罪执法。

一、金融犯罪的刑事定罪

金融犯罪政策模型的第一部分是金融犯罪的刑事定罪。金融犯罪政策中的刑事定罪部分在本书讨论的四种金融犯罪中都做了详细论述。美国和英国都在1986年将洗钱定为犯罪，这比签署《维也纳公约》早了2年，比第一个欧盟反洗钱指令早了5年。这两个司法管辖区都将恐怖主义融资定为犯罪，然而，英国打击恐怖主义融资犯罪的历史比美国更长，美国在2001年恐怖袭击发生后才把恐怖主义融资定为犯罪。这两个国家都将欺诈定为犯罪，美国在19世纪末就将欺诈定为犯罪，而英国在2006年通过《反欺诈法》编纂和更新了其反欺诈的法规。美国在1934年将内幕交易定为犯罪，而英国在 20 世纪 80 年代才将内幕交易定为犯罪。

二、金融情报制度

金融犯罪政策模型的第二部分是金融情报制度。美国和英国采取的金融犯罪政策都十分依赖金融情报来打击洗钱、恐怖主义融资、欺诈和内幕交易犯罪。这两个国家都有金融情报机构，即美国金融犯罪执法网络局和英国严重有组织犯罪监察局，它们利用大量吸收储蓄机构提交的可疑交易报告来打击金融犯罪。自 1970 年以来，美国一直依赖从报告中提取的金融情报，而英国则在 1986 年引入了类似的措施。显然，在打击金融犯罪的全球努力中，使用金融情报至关重要。

三、没收和剥夺非法犯罪所得

金融犯罪政策模型的第三部分是没收和剥夺非法犯罪所得。正如《维也纳公约》的条款和金融行动特别工作组的建议所表明的那样，利用这些措施处理犯罪所得的做法早已得到国际社会的公认。这些措施极具争议性，美国执法机构使用这些措施被称为"合法盗窃"；在英国，没收非法所得的权力也受到了《人权法》的诸多挑战。尽管如此，这项权力仍然是一个国家打击金融犯罪的核心。

四、金融犯罪监管机构

金融犯罪政策模型的第四部分是金融犯罪监管机构。美国和英国的金融犯罪监管机构可以分为三级：一级监管机构、二级监管机构和三级监管机构。美国的一级监管机构是财政部、司法部和国务院；在英国，这些监管职能由英国财政部、内政部和外交及联邦事务部履行。一级监管机构通常负责制定各国打击金融犯罪的战略；二级机构往往是专门的刑事司法机构，在认为必要时进行调查并提起刑事诉讼；三级监管机构主要包括金融犯罪特别工作组和行业协会。

五、金融犯罪执法

金融犯罪政策模型的最后一部分是金融犯罪执法。金融犯罪执法就是对本书中讨论的四种金融犯罪行为依据相关法律法规实施有效的惩罚。最重要的是，国家应当最大限度地利用刑事和民事制裁手段来打击金融犯罪。

参考文献

[1] Abarca, M. (2004), 'The need for substantive regulation on investor protection and corporate governance in Europe: does Europe need a Sarbanes – Oxley?', *Journal of International Banking Law and Regulation*, 19 (11), 419 – 431.

[2] Acharya, U. (2009), 'The war on terror and its implications for international law and policy – war on terror or terror wars: the problem in defining terrorism', *Denver Journal of International Law and Policy*, 37, 653 – 679.

[3] Action Fraud (n/d), 'Action Fraud', available at http://www.actionfraud.org.uk/ (accessed 13 March 2010).

[4] Alcock, A. (2001), 'Market abuse – the new witchcraft', *New Law Journal*, 151, 1398.

[5] Alcock, A. (2002), 'Market abuse', *Company Lawyer*, 23 (5), 142 – 150.

[6] Alcock, A. (2007), 'Five years of market abuse', *Company Lawyer*, 28 (6), 163 – 171.

[7] Alexander, K. (2000), 'Multi – national efforts to combat financial crime and the Financial Action Task Force', *Journal of International Financial Markets*, 2 (5) 178 – 192.

[8] Alexander, K. (2001), 'The international anti – money laundering regime: the role of the Financial Action Task Force', *Journal of Money Laundering Control*, 4 (3), 231 – 248.

[9] Alexander, Richard (2007), *Insider dealing and money laundering in the EU: Law and Regulation*, Ashgate, Aldershot.

[10] Alexander, R. (2009a), 'Corporate crimes: are the gloves coming off?', *Company Lawyer*, 30 (11), 321 – 322.

[11] Alexander, R. (2009b), 'Money laundering and terrorist financing: time for a combined offence', *Company Lawyer*, 30 (7), 200 – 204.

[12] Alford, D. (1994), 'Anti – money laundering regulations: a burden on financial institutions', *The North Carolina Journal of International Law and Commercial Regulation*, 19, 437 – 468.

[13] Alldridge, B. (2002), 'Smuggling, confiscation and forfeiture', *Modern Law Review*, 65 (5), 781 – 791.

[14] Alldridge, Peter (2003), *Money Laundering Law*, Hart, Oxford.

[15] Alldridge, P. (2008), 'Money laundering and globalisation', *Journal of Law and Society*, 35 (4), 437 – 463.

[16] Amann, D. (2000), 'Spotting money launderers: a better way to fight organised crime?', *Syracuse Journal of International Law and Commerce*, 27, 199 – 231.

[17] American Bankers Association*A new framework for partnership – Recommendations for Bank Secrecy Act/Anti – money laundering reform* (American Bankers Association: Washington, DC, 2007).

[18] Anabtawi, I. (1989), 'Toward a definition of insider trading', *Stanford Law Review*, 41, 377 – 399.

[19] Anderson, T., Lane, H. and Fox, M. (2009), 'Consequences and responses to the Madoff fraud', *Journal of International Banking and Regulation*, 24 (11), 548 – 555.

[20] Anon (2009), 'SEC charges key Madoff lieutenant with fraud', *Company Lawyer*, 30 (12), 371.

[21] Arnone, M. and Padoan, P. (2008), 'Anti – money laundering by international institutions: a preliminary assessment', *European Journal of Law & Economics*, 26 (3), 361 – 386.

[22] Arogeti, J. (2006), 'How much co – operation between government agencies is too much? Reconciling *United States v Scrushy*, the Corporate Fraud Task Force, and the nature of parallel proceedings', *Georgia State University Law Review*, 23, 427 – 453.

[23] Arora, A. (2006), 'The statutory system of the bank supervision and the failure of BCCI', *Journal of Business Law*, August, 487 – 510.

[24] Ashe, M. (1992), 'The directive on insider dealing', *Company Lawyer*, 13 (1), 15 – 19.

[25] Ashe, M. (2009), 'The long arm of the SEC', *Company Lawyer*, 30 (7), 193 – 194.

[26] Ashworth, A. (1987), 'Deterrence', in A. von Hirsch and A. Ashworth (eds),

Principled sentencing: readings on theory and policy, Hart Publishing, Oxford.

[27] Assets Recovery Agency*Annual Report* 2003/2004 (Assets Recovery Agency: London, 2004).

[28] Assets Recovery Agency*Annual Report* 2004/2005 (Assets Recovery Agency: London, 2005).

[29] Assets Recovery Agency*Annual Report* 2005/2006 (Assets Recovery Agency: London, 2006).

[30] Assets Recovery Agency*Annual Report* 2006/2007 (Assets Recovery Agency: London, 2007).

[31] Attorney General's Office *Fraud Review – Final Report* (Attorney General's Office: London, 2006).

[32] Attorney General's Office *Extending the powers of the Crown Court to prevent fraud and compensate victims: a consultation* (Attorney General's Office: London, 2008).

[33] Australian Government and Australian Institute of Criminology *Charges and Offences of Money Laundering* Transnational Crime Brief No. 4 (Australian Institute of Criminology: Canberra, 2008).

[34] Bachus, A. (2004), 'From drugs to terrorism: the focus shifts in the international fight against money laundering after September 11, 2001', *Arizona Journal of International and Comparative Law*, 21, 835–872.

[35] Bainbridge, S. (1985), 'A critique of the Insider Trading Sanctions Act of 1984', *Virginia Law Review*, 71, 455–498.

[36] Bainbridge, S. (1986), 'The insider trading prohibition: a legal and economic enigma', *University of Florida Law Review*, 38, 35–68.

[37] Bainbridge, S. (2004), *An Overview of US Insider Trading Law: Lessons for the EU*, Research Paper No. 05–5, UCLA, School of Law, Law and Economic Research Paper Series, available from http://ssrn.com/abstract = 654703 (accessed 1 June 2010).

[38] Baker, G. (1994), 'Your worst nightmare: an accountant with a gun! The Criminal Investigation Division of the Internal Revenue Service: its past, present, and future', *Georgia State University Law Review*, 11, 331–379.

[39] Baker, R. (1999), 'Money Laundering and Flight Capital: The Impact on Private

Banking', testimony before the Permanent Subcommittee on Investigations, Committee on Governmental Affairs, US Senate, 10 November 1999, available at http: //www. brookings. edu/testimony/1999/1110financialservices_ baker. aspx (accessed 2 August 2010).

[40] Baldwin, F. (2004), 'The financing of terror in the age of the internet: wilful blindness, greed or a political statement?', *Journal of Money Laundering Control*, 8 (2), 127 – 158.

[41] Bantekas, I. (2003), 'The international law of terrorist financing', *American Journal of International Law*, 97, 315 – 333.

[42] Barnett, W. (1996), 'Fraud enforcement in the Financial Services Act 1986: an analysis and discussion of s. 47', *Company Lawyer*, 17 (7), 203 – 210.

[43] Baron, B. (2005), 'The Treasury guidelines have had little impact overall on US international philanthropy, but they have had a chilling impact on US based Muslim charities', *Pace Law Review*, 25, 307 – 320.

[44] Bassiouni, M. (1989), 'Critical reflections on international and national control of drugs', *Denver Journal of International Law and Policy*, 18 (3), 311 – 337.

[45] Bauman, T. (1984), 'Insider trading at common law', *University of Chicago Law Review*, 51, 838 – 867.

[46] Bay, N. (2005), 'Executive power and the war on terror', *Denver University Law Review*, 83, 335 – 386.

[47] Bazley, S. (2008), 'The Financial Services Authority, risk based regulation, principles based rules and accountability', *Journal of International Banking Law and Regulation*, 23 (8), 422 – 440.

[48] BBC (1999), 'UK maximum sentence for money launder', available at http: // news. bbc. co. uk/1/hi/uk/285759. stm (accessed 4 August 2010).

[49] BBC (2005), 'New laws target criminal's case', available at http: //news. bbc. co. uk/1/hi/uk/4294581. stm (accessed 8 March 2005).

[50] BBC (2009), 'BAE Systems faces bribery charges', available at http: //news. bbc. co. uk/1/hi/business/8284073. stm (accessed 3 March 2010).

[51] BBC (2010a), 'Car bomb found in New York's Times Square', 2 May 2010, available at http: //news. bbc. co. uk/1/hi/world/americas/8656651. stm (accessed 14 July

2010).

[52] BBC (2010b), '"Somali link" as 74 World Cup fans die in Uganda blasts', 12 July 2010, available at http: //news. bbc. co. uk/1/hi/world/africa/10593771. stm (accessed 3 August 2010).

[53] BBC (2010c), 'US to access Europeans' bank data in new deal', 8 July 2010, available at http: //www. bbc. co. uk/news/10552630 (accessed 14July 2010).

[54] Bell, R. (2003a), 'The confiscation, forfeiture and disruption of terrorist finances', *Journal of Money Laundering Control*, 7 (2), 105 – 125.

[55] Bell, R. (2003b), 'The seizure, detention and forfeiture of cash in the UK', *Journal of Financial Crime*, 11 (2), 134 – 149.

[56] Benning, J. (2002), 'Following dirty money: does bank reporting of suspicious activity pose a threat to drug dealers?', *Criminal Justice Policy Review*, 13 (4), 337 – 355.

[57] Bentley, D. and Fisher, R. (2009), 'Criminal property under POCA 2002 – time to clean up the law?', *Archbold News*, 2, 7 – 9.

[58] Bercu, S. (1994), 'Toward universal surveillance in an information age economy: can we handle Treasury's new police technology?', *Jurimetrics Journal*, 34, 383 – 449.

[59] Binning, P. (2002), 'In safe hands? Striking the balance between privacy and security – anti – terrorist finance measures', *European Human Rights Law Review*, 6, 737 – 749.

[60] Blair, W. (1998), 'The reform of financial regulation in the UK', *Journal of International Banking Law*, 13 (2), 43 – 49.

[61] Blanchard, A. (2006), 'The next step in interpreting criminal forfeiture', *Cardozo Law Review*, 28, 1415 – 1445.

[62] Blank, S. , Kasprisin, J. and White, A. (2009), 'Health Care Fraud', *American Criminal Law Review*, 46, 701 – 759.

[63] Blanque, B. (2002), 'Crisis and fraud', *Journal of Financial Regulation and Compliance*, 11 (1), 60 – 70.

[64] Blumel, R. (2005), 'Mail and wire fraud', *American Criminal Law Review*, 42, 677 – 698.

[65] Blumenson, E. and Nilsen, E. (1998), 'Policing for profit: the drug war's hidden

economic agenda', *University of Chicago Law Review*, 65, 35 – 114.

[66] Borgers, M. and Moors, J. (2007), 'Targeting the proceeds of crime: bottle – necks in international cooperation', *European Journal of Crime*, 15 (1), 1 – 22.

[67] Bosworth – Davies, R. (2006), 'Money laundering: towards an alternative interpretation – chapter two', *Journal of Money Laundering Control*, 9 (4), 346 – 364.

[68] Bosworth – Davies, R. (2007a), 'Money laundering – chapter four', *Journal of Money Laundering Control*, 10 (1), 66 – 90.

[69] Bosworth – Davies, R. (2007b), 'Money laundering – chapter five: the implications of global money laundering laws', *Journal of Money Laundering Control*, 10 (2), 189 – 208.

[70] Bosworth – Davies, R. (2009), 'Investigating financial crime: the continuing evolution of the public fraud investigation role – a personal perspective', *Company Lawyer*, 30 (7), 195 – 199.

[71] Bowling, B. and Ross, J. (2006), 'The Serious Organised Crime Agency – should we be afraid?', *Criminal Law Review*, December, 1019 – 1034.

[72] Boyer, S. (2009), 'Computer Fraud and Abuse Act: abusing federal jurisdiction?', *Rutgers Journal of Law and Public Policy*, 6 (3), 661 – 702.

[73] Brent, Richard (2008), 'International legal sources IV – the European Union and the Council of Europe', in W. Blair and R. Brent (eds), *Banks and financial crime – the international law of tainted money*, Oxford University Press, Oxford, 101 – 150.

[74] Brickey, K. (2003), 'From Enron to WorldCom and beyond: life and crime after Sarbanes – Oxley', *Washington University Law Review*, 81, 357 – 382.

[75] Brickey, K. (2004), 'White collar criminal law in comparative perspective: the Sarbanes – Oxley Act of 2002', *Buffalo Criminal Law Review*, 8, 221 – 276.

[76] Briggs, J. (2006), 'Criminal confiscation, civil recovery and insolvency under the Proceeds of Crime Act 2002', *Insolvency Intelligence*, 19 (10), 145 – 150.

[77] British Bankers Association (2008), 'Financial services sector tops UK growth tables', Press Release, 18January2008, availableathttp://www.bba.org.uk/bba/jsp/polopoly.jsp?d=1569&a=12022 (accessed 9 June 2009).

[78] British Institute of International and Comparative Law *Comparative implementation of EU directives* (1) – *insider dealing and market abuse* (British Institute of International and

Comparative Law: Corporation of London, 2005).

[79] Brody, S. *The effectiveness of sentencing: a review of the literature* Home Office Research Study No. 35 (HMSO: London, 1975).

[80] Brown, G. and Evans, T. (2008), 'The impact: the breadth and depth of the anti-money laundering provisions requiring reporting of suspicious activities', *Journal of International Banking Law and Regulation*, 23 (5), 274–277.

[81] Brown, M. (2008), 'Prosecutorial discretion and federal mail fraud prosecutions for honest services fraud', *Georgetown Journal of Legal Ethics*, 21, 667–682.

[82] Bublick, E. (2008), 'Upside down? Terrorists, proprietors, and civil responsibility for crime prevention in the post–9/11 tort reform world', *Loyola of Los Angeles Law Review*, 31, 1483–1543.

[83] Buchanan, B. (2004), 'Money laundering–a global obstacle', *Research in International Business and Finance*, 18, 120–122.

[84] Bunyan, N. and Edwards, R. (2008), 'Canoe wife trial: Darwin's jailed for more than six years', available at http://www.telegraph.co.uk/news/2448044/Canoe-wife-trial-Darwins-jailed-for-more-than-six-years.html (accessed 4 August 2010).

[85] Burger, R. (2007), 'A principled front in the war against market abuse', *Journal of Financial Regulation and Compliance*, 15 (3), 331–336.

[86] Burger, R. and Davies, G. (2005a), 'The most valuable commodity I know of is information', *Journal of Financial Regulation and Compliance*, 13 (4), 324–332.

[87] Burger, R. and Davies, G. (2005b), 'What's new in market abuse–Part 2', *New Law Journal*, 155, 964.

[88] Burnett, A. (1986), 'Money laundering–recent judicial decisions and legislative developments', *Federal Bar News Journal*, 33, 372.

[89] Byrne, J., Densmore, D. and Sharp, J. (1995), 'Examining the increase in federal regulatory requirements and penalties: is banking facing another troubled decade?', *Capital University Law Review*, 24, 1–66.

[90] Cabinet Office *Recovering the Proceeds of Crime–A Performance and Innovation Unit Report* (Cabinet Office: London, 2000).

[91] Cabinet Office *The UK and the Campaign against International Terrorism–Progress Re-

port (Cabinet Office: London, 2002).

[92] Cameron - Waller, Stuart (2008), 'International co - operation networks', in 19. Brown (ed.), *Combating international crime - the longer arm of the law*, Routledge Cavendish, Abingdon, 261 – 272.

[93] Cantos, F. (1989), 'EEC draft directive on insider dealing', *Journal of International Banking Law*, 4 (4), N174 – 176.

[94] Cardwell, P., French, D. and White, N. (2009), 'Kadi v Council of the European Union (C – 402/05 P) (Case Comment)', *International Comparative Legal Quarterly*, 58 (1), 229 – 240.

[95] Carlton, D. and Fischel, D. (1983), 'The regulation of insider trading', *Stanford Law Review*, 35, 857 – 895.

[96] Cassella, S. (2001), 'The Civil Asset Forfeiture Reform Act of 2000: expanded government forfeiture authority and strict deadlines imposed on all parties', *Journal of Legislation*, 27, 97 – 151.

[97] Cassella, S. (2002), 'Forfeiture of terrorist assets under the USA Patriot Act of 2001', *Law and Policy in International Business*, 34, 7 – 15.

[98] Cassella, S. (2003), 'Reverse money laundering', *Journal of Money Laundering Control*, 7 (1), 92 – 94.

[99] Cassella, S. (2004a), 'Criminal forfeiture procedure: an analysis of developments in the law regarding the inclusion of a forfeiture judgment in the sentence imposed in a criminal case', *American Journal of Criminal Law*, 32, 55 – 103.

[100] Cassella, S. (2004b), 'Overview of asset forfeiture law in the United States', *South African Journal of Criminal Justice*, 17 (3), 347 – 367.

[101] Cassella, S. (2004c), 'The forfeiture of property involved in money laundering offences', *Buffalo Criminal Law Review*, 7, 583 – 660.

[102] Cassella, S. (2008), 'The case for civil recovery: why in rem proceedings are an essential tool for recovering the proceeds of crime', *Journal of Money Laundering Control*, 11 (1), 8 – 14.

[103] Cassella, S. (2009), 'An overview of asset forfeiture in the United States', in S. Young (ed.), *Civil forfeiture of criminal property - legal measures for targeting the proceeds of crime*, Edward Elgar, Cheltenham, 23 – 51.

[104] Chase, A. (2004), 'Legal mechanisms of the international community and the United States concerning the state sponsorship of terrorism', *Virginia Journal of International Law*, 45, 41–137.

[105] Cheston, P. (2009), 'Former Belgo chief spared prison for insider trading deal', available at http://www.thisislondon.co.uk/standard/article-23656323-former-belgo-chief-is-spared-prison-for-insider-trading-deal.do;jsessionid=A890C0DFCC53652272A3B0EA79225CFE (accessed 26 November 2009).

[106] Chi, K. (2002), 'Follow the money: getting to the root of the problem with civil asset forfeiture in California', *California Law Review*, 90, 1635–1673.

[107] City of London Police (n/d), 'Structure', available at http://www.cityoflondon.police.uk/CityPolice/Departments/ECD/About/structure.htm (accessed 6 August 2010).

[108] CNN (2010), 'U.S. to share terror finance info with E.U.', 8 July 2010, available at http://news.blogs.cnn.com/2010/07/08/u-s-to-share-terror-finance-info-with-e-u/?iref=allsearch (accessed 14 July 2010).

[109] Collins, R. (2005), 'The unknown unknowns – risks to the banking sector from the dark side of the shadow economy', *The Company Lawyer*, 26 (3), 84–87.

[110] Colvin, O. (1991), 'A dynamic definition of and prohibition against insider trading', *Santa Clara Law Review*, 31, 603–640.

[111] Commonwealth Secretariat *Combating money laundering and terrorist financing – a model of best practice for the financial sector, the professions and other designated businesses* (Commonwealth Secretariat: London, 2006).

[112] Conceicao, C. (2007), 'The FSA's approach to taking action against market abuse', *Company Lawyer*, 29 (2), 43–45.

[113] Congressional Research Service *Saudi Arabia: Terrorist Financing Issues* (Congressional Research Service: Washington, DC, 2005).

[114] Connorton, P. (2007), 'Tracking terrorist financing through SWIFT: when US subpoenas and foreign privacy law collide', *Fordham Law Review*, 76, 283–322.

[115] Corbett, P. (2007), 'Prosecuting the internet fraud case without going for broke', *Mississippi Law Journal*, 76, 841–873.

[116] Corporate Fraud Task Force *First year report to the President* (Department of Justice:

Washington, DC, 2003).

[117] Corporate Fraud Task Force *Second year report to the President* (Department of Justice: Washington, DC, 2003).

[118] Corporate Fraud Task Force *Report to the President* (Department of Justice: Washington, DC, 2008).

[119] Cox, C. and Fogarty, K. (1988), 'Basis of insider trading law', *Ohio State Law Journal*, 49, 353-372.

[120] Crawford, K. (2004), 'Martha: I cheated no one', available at http://money.cnn.com/2004/07/16/news/newsmakers/martha_sentencing/ (accessed 30 August 2009).

[121] Crimm, N. (2004), 'High alert: the Government's war on the financing of terrorism and its implications for donors, domestic charitable organizations and global philanthropy', *William & Mary Law Review*, 45, 1369-1451.

[122] Croall, H. (1989), 'Who is the White-Collar Criminal?', *British Journal of Criminology*, 29 (2), 157-174.

[123] Crona, S. and Richardson, N. (1996), 'Justice for war criminals of invisible armies: a new legal and military approach to terrorism', *Oklahoma City University Law Review*, 21, 349-407.

[124] Crown Prosecution Service *Financial Reporting Orders Sections 76 & 79-81 SOCPA 2005* (Crown Prosecution Service: London, n/d).

[125] Crown Prosecution Service (2009), 'DPP announces new head of Fraud Prosecution Division', available at http://www.cps.gov.uk/news/press_releases/136_09/ (accessed 22 January 2010).

[126] Darroch, F. (2003), 'The Lesotho corruption trials - a case study', *Commonwealth Law Bulletin*, 29 (2), 901-975.

[127] Davies, Glyn (2002), *A history of money from ancient times to the present day*, University of Wales Press, Cardiff.

[128] Davies, P. (2008), *Gower and Davies Principles of Modern Company Law*, Sweet & Maxwell, London.

[129] de Grazia *Review of the Serious Fraud Office - Final Report* (Serious Fraud Office: London, 2008).

[130] Dean, J. and Green Jr, D. (1988), 'McNally v United States and its effect on the federal mail fraud statute: will white collar criminals get a break?', *Mercer Law Review*, 39, 697 – 716.

[131] Defeo, M. (1989), 'Depriving international narcotics traffickers and other organized criminals of illegal proceeds and combating money laundering', *Denver Journal of International Law and Policy*, 18 (3), 405 – 415.

[132] Dellinger, L. (2008), 'From dollars to pesos: a comparison of the US and Colombian anti – money laundering initiatives from an international perspective', *California Western International Law Journal*, 38, 419 – 454. Delone, C. and Gwartney, S. (2009), 'Financial institutions fraud', *American Criminal Law Review*, 46, 621 – 670.

[133] Dennis, I. (2007), 'Fraud Act 2006', *Criminal Law Review*, January, 1 – 2. Dent, R. (2008), 'The role of banking regulation in data theft and security', *Review of Banking and Financial Law*, 27, 381 – 392.

[134] Department of Justice (n/d), 'Asset Forfeiture and Money Laundering Section', available at http://www.justice.gov/criminal/afmls/ (accessed 17 July 2010).

[135] Department of Justice (n/d), 'Counterterrorism Section', available at http://www.justice.gov/nsd/counter_terrorism.htm (accessed 6 August 2010).

[136] Department of Justice (n/d), 'Department of Justice Agencies', available at http://www.justice.gov/agencies/index – org.html # NSD (accessed 4 August 2010).

[137] Department of Justice (n/d), 'Fraud Section', available at http://www.justice.gov/criminal/fraud (accessed 19 March 2010).

[138] Department of Justice (n/d), 'National Drug Intelligence Center', available at http://www.justice.gov/ndic/about.htm#Top (accessed 6 August 2010).

[139] Department of Justice (n/d), 'Identity theft and identity fraud', available at http://www.justice.gov/criminal/fraud/websites/idtheft.html (accessed 19 March 2010).

[140] Department of Justice *United States Attorney's Bulletin: Terrorist Financing Issues* (Department of Justice: Washington, DC, 2003).

[141] Department of Justice *Fiscal Years* 2007 – 2012 *Strategic Plan* (Department of Justice: Washington, DC, 2007).

[142] Department of Justice *Fraud Section Activities Report Fiscal Year* 2008 (Department of Justice: Washington, DC, 2008a).

[143] Department of Justice *National Asset Forfeiture Strategic Plan* 2008 – 2012 (Department of Justice: Washington, DC, 2008b).

[144] Department of Justice (2009), 'Mortgage Fraud Surge Investigation Nets More Than 100 Individuals Throughout Middle District of Florida', Press Release, 4 November 2009, available at http://tampa.fbi.gov/doj – pressrel/2009/ta110409.htm (accessed 15 March 2010).

[145] Department of Treasury (n/d), 'Fighting illicit finance', available at http://www.ustreas.gov/topics/law – enforcement/index.shtml (accessed 16 April 2010).

[146] Department of Treasury (n/d), 'OFAC frequently asked questions and answers', available at http://www.ustreas.gov/offices/enforcement/ofac/faq/answer.shtml#17 (accessed 6 August 2010).

[147] Department of Treasury (n/d), 'Office of Analysis and Intelligence', available at http://www.ustreas.gov/offices/enforcement/oia/ (accessed 6 August 2010).

[148] Department of Treasury (n/d), 'Office of Foreign Assets Control', available at http://www.ustreas.gov/offices/enforcement/ofac/mission.shtml (accessed 6 August 2010).

[149] Department of Treasury (n/d), 'Office of Terrorist Financing and Financial Crimes,' available at http://www.ustreas.gov/offices/enforcement/eotf.shtml (accessed 6 August 2010).

[150] Department of Treasury (n/d), 'Terrorism and financial intelligence', available at http://www.ustreas.gov/offices/enforcement/ (accessed 6 August 2010).

[151] Department of Treasury (n/d), 'The Treasury Executive Office for Asset Forfeiture & Treasury Forfeiture Fund', available at http://www.ustreas.gov/offices/enforcement/teoaf/ (accessed 3 August 2010).

[152] Department of Treasury *The National Money Laundering Strategy* 1999 (Department of Treasury: Washington, DC, 1999).

[153] Department of Treasury *The National Money Laundering Strategy* 2000 (Department of Treasury: Washington, DC, 2000).

[154] Department of Treasury (2001), 'Deputy Secretary Dam remarks at the launch of Op-

eration Green Quest', available at http://www.treas.gov/press/releases/po727.htm (accessed 21 October 2009).

[155] Department of Treasury *The National Money Laundering Strategy* 2002 (Department of Treasury: Washington, DC, 2002a).

[156] Department of Treasury *Contributions by the Department of the Treasury to the Financial War on Terrorism* (Department of Treasury: Washington, DC, 2002b).

[157] Department of Treasury (2003), 'Treasury Department Designates Burma and Two Burmese Banks to be of "Primary Money Laundering Concern" and Announces Proposed Countermeasures', available at http://www.ustreas.gov/press/releases/js1014.htm (accessed 1 August 2010).

[158] Department of Treasury (2004a), 'Bush Administration Announces Budget Increase to help Fight Terrorist Financing and Financial Crime', available athttp://www.ustreas.gov/press/releases/js1100.htm (accessed 8 May 2009).

[159] Department of Treasury (2004b), 'Treasury Designates Commercial Bank of Syria as Financial Institution of Primary Money Laundering Concern', available at http://www.ustreas.gov/press/releases/js1538.htm (accessed 30 July 2010).

[160] Department of Treasury (2004c), 'Treasury employs USA PATRIOT Act authorities to designate two foreign banks as "Primary Money Laundering Concern"', available at http://www.ustreas.gov/press/releases/js1874.htm (accessed 30 July 2010).

[161] Department of Treasury *US Money Laundering Threat Assessment* (Department of Treasury: Washington, DC, 2005a).

[162] Department of Treasury (2005b), 'Treasury Wields PATRIOT Act Powers to Isolate Two Latvian Banks: Financial Institutions Identified as "Primary Money Laundering Concerns"', available at http://www.ustreas.gov/press/releases/js2401.htm (accessed 16 July 2010).

[163] Department of Treasury *Office of Terrorism and Financial Intelligence – US Department of Treasury Fact Sheet* (Department of Treasury: Washington, DC, 2006).

[164] Department of Treasury *The National Money Laundering Strategy* 2007 (Department of Treasury: Washington, DC, 2007).

[165] Department of Treasury (2009), 'Recent OFAC Actions', available at http://www.ustreas.gov/offices/enforcement/ofac/actions/20091103.shtml (accessed 5 June 2010).

[166] Department of Treasury (2010a), 'Statement of Secretary Geithner on the Signing of the Iran Sanctions Act', 1 July 2010, available at http://www.ustreas.gov/press/releases/tg767.htm (accessed 10 July 2010).

[167] Department of Treasury *Terrorist financing tracking program questions and answers* (Department of Treasury: Washington, DC, 2010b).

[168] Diamong, E. (1992), 'Outside investors: a new breed of insider traders?', *Fordham Law Review*, 60, 316 – 347.

[169] Doig, A. (1996), 'A fragmented organizational approach to fraud in a European context', *European Journal on Criminal Policy and Research*, 3 (2), 48 – 73.

[170] Doig, A. (2006), *Fraud*, Willan Publishing, Cullompton.

[171] Donohue, Laura (2008), *The cost of counterterrorism – power, politics and liberty*, Cambridge University Press, Cambridge.

[172] Doyle, T. (2002), 'Cleaning up anti – money laundering strategies: current FATF tactics needlessly violate international law', *Houston Journal of International Law*, 24, 279 – 313.

[173] Drage, John (1993), 'Countering money laundering: the response of the financial sector', in H. Macqueen (ed.), *Money laundering*, Edinburgh University Press, Edinburgh, 60 – 70.

[174] Drug Enforcement Administration (n/d), 'DEA history', available at http://www.justice.gov/dea/history.htm (accessed 6 August 2010).

[175] Drug Enforcement Administration (n/d), 'DEA mission statement', available at http://www.justice.gov/dea/agency/mission.htm (accessed 6 August 2010).

[176] Drug Enforcement Administration (n/d), 'Money laundering', available at http://www.justice.gov/dea/programs/money.htm (accessed 11 July 2010).

[177] Drug Enforcement Administration (n/d), '26 Arrested in International Drug Bust', available at http://www.justice.gov/dea/pubs/pressrel/pr101806.html (accessed 21 June 2010).

[178] Drug Enforcement Administration (2005a), 'DEA Dismantles Large International Drug and Money Laundering Organization', available at http://www.justice.gov/dea/pubs/pressrel/pr120805.html (accessed 21 June 2010).

[179] Drug Enforcement Administration (2005b)', 'DEA's "Money Trail Initiative" Cuts

Flow of Cash to Cartels', available at http: //www. justice. gov/dea/pubs/pressrel/pr071905. html (accessed 21 June 2010).

[180] Duff, Anthony and Garland, David (1989), 'Introduction: thinking about punishment', in A. Duff and D. Garland (eds), *A reader on punishment*, Oxford University Press, Oxford, 1 – 44.

[181] Durkin, C. (1990), 'Civil forfeiture under federal narcotics law: the impact of the shifting burden of proof upon the Fifth Amendment privilege against self – incrimination', *Suffolk University Law Review*, 24, 679 – 705.

[182] Eckert, Sue (2008), 'The US regulatory approach to terrorist financing', in 20. Biersteker and S. Eckert (eds), *Countering the financing of terrorism*, Routledge Cavendish, London, 209 – 233.

[183] Ed. (1993), 'Insiders beware!', *Company Lawyer*, 14 (11), 202.

[184] Ed. (2009), 'Commission seeks evidence in review of Market Abuse Directive', *Company Law Newsletter*, 252.

[185] Eddy, A. (2000), 'The effect of the Health Insurance Portability and Accountability Act of 1996 on health care fraud in Montana', *Montana Law Review*, 61, 175 – 221.

[186] Egmont *Statement of purpose of the Egmont Group of Financial Intelligence Units* (Egmont: Guernsey, 2004).

[187] Elder, J. (1998), 'Federal mail fraud unleashed: revisiting the criminal catch – all', *Oregon Law Review*, 77, 707 – 733.

[188] Engel, M. (2004), 'Donating "bloody money": fundraising for international terrorism by United States charities and the government's efforts to constrict the flow', *Cardozo Journal of International and Company Law*, 12, 251 – 296.

[189] European Commission (2009), 'Call for evidence review of Directive 2003/6/EC on insider dealing and market manipulation (Market Abuse Directive)', available at http: //ec. europa. eu/internal_market/consul – tations/docs/2009/market_abuse/call_for_evidence. pdf (accessed 12 August 2010).

[190] European Court of Auditors (n/d), 'About us', available at http: //eca. europa. eu/portal/page/portal/aboutus (accessed 3 August 2010).

[191] European Union*Second Commission report to the European Parliament and the Council on the implementation of the Money Laundering Directive* (Brussels, 1 July 1998,

COM (1998)).

[192] Evans, J. (1996), 'International money laundering: enforcement challenges and opportunities', *Southwestern Journal of Law and Trade in the Americas*, 2, 195–221.

[193] Farah, D. (2002), 'Al-Qaeda's road paved with gold', *Washington Post*, 17 February 2002, available at http://www.washingtonpost.com/ac2/wp-dyn/A22303-2002Feb16? language=printer (accessed 7 July 2009).

[194] Faro, E. (1990), 'Telemarketing fraud: is RICO one answer?', *University of Illinois Law Review*, 675–710.

[194] Federal Bureau of Investigation (n/d), 'About us - quick facts', available at http://www.fbi.gov/quickfacts.htm (accessed 4 August 2010).

[195] Federal Bureau of Investigation (n/d), 'Mortgage fraud', available at http://www.fbi.gov/hq/mortgage_fraud.htm (accessed 22 April 2010).

[196] Federal Bureau of Investigation (n/d), 'White collar crime', available at http://www.fbi.gov/whitecollarcrime.htm (accessed 1 March 2009).

[197] Federal Bureau of Investigation *FBI Strategic Plan* (Federal Bureau of Investigation: Washington, DC, n/d).

[198] Federal Bureau of Investigation (2007a), 'Financial crimes report to the public, fiscal year 2007', available at http://www.fbi.gov/publica tions/financial/fcs_report2007/financial_crime_2007.htm#corporate (accessed 5 February 2009).

[199] Federal Bureau of Investigation *White-Collar Crime: Strategic Plan* (Federal Bureau of Investigation: Washington, DC, 2007b).

[200] Federal Bureau of Investigation (2009), 'President Obama Establishes Interagency Financial Fraud Enforcement Task Force', available at http://www.fbi.gov/pressrel/pressrel09/taskforce_111709.htm (accessed 29 November 2009).

[201] Federal Trade Commission (n/d), 'Fighting back against identity theft', available at http://www.ftc.gov/bcp/edu/microsites/idtheft// (accessed 26 March 2010).

[202] Federal Trade Commission *Consumer fraud and identity theft complaint data: January–December* 2005 (Federal Trade Commission: Washington, DC, 2006).

[203] Ferguson, Niall (2008), *The ascent of money*, Allen Lane, London.

[204] Filby, M. (2004), 'Part VIII Financial Services and Markets Act: filling insider dealing's regulatory gaps', *Company Lawyer*, 23 (12), 363–370.

［205］Financial Action Task Force (n/d), '9 Special Recommendations (SR) on Terrorist Financing (TF)', available at http：//www. fatf – gafi. org/document/9/0, 3343, en_32250379_32236920_34032073_1_1_1_1, 00. html (accessed 3 August 2010).

［206］Financial Action Task Force (n/d), 'About the FATF', available at http：//www. fatf – gafi. org/pages/0, 3417, en_32250379_32236836_1_1_1_1_1, 00. html (accessed 6 August 2010).

［207］Financial Action Task Force (n/d), 'Mandate' available at http：//www. fatf – gafi. org/pages/0, 3417, en_32250379_32236846_1_1_1_1_1, 00. html (accessed 4 August 2010).

［208］Financial Action Task Force (n/d), 'Money laundering FAQ', available at http：//www. fatf – gafi. org/document/29/0, 3343, en_32250379_32235720_33659613_1_1_1_1, 00. html (accessed 13 January 2010).

［209］Financial Action Task Force (n/d), 'Forty recommendations', available at www. fatf – gafi. org/document/28/0, 3343, en_32250379_32236920_33658140_1_1_1_1, 00. html (accessed 6 August 2010).

［210］Financial Action Task Force (2001), 'FATF cracks down on terrorist financing', Press Release, 31 October 2001, available at http：// www. fatf – gafi. org/dataoecd/45/48/34269864. pdf (accessed 3 January 2009).

［211］Financial Action Task Force *Interpretative Noteto Special Recommendation II：Criminalising the financing of terrorism and associated money laundering* (Financial Action Task Force：Paris, 2001).

［212］Financial Action Task Force *Report on Money Laundering and Terrorist Financing Typologies* 2003 – 2004 (Financial Action Task Force, Paris：2004).

［213］Financial Action Task Force *Third mutual evaluation report：anti – money laundering and combating the financing of terrorism – United States of America* (Financial Action Task Force, Paris：2006).

［214］Financial Action Task Force *The third mutual evaluation report：anti – money laundering and combating the financing of terrorism – the United Kingdom of Great Britain and Northern Ireland* (Financial Action Task Force：Paris, 2007).

［215］Financial Action Task Force *Financial Action Task Force Annual Report* 2007 – 2008 (Financial Action Task Force：Paris, 2008).

[216] Financial Action Task Force (2009), 'FATF Statement', 25 February 2009, available at http://www.fatf-gafi.org/dataoecd/18/28/42242615.pdf (accessed 3 August 2010).

[217] Financial Action Task Force *Best Practices: Confiscation (Recommendations* 3 and 38) (Financial Action Task Force: Paris, 2010).

[218] Financial Crimes Enforcement Network (n/d), 'Mission', available at http://www.fincen.gov/about_fincen/wwd/mission.html (accessed 5 August 2010).

[219] Financial Crimes Enforcement Network (2004), 'Assessment of civil money penalty', available at www.fincen.gov/riggsassessment3.pdf (accessed 4 August 2010).

[220] Financial Crimes Enforcement Network *The SAR Activity Review – By the Numbers* (FinCEN: Washington, DC, 2006).

[221] Financial Crimes Enforcement Network *Strategic Plan Financial Crimes Enforcement Network Fiscal Years* 2008 – 2012 (FinCEN: Washington, DC, 2007).

[222] Financial Crimes Enforcement Network *Suspicious activity review – trends, tips and issues*, issue 15 (FinCEN: Washington, DC, 2009a).

[223] Financial Crimes Enforcement Network *Mortgage loan fraud connections with other financial crime: an evaluation of suspicious activity reports filed by money service businesses, securities and futures firms, insurance companies and casinos* (FinCEN: Washington, DC, 2009b).

[224] Financial Crimes Enforcement Network *Mortgage loan fraud update – suspicious activity report filings from July – September* 30, 2009 (FinCEN: Washington, DC, 2009c).

[225] Financial Crimes Enforcement Network *SAR Activity Review – By the Numbers* (FinCEN: Washington, DC, 2009d).

[226] Financial Crimes Enforcement Network *SAR Activity Review – By the Numbers Issue* 14 (FinCEN: Washington, DC, 2010).

[227] Financial Services Authority (n/d), 'Enforcement Notices, Financial Services Authority', available from http://www.fsa.gov.uk/pages/About/What/financial_crime/market_abuse/library/notices/index.shtml (accessed 1 July 2010).

[228] Financial Services Authority (n/d), 'Fraud', available at http://www.fsa.gov.uk/Pages/About/What/financial_crime/fraud/index.shtml (accessed 22 April 2010).

[229] Financial Services Authority (1998), 'Consultation Paper 10: Market Abuse Part 1: Consultation on a draft Code of Market Conduct', available at http://www.fsa.gov.uk/pubs/cp/cp10.pdf (accessed 5 July 2010).

[230] Financial Services Authority (1999), 'Feedback statement on responses to Consultation Paper 10: Market Abuse', available at http://www.fsa.gov.uk/pubs/cp/cp10_response.pdf (accessed 5 July 2010).

[231] Financial Services Authority *Consultation Paper* 46 *Money Laundering – The FSA's new role* (Financial Services Authority: London, 2000).

[232] Financial Services Authority *Partnership Agreement between the National Criminal Intelligence Service and the Financial Services Authority* (Financial Services Authority: London, 2001).

[233] Financial Services Authority (2002), 'FSA Fines Royal Bank of Scotland £ 750,000 for money laundering control failings', available at http://www.fsa.gov.uk/Pages/Library/Communication/PR/2002/123.shtml (accessed 6 January 2009).

[234] Financial Services Authority *Developing our policy on fraud and dishonesty – discussion paper* 26 (Financial Services Authority: London, 2003).

[235] Financial Services Authority (2004a), 'FSA fines Shell 17,000,000 for market abuse', available at http://www.fsa.gov.uk/Pages/Library/Communication/PR/2004/074.shtml (accessed 31 March 2010).

[236] Financial Services Authority (2004b), 'UK Implementation of EU Market Abuse Directive', available from http://www.fsa.gov.uk/pubs/other/eu_mad.pdf (accessed 5 July 2010).

[237] Financial Services Authority (2004c), 'The FSA's new approach to fraud – fighting fraud in partnership', speech by Philip Robinson, 26 October 2004, available at http://www.fsa.gov.uk/Pages/Library/Communication/Speeches/2004/SP208.shtml (accessed 3 August 2010).

[238] Financial Services Authority (2006a), 'FSA fines Capita Financial Administrators Limited £ 300,000 in first anti-fraud controls case', availableathttp://www.fsa.gov.uk/pages/Library/Communication/PR/2006/019.shtml (accessed 16 March 2006).

[239] Financial Services Authority (2006b), 'FSA fines GLG Partners and Philippe Jabre

£ 750,000 each for market abuse', available at http://www.fsa.gov.uk/pages/Library/Communication/PR/2006/077.shtml (accessed 13 March 2010).

[240] Financial Services Authority (2007a), 'Market Watch. Market Division: Newsletter on market conduct and transaction reporting issues', avail‐able at http://www.fsa.gov.uk/pubs/newsletters/mw_newsletter21.pdf (accessed 30 June 2010).

[241] Financial Services Authority (2007b), 'FSA fines Nationwide £ 980,000 for information security lapses', available at http://www.fsa.gov.uk/pages/Library/Communication/PR/2007/021.shtml (accessed 14 February 2007).

[242] Financial Services Authority (2007c), 'FSA fines Norwich Union Life £ 1.26m', available at http://www.fsa.gov.uk/pages/Library/Communication/PR/2007/130.shtml (accessed 4 November 2009).

[243] Financial Services Authority (2007d), 'Insider dealing in the city', speech by Margaret Cole at the London School of Economics, 17 March 2007, availableathttp://www.fsa.gov.uk/pages/Library/Communication/Speeches/2007/0317_mc.shtml (accessed 10 June 2009).

[244] Financial Services Authority*Financial Services Authority Annual Report* 2007/2008 (Financial Services Authority: London, 2008a).

[245] Financial Services Authority*FSA Handbook – SUP (Supervision)* (Financial Services Authority: London, 2008b).

[246] Financial Services Authority (2008c), 'FSA fines firm and MLRO for money laundering controls failings', 29 October 2008, available at http://www.fsa.gov.uk/pages/Library/Communication/PR/2008/125.shtml (accessed 29 October 2008).

[247] Financial Services Authority (2008d), 'After dinner remarks at Cambridge Symposium on economic crime', available at http://www.fsa.gov.uk/pages/Library/Communication/Speeches/2008/0901_mc.shtml (accessed 1 July 2010).

[248] Financial Services Authority (2008e), 'FSA and enforcing the Market Abuse Regime', available at http://www.fsa.gov.uk/pages/Library/Communication/Speeches/2008/1106_js.shtml (accessed 16 July 2010).

[249] Financial Services Authority (2008f), 'Why market abuse could cost you money – The revised Code of Market Conduct is here to help protect you', available at http://www.fsa.gov.uk/pubs/public/market_abuse.pdf (accessed 29 June 2010).

[250] Financial Services Authority (2009a), 'FSA fines broker for failing to prevent insider dealing', available at http: //www. fsa. gov. uk/pages/Library/Communication/PR/2009/115. shtml (accessed 13 March 2010).

[251] Financial Services Authority (2009b), 'Solicitor and his father – in – law found guilty in FSA insider dealing case', available at http: //www. fsa. gov. uk/pages/Library/Communication/PR/2009/042. shtml (accessed 4 July 2010).

[252] Financial Services Authority (2010a), 'FSA fines Alpari and its former money laundering reporting officer, Sudipto Chattopadhyay for anti – money laundering failings', 5 May 2010, available at http: //www. fsa. gov. uk/pages/Library/Communication/PR/2010/077. shtml (accessed 6 May 2010).

[253] Financial Services Authority (2010b), 'FSA returns £ 270, 000 to victims of share fraud', available at http: //www. fsa. gov. uk/pages/Library/Communication/PR/2010/032. shtml (accessed 21 March 2010).

[254] Fisch, J. (1991), 'Start making sense: an analysis and proposal for insider trading', *Georgia Law Review*, 26, 179 – 251.

[255] Fischer, A. and Sheppard, J. (2008), 'Financial institutions fraud', *American Criminal Law Review*, 45, 531 – 578.

[256] Fisher, J. (2002), 'Recent international developments in the fight against money laundering', *Journal of International Banking Law*, 17 (3), 67 – 72.

[257] Fisher, J. (2003), 'A review of the new investigation powers under the Proceeds of Crime Act 2002', *Journal of International Banking Law*, 18 (1), 15 – 23.

[258] Fisher, J. *Fighting Fraud and Financial Crime: A new architecture for the investigation and prosecution of serious fraud, corruption and financial market crimes* (Policy Exchange: London, 2010).

[259] Fitzgerald, P. (2002), 'Managing smart sanctions against terrorism wisely', *New England Law Review*, 36, 975 – 983.

[260] Fleming, M. *UK Law Enforcement Agency Use and Management of Suspicious Activity Reports: Towards Determining the Value of the Regime* (University College London: London, 2005).

[261] Fleming, M. *FSA's Scale & Impact of Financial Crime Project (Phase One): Critical Analysis Occasional Paper Series* 37 (Financial Services Authority: London, 2009).

[262] Flynn, E. (2007), 'The Security Council's Counter – terrorism Committee and human rights', *Human Rights Law Review*, 7, 371 – 384.

[263] Forston, Rudi (2008), 'Money laundering offences under POCA 2002', in W. Blair and R. Brent (eds), *Banks and Financial Crime – The International Law of Tainted Money*, Oxford University Press, Oxford, 155 – 202.

[264] Fraud Advisory Panel*Roskill Revisited: Is there a case for a unified fraud prosecution office?* (Fraud Advisory Panel: London, 2010).

[265] Fraud Trials Committee Report (1986) HMSO.

[266] Gagliardi, J. (1993), 'Back to the future: federal mail and wire fraud under 18 U. S. C. § 1343', *Washington Law Review*, 68, 901 – 921.

[267] Gallagher, J., Lauchlan, J. and Steven, M. (1996), 'Polly Peck: the breaking of an entrepreneur?', *Journal of Small Business and Enterprise Development*, 3 (1), 3 – 12.

[268] Gallant, Michelle (2005), *Money laundering and the proceeds of crime*, Edward Elgar, Cheltenham.

[269] Garretson, H. (2008), 'Federal criminal forfeiture: a royal pain in the assets', *Southern California Review of Law & Social Justice*, 18, 45 – 77.

[270] Geiger, H. and Wuensch, O. (2007), 'The fight against money laundering: an economic analysis of a cost – benefit paradoxon', *Journal of Money Laundering Control*, 10 (1), 91 – 105.

[271] General Accounting Office *Money laundering – the US government is responding to the problem* (General Accounting Office: Washington, DC, 1991).

[272] General Accounting Office *Progress report on Treasury's Financial Crimes Enforcement Network* (General Accounting Office: Washington, DC, 1993).

[273] General Accounting Office *Money laundering – needed improvements for reporting suspicious transactions are planned* (General Accounting Office: Washington, DC, 1995).

[274] General Accounting Office*Combating money laundering – opportunities exist to improve the national strategy* (General Accounting Office: Washington, DC, 2003a).

[275] General Accounting Office *Terrorist Financing – US Agencies should systematically assess terrorists' use of alternative financing mechanisms* (General Accounting Office: Washington, DC, 2003b).

[276] General Accounting Office *Investigating money laundering and terrorist financing – federal law enforcement agencies face continuing challenges* (General Accounting Office: Washington, DC, 2004).

[277] Gill, M. and Taylor, G. (2003), 'The risk – based approach to tackling money laundering: matching risk to products', *Company Lawyer*, 24 (7), 210 –213.

[278] Gill, M. and Taylor, G. (2004), 'Preventing money laundering or obstructing business? Financial companies' perspectives on "know your customer" procedures', *British Journal of Criminology*, 44 (4), 582 –594.

[279] Gilmore, William *Dirty money – the evaluation of international measures to counter money laundering and the financing of terrorism* (Council of Europe: Brussels, 2004).

[280] Girard, V. (2009), 'Punishing pharmaceutical companies for unlawful promotion of approved drugs: why the False Claims Act is the wrong rx', *Journal of Health Care Law and Policy*, 12, 119 –158.

[281] Goldberg, H., Dale, K., Lee, D., Shyr, P. and Thakker, D. (2003), *The NASD Securities Observation, News Analysis & Regulation System (SONAR)*, available from http://www.aaai.org/Papers/IAAI/2003/IAAI03 – 002.pdf (accessed 12 August 2010).

[282] Goldby, M. (2010), 'The Impact of Schedule 7 of the Counter – Terrorism Act 2008 on Banks and their Customers', *Journal of Money Laundering Control*, 13 (4), 351 –371.

[283] Government Accountability Office *Better Strategic Planning Needed to Coordinate U.S. Efforts to Deliver Counter – Terrorism Financing Training and Technical Assistance Abroad* (Government Accountability Office: Washington, DC, 2005).

[284] Government Accountability Office *International Financial Crime – Treasury's roles and responsibilities relating to selected provisions of the USA Patriot Act* 2001 (Government Accountability Office: Washington, DC, 2006).

[285] Government Accountability Office *Suspicious Activity Report Use is Increasing, but FinCEN needs to Further Develop and Document its Form Revision Process* (Government Accountability Office: Washington, DC, 2009).

[286] Greenberg, M., Wechsler, W. and Wolosky, L. (2002), *Terrorist financing*, Council on Foreign Relations, New York.

[287] Greenwood, L. (2008), 'Mail and wire fraud', *American Criminal Law Review*, 45, 717–740.

[288] Griffin, L. (2007), 'Compelled co–operation and the new corporate criminal procedure', *New York University Law Review*, 82, 311–382.

[289] Gurule, J. (2009a), 'Does "proceeds" really mean "net profits"? The Supreme Court's efforts to diminish the utility of the Federal Money Laundering Statute', *Ave Maria Law Review*, 7, 339–390.

[290] Gurule, J. (2009b), 'The demise of the UN economic sanctions regime to deprive terrorists of funding', *Case Western Reserve Journal of International Law*, 41, 19–63.

[291] Haines, J. (2008), 'FSA determined to improve the cleanliness of markets: custodial sentences continue to be a real threat', *Company Lawyer*, 29 (12), 370.

[292] Haines, J. (2009), 'The National Fraud Strategy: new rules to crackdown on fraud', *Company Lawyer*, 30 (7), 213.

[293] Hall, M. (1995–96), 'An emerging duty to report criminal conduct: banks, money laundering, and the suspicious activity report', *Kentucky Law Journal*, 84, 643–683.

[294] Halverson, A. and Olson, E. (2009), 'False statements and false claims', *American Criminal Law Review*, 46, 555–587.

[295] Hanneman, J. (1997), 'The evolution of co–operation between authorities in the United States of America and Switzerland in the enforcement of insider trading law', *Wisconsin International Law Journal*, 16, 247–270.

[296] Hannigan, Brenda (1994), *Insider Dealing*, Longman, London. Hannigan, Brenda (2009), *Company Law*, Oxford University Press, Oxford.

[297] Hanning, P. (1993), 'Testing the limits of investigating and prosecuting white collar crime: how far will the courts allow prosecutors to go? *University of Pittsburgh Law Review*, 54, 405–476.

[298] Hansen, J. (2002), 'The new proposal for a European Union directive on market abuse', *University of Pennsylvania Journal of International Economic Law*, 23, 241–268.

[299] Hansen, J. (2007), 'MAD in a hurry: the swift and promising adoption of the EU Market Abuse Directive', *European Business Law Review*, 15 (2), 183–221.

[300] Hansen, L. (2009), 'Corporate financial crime: social diagnosis and treatment',

Journal of Financial Crime, 16 (1), 28 – 40.

[301] Hardister, A. (2003), '"Can we buy peace on earth?": The price of freezing terrorist assets in a post – September 11 world', *North Carolina Journal of International Law and Commercial Regulation*, 28, 606 – 661.

[302] Harfield, C. (2006), 'SOCA: a paradigm shift in British policing', *British Journal of Criminology*, 46 (4), 743 – 761.

[303] Harris, D. and Herzel, L. (1989), 'USA: do we need insider trading laws?', *Company Lawyer*, 10 (1), 34 – 35.

[304] Harris, J. (2010), 'Getting over Madoff: how the SEC must restore its credibility', *Company Lawyer*, 31 (2), 33 – 34.

[305] Harvey, J. (2004), 'Compliance and reporting issues arising for financial institutions from money laundering regulations: a preliminary cost benefit study', *Journal of Money Laundering Control*, 7 (4), 333 – 346.

[306] Harvey, J. (2005), 'An evaluation of money laundering policies', *Journal of Money Laundering Control*, 8 (4), 339 – 345.

[307] Hatch, J. (1987), 'Logical inconsistencies in the SEC's enforcement of insider trading: guidelines for a definition', *Washington and Lee Law Review*, 44, 935 – 954.

[308] Haynes, A. (2007), 'Market abuse: an analysis of its nature and regulation', *Company Lawyer*, 28 (11), 323 – 335, at 323.

[309] Hayrynen, J. (2008), 'The precise definition of inside information?', *Journal of International Banking Law and Regulation*, 23 (2), 64 – 70.

[310] He, P. (2010), 'A typological study on money laundering', *Journal of Money Laundering Control*, 13 (1), 15 – 32.

[311] Henning, P. (1995), 'Maybe it should be called federal fraud: the changing nature of the Mail Fraud Statute', *Boston College Law Review*, May, 435 – 477.

[312] Herman, S. (2005), 'Collapsing spheres: joint terrorism task forces, federalism, and the war on terror', *Willamette Law Review*, 41, 941 – 969.

[313] Hernandez, B. (1993), 'RIP to IRP – money laundering and the drug trafficking controls score a knockout victory over bank secrecy', *North Carolina Journal of International Law and Commercial Regulation*, 18, 235 – 304.

[314] HM Crown Prosecution Service Inspectorate *Review of the Fraud Prosecution Service*

(HM Crown Prosecution Service Inspectorate: London, 2008).

[315] HM Customs and Excise *Oils Fraud Strategy: Summary of Consultation Responses; Regulatory Impact Assessment* (HM Customs and Excise: London, 2002).

[316] HM Government *The Coalition: our programme for government* (HM Government: London, 2010).

[317] HM Revenue and Customs *Renewal of the 'Tackling Alcohol Fraud' Strategy* (HM Revenue and Customs: London, 2009).

[318] HM Treasury (n/d), 'Counter illicit finance', available at http://www.hm-treasury.gov.uk/fin_money_index.htm (accessed 16 April 2010).

[319] HM Treasury *Combating the financing of terrorism – a report on UK Action* (HM Treasury: London, 2002).

[320] HM Treasury *Anti-Money Laundering Strategy* (HM Treasury: London, 2004).

[321] HM Treasury *The UK financial services sector: rising to the challenges and opportunities of globalisation* (HM Treasury: London, 2005).

[322] HM Treasury *The financial challenge to crime and terrorism* (HM Treasury: London, 2007).

[323] HM Treasury (2009), 'HM Treasury warns businesses of serious threats posed to the international financial system', 11 March 2009, available at http://webarchive.nationalarchives.gov.uk/+/http://www.hm-treasury.gov.uk/press_26_09.htm (accessed 3 August 2010).

[324] HM Treasury *Public consultation: draft terrorist asset-freezing bill* (HM Treasury: London, 2010).

[325] Holder, W. (2003), 'The International Monetary Fund's involvement in combating money laundering and the financing of terrorism', *Journal of Money Laundering Control*, 6 (4), 383–387.

[326] Home Office (n/d), 'Fraud', available at http://www.crimereduction.home-office.gov.uk/fraud/fraud17.htm (accessed 7 December 2009).

[327] Home Office *Home Office Working Group on Confiscation* (Home Office: London, 1998a).

[328] Home Office *Legislation against terrorism – a consultation paper* (Home Office: London, 1998b).

[329] Home Office *Working Group on Confiscation Third Report: Criminal Assets* (Home Office: London, 1998c).

[330] Home Office *Home Office circular 47/2004: Priorities for the investigation of fraud cases* (Home Office, London, 2004a).

[331] Home Office *One Step Ahead – A 21st century strategy to defeat organised crime* (Home Office: London, 2004b).

[332] Home Office *Report on the Operation in 2004 of the Terrorism Act 2000* (Home Office: London, 2004c).

[333] Home Office *Rebalancing the criminal justice system in favour of the law – abiding majority: Cutting crime, reducing reoffending and protecting the public* (Home Office: London, 2006).

[334] Home Office *Asset recovery action plan – a consultation document* (Home Office: London, 2007).

[335] Home Office *Lord Carlile Report on the operation in 2008 of the Terrorism Act 2000 and of Part 1 of the Terrorism Act 2006* (Home Office: London, 2009).

[336] Home Office *Policing in the 21st century: reconnecting police and the people* (Home Office: London, 2010).

[337] Hopton, Doug (2009), *Money laundering – a concise guide for all businesses*, Gower, Farnham.

[338] House of Commons*Report of the Official Account of the Bombings in London on 7th July 2005* (House of Commons: London, 2005).

[339] House of Commons Committee of Public Accounts *Assets Recovery Agency – 5th Report of Session 2006/2007* (House of Commons Committee of Public Accounts: London, 2007).

[340] House of Lords European Union Committee*Strengthening OLAF, the European Anti – Fraud Office* (House of Lords European Union Committee: London, 2004).

[341] Hudson, Alistair (2009), *The Law of Finance*, Sweet and Maxwell, London. Hulsse, R. (2007), 'Creating demand for global governance: the making of a global money – laundering problem', *Global Society*, 21 (2), 155 – 178.

[342] Hulsse, R. (2008), 'Even clubs can't do without legitimacy: Why the anti – money laundering blacklist was suspended', *Regulation & Governance*, 2 (4), 459 – 479.

[343] Hulsse, R. and Kerwer, D. (2007), 'Global standards in action: insights from anti – money laundering regulation', *Organization*, 14 (5), 625 – 642.

[344] Hurst, T. (2006), 'A post – Enron examination of corporate governance problems in the investment company industry', *The Company Lawyer*, 27 (2), 41 – 49.

[345] Hurt, C. (2008), 'The under civilization of corporate law', *Journal of Corporation Law*, 33, 361 – 445.

[346] Hutman, A., Herrington, M. and Krauland, E. (2005), 'Money laundering enforcement and policy', *The International Lawyer*, 39 (2), 649 – 661.

[347] Identity Theft Task Force *Combating identity theft: a strategic plan* (Identity Theft Task Force: Washington, DC, 2007).

[348] Identity Theft Task Force *The President's Identity Theft Task Force Report* (Identity Theft Task Force: Washington, DC, 2008).

[349] International Monetary Fund (1998), 'Michael Camdessus, Address to the FATF at the Plenary Meeting of the Financial Action Task Force on Money Laundering, 10 February 1998', available at www.imf.org/external/np/speeches/1998/021098.htm (accessed 6 September 2009).

[350] International Monetary Fund *Financial system abuse, financial crime and money laundering – background paper* (International Monetary Fund, Washington, DC, 2001).

[351] International Monetary Fund and World Bank *Enhancing contributions to combating money laundering: policy paper* (International Monetary Fund and World Bank, Washington, DC, 2001).

[352] IRS (n/d), 'Criminal enforcement', available at http://www.irs.gov/compliance/enforcement/article/0, id = 174640, 00.html (accessed 4 August 2010).

[353] Jackson, C. (2004), 'Combating the new generation of money laundering: regulations and agencies in the battle of compliance, avoidance, and prosecution in a post – September 11 world', *Journal of High Technology Law*, 3, 139 – 171.

[354] Jain, N. (2004), 'Significance of mens rea in insider trading', *Company Lawyer*, 25 (5), 132 – 140.

[355] Jamwal, N. (2000), 'Hawala – the invisible financing system of terrorism', *Strategic Analysis*, 26 (2), 181 – 198.

[356] Jimenez, P. (1990), 'International Securities Enforcement Cooperation Act and

Memoranda of Understanding', *Harvard International Law Journal*, 31, 295 –311.

[357] Johnson, B. (2002), 'Restoring civility – the Civil Asset Forfeiture Reform Act 2000: baby steps towards a more civilised civil forfeiture system', *Indiana Law Review*, 35, 1045 –1085.

[358] Johnson, J. (2008), 'Is the global financial system AML/CTF prepared?', *Journal of Financial Crime*, 15 (1), 7 –21.

[359] Johnston, A. (2009), 'Frozen in time? The ECJ finally rules on the Kadi appeal', *Cambridge Law Journal*, 68 (1), 1 –4.

[360] Johnston, A. and Nanopoulos, E. (2010), 'Case Comment: The new UK Supreme Court, the separation of powers and anti – terrorism measures', *Cambridge Law Journal*, 69 (2), 217 –220.

[361] Joint Committee on Financial Services and Markets (1999), 'First Report', available at http://www.publications.parliament.uk/pa/jt199899/jtselect/jtfinser/328/32809.htm (accessed 8 July 2010).

[362] Joint Committee on Human Rights *Joint Committee on Human Rights – Third Report – The Proceeds of Crime Bill* (Joint Committee on Human Rights: London, 2001).

[363] Joint Money Laundering Steering Group (2007a), 'Who are the members of the JMLSG?', available at http://www.jmlsg.org.uk/bba/jsp/polo – poly.jsp? d = 777&a = 9907 (accessed 18 June 2010).

[364] Joint Money Laundering Steering Group*Prevention of money laundering/ combating terrorist financing guidance for the UK financial sector Part* 1 (Joint Money Laundering Steering Group: London, 2007b).

[365] Joo, T. (2007), 'Legislation and legitimation: Congress and insider trading in the 1980s', *Indiana Law Journal*, 82, 575 –622.

[366] Kamman, T. and Hood, R. (2009), 'With the spotlight on the financial crisis, regulatory loopholes, and hedge funds, how should hedge funds comply with insider trading laws?', *Columbia Business Law Review*, 2, 357 –467.

[367] Keeney, P. (2004), 'Frozen assets of terrorists and terrorist supporters: a proposed solution to the creditor collection problem', *Emory Bankruptcy Developments Journal*, 21, 301 –340.

[368] Kennedy, A. (2004), 'Justifying the civil recovery of criminal proceeds', *Journal*

of Financial Crime, 12 (1), 8 – 23.

[369] Kennedy, A. (2005), 'Justifying the civil recovery of criminal proceeds', *Company Lawyer*, 26 (5), 137 – 145.

[370] Kennedy, A. (2006), 'Civil recovery proceedings under the Proceeds of Crime Act 2002: the experience so far', *Journal of Money Laundering Control*, 9 (3), 245 – 264.

[371] Kennedy, A. (2007a), 'An evaluation of the recovery of criminal proceeds in the United Kingdom', *Journal of Money Laundering Control*, 10 (1), 33 – 46.

[372] Kennedy, A. (2007b), 'Winning the information wars: collecting, sharing and analysing information in asset recovery investigations', *Journal of Financial Crime*, 14 (4), 372 – 404.

[373] Kessimian, P. (2004), 'Business fiduciary relationships and honest services fraud: a defence of the statute', *Columbia Business Law Review*, 197 – 230.

[374] Kiernan, P. (2003), 'The regulatory bodies fraud: its enforcement in the twenty – first century', *Company Lawyer*, 24 (10), 293 – 299.

[375] Kiernan, P. and Scanlan, G. (2003), 'Fraud and the Law Commission: the future of dishonesty', *Journal of Financial Crime*, 10 (3) 199 – 208.

[376] Kittrie, O. (2009), 'New sanctions for a new century: Treasury's innovative use of financial sanctions', *University of Pennsylvania Journal of International Law*, 30, 789 – 822.

[377] Kleiman, M. (1992), 'The right to financial privacy versus computerised law enforcement: a new fight in an old battle', *Northwestern University Law Review*, 86, 1169 – 1228.

[378] Klein, Laura (2008), *Bank Secrecy Act Anti – Money Laundering*, Nova Science, New York.

[379] KPMG *Money Laundering: Review of the Reporting System* (KPMG: London, 2003).

[380] KPMG *Global Anti – Money Laundering Survey* 2007 – *How banks are facing up to the challenge* (KPMG: London, 2008).

[381] Kruse, A. (2005), 'Financial and economic sanctions – from a perspective of international law and human rights', *Journal of Financial Crime*, 12 (3), 217 – 220.

[382] Labour Party*Labour Party manifesto – Britain forward not back* (Labour Party: London, 2005).

[383] Lacey, K. and George, N. (2003), 'Crackdown on money laundering: a comparative analysis of the feasibility and effectiveness of domestic and multilateral policy reforms', *Northwestern Journal of International Law and Business*, Winter, 23, 263–351.

[384] Lafferty, I. (2007), 'Medical identity theft: the future of health care is now – lack of Federal law enforcement efforts means compliance professionals will have to lead the way', *Health Care Compliance*, 9 (1), 11–20.

[385] Lambert, T. (2006), 'Overvalued equity and the case for an asymmetric insider trading regime', *Wake Forest Law Review*, 41, 1045–1129.

[386] Law Commission*Legislating the Criminal Code: Fraud and Deception – Law Commission Consultation Paper no.* 155 (Law Commission: London, 1999).

[387] Law Commission *Informal discussion paper: fraud and deception – further proposals from the criminal law team* (Law Commission: London, 2000). Lee, I. (2002), 'Fairness and insider trading', *Columbia Business Law Review*, 119–192.

[388] Lee, R. *Terrorist Financing: The US and International Response Report for Congress* (Congressional Research Service: Washington, DC, 2002).

[389] Leigh, D. and Evans, R. (2010), 'Cost of new economic crime agency could prove prohibitive', available at http://www.guardian.co.uk/business/2010/jun/02/economic–crime–agency–scheme–cost (accessed 12 July 2010).

[390] Leong, A. (2006), 'Civil recovery and taxation regime: are these powers under the Proceeds of Crime Act 2002 working?', *Company Lawyer*, 27 (12), 362–368.

[391] Leong, A. (2007a), 'Chasing dirty money: domestic and international measures against money laundering', *Journal of Money Laundering Control*, 10 (2), 140–156.

[392] Leong, A. (2007b), 'The Assets Recovery Agency: future or no future?', *Company Lawyer*, 28 (12), 279–380.

[393] Leong, A. (2008), 'Passing the buck!', *Journal of Money Laundering Control*, 11 (2), 101–102.

[394] Leong, Angela (2009), 'Asset recovery under the Proceeds of Crime Act 2002: the UK experience', in S. Young (ed.), *Civil forfeiture of criminal property – legal measures for targeting the proceeds of crime*, Edward Elgar, Cheltenham, 187–227.

[395] Leroux, M. (2007), 'Michael Bright gets maximum seven years from Independent

[395] Insurance', available at http://business.timesonline.co.uk/tol/business/industry_sectors/banking_and_finance/article2733660.ece (accessed 1 December 2009).

[396] Letsika, O. (2004), 'Creating a corruption-free zone through legislative instruments: some reflections on Lesotho', *Journal of Financial Crime*, 12 (2), 185–191.

[397] Levi, M. (2002a), 'Money laundering and its regulation', *The Annals of the American Academy of Political and Social Science*, 582 (1), 181–194.

[397] Levi, M. (2002b), 'Suite justice or sweet charity? Some explorations of shaming and incapacitating business fraudsters', *Punishment & Society*, 4 (2), 147–163.

[398] Levi, M. (2003), 'The Roskill Fraud Commission revisited: an assessment', *Journal of Financial Crime*, 11 (1), 38–44.

[399] Levi, M. (2010), 'Combating the financing of terrorism: a history and assessment of the control of threat finance', *British Journal of Criminology*, 50 (4), 650–669.

[400] Levi, M. and Burrows, J. (2008), 'Measuring the impact of fraud in the UK: a conceptual and empirical journey', *British Journal of Criminology*, 48 (3), 293–318.

[401] Levi, M. and Osofsky, L. *Investigating, seizing and confiscating the proceeds of crime* (Home Office: London, 1995).

[402] Levi, M. and Reuter, P. (2006), 'Money laundering', *Crime & Justice*, 34, 289–368.

[403] Levi, M., Burrows, J., Fleming, M. and Hopkins, M. *The Nature, Extent and Economic Impact of Fraud in the UK* (ACPO: London, 2007).

[404] Levitt, B. (2003), 'Sarbanes-Oxley insider trading prohibitions affect insiders outside the US', *International Company and Commercial Law Review*, 14 (9), 293–299.

[405] Levitt, M. (2003), 'Stemming the flow of terrorist financing: practical and conceptual challenges', *The Fletcher Forum of World Affairs*, 27 (1), 59–70.

[406] Linklater, L. (2001), 'The market abuse regime: setting standards in the twenty-first century', *Company Lawyer*, 22 (9), 267–272.

[407] Linn, C. (2004), 'International asset forfeiture and the Constitution: the limits of forfeiture jurisdiction over foreign assets under 28 U.S.C. § 1355 (b) (2)', *American Journal of Criminal Law*, 31, 251–303.

[408] Linn, C. (2005), 'How terrorists exploit gaps in US anti-money laundering laws to secrete plunder', *Journal of Money Laundering Control*, 8 (3), 200–214.

[409] Liro, C. (2000), 'Prosecution of minor subcontractors under the Major Fraud Act of 1988', *Michigan Law Review*, 99, 669–695.

[410] Loke, A. (2006), 'From the fiduciary theory to information abuse: the changing fabric of insider trading law in the UK, Australia and Singapore', *The American Journal of Comparative Law*, 54 (1), 123–172.

[411] Lomnicka, E. (1994), 'The New Insider Dealing Provisions: Criminal Justice Act 1993, Part V', *Journal of Business Law*, March, 173–188.

[412] Low, L., Tillen, J., Abendschein, K. and Fisher-Owens, D. (2004), 'Country report: the US anti-money laundering system', in M. Peith and G. Aiolfi (eds), *A comparative guide to anti-money laundering: a critical analysis of systems in Singapore, Switzerland, the UK and the USA*, Edward Elgar, Cheltenham, 346–411.

[413] Lowe, P. (2006), 'Counterfeiting: links to organised crime and terrorist funding', *Journal of Financial Crime*, 13 (2), 255–257.

[414] Lunt, M. (2006), 'The extraterritorial effects of the Sarbanes-Oxley Act 2002', *Journal of Business Law*, May, 249–266.

[415] Lusty, D. (2003), 'Taxing the untouchables who profit from organised crime', *Journal of Financial Crime*, 10 (3), 209–228.

[416] Lyden, G. (2003), 'The International Money Laundering and Anti-terrorist Financing Act of 2001: Congress wears a blindfold while giving money laundering legislation a facelift', *Fordham Journal of Corporate & Financial Law*, 3, 201–243.

[417] Lyons, G. (1990), 'Taking money launderers to the cleaners: a problem solving analysis of current legislation', *Annual Review of Banking Law*, 9, 635–675.

[418] MacKay, S. (1992), 'Major fraud against the United States', *Army Lawyer*, September, 7–14.

[419] MacMull, J. (2004), 'Removing the charitable veil: an examination of US policy to combat terrorist funding charities post 9/11', *New England Journal of International and Comparative Law*, 10, 121–136.

[420] Madia, M. (2005), 'The Bank Fraud Act: a risk of loss requirement?', *University*

of *Chicago Law Review*, 72, 1445 – 1471.

[421] Mahendra, B. (2002), 'Fighting serious fraud', *New Law Journal*, 152 (7020), 289.

[422] Maimbo, S. and Passas, N. (2004), 'The regulation and supervision of informal remittance systems', *Small Enterprise Development*, 15 (1), 53 – 61.

[423] Malani, A. (1999), 'The scope of criminal forfeiture under RICO: the appropriate definition of "proceeds"', *University of Chicago Law Review*, 66, 1289 – 1316.

[424] Mann, M. and Barry, W. (2005), 'Developments in the internationalization of securities enforcement', *International Lawyer*, 39, 667 – 696.

[425] Manne, Henry (1966), *Insider Trading on the Stock Market*, Free Press, New York.

[426] Marron, D. (2008), ' "Alter reality": governing the risk of identity theft', *British Journal of Criminology*, 48 (1), 20 – 38.

[427] Marshall, P. (2010), 'Does Shah v HSBC Private Bank Ltd make the anti – money laundering consent regime unworkable?', *Butterworths Journal of International Banking & Financial Law*, 25 (5), 287 – 290.

[428] Martinson, R. (1974), 'What Works? Questions and answers about prison reform', *The Public Interest*, 35, 22 – 54.

[429] Maskaleris, S. (2007), 'Identity theft and frauds against senior citizens: "who's in your wallet?"', *Experience*, 18, 14 – 32.

[430] Masters, J. (2008), 'Fraud and money laundering: the evolving criminalisation of corporate non – compliance', *Journal of Money Laundering Control*, 11 (2), 103 – 122.

[431] Maxeiner, J. (1977), 'Bane of American Forfeiture Law: Banished at Last?', *Cornell Law Review*, 62 (4), 768 – 802.

[432] McCoy, K. A. and Summe, M. (1998), 'Insider trading regulation: a developing state's perspective', *Journal of Financial Crime*, 5 (4), 311 – 346.

[433] McCulloch, J. and Pickering, S. (2005), 'Suppressing the financing of terrorism – proliferating state crime, eroding censure and extending neo – colonialism', *British Journal of Criminology*, 45 (4), 470 – 486.

[434] McHugh, G. (2007), 'Terrorist Finance Tracking Program: illegality by the Presi-

dent or the press?', *Quinnipiac Law Review*, 26, 213 – 256.

[435] McKee, M. (2001), 'The proposed EU Market Abuse Directive', *Journal of International Financial Markets*, 3 (4), 137 – 142.

[436] Meltzer, P. (1991), 'Keeping drug money from reaching the wash cycle: a guide to the Bank Secrecy Act', *The Banking Law Journal*, 108 (3), 230 – 255.

[437] Melville – Brown, A. and Burgess, D. (2003), 'The right to be rehabilitated – can you ever escape your past?', *Entertainment Law Review*, 14 (4), 88 – 90.

[438] Meyer, C. (1991), 'Zero tolerance for forfeiture: a call for reform of civil forfeiture law', *Notre Dame Journal of Law, Ethics and Public Policy*, 5, 853 – 887.

[439] Mistry, H. (2002), 'Battle of the regulators: is the US system of securities regulation better provided for than that which operates in the United Kingdom?', *Journal of International Financial Markets*, 4 (4), 137 – 142.

[440] Mitchell, D. (2003), 'US Government agencies confirm that low – tax jurisdictions are not money laundering havens', *Journal of Financial Crime*, 11 (2), 127 – 133.

[441] Mitsilegas, V. and Gimlore, B. (2007), 'The EU legislative framework against money laundering and terrorist finance: a critical analysis in light of evolving global standards', *International and Comparative Law Quarterly*, 56 (1), 119 – 140.

[442] Mogin, P. (2002), 'Refining in the Mail Fraud Statute', *Champion*, 26, 12 – 17.

[443] Molz, T. (1997), 'The Mail Fraud Statute: an argument for repeal by implication', *University of Chicago Law Review*, 64, 983 – 1007.

[444] Moore, M. (1987), 'The moral worth of retribution', in A. von Hirsch and 1. Ashworth (eds), *Principled sentencing: readings on theory and policy*, Hart Publishing, Oxford.

[445] Moores, E. (2009), 'Reforming the Civil Asset Forfeiture Reform Act', *Arizona Law Review*, 51, 777 – 803.

[446] Morais, H. (2005), 'Fighting international crime and its financing: the importance of following a coherent global strategy based on the rule of law', *Villanova Law Review*, 50, 583 – 644.

[447] Morgan, M. (1997), 'Money laundering: the American law and its global influence', *NAFTA: Law & Business Review of the Americas*, 3, 24 – 52.

[448] Morris, P. (2004), 'The importance of being appropriate', *Journal of International*

Banking Law and Regulation, 19 (7), 258-260.

[449] Mumford, A. and Alldridge, P. (2002), 'Taxation as an adjunct to the criminal justice system: the new Assets Recovery Agency regime', *British Tax Review*, 6, 458-469.

[450] Murphy, S. (2000), 'US designation of foreign terrorist organisation', *American Journal of International Law*, 9, 365-366.

[451] Myers, J. (2003), 'Disrupting terrorist networks: the new US and international regime for halting terrorist finance', *Law and Policy in International Business*, 34, 17-23.

[452] National Audit Office *The Assets Recovery Agency – Report by the Comptroller and Auditor General* (National Audit Office: London, 2007).

[453] National Fraud Authority (2008), 'UK toughens up on fraudsters with a new anti-fraud authority', available at http://www.attorneygeneral.gov.uk/NFSA/National%20Fraud%20Strategic%20Authority%20comes%20into%20being.pdf (accessed 6 August 2010).

[454] National Fraud Authority (2009a), 'National Fraud Reporting Centre's "0300" line launches in the West Midlands', available at http://www.att orneygeneral.gov.uk/nfa/WhatAreWeSaying/NewsRelease/Documents/ NFRC%20launch%2026%20Oct%2009.pdf (accessed 3 March 2010).

[455] National Fraud Authority *The National Fraud Strategy – A new approach to combating fraud* (National Fraud Authority: London, 2009b).

[456] National Fraud Authority *National Fraud Authority Annual Fraud Indicator* (National Fraud Authority: London, 2010).

[457] Navias, M. (2002), 'Financial warfare as a response to international terrorism', *The Political Quarterly*, 73 (1), 57-79.

[458] Naylor, J. (1990a), 'The use of criminal sanctions by UK and US authorities for insider trading: how can the two systems learn from each other? Part 1', *Company Lawyer*, 11 (3), 53-61.

[459] Naylor, J. (1990b), 'The use of criminal sanctions by UK and US authorities for insider trading: how can the two systems learn from each other? Part 2', *Company Lawyer*, 11 (5), 83-91.

[460] NEFA Foundation (n/d), 'US legal cases', available at http://www.nefa foundation.org/documents – legal – N_Z.html#ranjha (accessed 1 August 2010).

[461] Nelen, H. (2004), 'Hit them where it hurts most? The proceeds of crime approach in the Netherlands', *Crime, Law & Social Change*, 41 (5), 517 – 534.

[462] Nelson, S. (1994), 'The Supreme Court takes a weapon from the drug war arsenal: new defences to civil drug forfeiture', *Saint Mary's Law Journal*, 26, 157 – 201.

[463] Newkirk, T. (2001), 'Conflicts between public accountability and individual privacy in SEC enforcement actions', *Journal of Financial Crime*, 8 (4), 319 – 324.

[464] Newkirk, T. and Robertson, M. (1998), 'Speech given at the 16th International Symposium on Economic Crime', Jesus College, Cambridge, 19 September 1998, available from http://www.sec.gov/news/speech/speecharchive/1998/spch221.htm (accessed 1 June 2010).

[465] Nice – Petersen, N. (2005), 'Justice for the designated: the process that is due to alleged US financiers of terrorism', *Georgetown Law Journal*, 93, 1389 – 1392.

[466] Nicols, G. (2008), 'Repercussions and recourse for specially designated terrorist organisations acquitted of materially supporting terrorism', *Review of Litigation*, 28, 263 – 293.

[467] Nnona, G. (2001), 'International insider trading: reassessing the propriety and feasibility of the US regulatory approach', *North Carolina Journal of International Law and Commercial Regulation*, 27, 185 – 253.

[468] Northamptonshire Police (2009), 'Financial reporting order among the first in country', available at http://www.northants.police.uk/default.aspx?id=18341&db=old&datewant=yes (accessed 4 August 2010).

[469] NuraKami, K. (1987), 'Mail and wire fraud', *American Criminal Law Review*, 24, 623 – 637.

[470] O'Connor, M. (1989), 'Toward a more efficient deterrence of insider trading: the repeal of section 16 (b)', *Fordham Law Review*, 58, 309 – 381.

[471] O'Leary, R. (2010), 'Improving the terrorist finance sanctions process', *New York University Journal of International Law and Politics*, Winter, 549 – 590.

[472] Office of Fair Trading *Prevention of fraud policy* (Office of Fair Trading: London, n/d).

[473] Office of Fair Trading *Memorandum of understanding between the Office of Fair Trading*

and the Director of the Serious Fraud Office (Office of Fair Trading: London, 2003).

[474] Office of Fair Trading (2005), 'OFT and Nigerian financial crime squad join forces to combat spam fraud', available at http://www.oft.gov.uk/news-and-updates/press/2005/210-05 (accessed 2 August 2010).

[475] Office of Fair Trading *Scamnesty* 2010 *campaign strategy* (Office of Fair Trading: London, 2009).

[476] Office of Fair Trading *Anti-Money Laundering: Future supervisory approach consultation* (Office of Fair Trading: London, 2010).

[477] Older, S. and Goldsamt, S. (2009), 'Does it pay to be a maverick when trading securities?', available at http://www.mondaq.com/article.asp?articleid=72360 (accessed 14 December 2009).

[478] Ormerod, D. (2007), 'The Fraud Act 2006 - criminalising lying?', *Criminal Law Review*, March, 193-219.

[479] Ormerod, David and Williams, David (2007), *Smith's Law of Theft*, Oxford University Press, Oxford.

[480] Orr, K. (2006), 'Fencing in the frontier: a look into the limits of mail fraud', *Kentucky Law Journal*, 95, 789-809.

[481] Ortblad, V. (2008), 'Criminal prosecution in sheep's clothing: the punitive effects of OFAC freezing sanctions', *Journal of Criminal Law and Criminology*, 98, 1439-1465.

[482] Oxford Analytica Ltd (2004), 'Country report: anti-money laundering rules in the United Kingdom', in M. Pieith and G. Aiolfi (eds), *A comparative guide to anti-money laundering: a critical analysis of systems in Singapore, Switzerland, the UK and the USA*, Edward Elgar, Cheltenham, 265-345.

[483] Painter, R. (1999-2000), 'Insider trading and the stock market thirty years later', *Case Western Reserve Law Review*, 50, 305-311.

[484] Passas, N. (2004), 'Law enforcement challenges in hawala-related investigations', *Journal of Financial Crime*, 12 (2), 112-119.

[485] Pathak, R. (2004), 'The obstacles to regulating the hawala: a cultural norm or a terrorist hotbed?', *Fordham International Law Journal*, 27, 2007-2061.

[486] Pazicky, L. (2003), 'A new arrow in the quiver of federal securities fraud prosecu-

tors: section 807 of the Sarbanes – Oxley Act of 2002', *Washington University Law Quarterly*, 81, 801 – 828.

[487] Pearson, T. (2008), 'When hedge funds betray a creditor committee's fiduciary role: new twists on insider trading in the international financial markets', *Review of Banking and Financial Law*, 28, 165 – 220.

[488] Peat, R., Mason, I. and Bazley, S. (2010), 'Market abuse in the debt markets – a new FSA case', *Company Lawyer*, 31 (2), 50.

[489] Peddie, Jonathan (2008), 'Anti – terrorism legislation and market regulation', in W. Blair and R. Brent (eds), *Banks and financial crime – the international law of tainted money*, Oxford University Press, Oxford.

[490] Petrou, P. (1984), 'Due process implications of shifting the burden of proof in forfeiture proceedings arising out of illegal drug transactions', *Duke Law Journal*, September, 822 – 843.

[491] Ping, H. (2004), 'New trends in money laundering – from the real world to cyberspace', *Journal of Money Laundering Control*, 8 (1), 48 – 55.

[492] Pitt, H. and Hardison, D. (1992), 'Games without frontiers: trends in the international response to insider trading', *Law and Contemporary Problems*, 55, 199 – 229.

[493] Png, Cheong – Ann (2008a), 'International legal sources I – the United Nations Conventions', in W. Blair and R. Brent (eds), *Banks and financial crime – the international law of tainted money*, Oxford University Press, Oxford, 41 – 59.

[494] Png, Cheong – Ann (2008b), 'International legal sources IV – the European Union and the Council of Europe', in W. Blair and R. Brent (eds), *Banks and financial crime – the international law of tainted money*, Oxford University Press, Oxford, 87 – 100.

[495] Podgor, E. (1998), 'Mail fraud: redefining the boundaries', *Saint Thomas Law Review*, 10, 557 – 570.

[496] Podgor, E. (1999), 'Criminal fraud', *American University Law Review*, 48, 729 – 768.

[497] Postal Services Inspectorate 2007 *Annual Report of Investigations* (Postal Services Inspectorate: Washington, DC, 2008).

[498] Prakash, S. (1999), 'Our dysfunctional insider trading regime', *Columbia Law*

Review, 99, 1491 – 1550.

[499] Prentice, R. and Donelson, D. (2010), 'Insider trading as a signalling device', *American Business Law Journal*, 47, 1 – 73.

[500] PriceWaterhouseCoopers 2009 *GlobalEconomicCrimeSurvey* (PriceWaterhouseCoopers: London, 2009).

[501] Proctor, L. (1997), 'The Barings collapse: a regulatory failure, or a failure of supervision?', *Brooklyn Journal of International Law*, 22, 735 – 767.

[502] *Profits of Crime and their Recovery*: the Report of a Committee chaired by Sir Derek Hodgson: 1984: Cambridge Studies in Criminology.

[503] Provost, M. (2009), 'Money laundering', *American Criminal Law Review*, 46, 837 – 861.

[504] Pujas, C. (2003), 'The European Anti – Fraud Office (OLAF): a European policy to fight against economic and financial fraud?', *Journal of European Public Policy*, 10 (5), 778 – 797.

[505] Quirke, B. (2007), 'Critical appraisal of the role of UCLAF', *Journal of Financial Crime*, 14 (4), 460 – 473.

[506] Quirke, B. (2010), 'OLAF's role in the fight against EU fraud: do too many cooks spoil the broth?', *Crime, Law and Social Change*, 53 (1), 97 – 108.

[507] Quirke, B. and Pyke, C. (2002), 'Policing European Union Expenditure: a critical appraisal of the transnational institutions', *Journal of Finance and Management in Public Services*, 2 (1), 21 – 32.

[508] Radsan, J. (2009), 'An overt turn to covert action', *Saint Louis University Law Journal*, 53, 485 – 552.

[509] Rakoff, J. and Easton, J. (1996), 'How effective is US enforcement in deterring insider trading?', *Journal of Financial Crime*, 6 (3), 283 – 287.

[510] Raphaeli, N. (2003), 'Financing of terrorism: sources, methods, and channels', *Terrorism and Political Violence*, 15 (4), 59 – 82.

[511] Red Flags (n/d), 'Handling questionable assets', available at http://www.redflags.info/index.php?topic=illicitassets (accessed 6 June 2010).

[512] Rees, Edward and Fisher, Richard, *Blackstone's guide to the Proceeds of Crime Act 2002*, Oxford University Press, Oxford.

[513] Reynolds, J. and Papandrea, J. (2002), 'Export controls and economic sanctions', *Foreign Law Year in Review*, Fall, 36, 1063 – 1079.

[514] Rhodes, R. and Palastrand, S. (2004), 'A guide to money laundering legislation', *Journal of Money Laundering Control*, 8 (1), 9 – 18.

[515] Richard, A. (2005), *Fighting terrorist financing: transatlantic cooperation and international institutions*, Washington, DC, Center for Transatlantic Relations.

[516] Rider, B. (2001), 'Wrongdoers' Rights', *Company Lawyer*, 22 (3), 87.

[517] Rider, B. (2003), 'Thinking outside the box', *Journal of Financial Crime*, 10 (2), 198.

[518] Rider, B. (2008), 'Where angels fear!', *Company Lawyer*, 29 (9), 257 – 258.

[519] Rider, B. (2009), 'A bold step?', *Company Lawyer*, 30 (1), 1 – 2.

[520] Rider, B. (2010), 'An abominable fraud?', *Company Lawyer*, 31 (7), 197 – 198.

[521] Robb, George (1992), *White – collar crime in modern England – Financial fraud and business morality* 1845 – 1929, Cambridge University Press, Cambridge.

[522] Roberts, M. (2004), 'Big brother isn't just watching you, he's also wasting your tax payer dollars: an analysis of the anti – money laundering provisions of the USA Patriot Act', *Rutgers Law Review*, 56 (2), 573 – 602.

[523] Robinson, Jeffrey (1995), *The Laundrymen*, Pocket Books, London.

[524] Robinson, J. (2008), 'The federal Mail and Wire Fraud Statutes: correct standards for determining jurisdiction and venue', *Willamette Law Review*, 44, 479 – 540.

[525] Roth, J., Greenburg, D. and Wille, S. (2004), *Monograph on terrorist financing: staff report to the Commission*, Washington, DC, National Commission on Terrorist Attacks against the United States of America.

[526] Rowlett, J. (1993), 'The chilling effect of the Financial Institutions Reform, Recovery, and Enforcement Act of 1989 and the Bank Fraud Prosecution Act of 1990: has Congress gone too far?', *American Journal of Criminal Law*, 20, 239 – 262.

[527] Royal Embassy of the Kingdom of Saudi Arabia, Press Release, 'Response to CFR Report', 17 October 2002.

[528] Royal Embassy of the Kingdom of Saudi Arabia, Press Release, 'Saudi Arabia blasts CFR task force report', 15 June 2004.

[529] Ruff, K. (2006), 'Scared to donate: an examination of the effects of designating

Muslim charities as terrorist organisations on the First Amendment rights of Muslim donors', *New York University Journal of Legislation and Public Policy*, 9, 447–502.

[530] Ruimschotel, D. (1994), 'The EC budget: ten percent fraud? A policy analysis approach', *Journal of Common Market Studies*, 32 (3), 320–342.

[531] Rusch, J. (1988), 'Hue and cry in the counting–house: some observations on the Bank Secrecy Act', *Catholic University Law Review*, 37, 465–488.

[532] Ryder, N. (2007a), 'A false sense of security? An analysis of legislative approaches towards the prevention of terrorists finance in the United States and the United Kingdom', *Journal of Business Law*, November, 821–850.

[533] Ryder, N. (2007b), 'Danger money', *New Law Journal*, 157 (7300) (Charities Appeals Supplement), 6, 8.

[534] Ryder, N. (2008a), 'Hidden money', *New Law Journal*, 158 (7348) (Charities Appeal Supplement), 36–37.

[535] Ryder, N. (2008b), 'The Financial Services Authority and money laundering: a game of cat and mouse', *Cambridge Law Journal*, 67 (3), 635–653.

[536] Ryder, Nicholas and Chambers, C. (2010), 'The credit crunch and mortgage fraud – too little too late? A comparative analysis of the policies adopted in the United States of America and the United Kingdom', in S. Kis and I. Balogh (eds), *Housing, housing costs and mortgages: trends, impact and prediction*, Nova Science, New York, 1–22.

[537] Sabalot, D. and Everett, R. (2004), *Financial Services and Markets Act* 2000, Butterworths New Law Guide LexisNexis.

[538] Saksena, P. (2009), 'The Sarbanes–Oxley Act and occupational fraud: does the law effectively tackle the real problem?', *International Company and Commercial Law Review*, 20 (2), 37–43.

[539] Saksena, P. and Fox, M. (2004), 'Accounting fraud and the Sarbanes–Oxley Act', *International Company and Commercial Law Review*, 15 (8), 244–251.

[540] Saltzburg, D. (1992), 'Real property forfeitures as a weapon in the government's war on drugs: a failure to protect innocent ownerships', *Boston University Law Review*, 72, 217–242.

[541] Santolli, J. (2008), 'The terrorist finance tracking program: illuminating the shortcomings of the European Union's antiquated data privacy directive', *George Washing-*

ton International Law Review, 40, 553 – 582.

[542] Sarker, R. (1993), 'The Davie Report – Anodyne for the SFO', *Journal of Financial Crime*, 3 (1), 89 – 91.

[543] Sarker, R. (1994), 'Guinness – pure genius', *Company Lawyer*, 15 (10), 310 – 312.

[544] Sarker, R. (1996), 'Maxwell: fraud trial of the century', *Company Lawyer*, 17 (4), 116 – 117.

[545] Sarker, R. (2006), 'Anti – money laundering requirements: too much pain for too little gain', *Company Lawyer*, 27 (8), 250 – 251.

[546] Sarker, R. (2007), 'Fighting fraud – a missed opportunity?', *Company Lawyer*, 28 (8), 243 – 244.

[547] Saunders, K. and Zucker, B. (1999), 'Counteracting identity fraud in the information age: the Identity Theft and Assumption Deterrence Act', *Cornell Journal of Law and Public Policy*, 8, 661 – 675.

[548] Saunders, N. and Watson, B. (2003), 'Confiscation orders under the New Proceeds of Crime Act', *New Law Journal*, 152 (7066), 183 – 185.

[549] Scanlan, G. (2006), 'The enterprise of crime and terror – the implications for good business. Looking to the future – old and new threats', *Journal of Financial Crime*, 13 (2), 164 – 176.

[550] Scanlan, G. (2008), 'Offences concerning directors and officers of a company: fraud and corruption in the United Kingdom – the present and the future', *Journal of Financial Crime*, 15 (1), 22 – 37.

[551] Schecter, M. (1990), 'Fear and loathing and the forfeiture laws', *Cornell Law Review*, 75, 1151 – 1183.

[552] Schwartz, J. (1987), 'Liability for structured transactions under the Currency and Foreign Transactions Reporting Act: a prelude to the Money Laundering Control Act of 1986', *Annual Review of Banking Law*, 6, 315 – 340.

[553] Securities and Exchange Commission (n/d), 'The Investor's Advocate: How the SEC Protects Investors, Maintains Market Integrity, and Facilitates Capital Formation', available at http://www.sec.gov/about/whatwedo.shtml (accessed 2 July 2010).

[554] Securities and Exchange Commission (1988), 'SEC News Digest', available at http://www.404.gov/news/digest/1988/dig090288.pdf (accessed 2 September 2009).

[555] Securities and Exchange Commission *International co-operation in securities law enforcement* (Securities and Exchange Commission: Washington, DC, 2004).

[556] Securities and Exchange Commission (2006), 'Martha Stewart and Peter Bacanovic settle SEC's Insider Trading Charges', available at http://www.sec.gov/news/press/2006/2006-134.htm (accessed 10 September 2009).

[557] Securities and Exchange Commission (2007), 'Litigation Release No. 20245', available at http://www.sec.gov/litigation/litreleases/2007/lr20245.htm (accessed 13 August 2009).

[558] Securities and Exchange Commission *Investigation of Failure of the SEC to Uncover Bernard Madoff's Ponzi Scheme – Public Version* (Securities and Exchange Commission: Washington, DC, 2009).

[559] Seldon, R. (2003), 'The executive protection: freezing the financial assets of alleged terrorists, the Constitution, and foreign participation in US financial markets', *Fordham Journal of Corporate & Financial Law*, 3, 491–556.

[560] Sentencing Commission*Guidelines Manual* (US Sentencing Commission: Washington, DC, 2008).

[561] Sentencing Guidelines Council*Definitive Sentencing Guideline Revised* 2007 – *Reduction in Sentence for a Guilty Plea* (Sentencing Guidelines Secretariat: London, 2007).

[562] Sergeant, C. (2002), 'Risk-based regulation in the Financial Services Authority', *Journal of Financial Regulation and Compliance*, 10 (4), 329–335.

[563] Serious Fraud Office (n/d), '*What is fraud?*', available at http://www.sfo.gov.uk/fraud/what-is-fraud.aspx (accessed 22 April 2010).

[564] Serious Fraud Office (2004), 'Fourth conviction in insider dealing conspiracy', available at http://www.sfo.gov.uk/news/prout/pr_269.asp?id=269 (accessed 1 December 2009).

[565] Serious Fraud Office (2009), 'Independent insurance fraudsters ordered to payover £1million confiscation', available at http://www.sfo.gov.uk/press-room/latest-press-releases/press-releases-2009/independent-insurance-fraudsters-ordered-to-pay-over-%C2%A31-million-confiscation.aspx (accessed 5 August 2010).

[566] Serious Fraud Office *Achievements* 2009 – 2010 (Serious Fraud Office: London, 2010).

[567] Serious Organized Crime Agency *Review of the Suspicious Activity Reports Regime* (Serious Organized Crime Agency: London, 2006).

[568] Serious Organized Crime Agency (2008a), 'Merger of SOCA and ARA strengthens government drive to deprive criminals of their assets', available at www. soca. gov. uk (accessed 4 August 2010).

[569] Serious Organized Crime Agency (2008b), 'Serious Organized Crime Agency secures first conviction under new power', available at www. soca. gov. uk (accessed 4 August 2010).

[570] Serious Organized Crime Agency *The Suspicious Activity Reports Regime Annual Report 2008* (Serious Organized Crime Agency: London, 2009).

[571] Serious Organized Crime Agency *The Suspicious Activity Reports Regime Annual Report 2009* (Serious Organized Crime Agency: London, 2010).

[572] Shaffer, C. (2007), 'The impact of Medicaid reforms and false claims enforcement: limiting access by discouraging provider participation in Medicaid programs', *South Carolina Law Review*, 58, 995 – 1023.

[573] Shea, C. (2008), 'A need for swift change: the struggle between the European Union's desire for privacy in international financial transactions and the United States' need for security from terrorists as evidenced by the SWIFT scandal', *Journal of High Technology Law*, 8 (1), 143 – 168.

[574] Shehu, A. (2005), 'International initiatives against corruption and money laundering: an overview', *Journal of Financial Crime*, 12 (3), 221 – 245.

[575] Sheikh, S. (2008), 'FSMA market abuse regime: a review of the sunset clauses', *International Company and Commercial Law Review*, 19 (7), 234 – 236.

[576] Shen, H. (2008), 'A comparative study of insider trading regulation enforcement in the US and China', *Journal of Business & Securities Law*, 9, 41.

[577] Shetterly, D. (2006), 'Starving the terrorists of funding: how the United States Treasury is fighting the war on terror', *Regent University Law Review*, 18, 327 – 348.

[578] Shrader, J. (2007), 'Secrets hurt: how SWIFT shook up Congress, the European Union and the US banking industry', *North Carolina Banking Institute*, 11, 397 – 420.

[579] Sidak, J. (2003), 'The failure of good intentions: the WorldCom fraud and the collapse of American telecommunications after deregulation', *Yale Journal on Regulation*, 20, 207–261.

[580] Simser, J. (2008), 'Money laundering and asset cloaking techniques', *Journal of Money Laundering Control*, 11 (1), 15–24.

[581] Singh, Dalvinder (2007), *Banking regulation of the UK and US financial markets*, Ashgate, Aldershot.

[582] Skiadas, D. (1998), 'EC: the role of the European Court of Auditors in the battle against fraud and corruption in the European Communities', *Journal of Financial Crime*, 6 (2), 178–185.

[583] Smellie, A. (2004), 'Prosecutorial challenges in freezing and forfeiting proceeds of transnational crime and the use of international asset sharing to promote international cooperation', *Journal of Money Laundering Control*, 8 (2), 104–114.

[584] Smith, J. and Cooper, G. (2009), 'Disrupting terrorist financing with civil litigation', *Western Reserve Journal of International Law*, 41, 65–84.

[585] Society for Advanced Legal Studies (2003), 'Forfeiture of terrorist property and tracing: sub-group 4: impact of the initiatives on other areas of the law', *Journal of Money Laundering Control*, 6 (3), 261–268.

[586] Solomon, P. (1994), 'Are money launderers all washed up in the western hemisphere? The OAS model regulations', *Hastings International and Comparative Law Review*, Winter, 17, 433–455.

[587] Soto, J. (2004), 'Show me the money: the application of the asset forfeiture provisions of the Trafficking Victims Protection Act and suggestions for the future', *Penn State International Law Review*, 23, 365–381.

[588] Speta, J. (1990), 'Narrowing the scope of civil drug forfeiture: section 881, substantial connection and the Eighth Amendment', *Michigan Law Review*, 89, 165–210.

[589] Springer, J. (2001), 'Obtaining foreign assistance to prosecute money laundering cases: a US perspective', *Journal of Financial Crime*, 9 (2), 153–164.

[590] Sproat, P. (2007), 'The new policing of assets and the new assets of policing: a tentative financial cost-benefit analysis of the UK's anti-money laundering and asset

recovery regime', *Journal of Money Laundering Control*, 10 (3), 277-299.

[591] Sproat, P. (2009), 'To what extent is the UK's anti-money laundering and asset recovery regime used against organised crime?', *Journal of Money Laundering Control*, 12 (2), 134-150.

[592] Stahl, M. (2009), 'Asset forfeiture, burdens of proof and the war on drugs', *Journal of Criminal Law and Criminology*, 83, 274-337.

[593] Stallworthy, M. (1993), 'The United Kingdom's New Regime for the Control of Insider Dealing', *International Company and Commercial Law Review*, 4 (12), 448-453.

[594] Stanton, K. (2010), 'Money laundering: a limited remedy for clients', *Professional Negligence*, 26 (1), 56-59.

[595] State Department*Country Reports on Terrorism* 2008 (United States State Department: Washington, DC, 2009).

[596] Steele, F. (2009), 'Perot employee charged with insider dealing', available at http://business.timesonline.co.uk/tol/business/law/article6847523.ece (accessed 11 November 2009).

[597] Stessens, Guy (2000), *Money laundering: a new international law enforcement model*, Cambridge University Press, Cambridge.

[598] Stevens, P. and Bogle, T. (2002), 'Patriotic acts: financial institutions, money laundering and the war against terrorism', *Annual Review of Banking Law*, 21, 261-290.

[599] Stewart, D. (1989), 'Internationalizing the war on drugs: the UN Convention Against Illicit Traffic in Narcotic Drugs and Psychotropic Substances', *Denver Journal of International Law and Policy*, 18 (3), 387-404.

[600] Strader, J. (1999), 'The judicial politics of white collar crime', *Hastings Law Journal*, 50, 1199-1273.

[601] Stuart, C. (2009), 'Mail and wire fraud', *American Criminal Law Review*, 46, 813-835.

[602] Sultzer, S. (1995), 'Money laundering: the scope of the problem and attempts to combat it', *Tennessee Law Review*, 63, 143-237.

[603] Sussman, R. (1991), 'Protecting clients from the government's thermo-nuclear war on bank fraud', *American Law Institute – American Bar Association Continuing Le-*

gal Education ALI – ABA Course of Study, 646, 213 – 260.

[604] Sutherland, Edwin (1949), *White Collar Crime*, The Dryden Press, New York.

[605] Swan, E. (2004), 'Market abuse: A new duty of fairness', *Company Lawyer*, 25 (3), 67 – 68.

[606] Sykes, A. (1999), 'Market abuse: a civil revolution', *Journal of International Financial Markets*, 1 (2), 59 – 67.

[607] Takats, E. *A theory of 'crying wolf': the economics of money laundering enforcement – IMF Working Paper* (International Monetary Fund: Washington, DC, 2007).

[608] Tarlow, B. (1983), 'RICO revisited', *Georgia Law Review*, 17, 291 – 424. Tellechea, A. (2008), 'Economic crimes in the capital markets', *Journal of Financial Crime*, 15 (2), 214 – 222.

[609] The 9/11 Commission *The 9/11 Commission Report – Final Report of the National Commission on Terrorist Attacks upon the United States* (Norton & Company: London, 2004).

[610] *The Guardian* (2006a), 'Solicitor's saga highlights problems facing cash recovery unit: unrealistic figure targets for agency accused of sweeping aside civil liberties', available at http://www.guardian.co.uk/uk/2006/sep/29/ukcrime.davidleigh (accessed 4 August 2010).

[611] *The Guardian* (2006b), 'Turkish drug gang leader jailed for 22 years', available at http://www.guardian.co.uk/uk/2006/may/16/drugsandalcohol.drugstrade (accessed 4 August 2010).

[612] *The Guardian* (2007), 'Crime boss Adams faces ruin after trial', available at http://www.guardian.co.uk/uk/2007/may/19/ukcrime.sandralaville (accessed 4 August 2010).

[613] *The Telegraph* (2008), 'Naming and shaming criminal masterminds "infringes their human rights"', available at http://www.telegraph.co.uk/news/uknews/law-and-order/3439645/Naming-and-shaming-criminal-masterminds-infringes-their-human-rights.html (accessed 12 November 2008).

[614] Thomas, C. (2003), 'Disciplining globalization: international law, illegal trade, and the case of narcotics', *Michigan Journal of International Law*, 24, 549 – 574.

[615] Thomas, J. and Roppolo, W. (2010) 'United States of America', in M. Simp-

son, N. Smith and A. Srivastava (eds), *International guide to money laundering law and practice*, Bloomsbury Professional, Haywards Heath, 1095 – 1138.

[616] *Times Online* (2004), 'Martha Stewart faces jurors at insider dealing trial', available at http://www.timesonline.co.uk/tol/news/article999303.ece (accessed 14 August 2009).

[617] *Times Online* (2010), 'Conservatives confirm plans for single Economic Crime Agency', available at http://timesonline.typepad.com/law/2010/04/conservatives – confirm – plans – for – single – economic – crime – agency.html (accessed 26 April 2010).

[618] Trehan, J. (2002), 'Underground and parallel banking systems', *Journal of Financial Crime*, 10 (1), 76 – 84.

[619] Tsingou, E. *Global governance and transnational financial crime opportunities and tensions in the global anti – money laundering regime* (CSGR Working Paper No. 161/05, 2005).

[620] Tupman, B. (2000), 'The sovereignty of fraud and the fraud of sovereignty: OLAF and the wise men', *Journal of Financial Crime*, 8 (1), 32 – 46.

[621] Tupman, W. (1998), 'Where has all the money gone? The IRA as a profit – making concern', *Journal of Money Laundering Control*, 1 (4), 303 – 311.

[622] Tupman, W. (2009), 'Ten myths about terrorist financing', *Journal of Money Laundering Control*, 12 (2), 189 – 205.

[623] Unger, Brigitte (2007), *The scale and impacts of money laundering*, Edward Elgar, Cheltenham.

[624] United Nations Development Programme (n/d), 'Programme and Operations Policies and Procedures', available at http://content.undp.org/go/userguide/cap/procurement/fraud – corrupt – practices/? lang = en (accessed 4 August 2010).

[625] United Nations Development Programme *Fraud policy statement* (United Nations Development Programme: New York, 2007).

[626] United Nations Office for Project Services *UNOPS policy to address fraud* (United Nations Office for Project Services: New York, 2008).

[627] United States Secret Service *Fiscal year* 2008 – *Annual Report* (United States Secret Service: Washington, DC, 2009).

[628] Urbelis, A. (2005), 'Towards a more equitable prosecution of cybercrime: concerning

hackers, criminals and the national security', *Vermont Law Review*, 29, 975 – 1008.

[629] Vaithilingam, S. and Nair, M. (2007), 'Factors affecting money laundering: lesson for developing countries', *Journal of Money Laundering Control*, 10 (3), 352 – 366.

[630] Van Cleef, C., Silets, H. and Motz, P. (2004), 'Does the punishment fit the crime', *Journal of Financial Crime*, 12 (1), 56 – 65.

[631] Verbruggen, F. (1997), 'Proceeds – orientated criminal justice in Belgium: backbone or wishbone of a modern approach to organised crime?', *European Journal of Crime, Criminal Law and Criminal Justice*, 5 (3), 314 – 341.

[632] Villa, J. (1988), 'A Critical View of Bank Secrecy Act Enforcement and the Money Laundering Statutes', *Catholic University Law Review*, 37, Winter, 489 – 509.

[633] Vlogaret, Johan and Pesta, Michal (2008), 'OLAF fighting fraud and beyond', in S. Brown (ed.), *Combating international crime – the longer arm of the law*, Routledge, London, 77 – 87.

[634] von Hirsch, A. (1987), 'Rehabilitation', in A. von Hirsch and A. Ashworth (eds), *Principled sentencing: readings on theory and policy*, Hart Publishing, Oxford.

[635] Wachman, R. (2010), 'Suspicious share trading before takeover news at five – year high', available at http://www.guardian.co.uk/business/2010/jun/10/fsa – takeover – suspicious – trading (accessed 30 June 2010).

[636] Wadsley, J. (2008), 'Painful perceptions and fundamental rights – anti – money laundering regulation and lawyers', *Company Lawyer*, 29 (3), 65 – 75.

[637] Waszak, D. (2004), 'The obstacles to suppressing radical Islamic terrorist financing', *Case Western Reserve Journal of International Law*, 35, 673 – 710.

[638] Weaver, S. (2005), 'Modern day money laundering: does the solution exist in an expansive system of monitoring and record keeping regulations?', *Annual Review of Banking and Financial Law*, 24, 443 – 465.

[639] Webb, P. (2005), 'The United Nations Convention Against Corruption – global achievement or missed opportunity?', *Journal of International Economic Law*, 8 (1), 191 – 229.

[640] Weintraub, L. (1987), 'Crime of the century: use of the Mail Fraud Statute against

authors', *Boston University Law Review*, 67, 507-549.

[641] Weisburd, David (2001), *White Collar Crime & Criminal Careers*, Cambridge University Press, Port Chester, NY, USA.

[642] Weiss, A. (2010), 'From the Bonannos to the Bin Ladens: the Reves operation or management test and the viability of civil RICO suits against financial supporters of terrorism', *Columbia Law Review*, May, 1123-1117.

[643] Weiss, M. (2004), *Terrorist Finance: Current efforts and policy issues for Congress: Report for Congress*, Washington, DC, Congressional Research Service.

[644] Weller, P. and Roth von Szepesbela, K. (2004), 'Silence is golden – or is it? FINTRAC and the suspicious transaction reporting requirements for lawyers', *Asper Review of International Business and Trade Law*, 4, 85-130.

[645] Welling, S. (1989), 'Smurfs, money laundering, and the federal criminal law: the crime of structuring transactions', *Florida Law Review*, 41, 287-339. White, S. (1999), 'Investigating EC Fraud: the metamorphosis of UCLAF', *Journal of Financial Crime*, 6 (3), 255-260.

[646] White, S. (2010), 'EU anti-fraud enforcement: overcoming obstacles', *Journal of Financial Crime*, 17 (1), 81-99.

[647] White House (2001a), 'The President's Leadership in Combating Corporate Fraud', available at http://georgebush_whitehouse.archives.gov/infocus/corporateresponsibility/ (accessed 10 September 2010).

[648] White House *Fact sheet on terrorist financing executive order* (White House: Washington, DC, 2001b).

[649] White House (2001c), 'President freezes terrorists' assets', Remarks by the President, Secretary of the Treasury O'Neill and Secretary of State Powell on Executive Order, Office of the Press Secretary, 24 September 2001, available at http://www.fas.org/terrorism/at/docs/2001/Bush-9-24-01.htm (accessed 11 October 2009).

[650] White House *Progress Report on the Global War on Terrorism* (The White House: Washington, DC, 2003).

[651] White House (2010), 'Statement by the President on the U.S.-European Union Agreement on the Terrorist Finance Tracking Program', 8 July 2010, available at

http://www.whitehouse.gov/the-press-office/statement-president-us-european-union-agreement-terrorist-finance-tracking-program (accessed 14 July 2010).

[652] Whitehouse, K. (2009), 'Full Court Press – SEC Appeals Cuban Insider Trading Decision', available at http://www.allbusiness.com/legal/trial-procedure-appeals/13164328-1.html (accessed 10 November 2010).

[653] Wilson, C. and Rattray, K. (2007), 'The Caribbean Financial Action Task Force', *Journal of Financial Crime*, 14 (3), 227–249.

[654] Winn, J. and Govern, K. (2009), 'Identity theft: risks and challenges to business of data compromise', *Temple Journal of Science, Technology & Environmental Law*, 28, 49–63.

[655] Wolf, P. (1995), 'International securities fraud: extraterritorial subject matter jurisdiction', *New York International Law Review*, 8, 1–22.

[656] Wray, C. and Hur, R. (2006), 'Corporate criminal prosecution in a post-Enron world: the Thompson Memo in theory and practice', *American Criminal Law Review*, 43, 1095–1188.

[657] Wright, R. (2003), 'Fraud after Roskill: a view from the Serious Fraud Office', *Journal of Financial Crime*, 11 (1), 10–16.

[658] Wright, R. (2006), 'Why (some) fraud prosecutions fail', *Journal of Financial Crime*, 13 (2), 177–182.

[659] Wright, R. (2007), 'Developing effective tools to manage the risk of damage caused by economically motivated crime fraud', *Journal of Financial Crime*, 14 (1), 17–27.

[660] Xanthaki, H. (2010), 'What is EU fraud? And can OLAF really combat it?', *Journal of Financial Crime*, 17 (1), 133–151.

[661] Xiang, G. and Buckley, R. (2003), 'Comparative analysis of the standard of fraud required under the fraud rule in letter of credit law', *Duke Journal of Comparative and International Law*, 13, 293–336.

[662] Yeandle, M., Mainelli, M., Berendt, A. and Healy, B. *Anti-money laundering requirements: costs, benefits and perceptions* (Corporation of London: London, 2005).

[663] Young, Simon (2009a), 'Civil forfeiture for Hong Kong: issues and prospects', in S. Young (ed.), *Civil forfeiture of criminal property – legal measures for targeting the proceeds of crime*, Edward Elgar, Cheltenham, 278 – 320.

[664] Young, Simon (2009b), 'Introduction', in S. Young (ed.), *Civil forfeiture of criminal property – legal measures for targeting the proceeds of crime*, Edward Elgar, Cheltenham, 1 – 10.

[665] Zagaris, B. (1989), 'Developments in international judicial assistance and related matters', *Denver Journal of International Law and Policy*, 18 (3), 339 – 386.

[666] Zagaris, B. (2004), 'International money laundering: from Latin America to Asia, who pays? The merging of anti – money laundering and counter – terrorism financial regimes after September 11, 2001', *Berkeley Journal of International Law*, 22, 123 – 157.

[667] Zagaris, B. (2005), 'Brave new world: US responses to the rise in international crime', *Villanova Law Review*, 50, 509 – 582.

[668] Zagaris, Bruce (2010), *International white collar crime – cases and materials*, Cambridge University Press, New York.

[669] Zagaris, B. and Castilla, S. (1993), 'Constructing an international financial enforcement sub regime: the implementation of anti – money laundering policy', *Brooklyn Journal of International Law*, 18, 871 – 965.

[670] Zaring, D. and Baylis, E. (2007), 'Sending the bureaucracy to war', *Iowa Law Review*, 92, 1359 – 1428.

[671] Zekos, G. (1999), 'Insider trading under the EU, USA and English laws: a well recognised necessity or a distraction?', *Managerial Law*, 41 (5), 1 – 35.

[672] Ziegler, K. (2009), 'Strengthening the rule of law, but fragmenting international law: the Kadi decision of the ECJ from the perspective of human rights', *Human Rights Law Review*, 9 (2), 288 – 305.

索 引

A v. HM Treasury（A 诉英国财政部），6，86，92，250

Al Qaeda（"基地组织"），26，33，51，53－54，57，65，70－71，77－78，91，236

American Bankers Association（美国银行家协会），28，31

Anti－fraud Strategy United States of America（美国反欺诈战略），112，123，138

Anti－money Laundering Strategy European Union（联合国反洗钱方案），145

Global（全球的），13

United Kingdom（英国），33

Anti－terrorism Crime and Security Act（2001）（2001 年《反恐怖主义、犯罪和安全法》），81－83，88，90，92，202

Asset Freezing Unit（资产冻结部门），84－85，239

Assets Recovery Agency（资产追回局），139，194，197－205，208，211－212，216，239，241

Bank Fraud Act（1984）（1984 年银行欺诈法），105－106

Bank of Credit Commerce International（国际信贷商业银行），25，272

Bank Secrecy Act（1970）（1970 年《银行保密法》），20，23－25，28－32，47－48，73－74，91，121，232，249

Barings Bank（巴林银行），94

Basel Committee（巴塞尔委员会），222

Bishopsgate bomb（1993）（1993 年主教府炸弹袭击事件），5，55

British Bankers Association（英国银行家协会报告），7，46，247

Bureau of Alcohol, Tobacco, Firearms and Explosives（烟酒枪支爆炸物管理局），225

Bureau of Economic and Business Affairs（经济商务事务局），22，215，235

Bureau of International Narcotics and Law Enforcement Affairs（国际麻醉品执法事务局），22，215，235

Cheap Terrorism（廉价反恐怖主义融资），52，53，56

Civil Asset Forfeiture Act（2000）（2000 年《民事资产没收法》），187

Code of Market Conduct（《市场行为准则》），163-164，167，169，170

Comprehensive Crime Control Act（1984）（1984 年《综合犯罪控制法》），105，180，186

Comprehensive Drug Abuse Prevention and Control Act（1970）（1970 年《药物滥用综合预防和控制法案》），180

Confiscation（没收），14，17，48，178-183，193-203，205-208，210-212，216，220，239-240，251，266-267，270，277-278，282，290

Confiscation Orders（没收令），196，202，206-207，278

Corporate Fraud Task Force（公司欺诈特别工作组），116-119，226

Counter Terrorism Act（2008）（2008 年《反恐怖主义法》），82

Court of Auditors（审查机构），99-100

Court of First Instance（一审法院），62

Credit Card Fraud（信用卡欺诈），4，106，111，121

Criminal Justice（International Co-operation）Act（1990）（1990 年《刑事司法（国际合作）法》）

Criminal Justice Act（2003）（2003 年《刑事司法法》），253，257-258，260，272

Criminal Property（刑事财产），25-38

Crown Prosecution Service（英国皇家检察署），129，137，194，199，209，243

Currency Transaction Reports（CTRs）（货币交易报告），28-30，73-74，120，153，232，249

Declaration to Eliminate International Terrorism（1994）（1994 年《消除国际恐怖主义宣言》），57，216

Department of Justice（司法部），21-22，30，47，65，96，102，106，110，112-114，116-120，122，126，138-9，185-186，214-215，225-226，233-235，249-250，292

Department of Treasury（财政部），12，21-22，27-29，32，51，53，58，66，70-71，73-76，91，121，138，146，186，214，223-231，233，249，292

Department's Office of Terrorism and Financial Intelligence（恐怖主义金融情报办公室），32

Drug Enforcement Administration（缉毒局），23，225-226，237

Drug Trafficking Offences Act（1986）（1986 年《毒品交易法》），11，43，195

Due Diligence（尽职调查），26，43，49，74，83，222

Effective Death Penalty Act（1996）（1996 年《有效死刑法案》），62，65

Egmont Group（埃格蒙特集团），214，221-222

Emergency Economic Powers Act（1977）（1977 年《国际紧急经济权力法》），63，66

Enron（安然），63，66

European Anti – Fraud Office［欧洲反欺诈办公室（OLAF）］, 100 – 102, 120, 200

European Convention on Human Rights（《欧洲人权公约》）, 173, 206 – 207, 210, 212

European Court of Justice（欧洲法院）, 62

European Union（欧盟）, 8, 14, 49, 51, 61 – 62, 77, 85, 94 – 102, 137, 143 – 145, 161 – 165, 173, 180, 211, 214 – 215, 219 – 220, 240, 273, 288 – 289, 291

Europol（欧洲刑警组织）, 77, 220

Executive Office for US Trustees（美国受托人执行办公室）, 225

Federal Bureau of Investigation（联邦调查局）, 22, 65, 76, 94, 96, 102, 112 – 114, 119 – 123, 138, 225, 233, 235 – 237, 249 – 250

Federal Trade Commission（联邦贸易委员会）, 96, 111, 114 – 115, 118, 120, 133

Financial Action Task Force（金融行动特别工作组）, 11, 14, 16 – 17, 23, 25, 33 – 34, 47 – 48, 51, 59 – 60, 66, 68, 70, 72, 82, 85, 90, 215, 217 – 220, 225, 227 – 228, 232, 249, 288, 291

Financial Crimes Enforcement Network（金融犯罪执法网络局）, 22, 32 – 33, 63, 74 – 75, 96, 102, 121, 123, 138 – 139, 153 – 154, 231 – 233, 249, 291

Financial Fraud Task Force（金融欺诈特别工作组）, 119

Financial Services and Markets Act（2000）（2000年《金融服务和市场法》）, 42, 131, 144, 159 – 162, 166 – 173, 177, 246 – 247, 251

Financial Services Authority（金融服务管理局）, 145, 245, 269

Foreign and Commonwealth Office（外交部和联邦事务部）, 85, 215, 240, 292

Forfeiture（没收）, 78 – 79, 81, 110, 178 – 180, 182 – 195, 198 – 199, 201, 206, 210 – 211, 215, 226, 227, 233 – 234, 236, 266, 280, 282, 290 – 291

Fraud（欺诈）, 20, 26, 39, 54, 91, 93 – 139, 142, 145, 147, 149 – 150, 152 – 153, 160, 176, 184, 190, 210 – 211, 214, 217, 220, 226, 232, 236 – 239, 241 – 252, 257, 261, 266 – 277, 279 – 281, 285 – 291

Fraud Act（2006）（2006年《反欺诈法》）, 96, 123 – 126, 138, 257, 269, 291

Fraud Advisory Panel（欺诈咨询小组）, 134, 248

Fraud Enforcement and Recovery Act（2009）（2009年《欺诈执法与追讨法案》）, 113, 249 – 250

Fraud Prosecution Division（欺诈检控署）, 129, 244

Fraud Prosecution Unit（欺诈检控小组）, 129, 243 – 244

Fraud Review（欺诈审查）, 95, 123, 134, 138, 245

FSA Handbook (《金融服务管理局手册》), 250

Hamas (哈马斯), 70, 72

Hawala (哈瓦拉), 54-55

HM Revenue and Customs (英国税务海关总署), 96, 242, 265

HM Treasury (英国财政部), 13, 33-34, 49, 56, 78, 82-87, 92, 139, 156, 215, 239, 250, 292

Holy Land Foundation ("圣地基金会"), 71, 77, 231

Home Office (内政部办公室), 79, 125, 134, 139, 196, 204-205, 207, 211, 215, 240, 292

Human Rights Act (1998) (1998年《英国人权法》), 173, 205

Identity Theft (身份盗窃), 110-112, 114-115, 118, 138

Identity Theft Task Force (身份盗窃特别工作组), 112, 118

Insider Dealing (内幕交易), 140-145, 151, 154-156, 158, 161, 163, 166, 171-172, 176-177, 211, 214, 217, 220, 226, 232, 236, 238, 263, 265, 275-278, 283, 291

Insider Dealing Directive (内幕交易指令), 155

Insider Trading and Securities Fraud Enforcement Act (1988) (1988年《内幕交易和证券欺诈执法法》), 149-150

Insider Trading Sanction Act (1984) (1984年《内幕交易制裁法》), 149

International Convention for the Suppression of the Financing of Terrorism (《制止向恐怖主义提供资助的国际公约》), 57, 66, 95, 180-181, 216

International Monetary Fund (国际货币基金组织), 2, 11, 214, 218

International Money Laundering Abatement and Financial Anti-Terrorism Act (2001) (2001年《国际反洗钱和金融反恐法》), 26

International Securities Enforcement Cooperation Act (1990) (1990年《国际证券执法合作法案》), 146

Interpol (国际刑警组织), 220-221, 237

Irish Republican Army (爱尔兰共和军), 79, 92

Joint Money Laundering Steering Group (反洗钱联合指导小组), 33, 247-248

KPMG (毕马威会计师事务所), 27, 31, 45-46

Law Commission (法律委员会), 96, 125

Mail Fraud Statute Act (1872) (1872年《邮件欺诈法案》), 102-104, 107, 115, 137, 266

Market Abuse Directive (《市场滥用指令》), 144, 161, 165, 176-177

Market Abuse Regime (市场滥用管理制度), 159-165, 170, 172, 174, 177, 251, 289-290

Money Iaundering (洗钱), 10-35, 37-

44，48-50，55，60，65，73-74，82，88，91，95-96，102，103-114，120-121，129-131，133-135，137-139，145-146，153，176，178，182-184，190，193，197-198，201，209，239-240，242-244，246-249，251，256，263，265-268，271，273-276，280，281-292

Money Laundering Control Act（1986）（1986年《反洗钱法》），11，21，23-25，30，47

Money Laundering Directive（反洗钱指令），18-19，34，42，49，215，219-220，289，291

Money Laundering Regulations（《反洗钱条例》）19，34，41-43，48，242，247-248

Money Laundering Reporting Officer（反洗钱专员），40-41，44，88，135

Money Laundering Sourcebook（《反洗钱手册》），40

Mortgage Fraud（抵押贷款欺诈），121-122，131，138，249-250，257，263

National Asset Forfeiture Strategic Plan（国家资产没收战略计划），187

National Assets Seizure and Forfeiture Fund（国家资产扣押和没收基金），186

National Criminal Intelligence Service（国家刑事情报局），37，139，241

National Fraud Authority（国家反欺诈局），95-96，124，131-132，139，239，244-245

National Fraud Intelligence Bureau（国家反欺诈情报局），124

National Fraud Reporting Centre（国家反欺诈报告中心），124

National Procurement Fraud Task Force（国家采购欺诈特别工作组），119

Non-cooperative Countries and Territories list（不合作国家和地区列表），17

Office of Dispute Resolution（争议解决办公室），225

Office of Fair Trading（公平交易办公室），133-134，247

Office of Foreign Assets Control（海外资产管理办公室），63-64，69，215，227，229-231，233，249-250

Office of Intelligence and Analysis（情报分析办公室），22，215，228

Office of International Affairs（国际事务处），22，215，235

Office of Justice Programs（司法项目办公室），225

Office of Terrorism and Financial Intelligence（恐怖主义金融情报办公室），22，32，215，227

Office of Terrorist Financing and Financial Crimes（恐怖主义融资和金融犯罪办公室），228

Office of the Coordinator for Counterterrorism（反恐协调员办公室），22，215，235

Operation Green Quest（绿色追击行动），

233－234

Performance and Innovation Unit（英国改革和发展委员会），196－197，200，203，205，211

Bush, George（乔治·布什），24，47，51，65，77，90－91，116，189，229

Clinton, Bill（比尔·克林顿），47，57，64，91，230

Nixon, Richard（理查德·尼克松），211，237

Obama, Barack（巴拉克·奥巴马），77，119

Presidential Executive Order 13224（第13224号总统令），65，68，70，75，91

Prevention of Terrorism（Temporary Provisions）Act（1989）（1989年《反恐怖主义临时法案》），78－79，90

Proceeds of Crime Act（2002）（2002年《犯罪所得法》），34－35，38－39，43，49，80，134－135，139，176，180，194，196－198，204，212，241，251，266－267

R v. Cuthbertson（1982）（1982年R诉卡斯伯特森案），180，194，210，212

Racketeer Influenced and Corrupt Organisations Act（1970）（1970年《反诈骗腐败组织集团犯罪法》），152，184－185

Roskill Committee（罗斯基尔委员会），127，129，243

Sarbanes－Oxley Act（2002）（2002年《萨班斯—奥克斯利法案》），96，107，115，137，152，238

Securities and Exchange Act（1934）（1934年《证券交易法》），141

Securities and Exchange Commission（美国证券交易委员会），23，114－116，120，142，145－154，176－177，238，283－285

Security Council Resolution（安全理事会决议），57，224

Sentencing Guidelines Council（审判指导委员会），258，260－261，264，272，275，286－287

September 11（2001）（2001年"9·11"事件），26，33，51－52，54－57，59，62，65，71，74－75，78，91

Serious Crime Act（2007）（2007年《严重犯罪法》），212

Serious Fraud Office（英国严重欺诈办公室），96，126－129，131，133－134，137，139，242－244，251，286

Serious Organized Crime Agency（英国严重有组织犯罪监察局），33，39，44－46，89，96，126，133，135，139，194，199－200，204，207－213，215，239，241，244，251，291

Smurfing（拆分洗钱），30

State Department（美国国务院），22，65，214－215，227，235，292

Suspicious Activity Reports（可疑活动报告），25，28，30，33，36，43－47，49，66，73－75，78，89－92，96，

120 – 121，123，135，145，153 – 154，
232，249，251，276，281，282，291

Terrorism Act（2000）（2000 年恐怖袭击），38，79 – 81，88 – 89，92，134，201

Terrorist Asset – Freezing（Temporary Provisions）Act（2010）（2010 年《恐怖分子资产冻结暂行法》），87

Terrorist Finance Tracking Programme（恐怖主义融资追踪计划），75

Terrorist financing（恐怖主义融资），16 – 17，23，26，43，47 – 48，51 – 63，65 – 68，70，72 – 73，75，78 – 79，82，89 – 96，98，102，120，123，134，137 – 139，145 – 146，178，182，211，214 – 220，222 – 229，232 – 234，239 – 240，249，250，282，288 – 291

Terrorist property（恐怖分子财产），28 – 39，80 – 82，202

Theft Act（1968）（1968 年《盗窃法》），96，124 – 126，137

Unité de coordination de la lutte anti – fraude（UCLAF）（反欺诈委员会），99 – 101

United Nations（联合国），11，14，16 – 18，47，51，56 – 59，61 – 62，70，72，86，90，92，95 – 98，102，143，145，179 – 180，182，211，214 – 218，220，237，239 – 240，288 – 289

Uniting and Strengthening America by Providing Appropriate Tools to Restrict, Intercept and Obstruct Terrorism Act（2001）（2001 年《美国爱国者法案》），26 – 27，32，47，65，73 – 74，91，114，121，180，187 – 188，223 – 225，232

US Postal Inspection Service（美国邮政监察局），23，114 – 115

US Secret Service（美国特勤局），96，114，120，233

White – Collar Crime：Strategic Plan（"白领犯罪"：战略计划），112

Wire Fraud Statute（1952）（1952 年《电信欺诈法案》），104 – 105，110 – 111，137，152

Wolfsberg Group（沃尔夫斯堡集团），214，223

World Bank Group（世界银行），13，17，214，218 – 219，225